suhrkamp taschenbuch
wissenschaft 1847

Die *Vorlesung über Negative Dialektik* ist die letzte der vier Vorlesungen aus den Jahren 1960 bis 1966, die die Entstehung von Adornos *Negativer Dialektik* begleiteten. Zusammen mit den drei vorangehenden Vorlesungen – *Ontologie und Dialektik, Zur Lehre von der Geschichte und von der Freiheit* sowie *Metaphysik. Begriffe und Probleme* – bildet sie sowohl eine Propädeutik als auch den Selbstkommentar zu Adornos Hauptwerk von 1966. In der Variation von Themen, die sich im Buch unter dem Titel »Einleitung« finden, entfaltet Adorno in den Vorlesungen eine »Theorie der geistigen Erfahrung«, in der er diejenige Philosophie zu charakterisieren versucht, die ihm stets vorschwebte. Diese Theorie galt ihm denn auch für nichts weniger als eine Methodologie seiner Philosophie überhaupt.

Das Werk Theodor W. Adornos (1903-1969) liegt im Suhrkamp Verlag vor.

Theodor W. Adorno
Vorlesung über Negative Dialektik

Fragmente zur Vorlesung 1965/66

Herausgegeben von
Rolf Tiedemann

Suhrkamp

Dieser Band ist textidentisch mit Abteilung IV:
Vorlesungen Band 16
der *Nachgelassenen Schriften* von Theodor W. Adorno,
herausgegeben vom Theodor W. Adorno Archiv.

Dieses Buch wurde klimaneutral produziert.

6. Auflage 2022

Erste Auflage 2007
suhrkamp taschenbuch wissenschaft 1847

Umschlag nach Entwürfen von
Willy Fleckhaus und Rolf Staudt
Druck und Bindung: C. H. Beck, Nördlingen
Printed in Germany
ISBN 978-3-518-29447-5

www.suhrkamp.de

Inhalt

Vorlesung über Negative Dialektik[1]

Von Adornos Vorlesung im Wintersemester 1965/66 – der letzten jener vier Vorlesungen, die ihn unterwegs zur Negativen Dialektik, *seinem 1966 zuerst erschienenen Hauptwerk, zeigen – sind nur die ersten zehn Stunden im Wortlaut, als Transkription der Tonaufnahmen, überliefert; von den letzten 15 Kollegstunden können lediglich Adornos Stichworte abgedruckt werden, an deren Hand er improvisierend gesprochen hat.*[2]

1. Vorlesung
9. 11. 1965

Stichworte

begonnen
25.X.65[3]

Besonderes Verhältnis von Forschung und Lehre.

Vorlesung aus work in progress.

Plan: 1) Einleitung in den Begriff einer negativen Dialektik

2) Übergang zur neg[ativen] Dial[ektik] aus Kritik der gegenwärtigen Philosophie, insbesondere des ontologischen Ansatzes

3) Einige Kategorien einer negativen Dialektik.

Was ist gemeint mit neg[ativer] Dial[ektik] – Dialektik nicht der Identität sondern der Nichtidentität. Nicht Schema der Triplizität, zu äußerlich. Insbesondere fehlt die Emphase der sogenannten Synthesis. Dial[ektik] bezieht sich auf die Fiber des Denkens, die innere Struktur, nicht architektonische Anordnung.

Grundkonzeption: Struktur des <u>Widerspruchs</u>, und zwar im doppelten Sinn:

1) widerspruchsvoller Charakter des <u>Begriffs</u>, d. h. der Begriff im Widerspruch zu seiner Sache (erläutern: was im Begriff <u>wegfällt</u>, und worin er <u>mehr</u> ist. Widerspruch = Inadäquanz. Bei dem emphatischen Charakter des Begriffs <u>wird</u> das aber Widerspruch. Widerspruch <u>im</u> Begriff, nicht bloß <u>zwischen</u> Begriffen.[)]

2) widerspruchsvoller Charakter der <u>Realität</u>: Modell: antagonistische Gesellschaft. (erläutern, Leben + Katastrophe; heute überlebt die Gesellschaft durch das was sie sprengt.)

Dieser Doppelcharakter ist kein Weltwunder. Es wird zu erweisen sein, daß die Momente, welche die Realität antagonistisch prägen, die sind, welche den Geist, den Begriff zum Antagonismus verhalten. Das Prinzip der Naturbeherrschung, vergeistigt zur Identität.

Darin liegt, daß Dialektik kein willkürlich Ausgedachtes, keine Weltanschauung sei. Es wird meine Aufgabe sein, die <u>Stringenz</u> des dialektischen Ansatzes darzutun; darum geht es eigentlich.

Zwei Versionen von Dial[ektik]: die idealistische und materialistische.

Warum nun negative Dialektik.

Der kundige Einwand. Negation das dialektische Salz (Zitat Vorrede Phän[omenologie des Geistes] 13[4])[.] Subjekt; Denken selbst zunächst die einfache Negativität des Gegebenen.

Alle Dialektik negativ: Warum also eine so nennen? Tautologie?

9.XI.65

Vorlesungsprotokoll

Liebe Kommilitoninnen und Kommilitonen, vor ganz wenigen Wochen ist Paul Tillich[5] gestorben, der von 1929 bis 1933, also bis wir alle von Hitler verjagt worden sind, den damals einzigen philosophischen Lehrstuhl an dieser Universität innehatte. (Erst im Jahr 1932 ist der Horkheimersche Lehrstuhl gegründet worden.) Es ist nicht meine Aufgabe, ich bin nicht dazu legitimiert, über das zu sprechen, was doch in der Arbeit und in der Existenz meines verstorbenen Freundes Tillich das Entscheidende war, – nämlich das Theologische. Es wird darüber, so ist es jedenfalls vorgesehen, Herr Professor Philipp[6] eine eigene öffentliche Vorlesung halten. Ich möchte auch nicht etwa diese Stunde ganz damit zubringen, oder in einem wesentlichen Teil damit zubringen, über Tillich zu reden; ich glaube, daß mich davon das dispensiert, daß wir die Absicht haben, die erste Stunde des philosophischen Hauptseminars, also die erste Sitzung am kommenden Donnerstag, dem Verhältnis von Philosophie und Theologie zu widmen und dabei eben doch wesentlich auf die Probleme einzugehen, die Tillich beschäftigt haben.[7] Aber ich meine doch, ich bin es Ihnen und ich bin es auch mir schuldig, Ihnen zu sagen, daß Paul Tillich, der sicher vielen von Ihnen heute nur noch ein Name ist, einer der außerordentlichsten Menschen war, die mir in meinem Leben begegnet sind, und daß ich ihm, der mich im Jahr 1931 habilitiert hat – also bereits in der Zeit des Vorfaschismus mit all dem, was das impliziert hat –, die tiefste Dankbarkeit schulde; eine Dankbarkeit, wie nur ganz wenigen Menschen. Hätte er damals für mich sich nicht so exponiert, und zwar exponiert trotz der Unterschiede unserer theoretischen Positionen, die wir vom ersten Tag an rückhaltlos ausgetragen haben, dann ist es sehr fraglich, ob ich jetzt zu Ihnen sprechen könnte; es ist sogar fraglich, ob ich dann überlebt hätte. Das ist aber nun keine bloße private Reminiszenz, sondern das hängt mit der beispiellosen und wirklich einzigartigen Qualität von Tillich zusammen: einer Aufgeschlossenheit, einer Geöffnetheit der geistigen Haltung, wie ich sie in ähnlicher Weise niemals an einem Menschen erlebt habe. Ich weiß, daß gerade diese schrankenlose Aufgeschlossenheit und Geöffnetheit Tillich sehr viele Vorwürfe eingetragen hat; und ich selber war unter denen, die diese Vorwürfe früh erhoben haben. Aber in dieser Stunde möchte ich doch sagen, daß das Beispiel von Liberalität in einem sehr großen Sinn, das Tillich gegeben hat, deshalb unverlierbar ist, weil sich an ihm bewährt hat – und ich kenne eigentlich keinen Menschen, an dem sich das ähnlich bewährt hätte –, daß diese fast schrankenlose Aufgeschlossenheit für jede geistige Erfahrung, die an ihn herankam, sich bei ihm, bei einer wahrhaft irenischen Natur im genuinen Sinn des Wortes, verbunden hat mit der größten Entschiedenheit in seinem persönlichen Handeln. Daß einem Menschen wie Tillich, mit seiner außerordentlichen Ausstrahlung Menschen gegenüber, mit jenen Qualitäten, die man wohl mit ›Führerqualitäten‹ bezeichnet hat, die Nationalsozialisten goldene Brücken gebaut haben, versteht sich von selbst, – und ich weiß, daß sie es getan haben. Noch im Sommer 1933, als wir auf Rügen zusammen waren, hat er mir von diesen Dingen sehr viel erzählt. Er hat sich gegen diese Versuchungen, die für ihn auch Versuchungen gewesen sein müssen, ohne überhaupt nur zu zögern gewehrt. Seine Geöffnetheit hat ihn nicht daran gehindert, die Konsequenz in dem Augenblick zu ziehen, wo es gegolten hat zu zeigen, ob man wirklich ein anständiger Mensch ist oder nicht. Und dieses nüchterne Wort: daß einer ein anständiger

Mensch ist, gewinnt in einem solchen Zusammenhang wie dem, den ich Ihnen andeute, eine Emphase, die ihm sonst vielleicht nicht zuzutrauen ist. Wenn ich darüber hinaus noch, zu Beginn gerade dieser Vorlesung, die so viele junge Menschen hier versammelt hat, von Tillich rede, dann geschieht das auch im Gedanken an seine pädagogische Begabung, die mit dieser Geöffnetheit zusammenhängt. Ich übertreibe auch darin nicht, wenn ich Ihnen sage, daß ich nie einen Menschen gesehen habe, der über eine solche pädagogische Begabung verfügt hat wie er; und zwar in dem Sinn, daß er es vermochte, noch aus den geringsten und bescheidensten Begabungen durch eine unbeschreibliche Humanität, mit der er ihre Reaktionen behandelt hat, das Äußerste herauszuholen. Wenn man in so einem Seminar von Tillich war – und ich war inoffiziell jahrelang sein Assistent, ehe ich Privatdozent wurde –, dann hatte man das Gefühl, daß die Art, in der er mit den Menschen umging, mit den jungen Menschen umging, etwas vorweggenommen hat von einem Zustand, in dem solche Unterschiede wie die üblichen von Begabung, von Intelligenz, von all dem, nicht mehr zählen; wo durch etwas wie wirklichen Kontakt miteinander diese Unterschiede aufgehoben sind; und wo noch das beschränkte und unterdrückte Bewußtsein sich so zu entfalten vermag, wie es heute dem unterdrückten Bewußtsein fast nirgends möglich und vergönnt ist. Ich möchte dem hinzufügen, daß ich, was ich selber etwa an pädagogischer Fähigkeit erlernt habe und was mir dadurch doch vielleicht auch einiges Vertrauen von Ihnen verschafft hat, nämlich eben diese Fähigkeit, die Objektivität, soweit es nur geht, aus dem Bewußtsein der anderen zu entwickeln, an ihr Bewußtsein anzuknüpfen; daß ich, was ich davon vielleicht gelernt habe, obwohl es mir bewußt ist, wie sehr ich darin hinter Paul Tillich zurückbleibe, – daß ich das *dem* und eben unseren langjährigen gemeinsamen Seminaren und Proseminaren[8] verdanke. Glauben Sie mir, daß es nicht nur sehr wenige Menschen gibt, die für mich so viel in meinem eigenen Schicksal bedeutet haben, sondern denen ich eine solche Wirkung zuspreche, –

eine Wirkung weit über das hinaus, was in ihren Schriften kodifiziert ist. Denn Tillich gehörte zu jenen Denkern, die in dem persönlichen Umgang und in der lebendigen Initiative das weit übertroffen haben, was in ihren Schriften sich niedergelegt findet. Und Sie, die Sie ihn nicht mehr gekannt haben oder höchstens vielleicht einmal hier in Frankfurt bei unserer gemeinsamen Diskussion[9] erlebt haben, können sich wirklich davon nur schwer eine Vorstellung machen. – Ich wäre Ihnen dankbar, wenn Sie sich zu Ehren von Paul Tillich erheben würden.

Ich danke Ihnen.

Meine Damen und Herren, Sie wissen, daß die traditionelle Definition der Universitäten die Einheit von Forschung und Lehre fordert. Sie wissen ebenso, wie problematisch die Realisierung dieser immer noch festgehaltenen Idee ist. Und meine eigene Arbeit hat unter dieser Problematik schwer zu leiden, das heißt: das Maß an Lehraufgaben und an administrativen Aufgaben, das mir nachgerade zufällt, macht es mir fast unmöglich, während der Semestralzeit sogenannte Forschungsaufgaben – wenn man denn bei Philosophie von Forschung reden will – so wahrzunehmen, wie es nicht nur objektiv angezeigt wäre, sondern wie es vor allem auch meiner eigenen Neigung und Anlage entspricht. In einer solchen Situation, und unter einem solchen Zwang und Druck, bildet man nun gewisse Eigenschaften aus, die man am besten mit Bauernschlauheit bezeichnen kann. Ich suche also dieser Situation dadurch gerecht zu werden, daß ich – und das ist schon während der letzten beiden Semester so gewesen und wird dieses Semester noch einmal so sein – meine Vorlesungen wesentlich bestreite aus dem umfänglichen und recht belasteten Buch, an dem ich nun seit sechs Jahren arbeite und das den Titel »Negative Dialektik« tragen wird, also denselben Titel, den ich dieser Vorlesung gegeben habe. Ich bin mir dessen bewußt, daß gegen ein solches Verfahren eingewandt werden kann, was zumal dem positivistischen Bewußtsein einzuwenden überaus nahe liegt, – nämlich daß man eigentlich als akademischer Lehrer nur mit fertigen, bündigen, hieb- und stichfesten Resultaten aufzuwarten habe. Ich will nicht aus der Not eine Tugend machen, aber ich meine doch, daß diese Ansicht gerade dem Begriff der Philosophie nicht so recht entspricht; daß die Philosophie eben der Gedanke in einem permanenten statu nascendi ist; und daß es, wie der große Begründer der Dialektik, Hegel, gesagt hat, in der Philosophie auf den Prozeß ebenso ankommt wie auf das Resultat; daß Prozeß und Resultat, wie es in der berühmten Stelle der »Phänomenologie des Geistes« heißt, sogar das Gleiche seien[10]. Darüber hinaus meine ich, daß gerade dem philosophischen Gedanken ein Moment des Versuchenden, Experimentierenden, nicht Abschlußhaften eigen ist, der die Philosophie von den positiven Wissenschaften unterscheidet, – und es wird keinen der unerheblichsten Gegenstände meiner Vorlesung bilden, gerade darauf einzugehen. Infolgedessen führe ich Ihnen also hier Überlegungen vor, die, solange sie nicht ihre sprachliche Gestalt, ihre mir erreichbare und, soweit meine Kräfte ausreichen, endgültige Gestalt gefunden haben, eben solche Züge des Experimentellen tragen. Und ich kann Sie – mir fällt dabei wieder Paul Tillich ein – eigentlich mehr dazu ermutigen, durch das was ich Ihnen sage, mitzudenken und selber solche Überlegungen anzustellen, als daß ich Ihnen nun so sicheres Wissen überliefern möchte, das Sie getrost nach Hause tragen können. – Der Plan dessen, was ich vorhabe, ist der: ich möchte zunächst – ich sage Ihnen das, damit Sie sich in den vielleicht einigermaßen verschlungenen Überlegungen, mit denen Sie zu rechnen haben, einigermaßen auskennen –, ich möchte Sie zunächst also in den Begriff einer negativen Dialektik überhaupt einleiten. Ich möchte dann zur negativen Dialektik übergehen aus gewissen kritischen Erwägungen, die sich auf den gegenwärtigen Stand der Philosophie beziehen; ich möchte Ihnen also die Idee einer solchen negativen Dialektik entwickeln, und zwar entwickeln in ihrer Stringenz, wenn mir das gelingen sollte; und ich möchte dann Ihnen einige Kategorien einer solchen negativen Dialektik geben. Vielleicht darf ich dem hinzufügen, daß der Plan, der mir vor Augen steht – äußerlich, grob architektonisch gesehen –, etwa dem entspräche, was so etwas wie eine methodische Betrachtung dessen wäre, was ich überhaupt tue; daß es sich also hier, wenn man so sagen darf, um die Fundamentalüberlegungen handelt, die Sie dann in sehr vielen materialen, inhaltlichen Arbeiten von mir ausgeführt finden. Ich möchte also einfach versuchen, die sicherlich auch bei denen, die meine anderen Dinge kennen, zum Teil gegenwärtige Frage zu beantworten: wie kommt er eigentlich dazu? was steht hinter all dem? Ich möchte versuchen, die Karten auf den Tisch zu legen, – soweit ich meine eigenen Karten kenne und soweit ein Denkender seine eigenen Karten kennt. Das allerdings ist keineswegs so sicher, wie es Ihnen a priori vielleicht erscheinen mag. Auf der anderen Seite ist das, was ich Ihnen eben andeute, dadurch erschwert und problematisch, daß ich – und auch das ist ein Gegenstand der Vorlesung selbst – die übliche Trennung von Methode und Inhalt nicht anerkenne; und zwar in dem besonderen Sinn, daß die sogenannten methodischen Erwägungen ihrerseits von inhaltlichen Erwägungen abhängig sind. Es wird auch zu den Themen dessen rechnen, womit wir uns hier zu beschäftigen haben, daß Sie ein wenig irre werden an den von Ihren Einzeldisziplinen Ihnen geläufigen Unterscheidungen, die sich auf die Methode auf der einen Seite und die sachhaltige Einsicht auf der anderen beziehen.

Nun muß ich Ihnen wohl zunächst einmal sagen – vorwegnehmend und in einer Weise, die nun ganz gewiß der Einlösung erst bedarf –, was ich mit einem solchen Begriff von negativer Dialektik überhaupt meine. Es soll das also sein (und das ist durchaus nur eine, und dazu noch recht kümmerliche, formale Anzeige) eine Dialektik nicht der Identität sondern der *Nichtidentität*. Es handelt sich um den Entwurf einer Philosophie, die nicht den Begriff der Identität von Sein und Denken voraussetzt und auch nicht in ihm terminiert, sondern die gerade das Gegenteil, also das Auseinanderweisen von Begriff und Sache, von Subjekt und Objekt, und ihre Unversöhntheit, artikulieren will. Wenn ich dabei den Ausdruck Dialektik gebrauche, so möchte ich Sie von vornherein bitten, dabei nicht an das berühmte Schema der Triplizität, also nicht an *θέσις, ἀντίθεσις* und *σύνθεσις* im üblichen Sinn zu denken, – so wie man etwa in den äußerlichsten Darstellungen der Schule Dialektik erklärt bekommt. Hegel selbst bereits, der schließlich doch so etwas wie ein System hatte, das *als* System *σύνθεσις* sein wollte, hat nicht nur an dieses Schema im schematischen Sinn sich keineswegs stets gehalten; sondern in der Vorrede zur ›Phänomenologie‹, von der ich bereits vorhin gesprochen habe, hat er über dieses klappernde Schema der Triplizität mit der größten Verachtung sich geäußert[11]. Insbesondere – um vorweg das zu charakterisieren, worum es hier geht – werden Sie finden, daß in negativer Dialektik der Begriff der *σύνθεσις* außerordentlich zurücktritt; wofür ich zunächst einmal gar kein anderes Motiv anzugeben hätte als ein sprachliches, nämlich als eine tief eingewurzelte Aversion gegen den Begriff der Synthese, der mich, seitdem ich überhaupt denken kann, beseelt. Und da ja das philosophische Denken – vielleicht haben Sie meine Arbeit »Anmerkungen zum philosophischen Denken« in den »Neuen Deutschen Heften«[12] gelesen –, da das philosophische Denken ja wesentlich darin besteht, daß man den eigenen geistigen Erfahrungen nachkommt, so ist eines der Motive einer solchen negativen Dialektik eben das, dahinter zu kommen, mir selbst auf die Sprünge zu kommen, *warum* ich mich gegen den Begriff der Synthese so sträube. Ein anderes Motiv ist, daß mein ältester selbständiger (das heißt: *nicht* interpretierender) philosophischer Entwurf, der sich nicht erhalten hat, einer Logik des Zerfalls gegolten hat,[13] – was auch nun selbst bereits ein, wenngleich etwas prätentiöser, Titel für eine solche negative Dialektik ist. Wenn ich also von Dialektik hier rede – und ich bitte Sie, sich darüber von vornherein klar zu sein und nicht nach dieser äußerlichen Skelettierung zu suchen –, dann meine ich dabei die Fiber des Denkens, seine innere Struktur:

die Art, in der der Begriff, mit Hegel zu reden, sich bewegt, nämlich auf sein Gegenteil, das Nichtbegriffliche, hin – und nicht auf eine Art Denkarchitektur sich zu spannen, die Ihnen hier ohne Frage versagt bleiben wird.

Trotzdem hat das, was Ihnen als negative Dialektik soll vorgeführt werden, mit dem Begriff der Dialektik etwas Entscheidendes zu tun, – und das ist doch nun auch vorweg einmal zu sagen. Nämlich: der Begriff des Widerspruchs, und zwar des Widerspruchs in den Sachen selbst, des Widerspruchs *im* Begriff, nicht des Widerspruchs *zwischen* Begriffen, wird in dem, was wir besprechen, eine zentrale Rolle spielen. Dabei hat – und Sie werden nicht verkennen, daß das in einem gewissen Sinn eine Transposition oder eine Fortbildung eines Hegelschen Motivs ist – der Begriff des Widerspruchs selbst einen doppelten Sinn. Auf der einen Seite wird nämlich, ich deutete das schon an, gehandelt werden von dem widerspruchsvollen Charakter des Begriffs. Damit ist gemeint, daß der Begriff selbst in Widerspruch zu der mit ihm gemeinten Sache träte. Ich möchte das gleich Ihnen einmal ganz einfach demonstrieren, in einer – vielleicht werden manche von Ihnen mich schelten –, in einer fast kindischen Weise; nur damit Sie bei den Überlegungen, die wir anstellen, den Kontakt mit ganz einfachen und schlichten Tatbeständen nicht verlieren. Denn wenn ich schon der Ansicht bin, daß das Denken darin besteht, daß es sich über die primitiven Dinge erhebt, so ist es auf der anderen Seite ebenso auch ein Element des Denkens, daß es den Kontakt zu unmittelbaren Erfahrungen sich bewahrt. Ich meine also hier, – und ich spreche zunächst einmal vom Begriff; was mit Begriff hier in der Dialektik nachdrücklich gemeint ist, darüber werden wir dann noch zu reden haben. (Es ist nämlich nicht der übliche Begriff, sondern der Begriff, der eigentlich bereits Theorie ist.) Aber zur Illustration, wenn Sie mir eine Illustration durchgehen lassen, möchte ich doch etwas ganz Einfaches sagen. Wenn ich irgendeine Reihe von Merkmalen, eine Reihe von Elementen unter einen Begriff subsumiere, dann ist es in der üblichen Begriffsbildung so, daß ich von diesen Elementen ein Merkmal abstrahiere, das sie miteinander gemeinsam haben: und dieses eine Merkmal soll dann der Begriff sein, nämlich die Einheit von all den Elementen, die dieses Merkmal haben. Indem ich aber nun unter diesen Begriff subsumiere; indem ich also sage: A ist all das, was auf Grund dieser Merkmaleinheit darunter befaßt wird, denke ich notwendigerweise dabei auch unzählige Bestimmungen mit, die ihrerseits in den einzelnen Elementen in diesem Begriff *nicht* aufgehen. Der Begriff bleibt also insofern immer hinter dem, was er unter sich subsumiert, zurück. Ein jedes B, von dem gesagt wird, es sei A, ist immer auch ein *anderes* und ist immer auch *mehr* als das A, als der Begriff, unter den es in dem prädikativen Urteil gebracht wird. Auf der anderen Seite aber ist in einem gewissen Sinn jeder Begriff *auch* mehr als das, was unter ihm befaßt wird. Wenn ich etwa den Begriff der Freiheit denke und ausspreche, dann ist dieser Begriff der Freiheit nicht etwa nur die Merkmaleinheit all der Individuen, die auf Grund der formalen Freiheit etwa innerhalb einer gegebenen Verfassung als freie definiert werden, sondern in diesem Begriff ›Die Freiheit‹ steckt etwas wie eine Anweisung auf etwas, was in einem solchen Zustand, wo den Menschen die Freiheit, sagen wir: der Berufsausübung, oder ihre Grundrechte oder alles das garantiert ist, wesentlich darüber hinausgeht, wesentlich darüber hinausschießt, ohne daß wir dieses Mehrs im Begriff uns immer bewußt wären. Dieses Verhältnis, daß der Begriff immer zugleich weniger und zugleich mehr ist als die Elemente, die unter ihm befaßt werden, – dieses Verhältnis ist nun nichts Irrationales, nichts Zufälliges, sondern die philosophische Theorie, die philosophische Kritik kann dieses Verhältnis und muß dieses Verhältnis bis ins einzelne bestimmen.

Nun können Sie sagen: diese Inadäquanz ist ja noch nicht notwendigerweise etwas wie Widerspruch. Aber ich glaube, Sie können sich hier bereits einen ersten Blick in die Notwendigkeit von dialektischem Denken verschaffen. Es steckt nämlich in jedem solchen prädikativen Urteil, daß A B sei, daß

A=B sei, ein außerordentlich nachdrücklicher Anspruch drin. Es wird darin zunächst einmal gesagt, daß die beiden wirklich identisch sind. Ihre Nichtidentität ist etwas, was in einem solchen Urteil nicht nur nicht hervortritt, sondern *wenn* sie hervortritt, dann wird, nach den traditionellen Regeln der Logik, nach der prädikativen Logik, diese Identität gerade bestritten. Oder wir sagen: das Urteil A=B ist in sich widerspruchsvoll einfach deshalb, weil das B, wie unsere Erfahrung und unsere Einsicht uns ergeben, nicht das A sei. Durch diesen Identitätszwang also, der durch die Formen unserer Logik auf das Denken ausgeübt wird, nimmt notwendig das, was diesem Identitätszwang sich nicht fügt, den Charakter des Widerspruchs an. Wenn infolgedessen, wie ich Ihnen zu Eingang sagte, in einer negativen Dialektik der Begriff des Widerspruchs eine so zentrale Rolle spielt, dann liegt das an der Struktur eben des logischen Denkens selbst, das ja von sehr vielen Logikern (wenn auch nicht im Sinn mancher Richtungen der gegenwärtigen Logistik, der gegenwärtigen mathematischen Logik) durch die Gültigkeit des Satzes vom Widerspruch definiert wird. Das heißt also: alles das, was sich widerspricht, soll aus der Logik ausgeschlossen sein, – und es widerspricht sich dann einfach eben all das, was der Identitätssetzung nicht entspricht. Daß also im Grunde auf dem Begriff des Widerspruchs oder auf seiner Abwehr unsere gesamte Logik aufgebaut und damit auch unser Denken aufgebaut ist, das rechtfertigt zunächst einmal, in eine solche Dialektik den Begriff des Widerspruchs als einen zentralen Begriff hineinzunehmen und ihn von dort aus weiter zu analysieren.

Das ist nun aber – und gerade in dieser Doppelseitigkeit werden die Kenner unter Ihnen weitergetriebene und sehr veränderte Hegelsche Motive unschwer erkennen können –, das ist nur die eine, wenn Sie wollen: die subjektive Seite des Problems der Dialektik, und *nicht* die Seite, die am Ende sogar die entscheidende ist. Wenn ich also sage, daß zu dialektischem Denken in dem Sinn, daß die Kategorie des Widerspruchs in sein Zentrum tritt, die Struktur des Begriffs und das

Verhältnis des Begriffs zu seiner Sache selbst nötige, dann nötigt umgekehrt dazu auch die objektive Realität, die Sphäre des Objekts, – wenn Sie einmal einen Augenblick lang sich ganz einfach so etwas wie eine Sphäre der Objektivität, wie es der naive Realismus tut, als unabhängig von dem Denken vorstellen. Das Modell dafür ist, daß wir in einer antagonistischen Gesellschaft leben. Ich will Ihnen das deshalb nur ganz kurz erläutern, weil ich heute das soziologische Hauptseminar eröffnen möchte mit einer Vorlesung, die auf einem Vortrag basiert, in dem gerade dieser Gedanke ausgeführt wird[14]; und ich möchte unsere Zeit nicht damit vergeuden, daß ich hier und dann in dieser Einleitung dasselbe sage. Ich beschränke mich also darauf, Ihnen hier als Modell für diese antagonistische Gestalt der Gesellschaft nur das anzuführen, daß nicht die Gesellschaft *mit* ihren Widersprüchen oder *trotz* ihrer Widersprüche sich am Leben erhält, sondern *durch* ihren Widerspruch *hindurch;* das heißt, daß die auf den Profit gegründete Gesellschaft, die in diesem objektiven Motiv des Profits bereits die Spaltung der Gesellschaft notwendig in sich enthält, – daß eben dieses Motiv, durch das die Gesellschaft gespalten und potentiell zerrissen ist, zugleich das ist, durch das hindurch die Gesellschaft ihr eigenes Leben reproduziert. Um Sie an einen noch krasseren Sachverhalt, abermals illustrativ, zu erinnern: es ist höchstwahrscheinlich so, daß heute bereits das gesamte ökonomische System nur dadurch sich erhalten kann, daß unablässig ein sehr großer Teil des Sozialprodukts – und zwar in allen Ländern, ebenso in den sogenannten kapitalistischen Ländern wie in den Ländern des russischen und des chinesischen Machtblocks –, daß das System nur dadurch sich am Leben erhalten kann, sage ich, daß in diesen Ländern ein sehr großer Teil des Sozialprodukts auf Vernichtungsmittel, also vor allem die atomare Aufrüstung und alles, was damit zusammenhängt, verwandt wird; so daß also die Krisenfestigkeit dieser Gesellschaft, die sich in den letzten 20 Jahren nach allgemeiner Ansicht so glorreich bewährt hat, mit dem Anwachsen des Potentials einer technologischen Selbstzerstörung dieser

Gesellschaft unmittelbar zusammenhängt. Ich denke, diese Überlegungen genügen zunächst einmal, um Ihnen zu zeigen, wie man auch von der Objektsseite genötigt ist, den Begriff des Widerspruchs, und zwar nicht des Widerspruchs zwischen zwei einander fremden Sachen, sondern des *immanenten* Widerspruchs, des Widerspruchs in der Sache selbst anzuwenden. – Nun, meine Damen und Herren, Sie könnten sagen – und ich möchte gerade in diesen ersten Vorlesungsstunden versuchen, soviel von Ihren Einwänden, wie ich sie vernünftigerweise erwarte, zu antezipieren und ein bißchen auch zu beantworten –, Sie könnten darauf entgegnen, daß dieser Doppelcharakter: daß also auf der einen Seite der Widerspruch im Gedanken und im Begriff liege, auf der anderen aber die Welt selber auch ihrer objektiven Gestalt nach antagonistisch sei: daß das so etwas sei wie eine prästabilierte Disharmonie, die ich Ihnen da vortrage; daß das eine Art von Weltwunder oder eine negative adaequatio rei atque cogitationes sei, für die ich Ihnen die Rechenschaft schuldig sei. Ich werde versuchen (ich habe es jedenfalls vor; ob ich all das, was ich Ihnen heute verspreche, halten kann, das weiß ich nicht; man kann ja immer in einer Vorlesung unendlich viel weniger von dem einlösen, was man sich eigentlich vorgenommen hat), aber ich habe jedenfalls die beste Absicht, Ihnen zu zeigen, daß die Momente, welche die Realität als antagonistische Realität prägen, die gleichen sind, welche auch den Geist, den Begriff also, zu seinen immanenten Widersprüchen verhalten. Mit anderen Worten: es handelt sich beide Male um das Prinzip der Herrschaft, der Naturbeherrschung,[15] die sich dann ausbreitet, die sich dann fortsetzt in der Herrschaft von Menschen über Menschen und die ihre geistige Reflexion findet in dem Prinzip der Identität: in dem immanenten Bestreben allen Geistes, sein Anderes, das was an ihn herangetragen wird oder worauf er stößt, sich gleichzumachen und dadurch in seinen eigenen Herrschaftsbereich hineinzuziehen. Das ist wenigstens eine formale Anzeige, eine antezipierende Antwort auf die Frage, die ich erwarte und die ich mir aufgeworfen habe.

Darin nun – wenn Sie mir einmal eine Sekunde lang generöserweise konzedieren, daß an diesen Überlegungen etwas dran ist –, darin liegt nun allerdings auch schon, daß die Dialektik, also ein Denken, dessen Organon und dessen Inhalt wesentlich Widerspruch ist, kein willkürlich ausgedachtes sei, keine sogenannte Weltanschauung. Denn wenn tatsächlich von der Sache sowohl wie vom Gedanken her die Nötigung des Widerspruchs so sich darstellt, wie ich es Ihnen skizziert habe, dann ist ja ein Denken, das das aufnimmt, lediglich gleichsam der Exekutor dessen, was ihm von seinen Gegenständen an die Hand gegeben wird, – und nicht etwa eine von außen herangebrachte Position. Auch darin weiß ich mich als Hegelianer – um das einmal zu sagen –, daß ich die Dialektik für das Gegenteil von bloßer Standpunktphilosophie[16] halte. Aber ich weiß allerdings auch, daß die Beteuerung, daß etwas keine Standpunktphilosophie sei, nicht ausreicht, um von dem Verdacht, sie sei es doch, zu dispensieren. Denn was hat nicht alles in der Welt sich schon als das Gegenteil von Standpunkt ausgegeben; was hat man nicht schon alles als den Standpunkten enthobene, sogenannte Ewigkeitswerte ausgegeben, und als wie kurzlebig haben die meisten dieser Ewigkeitswerte sich erwiesen. Dialektik ist gewiß kein Ewigkeitswert – dies am allerwenigsten. Aber ich werde Ihnen auch das schuldig sein, so gut es geht – und das wird vor allem im Übergang zur negativen Dialektik zu geschehen haben –, die Stringenz des dialektischen Ansatzes darzutun; und vielleicht ist das sogar die zentrale Aufgabe, der ich mich nun gegenüber sehe. – Nun, Sie alle wissen, daß, wenn man von Dialektik in diesem prägnanten Sinn redet, den ich stillschweigend gebrauche – den antiken Begriff der Dialektik, der ja weitgehend mit Erkenntnistheorie und Logik zusammenfällt, also viel allgemeiner ist als das, was ich Ihnen jetzt als Dialektik angedeutet habe, lasse ich außer Betracht –, Sie alle also wissen, daß von Dialektik in diesem Sinn des Widerspruchs in der Sache und im Begriff selber zwei große Versionen vorliegen: die idealistische, die in gewissem Sinn wohl überhaupt als die Höhe der philosophischen Spekulation betrachtet werden darf, und die materialistische, die heute als offizielle Weltanschauung (und damit allerdings ins Gegenteil ihrer selbst ausgeartet) einen sehr großen Teil der Welt beherrscht. Und Sie könnten mich fragen, warum ich mich mit dieser Alternative nun nicht einfach begnüge, sondern warum ich da von etwas anderem, nämlich von *negativer* Dialektik rede; und ob ich nicht gar auch nur irgend so ein Professor sei, der da versucht, ein eigenes philosophisches Süppchen zurechtzukochen, damit er einmal die Chance hat, in einem eigenen Kapitel im ›Ueberweg-Heinze‹ (oder wie immer dessen Fortsetzungen heißen mögen)[17] auch sein Unterkommen zu finden. Ich möchte hier anknüpfen an einen Einwand, der mir von allerkundigster Seite – und zwar, wie ich sagen darf, aus Ihrem eigenen Kreis; aus dem Kreis der hier Gegenwärtigen – gemacht worden ist: nämlich ob denn nicht einfach im Begriff der Dialektik, die doch selber, eben vermöge des Widerspruchs, das Moment der Negativität in sich enthalte, – ob nicht eine jede Dialektik negative Dialektik sei; und ob ich nicht insofern durch dieses Wort, das ich da eingeführt habe, nur eine Art Tautologie beginge. Man könnte ja ganz einfach sagen, daß das Subjekt, das Denken selbst zunächst einmal dadurch, daß es als Denken sich nicht abfindet mit der bloßen Gegebenheit, diese Gegebenheit negiere; und daß Subjektivität selber als ein movens des Denkens das negative Prinzip sei, wie es an einer berühmten Stelle aus der ›Phänomenologie‹ von Hegel heißt,[18] wo gesagt wird, daß die lebendige Substanz als Subjekt, also als Denken, die reine einfache Negativität sei, eben dadurch die Entzweiung des Einfachen oder die entgegengesetzte Verdoppelung, welche wieder die Negation dieser gleichgültigen Verschiedenheit und ihres Gegensatzes ist, – also mit anderen Worten: Denken selber, und Denken ist an Subjektivität gebunden, sei Negativität und insofern sei gerade dialektisches Denken vorweg negative Dialektik. – Darauf möchte ich Ihnen dann in der nächsten

Stunde eingehend antworten; ich möchte Ihnen heute nur dieses Problem so hinstellen, wie es mir gestellt worden ist und wie es der Antwort bedarf.

2. Vorlesung
11. 11. 1965

Stichworte

Darauf[19]*: 1) Bei Hegel ist die Dialektik positiv. Erinnerung an minus mal minus gleich plus. Die Negation der Negation soll die Affirmation sein. Kritik des jungen Hegel an der Positivität. Zeigen an der Kritik der abstrakten Subjektivität durch die Institution: V 49*[20] Einf[ügung] 2 a

[Einf.:] *Das Positive, das da aus der Negation der Negation resultiert, ist selber die vom jungen Hegel kritisierte Positivität, ein Negatives als Unmittelbarkeit.*

contrainte sociale

Die Institution übt, wie Hegel gezeigt hat, mit Recht Kritik an der abstrakten Subjektivität, d.h. ist notwendig und zwar auch gerade für das Subjekt qua Selbsterhaltung

Sie zerstört den Schein des Ansichseins des Subjekts, das selbst Moment der sozialen Objektivität ist. – Ist aber diesem gegenüber nicht das Höhere, sondern bleibt ihm gegenüber bis heute äußerlich, zwangshaft kollektiv, repressiv. – Die Negation der Neg[ation] resultiert nicht ohne weiteres in Positivität. Heute, in einem insgeheim als fragwürdig empfundenen Zustand, herrscht ein Begriff von abstrakter Positivität vor. »Herr Kästner«.[21]

Mit dem Zergehen alles substantiell Vorgegebenen wird alle Ideologie immer dünner, abstrakter beobachtet bei Emigranten unter Druck.

Was positiv sei (»positive Lebenseinstellung, Gestaltung[«], positive Kritik) sei an sich schon wahr, d.h. die Bewegung des Begriffs wird willkürlich stillgestellt. Positivität als Fetisch, d.h. nicht gefragt was bejaht wird. Eben damit aber ist sie das Negative, d.h. zur Kritik Stehende.

Das nicht zuletzt hat mich zur Konzeption und Nomenklatur einer negativen Dialektik veranlaßt. [Ende der Einfügung]

Dies gilt nun fürs Ganze: die Totalität aller Negationen wird zur Positivität. »Alles Wirkliche ist vernünftig«[22].

Dies gekündigt. Wie die positive Unterstellung von Sinn nicht mehr möglich ist ohne Lüge (– wer kann nach Auschwitz noch wagen, zu sagen, das Leben sei sinnvoll!), so ist die theoretische Konstruktion einer Positivität aus dem Inbegriff der Negationen nicht mehr möglich.

2) Die Dialektik wird dadurch wesentlich kritisch. Im mehrfachen Sinn:

a) als Kritik am Anspruch der Identität von Begriff und Sache

b) als Kritik an der darin gelegenen Hypostase des Geistes (Ideologiekritik). Die Kraft jener These nötigt zur größten Anstrengung.

c) als Kritik der antagonistischen und potentiell auf ihre Vernichtung tendierenden Realität.

Diese Kritik bezieht sich auch auf den dial[ektischen] Mat[erialismus] soweit er sich als positive Wissenschaft aufwirft. Darum negat[ive] Dial[ektik] = rücksichtslose Kritik alles Bestehenden.

11. November 1965.

Vorlesungsprotokoll

In der letzten Vorlesungsstunde hatte ich begonnen, auf die Frage zu antworten, warum ein solcher Begriff wie der einer negativen Dialektik nötig sei, und ob das nicht angesichts der bestimmenden Rolle der Negativität in der Dialektik eine Tautologie sei, – daran werden Sie sich erinnern. Und ich hatte zunächst in aller Kürze die Momente entwickelt, die diesen Einwand rechtfertigen, nämlich eben diejenigen, durch die in der Hegelschen Konzeption der Dialektik Denken selber der Negativität gleichgesetzt wird. Nun möchte ich Ihnen aber doch, vorläufig wenigstens, auf diesen ja doch sehr gewichtigen Einwand zu antworten versuchen. Sie müssen sich darüber klar sein, daß die Theorie von Hegel, der man ja in der Geschichte der Philosophie nicht ganz zufällig den Namen des objektiven Idealismus verliehen hat, gegen diesen Begriff von Negativität qua Subjektivität sich kehrt; daß dieser Begriff der Negativität in der Hegelschen Dialektik nicht das letzte Wort hat, sondern daß die Hegelsche Dialektik, wenn ich es einmal sehr schlagworthaft ausdrücken darf, eine positive Dialektik ist. Sie müssen sich dabei zunächst an einen ganz einfachen und schlichten Tatbestand erinnern – wenn ich einmal sozusagen die Situation des ersten Semesters fingiere, also des Studenten oder der Studentin, die frisch von der Schule kommen –, an den Tatbestand also, daß man in der Arithmetik lernt, daß minus mal minus plus sei oder, mit anderen Worten, daß die Negation der Negation die Position, das Positive, das Affirmative sei. Das ist tatsächlich eine der ebenfalls generell der Hegelschen Philosophie zugrunde liegenden Annahmen. Und wenn Sie sich so über Hegel informieren, zunächst äußerlich, eben wieder im Sinn des Schemas der Triplizität, über das ich Ihnen einige Unfreundlichkeiten Hegels in der vorigen Stunde schon sagte, dann werden Sie auf diesen Gedankengang stoßen, daß die Negation der Negation die Affirmation sei. Was da gemeint ist, kann man vielleicht am besten zeigen an der Kritik Hegels an dem, was er die abstrakte Subjektivität nennt, durch die Einrichtungen und Formen der gesellschaftlichen Objektivität, die er dem gegenüber stellt. Der Gedanke, der mehrfach entwickelt ist bereits in der ›Phänomenologie‹, allerdings mit einem noch in vielem anderen Akzent, und dann in der sehr krassen Form, in der ich Ihnen eben davon gesprochen habe, vor allem in der Rechtsphilosophie, – dieser Gedanke ist also der, daß das Subjekt, das als denkendes Subjekt gegebene Institutionen kritisiert, zunächst einmal das Moment der Befreiung des Geistes ist; und als ein solches Moment der Befreiung des Geistes auf seinem Wege von seinem bloßen Ansichsein zu seinem Fürsichsein die entscheidende Stufe darstellt. Das heißt: diese Stufe, die hier erreicht wird, in der der Geist den Objektivitäten, den gesellschaftlichen zumal, sich als ein Selbständiges und Kritisches gegenüberstellt, die wird zunächst als ein notwendiges Moment anerkannt. Aber es wird von Hegel dem Geist vorgeworfen, daß er dabei selbst beschränkt, daß er dabei selbst borniert sei; daß er ein Moment, nämlich den Geist in seiner Abstraktheit, dabei zum allein wahren erhebe und darüber verkenne, daß diese abstrakte Subjektivität, deren Modell etwa das Subjekt der Kantischen reinen praktischen Vernunft ist, aber bis zu einem gewissen Grad auch die Fichtesche Subjektivität der freien Tathandlung, – daß also diese Subjektivität sich selber als ein bloßes Moment verabsolutiere; daß sie übersehe, daß sie sich selbst ihrer eigenen Substanz, ihren Formen, ihrem Dasein nach den objektiven Formen und dem objektiven Dasein der Gesellschaft verdanke; und daß sie eigentlich zu sich selbst komme nur, indem sie die scheinbar ihr als fremd, ja als repressiv gegenüberstehenden Institutionen als ihresgleichen verstünde, daß sie sie selber als Subjektivität verstünde und daß sie sie in ihrer Notwendigkeit verstünde. So daß also eine der entscheidenden Wendungen, um nicht zu sagen: einer der entscheidenden Tricks der Hegelschen Philosophie darin besteht, daß die bloße fürsichseiende, das heißt: die kritisch denkende abstrakte, negative Subjektivität – hier kommt der Begriff der Negativität wesentlich herein –, sich selbst negieren, ihrer eigenen Beschränktheit innewerden müsse, um auf diese Weise in der Positivität ihrer Negation, nämlich in den Institutionen der Gesellschaft, des Staates, des objektiven, schließlich des absoluten Geistes, sich selber aufzuheben.[23]

Das ist also etwa das Modell jener positiven Negativität: der Negation der Negation als neuer Position, wie sie als ein Modell die Hegelsche Philosophie erstellt. Es gehört, nebenbei bemerkt, zu den sehr auffälligen und, ich würde sagen, gerade in der Hegel-Interpretation noch gar nicht recht in ihrer Bedeutung erkannten Zügen der Hegelschen Philosophie hinzu, daß sie zwar ein überaus dynamisches Denken ist, daß sie also die Kategorien nicht als feste hinnimmt, sondern als gewordene und damit auch sich verändernde; daß sie aber in Wirklichkeit doch unendlich viel mehr an unveränderlichen Begriffsstrukturen in sich enthält, unvergleichlich viel mehr an Invarianten in sich enthält, als sie zugesteht. Und diese Invarianten, die zeigen sich dann, gewissermaßen gegen den Willen dieser Philosophie, immer wieder darin, daß bestimmte Typen der Argumentation – wenn man es einmal so nennen darf – in der ›Logik‹ von Hegel und übrigens auch bereits in der ›Phänomenologie‹ immer wiederkehren. Ich hielte es – wenn ich das einmal gerade mit Rücksicht auf die zukünftigen Fachphilosophen unter Ihnen sagen darf; ich glaube, ich habe schon öfter darauf hingewiesen – für eine ganz besonders wichtige Aufgabe, einmal diese durch die Wiederholung von Argumentationszusammenhängen sich anzeigenden Konstanten innerhalb der Hegelschen Philosophie herauszuarbeiten. Und das Moment, das ich Ihnen eben gesagt habe, das ist eine solche Konstante, die Sie in den verschiedensten Gestalten bei Hegel immer wiederfinden; vor allem überall dort, wo die Hegelsche Philosophie es mit inhaltlichen Dingen, also nicht etwa mit bloßen Kategorien der Logik oder der Naturphilosophie, zu tun hat. Es ist nun etwas sehr Merkwürdiges, eine historische Tatsache, die aber vielleicht doch einen gewissen Schlüsselcharakter dem gegenüber, was ich Ihnen heute begreiflich machen möchte, besitzt, daß diese Negation der Negation, die dann von Hegel als Positivität gesetzt wird, unter genau demselben Namen, unter dem Namen der Positivität oder des Positiven, vom *jungen* Hegel in den von Nohl so genannten »Theologischen Jugendschriften«[24] aufs allerschärfste kritisiert worden ist. Diese Jugendschriften sind in ihren Zentralstücken geradezu ein Angriff auf die Positivität, und zwar vor allem auf die religiöse, die theologische Positivität, in der das Subjekt nicht bei sich selbst sei, die ihm gegenüber ein Fremdes und Verdinglichtes sei; und die eben als ein solches Verdinglichtes und Äußerliches und Partikulares gar nicht das Absolute sein könne, als welches diese Kategorien doch auftreten: ein Gedanke im übrigen, den Hegel auch später keineswegs aufgegeben oder verleugnet hat, sondern nur umgedeutet. Er hat überhaupt von seinen Motiven sehr wenige einfach preisgegeben und kassiert, sondern nur die Akzente gewechselt; in einer Weise allerdings, die ihnen dann manchmal den genau entgegengesetzten Sinn verleihen.

Die Argumentation, die ich Ihnen eben angedeutet habe, finden Sie noch in dem eigentlichen Programm der gesamten späteren Hegelschen Philosophie, in der sogenannten Differenzschrift »Über die Differenz des Schellingschen und Fichteschen Systems«[25] so wieder, wie ich Ihnen das eben angedeutet habe. Dieser Kritik zufolge sind also die Positivitäten, die in der ›Rechtsphilosophie‹ gegenüber der Negativität der bloßen denkenden und auf sich gestellten Subjektivität verteidigt werden; ja, wir würden heute sagen: die Zwangssituationen sind eigentlich Ausdruck dessen, was in der Sprache von Émile Durkheim mit *contrainte sociale* bezeichnet wird[26]. Nun hat Hegel mit Recht gezeigt, daß die Institution Kritik an der kritisierenden abstrakten Subjektivität sei, das heißt, daß sie notwendig ist, – und zwar, daß sie auch notwendig ist dafür, daß das Subjekt überhaupt sich selbst erhält. Das bloße Fürsichsein, die Unmittelbarkeit des Subjekts, das da glaubt, auf sich selbst gestellt zu sein, ist tatsächlich ein bloßer Trug. Die Menschen sind tatsächlich *ζῷον πολιτικόν* in dem Sinn, daß sie nur vermöge eben der Gesellschaft und schließlich auch der gesetzten gesellschaftlichen Einrichtungen haben leben können, denen sie dann als autonome und kritische Subjektivität sich entgegensetzen. Und Hegel hat, das muß man hier zunächst einmal hervorheben, durch seine Kritik an dem Schein, daß das, was einem das Nächste ist, nämlich das je eigene Selbst und sein Bewußtsein, nun auch tatsächlich das schlechthin Fundamentale und Erste sei, dann gerade auch zur Einsicht in die Gesellschaft und in das Verhältnis von Individuum und Gesellschaft Entscheidendes beigetragen. Es wäre eigentlich eine Theorie der Gesellschaft, wie wir sie heute meinen, ohne diese Hegelsche Einsicht überhaupt gar nicht möglich gewesen. – Er hat also, sage ich, den Schein des Ansichseins des Subjekts zerstört und dargetan, daß es selbst Moment der sozialen Objektivität ist. Und er hat weiter die Notwendigkeit abgeleitet, daß gegenüber dieser abstrakten Subjektivität das gesellschaftliche Moment als das Stärkere sich durchsetzt. Aber – und das ist der Punkt, würde ich sagen, an dem genau nun jene kritischen Überlegungen zu Hegel anzusetzen haben, die die Formulierung einer *negativen* Dialektik eigentlich rechtfertigen – es ist die Frage aufzuwerfen, ob nun tatsächlich diese als notwendige Bedingung dargetane und das abstrakte Subjekt unter sich subsumierende Objektivität tatsächlich das Höhere sei; oder ob sie nicht vielmehr das bleibt, was Hegel in seiner Jugend ihr vorgeworfen hat: nämlich eben das Äußerliche, das zwangshaft Kollektive; ob nicht der Rückzug auf diese vermeintlich höhere Instanz eine Regression des Subjekts bedeute, das seine Freiheit mit unendlicher Qual, mit Mühe errungen hat. Es ist nicht einzusehen, warum durch die Einsicht in den Zwangsmechanismus, der die Subjektivität und das Denken an die ihm gegenüberstehende Objektivität bindet, und angesichts der Abhängigkeit, die besteht, und angesichts der, ich möchte sagen: Logik der Tatsachen, die dann zu dem Triumph der Objektivität führt, diese nun auch notwendig recht behalten müsse. Es liegt darin ein Moment von Gewissenszwang, wie ich es am stärksten erfahren habe in der Auseinandersetzung mit einem hegelianischen Marxisten, nämlich in unserer Jugend mit Georg Lukács, der damals gerade einen Konflikt mit seiner Partei hinter sich hatte und in diesem Zusammenhang mir erzählt hat, seine Partei habe ihm gegenüber recht, obwohl er der Partei gegenüber in seinen Gedanken und Argumenten recht habe, – weil die Partei eben den objektiven geschichtlichen Stand verkörpere, während sein, für ihn und der bloßen Logik des Denkens nach, fortgeschrittenerer Stand hinter diesem objektiven Stand zurückgeblieben sei.[27] Ich glaube, ich muß Ihnen nicht erst ausmalen, was das bedeuten würde. Es würde nämlich einfach bedeuten, daß das Erfolgreichere, das sich Durchsetzende, das allgemein Rezipierte mit Hilfe der Dialektik den höheren Stand der Wahrheit hätte als das Bewußtsein, das die Scheinhaftigkeit davon durchschaut. Tatsächlich ist die Ideologie im Osten sehr weitgehend von diesem Motiv geprägt. Und es würde weiter darauf hinauslaufen, daß das Bewußtsein sich selbst abschneidet, sich die eigene Freiheit versagt und sich einfach an die stärkeren Bataillone anpaßt. Das ist ein Akt, den zu vollziehen mir nicht möglich scheint.

Und das ist der Grund, aus dem heraus ich sagen würde, daß generell – ich habe Ihnen das jetzt nur an *einem* solchen Modell exemplifiziert – die These, daß die Negation der Negation die Positivität, die Position, die Affirmation sei, eben nicht sich halten läßt; daß die Negation der Negation *nicht*, oder nicht automatisch, nicht ohne weiteres, in der Positivität resultiere. Heute, in einem Zustand, den die Menschen einerseits insgeheim alle als tief fragwürdig empfinden und der, auf der anderen Seite, so stark ist, daß sie glauben, nichts dagegen zu vermögen, oder vielleicht tatsächlich nichts dagegen vermögen, herrscht nun in dem allgemein verbreiteten Bewußtsein – im Gegensatz zu der von Hegel kritisierten abstrakten Subjektivität oder abstrakten Negativität – so etwas wie das Ideal abstrakter Positivität vor in jenem Sinn, der Ihnen allen aus dem ja nun wohl ehrwürdigen, aber immer noch recht virilen Witz von Kästner geläufig ist, der da in einem Gedicht schrieb: »Herr Kästner, wo bleibt denn das Positive?«[28] Ich kann Ihnen hier nicht verschweigen, daß mir die Fragwürdigkeit dieses Begriffs der Positivität aufgegangen ist vor allem in der Emigration, wo Menschen, die unter sehr extremen Verhältnissen von sozialem Druck sich anpassen mußten, dann, um diese Anpassung überhaupt leisten zu können, um dem gerecht zu werden, was ihnen zwangshaft zugemutet wurde, etwa ermunternd – und man merkt ihnen so ordentlich an, wie sie sich mit dem Angreifer identifizieren müssen[29] – sagen: Ja, der oder die, der ist so positiv . . . Was eben bedeutet, daß ein geistiger und differenzierter Mensch sich die Ärmel hochkrempelt und Teller wäscht, – oder was da sonst an angeblich gesellschaftlich nützlicher Arbeit verlangt worden ist. Je mehr alles an den als substantiell dem Bewußtsein vorgegebenen Gehalten zergeht; je weniger also mehr ist, wovon gewissermaßen die Ideologien zehren können, desto abstrakter werden notwendig alle Ideologien. Bei den Nazis, da war es noch die Rasse, an die unterdessen nun wirklich schon der Dümmste nicht mehr glaubt. Ich würde denken, daß in der nächsten Stufe der regressiven Ideologie es dann einfach das Positive sein wird, an das die Menschen glauben sollen etwa in dem Sinn, wie man in Heiratsannoncen die Formulierung ›positive Lebenseinstellung‹ als etwas ganz besonders Empfohlenes empfindet. Es ist mir auch eine Institution bekannt, die sich »Bund für positive Lebensgestaltung« genannt hat. Ich habe das nicht, wie Sie vielleicht denken könnten, erfunden, sondern es gibt das wirklich. Und dieser »Bund für positive Lebensgestaltung« läuft natürlich in Wirklichkeit auf ein Training heraus, durch das die Menschen etwa ihre Redehemmungen verlieren und sich als tüchtige Verkäufer vor Gott und den Menschen angenehm machen sollten. Das ist das, was aus dem Begriff der Positivität geworden ist. Dahinter steht der Glaube, das Positive sei *an sich* bereits ein Positives, ohne daß dabei gefragt wird, *was* denn da als Positives akzeptiert wird; und ob nicht einfach der Fehlschluß dabei vorliegt, daß das, was da ist und was positiv im Sinn des Gesetzten, des Daseienden ist, um seiner Unausweichlichkeit willen mit all jenen Attributen des Guten, Höheren, des Bejahenswerten bekleidet wird, – jenen Attributen, die in dem Wort ›positiv‹ mitschwingen. Es ist ja, wenn ich auch einmal ein bißchen Sprachmetaphysik auf eigene Rechnung betreiben darf, ganz bezeichnend und ganz interessant, daß in dem Begriff des Positiven selber diese Doppeldeutigkeit drinsteckt. Positiv ist nämlich auf der einen Seite das, was gegeben, gesetzt, da ist, – wie man etwa von Positivismus als der Philosophie redet, die sich an die Daten hält. Zugleich aber soll positiv das Bejahenswerte, Gute, in gewisser Weise Ideale sein. Und ich würde denken, daß diese semantische Konstellation in dem Wort außerordentlich genau etwas ausdrückt, was sich in dem Bewußtsein ungezählter Menschen vorfindet. Und im übrigen auch in der Praxis, etwa wenn einem gesagt wird, es sei ›positive Kritik‹ notwendig; so wie es mir vor ein paar Tagen gegangen ist, wo ich im Rheinland in einem Hotel dem Hoteldirektor sagte, er solle doch wegen des fürchterlichen Lärms, der in diesem sonst sehr guten Hotel geherrscht hat, Doppelfenster anbringen lassen; und als er, nachdem er mir erklärte, daß das selbstverständlich aus höheren Gründen ganz unmöglich sei, dann gesagt hat: »Aber ich bin natürlich immer für positive Kritik ganz außerordentlich dankbar.« Wenn ich von negativer Dialektik spreche, dann ist nicht das geringste Motiv dabei das, daß ich diese Fetischisierung des Positiven schlechthin, von der ich allerdings der Ansicht bin, daß sie eine ideologische Tragweite hat, die auch mit dem Fortschritt gewisser philosophischer Strömungen zusammenhängt, die die wenigsten sich träumen lassen,[30] – daß ich mich dagegen eben aufs schärfste abgrenzen wollte. Es muß eben gefragt werden, *was* bejaht wird, was zu bejahen sei und was nicht zu bejahen sei, anstatt daß das Ja als solches schon zum Wert erhoben wird, wie es leider schon bei Nietzsche in dem ganzen Pathos des Jasagens zum Leben angelegt ist, das sicherlich ein genauso abstraktes ist wie jenes Neinsagen zum Leben bei Schopenhauer, gegen das die einschlägigen Passagen bei Nietzsche sich richten[31]. Aus diesem Grund also könnte man, um es dialektisch auszudrücken, sagen, daß gerade das als positiv Auftretende wesentlich das Negative, das heißt das zur Kritik Stehende sei. Und das ist das Motiv, das wesentliche Motiv, für Konzeption und Nomenklatur einer negativen Dialektik.

Was ich Ihnen nun ausgeführt habe an jenem Modell, das charakteristisch für die Hegelsche Struktur insgesamt ist, das gilt auch für die Totalität seiner Philosophie, und zwar in einem sehr strengen Sinn: nämlich es ist, wie soll man sagen, das Geheimnis oder die Pointe dieser Philosophie, daß der Inbegriff aller in ihr enthaltenen Negationen – und zwar nicht als deren Summe sondern als der Prozeß, den sie miteinander bilden – zur Positivität werden soll im Sinne des berühmten und auch Ihnen allen vertrauten dialektischen Satzes, daß alles Wirkliche vernünftig sei[32]. Genau dieser Punkt, also diese Positivität der Dialektik als des Ganzen; daß man also, weil man das Ganze als ein Vernünftiges noch bis in die Unvernunft seiner einzelnen Momente hinein erkennen kann, – daß das

Ganze eben deshalb als sinnvoll zu behaupten sei, das scheint mir tatsächlich unhaltbar geworden zu sein. Die positivistische Verflachung Hegels hat im 19. Jahrhundert ja bereits gegen diesen Punkt sich gewehrt. Und man muß sagen, daß sie in dieser Gegenwehr, so kurzschlüssig sie war und so wenig sie verstanden hat, daß diese Positivität des Ganzen nicht einfach das: Es ist alles so herrlich eingerichtet, ist, sondern daß eben dieses Ganze, das positiv sei, unendlich in sich vermittelt ist, – trotzdem muß man zugestehen, daß die Kritik, die die positivistischen Philosophien im 19. Jahrhundert an dieser Generalthesis von Hegel geübt haben,[33] etwas Berechtigtes gehabt hat. Heute aber ist die positive Unterstellung, daß das Wirkliche vernünftig sei, das heißt: daß das was ist einen Sinn habe, nicht mehr möglich. Daß also der Inbegriff des Seienden sich in einem *anderen* Sinne als sinnvoll herausstellt, als daß alles aus einem bestimmten, in sich einheitlichen Prinzip, nämlich dem naturbeherrschenden, zu erklären sei, – das ist schlechterdings unmöglich geworden. Ich weiß nicht, ob es zu halten ist, daß man nach Auschwitz kein Gedicht mehr schreiben kann.[34] Aber daß man nach Auschwitz nicht im Ernst mehr davon reden kann, daß eine Welt, in der das möglich gewesen ist und in der es jeden Tag aufs neue in anderer Gestalt droht und in ähnlicher Gestalt, ich erinnere an Vietnam, wahrscheinlich in dieser Sekunde geschieht, – daß man von einer solchen Gesamtverfassung der Realität soll behaupten können, daß sie sinnvoll sei, das scheint mir ein Zynismus und eine Frivolität, die einfach im Sinne, ja, lassen Sie mich sagen: der vorphilosophischen Erfahrung nicht zu vertreten ist. Und eine Philosophie, die dem gegenüber sich blind machte und mit der törichten Arroganz des Geistes, der die Realität nicht in sich aufgenommen hat, behaupten würde: trotz allem, dennoch *ist* ein Sinn, – das scheint mir wirklich einem Menschen, der noch nicht vollkommen durch Philosophie verdummt ist (denn Philosophie kann unter vielen anderen Funktionen auch die der Verdummung ohne alle Frage mit Erfolg ausüben), nicht zumutbar zu sein. Ich erinnere mich in diesem

Zusammenhang sehr genau daran, daß in einem Proseminar, das ich relativ kurz vor dem Ausbruch des Dritten Reiches mit Tillich zusammen abhielt, eine Kommilitonin einmal gegen den Begriff eines Sinnes der Existenz sehr drastisch gesprochen hat und daß, als sie sagte: das Leben kommt mir nicht sinnvoll vor, ich weiß nicht, ob es sinnvoll ist, die damals schon recht vernehmbare Nazi-Minorität in dem Seminar dagegen äußerst erregt gescharrt hat. Nun, ich will nicht behaupten, daß das Scharren der Nazis irgend etwas bewiesen oder widerlegt habe, aber es ist immerhin sehr bezeichnend. Es ist ein Nervenpunkt, würde ich sagen, für die Beziehung des Denkens auf Freiheit, ob es ertragen kann zu erkennen, daß eine gegebene Realität sinnlos ist, daß in ihr also der Geist selber sich nicht wiederfindet; oder ob das Bewußtsein so unkräftig geworden ist, daß es ohne sich immer wieder einzureden, alles sei zum Besten bestellt, überhaupt gar nicht mehr auszukommen vermag. Ich würde denken, daß aus diesem Grunde die theoretische Konstruktion einer Positivität als des Inbegriffes aller Negationen nicht mehr möglich ist, – es sei denn, Philosophie sollte wirklich jenem schlechten Ruf der Weltfremdheit Ehre machen, den sie immer dann am meisten sich verdient, wenn sie mit der Welt auf besonders vertrautem Fuß sich zeigt und dieser Welt eben so etwas wie einen positiven Sinn zuspricht.

Durch das, was ich gesagt habe, wird Ihnen deutlich geworden sein, daß der Begriff der Dialektik, der negativen Dialektik – und das dürfte auch die Wahl des Terminus negativ nicht unwesentlich stützen – *kritisch* wird; daß also eine Art von Dialektik, der es nicht darauf ankommt, wie der späte Hegel es gefordert hat, in allen Negationen das Affirmative zu finden sondern das Gegenteil, – das die sich *kritisch* zu verhalten hat. Und ich möchte hier zunächst einmal thetisch ganz allgemein voranstellen, daß die negative Dialektik, von der ich Ihnen Elemente und Idee zu entwickeln habe, mit einer kritischen Theorie im wesentlichen dasselbe ist. Ich würde denken, die beiden Termini Kritische Theorie und Negative Dialektik[35] bezeichnen das gleiche. Vielleicht, um exakt zu sein, mit dem einen Unterschied, daß Kritische Theorie ja eben wirklich nur die subjektive Seite des Denkens, also eben die *Theorie* bezeichnet, während Negative Dialektik nicht nur dies Moment angibt sondern ebenso auch die *Realität,* die davon getroffen wird; also daß der Prozeß nicht nur ein Prozeß des Denkens sondern, und das ist guter Hegel, zugleich ein Prozeß in den Sachen selber sei. Dieser kritische Charakter der Dialektik ist auseinanderzulegen in eine Reihe von Momenten. Zunächst ist es jenes Moment, das ich Ihnen in der letzten Vorlesungsstunde – wenn Sie sich daran erinnern – versucht habe zu entfalten an dem Verhältnis zwischen dem Begriff und seiner Sache. Wir werden darauf noch kommen. Wir werden darauf stoßen, daß die These von der Identität zwischen dem Begriff und der Sache eigentlich der Lebensnerv überhaupt des idealistischen Denkens, man kann sagen: des traditionellen Denkens überhaupt ist; und daß diese Behauptung der Identität von Begriff und Sache auch aufs tiefste verwachsen ist mit der Struktur der Realität selber. Und negative Dialektik als Kritik heißt vor allem anderen die Kritik eben an diesem Identitätsanspruch, der natürlich nun nicht an jeder einzelnen Sache in schlechter Unendlichkeit zu führen ist, der aber wohl zu führen ist an den wesentlichen Strukturen, die das philosophische Interesse, auch vermittelt durch die Thematik der Philosophie, sich gegenüber findet. Weiter bedeutet Dialektik als Kritik die Kritik an der Hypostase des Geistes als des schlechterdings Ersten und des schlechterdings Tragenden. Ich erinnere mich, daß ich seinerzeit in der Emigration diesen Gedanken, daß das an der Philosophie sei, einmal Brecht entwickelt habe, und daß Brecht darauf so reagiert hat, daß ja das durch die Diskussion – und er dachte dabei einfach an die materialistische Dialektik – eigentlich bereits längst erledigt sei und daß man dadurch das Denken zurückschraube auf eine Kontroverse, die durch den irrealen Gang der Geschichte bereits überholt sei. Ich kann dem nicht zustimmen. Auf der einen Seite will es mir scheinen, daß das Werk, das er dafür in Anspruch nahm, nämlich das Leninsche über den Empiriokritizismus[36], im Sinn einer philosophischen Kritik an der Hypostase des Geistes oder am Idealismus das, was es sich vornimmt, in gar keiner Weise leistet, sondern daß es ein durchaus dogmatisches Werk bleibt, das einfach eine These mit unablässigen Beschimpfungen und Varianten hinstellt, ohne in den Begründungszusammenhang überhaupt einzutreten. Und die Tatsache, daß die materialistische Dialektik in einem so fragwürdigen Sinn zu einer Weltanschauung geworden ist, anstatt das zu sein, was sie einmal sein wollte, nämlich in einem höheren Sinn Wissenschaft, wirklich der fortgeschrittenste Stand der Erkenntnis, scheint mir mit dieser Dogmatik durchaus zusammenzuhängen. Darüber hinaus aber glaube ich, daß in diesem Moment zu der eigentlich philosophischen Kritik an der Hypostase des Geistes deshalb soviel Grund ist, weil für die Philosophie – deren eigenes Medium ja der Geist ist; die ihrerseits stets und immer nur im Geist sich bewegt – diese Hypostase des Geistes etwas Unwiderstehliches ist. Ich glaube, jeder Mensch, der einmal wirklich erfahren hat, was große Philosophie ist, wird die Gewalt eben dieser These vom Primat des Geistes, wie er in jeder sogenannten prima philosophia enthalten ist, erfahren haben. Und ein Denken, das dieser Erfahrung sich entzieht, anstatt sie, nachdem sie fragwürdig geworden ist, an sich selbst zu messen und mit ihrer eigenen Kraft in Bewegung zu setzen, – ein jedes solches Denken würde ganz unkräftig sein. Vergessen Sie nicht, daß eben dadurch, daß Denken im Begriff sich vollzieht, das Organ des Begriffs, nämlich eben Bewußtsein, schon von vornherein in einer Art von Prioritätsstellung herein manövriert wird;[37] und daß, wenn man einmal auch nur im leisesten den Vorrang des Geistes – sei es in Gestalt der ›Gegebenheiten‹, die dem Geist als sinnliche Daten gegeben sind, oder sei es im Sinn des Vorrangs der Kategorien –, wenn man diesem Prinzip auch nur den kleinsten Finger reicht, dann tatsächlich nicht mehr herauszukommen ist. Die ungeheure Gewalt Hegels, das ist die Gewalt, von der wir heute noch so beeindruckt sind und von der, weiß Gott, *ich* so beeindruckt bin, daß ich mir dessen bewußt bin, daß von dem, daß von den Gedanken, die ich Ihnen hier entwickle, keiner ist, der nicht zumindest tendenziell auch in Hegels Philosophie enthalten ist.[38]

3. Vorlesung
16. 11. 1965

Stichworte

3)[39] Heute ist der Begriff der Positivität, und zwar in abstracto, zur Ideologie geworden.

Kritik an sich mache sich verdächtig.

Demgegenüber hat noch in seiner Abstraktheit der Begriff des Negativen sein Recht, als Widerstand, auch wenn er sein Positives abstrakt nicht hat – es steckt im Negierten

Aber: es geht um die bestimmte Negation, d. h. die immanente Kritik die den Begriff mit seinem Gegenstand und umgekehrt konfrontiert.

Negativität an sich ist kein Gut – das wäre ein schlecht Positives.

Sonst nur die Eitelkeit des über den Sachen Seins, weil man nicht darin ist. Warnung vor dem narzißtischen Mißbrauch. – Negativität dem Eigenen gegenüber.

Vielleicht gibt es sogar ein positives Movens, aber es darf sich nicht aussprechen (Bilderverbot!), d. h. nicht sich selbst setzen. Das Feste, Positive nicht leugnen – aber es ist ein Moment, nicht darauf zu reduzieren.

Bei H[egel] nun ist die Positivität der Dialektik zugleich deren Voraussetzung (d. h. das Subjekt, der Geist) und deren τέλος, *sie trägt das System.*

Es resultieren also 2 Fragen die ich durch die Entwicklung des Gedankens zu beantworten versuchen muß:

1) ist negative Dialektik überhaupt möglich? D. h. woher die Bestimmtheit der Negation ohne die positive Setzung die sie geleitet. Dazu: was wird aus der Neg[ation] der Neg[ation]. Meine Antwort: je die schlechte Positivität. Index falsi. – Schwerster Vorbehalt gegen Begriff der Synthese. Übrigens ist bei H[egel] die sog[enannte] Synthese (die in den Texten eine erstaunlich geringe Rolle spielt) nicht einfach das Bessere und Höhere sondern das sich Geltendmachen der Thesis in der Antithesis, Ausdruck der Nichtidentität; darin von der emp[iristischen] Phil[osophie] gar nicht so ver-

schieden. – Nuancenunterschied: diese in Phil[osophie] entscheidend
** Einf. 3 a*[40]

2) Gibt es – das ist dasselbe, anders gewandt – Dialektik ohne System. Benjamins These und ihre Aufgabe. *16.XI.65*

Vorlesungsprotokoll

Da diese Vorlesung »Negative Dialektik« heißt,[41] darf ich vielleicht doch noch einmal auf den Begriff der Positivität in seiner heute gängigen Gestalt zurückkommen. Ich glaube, ich habe Ihnen bereits in der letzten Stunde angezeigt, daß der Begriff der Positivität an sich, in abstracto heute zur Ideologie geworden ist; und daß Kritik an sich, ganz gleich welchen Inhalts, heute sich bereits verdächtig macht. Und nicht zuletzt das hat mich veranlaßt – wenn Sie einmal nicht von den Einzelproblemen aus die Sache sehen, sondern so von der großen philosophischen Architektur her – von negativer Dialektik zu reden. Nun wäre es aber falsch und oberflächlich (und das möchte ich gerne vermeiden), daß Sie das Phänomen, um das es sich dabei handelt, nun einfach auf die herrschende Stellung des Bewußtseins zum Begriff der Positivität, und in eins damit der Negativität, beschränken wollten. Sondern es handelt sich hier um einen Vorgang, den man wahrscheinlich durch die gesamte Breite des gegenwärtigen Bewußtseins hindurch verfolgen kann und auf den nun wirklich der Begriff des verdinglichten Bewußtseins zutrifft, von dem ich hoffe, daß es mir gelingt, ihn einmal wirklich ganz zu artikulieren und theoretisch zu entfalten, – was freilich, so will es mir scheinen, mehr eine soziologische als eine philosophische Aufgabe wäre.[42] Ich meine hier damit dieses – und ich meine, es ist vielleicht für Sie nicht ganz unwichtig, auch im Sinn Ihrer eigenen geistigen Selbstbesinnung, darauf Ihr Augenmerk zu richten –, daß Begriffe, und damit sind wir eigentlich beim Thema der Dialektik, überhaupt nicht mehr gemessen werden an dem, was sie beinhalten, und daß das, was sie beinhalten, nicht gemessen wird am Begriff; sondern daß der Begriff stillgestellt wird und daß man zu dem Begriff ein Verhältnis einnimmt, ohne daß man dem Wahrheitsgehalt, auf den er sich bezieht, überhaupt noch nachfragt. Daß man also etwa den Begriff ›positiv‹, der ja wesentlich ein Relationsbegriff ist; der also gar nicht an sich gilt, sondern immer nur in bezug auf etwas, was da zu bejahen oder zu verneinen sein soll, – daß man diesen Begriff ›positiv‹, und zwar einfach wegen des emotionalen Wertes, den er gewonnen hat, wegen der Affekte, die sich an ihn angesaugt haben, aus diesen Beziehungen herausreißt, in denen er gilt, und ihn nun als ein Selbständiges und Absolutes akzeptiert und zum Maß aller Dinge macht. Ganz ähnlich etwa wie – ich sagte das in der Einleitung zu dem soziologischen Hauptseminar vor acht Tagen[43] – die ganze Kontroverse über den Intellektuellen, die heute sich so großer Beliebtheit erfreut, so betrieben wird, daß man über den Intellektuellen als einen anthropologischen oder geistigen oder moralischen Typus debattiert, ohne dem nachzufragen, was nun an geistigen Inhalten erscheint; ob nicht Intellektualität in dem prägnanten Sinn das Organ ist, Geistiges überhaupt adäquat wahrzunehmen – und was derlei Fragen mehr sind. Ich habe den Eindruck, daß diese Tendenz des verdinglichten Bewußtseins, die eigentlich darauf hinausläuft, alle Begriffe, die es überhaupt gibt, in einer ähnlichen Weise gleichzeitig still zu stellen und zu fetischisieren, wie das mit den Schlagworten der Reklame der Fall ist, – daß diese Tendenz um so verhängnisvoller ist, als sie gerade wegen ihrer Universalität gar nicht recht ins Bewußtsein tritt. Und ich würde denken, daß die Arbeit der Philosophie gar nicht so sehr nun in der Negativität als solcher besteht – ich werde darüber gleich einiges sagen –, sondern zunächst einmal darin, daß ein jeder seine eigene Art des Denkens soweit kontrolliert, daß er soweit kritisch zu seinem eigenen Denken sich verhält, um dieser Manier des verdinglichten Denkens dabei zu widerstehen. Und wenn ich einmal formulieren sollte, worauf nun eine negative Dialektik hinausläuft, soweit sie Ihnen Unterstützung bei Ihrem eigenen Denken bieten soll –

und schließlich ist das ja gerade in einer Vorlesung eine unverächtliche Aufgabe –, dann würde ich es darin sehen, daß sie Ihnen diese Tendenz bewußt macht; und dadurch, daß sie Ihnen bewußt wird, Sie daran verhindert, ihr zu folgen und zu willfahren.

Diese Tendenz könnte man selbstverständlich gesellschaftlich und auch geschichtsphilosophisch sehr weit zurückverfolgen. Ihr Hauptgrund ist sicher gerade der unwiderrufliche Verlust an absolut bindenden einheitlichen Kategorien[44]. Je weniger also an sogenanntem Substantiellen, an Unbefragtem dem Bewußtsein mehr vorgegeben ist, desto mehr tendiert es – gewissermaßen kompensatorisch; um das auszugleichen – dazu, Begriffe, die selbst gemacht sind, die also gar nichts dem Bewußtsein gegenüber Transzendentes haben, in dieser Weise im wörtlichsten Sinn zu fetischisieren, das heißt: das Selbstgemachte zu verabsolutieren. Zu verabsolutieren nämlich dadurch, daß es aus seinem Zusammenhang gerissen wird und nicht mehr darüber nachgedacht wird. Nun, ich würde sagen, angesichts dieses Tatbestandes hat der Begriff des Negativen noch in seiner Abstraktheit – in der ich ihn zunächst notwendig und damit *falsch* einführen mußte – ein gewisses Recht: nämlich das Recht des Widerstandes gegen derartige Denkgewohnheiten, auch wenn er seine eigene Positivität nicht ›hat‹. Denn gerade dieses ›etwas haben‹, es als etwas Festes, Gegebenes, Unbefragtes haben, worauf man sich bequem ausruhen kann, – das ist ja genau das, dem das Denken eigentlich widerstehen soll. Und gerade das, was einem Denken, das das nicht hat, als ein Mangel vorgeworfen wird, ist in Wahrheit das Medium, in dem sich der philosophische Gedanke, wenn er überhaupt einer ist, ergehen kann. Man könnte also sagen, daß in einem solchen widerstehenden Denken die Positivität im Widerstand gegen eben jene Momente steckt, die ich versucht habe, Ihnen durch den Begriff des verdinglichten Bewußtseins zu erläutern, wenn man dabei zunächst einmal ganz einfach an die Stellung des subjektiven Bewußtseins, also des geistigen Verhaltens eines jeden Einzelnen von uns denkt. Aber ich glaube, Sie sollten gleich und von Anfang an, um die Intention dessen zu fassen, worauf ich hinaus möchte und was ich Ihnen nur stufenweise entwickeln kann, sich darüber klar sein, daß es sich dabei nicht um Negativität als ein allgemeines und abstraktes Prinzip handeln darf, so wie ich sie Ihnen zunächst, aus Not, einführen mußte; sondern daß in dieser Negativität, wie ich sie Ihnen entwickelt habe – oder nicht entwickelt, sondern wie ich sie an den Anfang gestellt habe, weil man ja mit irgend etwas anfangen muß, auch wenn man an einen absoluten Anfang gar nicht glaubt –, daß darin die Anweisung steckt zu dem, was bei Hegel *bestimmte* Negation heißt. Mit anderen Worten: diese Art von Negativität konkretisiert sich dadurch, geht dadurch über die bloße Standpunktsphilosophie hinaus, daß sie immanente Kritik übt, indem sie die Begriffe mit ihren Gegenständen und umgekehrt die Gegenstände mit ihren Begriffen konfrontiert. Negativität *an sich,* wenn nicht ein solcher Begriff ein Nonsens wäre, denn durch dieses Ansichsein wird ja ein Begriff, der wesentlich nur im Kontext, also ›für anderes‹ gilt, bereits zum Gegenteil dessen, was er meint, – Negativität an sich ist kein Gut, das zu verteidigen wäre. Sie schlüge damit sogleich ihrerseits in schlechte Positivität um. Und diese Falschheit von Negativität an sich prägt sich aus in der Eitelkeit einer bestimmten Haltung, zu der man gerade als junger Mensch sehr leicht bewogen ist, – wenn man nämlich in die Disziplin der einzelnen Sachen sich noch nicht ganz hineinbegeben hat. Es kommt dann wirklich jene Haltung heraus, von der Hegel an einer berühmten Stelle der Vorrede zur ›Phänomenologie‹ gesagt hat, auf die ich mich ständig beziehe und die gründlich durchzuarbeiten ich Ihnen allen, die Sie diese Vorlesung hören, aufs dringendste anraten möchte, – es kommt also dabei heraus, was Hegel in der Vorrede zur ›Phänomenologie‹ bezeichnet mit der Eitelkeit und Leere dessen, der darum immer über den Sachen ist, weil er nicht in den Sachen ist[45]. Die abstrakte Negativität: daß man also sofort, sozusagen von außen her, die Fehler der Phänomene aufspürt, um damit sich selbst über die Phänomene zu stellen, dient weithin nur der narzißtischen intellektuellen Befriedigung und ist insofern von vornherein dem Mißbrauch ausgesetzt. Und es gehört wohl zu den ersten Forderungen der Disziplin von dialektischem Denken, an die mit großem Nachdruck zu erinnern ist, daß man dieser Versuchung widersteht, – obwohl in ihr selbst auch etwas Produktives steckt: nämlich eben dies, daß man sich von dem, womit man abgespeist wird, nicht befriedigen läßt; daß man fühlt, man ist was Besseres als der Schwindel, mit dem man zugedeckt wird. Das möchte ich gar nicht verkennen. Aber trotzdem soll man bei dieser Haltung nicht stehenbleiben. Eben das liegt in der Forderung der bestimmten Negation.

Es liegt aber auch darin, daß ein solches Denken natürlich die Verpflichtung hat zur unablässigen Selbstreflexion. Ich möchte hier doch sagen, daß unter den Einwänden gegen meine Versuche, die ja sehr erheblich sind, – wenn also schon den Leuten nichts Besseres einfällt (und es fällt ihnen leider im allgemeinen recht wenig dazu ein), daß sie dann sagen: ja, wendet er denn seine Negativität auch auf seine eigenen Sachen an? Das ist geradezu ein Schulfall dessen, was ich mit einer schlecht abstrakten Fragestellung bezeichnen möchte. Es geht ja nicht darum, daß ich, weil ich zu allen möglichen Phänomenen in einer bestimmten und in einem sehr ausgeführten theoretischen Zusammenhang stehenden Weise mich kritisch verhalte, nun auch, a priori sozusagen, eine solche sogenannte Negativität meinen eigenen Sachen gegenüber einnähme. Wenn ich schließlich meine Dinge, die nur in der Relation der bestimmten Negation sich konstituieren, im allgemeinen für falsch oder für unwahr hielte, dann würde ich sie halt nicht sagen. Darin daß ich sie sage, daß ich sie ausspreche, liegt im Grunde bereits das drin, daß soviel ich es vermag die Selbstreflexion in diese Dinge auch eingegangen ist. Aber von außen die Forderung heranzubringen: ja, wenn er ein negatives Prinzip hat oder wenn er die Negativität für ein wesentliches Medium hält, dann darf er doch eigentlich überhaupt nichts sagen, – darauf ist im Grunde nur zu antworten mit dem: das könnte jenen so passen! Ich meine, daß es wahrscheinlich – und das ist wohl das Äußerste, wozu man in diesem Zusammenhang sich überhaupt vorwagen darf –, daß es so etwas wie ein sogenanntes positives movens des Gedankens gibt; wenn man es *nicht* will, und ich sage mit Absicht ›es‹, weil man das ›es‹ nicht sagen kann, nicht ausdrücken kann, – ja, dann gibt es keine bestimmte Negation, dann gibt es eigentlich überhaupt nichts. Aber ich glaube, daß genau dieses Moment von Positivität, das zur Negativität dem Sinn nach korrelativ dazugehört, deshalb mit dem Prinzip der bestimmten Negation sich verbindet, weil es sich dagegen sträubt, daß man es abstrakt, fest, statisch, ein für allemal gleichbleibend stillstellt. Wenn es wahr ist, daß jede Philosophie, die überhaupt einigen Anspruch auf Wahrheit erheben kann, von dem alten Feuer lebt, also nicht nur Philosophie[46] säkularisiert, sondern eben auch Theologie säkularisiert, dann, glaube ich, ist hier ein ausgezeichneter Punkt jenes Säkularisationsvorgangs: nämlich eben der, daß das Bilderverbot, das in den Heilsreligionen an zentraler Stelle steht, daß dies Bilderverbot bis in den Gedanken und bis in die sublimsten Verzweigungen des Gedankens hineinreicht. Also, um das hier noch klar zu machen: es geht nicht etwa darum, irgendein Punktives, ja, nicht einmal darum, ein Festes im Denken zu leugnen; wir werden zu der Bedeutung des Festen in der dialektischen Logik, so hoffe ich, noch recht konkret kommen; aber dieses Feste und Positive ist genau darin, wie die Negation, ein *Moment,* – und nicht etwa das, was antezipiert werden, an den Anfang gestellt werden kann. Wenn Sie mich nach dem fragen, was ich Ihnen gesagt hatte: wenn du zugestehst, daß das Positive wie das Negative beides nur Momente seien und daß beides nicht als ein Absolutes zu statuieren wäre, – warum ich dann den Begriff der Negativität so nachdrücklich befördere, dann kann ich Ihnen die wirkliche Antwort darauf erst erteilen, wenn Sie die Dinge ausgeführt finden, die wir jetzt erst angefangen haben: nämlich wenn es mir gelingen sollte, die identitätsphilosophische Voraussetzung des traditionellen Denkens bündig und immanent zu kritisieren. Ich muß Sie also da um Ihre Geduld bitten; ich könnte es in diesem Augenblick nicht. Aber für den Hausgebrauch, sozusagen als schlichter Mann aus dem Volke, wüßte ich, daß die Welt von Positivität nur so überfließt; und daß diese Positivität sich selbst in einem solchen Maß als das Negative erweist, daß es diesem Negativen gegenüber doch wohl zunächst einmal sich geziemt, eben jene Haltung einzunehmen, die durch den Begriff einer negativen Dialektik bezeichnet wird.

Und das ist nun allerdings ein Unterschied von Hegel, der durch nichts zuzuschminken ist und der sich nun nicht etwa lediglich auf sogenannte allgemeine Positionen bezieht, sondern der bis in alle einzelnen Kategorien hineinreicht. Denn so unendlich reich Hegel ist, und so unendlich viel jedes philosophische Denken, das es ernst meint, an Hegel zu lernen hat, so wenig ist es doch möglich, gerade an diesem Punkt über die Differenzen hinwegzugehen oder sie nur als gewissermaßen äußerliche des systematischen Ansatzes zu betrachten. Bei Hegel ist die Positivität der Dialektik, also daß schließlich das Ganze, der Inbegriff aller Verneinungen das Positive, der Sinn, die Vernunft, ja: die Gottheit, das Absolute sei, ebenso die Voraussetzung, welche bei ihm die Dialektik eigentlich überhaupt erst auslöst, wie auf der anderen Seite auch das Resultat, das aus dieser Dialektik soll hervorgehen können, und zwar zwangvoll hervorgehen. Und gerade auf diesen Zirkel hat Hegel sich besonders viel zugute getan, er hat deshalb seine Philosophie mit der Kreisgestalt verglichen[47]. Und man könnte wohl nach Analogie eines Wortes, das aus einer gänzlich anderen Sphäre, nämlich der der Mathematik, stammt, wohl von Henri Poincaré so formuliert worden ist,[48] recht verstanden die gesamte Hegelsche Philosophie als eine einzige gigantische Tautologie auffassen.[49] Das wäre alles schön und gut, wenn die Sache nicht den einen Haken hätte, daß diese Philosophie, die alles haben möchte, diese Philosophie, die auf nichts verzichten möchte, diese Philosophie, für die es keinen sei es ihr noch so sehr konträren Begriff gibt, den sie nicht am liebsten auch in sich hineinschlingen und beanspruchen würde, – daß diese Philosophie also auf der einen Seite sich zwar als ein gigantisches analytisches Urteil vorträgt, auf der anderen Seite aber zugleich auch behauptet, das synthetische Urteil par excellence zu sein; das heißt: in diesem analytischen Urteil im Geist das einzufangen, nämlich mit ihm zu identifizieren, was seinerseits nicht selbst Geist ist. Und das, gerade dieser Doppelanspruch, daß etwas zugleich analytisches und synthetisches Urteil sei, genau das ist der Punkt, von dem ich glaube, daß über Hegel, wenn man ihn ernst nimmt (und es gibt keinen größeren Respekt vor ihm als den, ihn ganz ernst zu nehmen), hinausgegangen werden muß; wo also das kritische Denken von ihm abweichen muß. Und ich bezeichne damit von Anfang an den Unterschied von der Gestalt der Dialektik, die ich gleichwohl nicht nur als die philosophisch höchste Ausprägung von Dialektik, sondern überhaupt als die höchste Position betrachte, die Philosophie überhaupt bis jetzt erreicht hat. – Nun, aus dem, was ich versucht habe, Ihnen bis jetzt zu skizzieren, resultieren zwei Fragen, die ich hoffe, durch die Entwicklung des Gedankens Ihnen einigermaßen zu beantworten und die ich Sie als thematisch festzuhalten bitte. Die eine ist die, *ob negative Dialektik überhaupt möglich sei,* das heißt: ob man eigentlich von einem dialektischen Prozeß reden kann, wenn die Bewegung nicht selber dadurch ins Spiel gebracht wird, daß im Grunde immer schon das Objekt, das da in seiner Differenz vom Geist begriffen werden soll, seinerseits selbst Geist ist. Woher also soll die *Bestimmtheit* der Negation stammen, ohne daß die positive Setzung, nämlich die des Geistes, in dem alles aufgehe, von vornherein sie geleitet? Man könnte dem auch die Wendung geben, daß man fragt, was in einer solchen negativen Dialektik – und das ist ein Problem, das ich zu Beginn bereits angeschnitten habe –, was wird in ihr aus dem, was bei Hegel Negation der Negation heißt; und ich möchte sie im Augenblick so beantworten, daß die Negation der Negation eben nicht das Positive schlechthin, sondern das Positive sowohl in seiner

Positivität wie auch in seiner eigenen Fehlbarkeit und Schwäche, in seiner *schlechten* Positivität also sei. Man kann also sagen, oder: es ist einer der methodischen Grundsätze – wenn ich einmal von einem solchen reden darf, ohne daß Sie sich wie Lämmergeier auf mich stürzen und sagen: nun hast du also doch einen allgemeinen methodischen Grundsatz; es geht gar nicht darum, ob man nicht irgendwelche allgemeinen oder festen Prinzipien hat, sondern nur darum, welchen Stellenwert, welche Funktion solche Prinzipien in dem Kontext einer Philosophie annehmen –, man könnte also vielleicht sagen (ich habe diese Formulierung früher schon zuweilen versucht)[50], daß zwar der spinozistische und echt identitätsphilosophische Satz, daß verum index sui et falsi[51] sei; daß also am Wahren unmittelbar seine eigene Wahrheit und das Unwahre sich ablesen lasse, – daß *das* zwar nicht gelte; daß aber das Falsche, das was nicht sein soll, *tatsächlich* der Index seiner selbst ist: daß das was falsch, nämlich zunächst einmal nicht es selbst ist; das heißt: nicht es selbst ist in dem Sinn, daß es nicht das ist, was zu sein es beansprucht, – daß dies Falsche sich, wenn Sie so wollen, in einer gewissen Unmittelbarkeit kundgibt, und diese Unmittelbarkeit des Falschen, dieses falsum, index sui atque veri ist. Also da ist eine gewisse, wenngleich keineswegs zu überspannende Anweisung zu dem, was ich für ›richtiges Denken‹ halte.

Nun, – in dem, was ich Ihnen angedeutet habe, stecken die schwersten Vorbehalte gegen den Begriff der *Synthese* drin. Und ich muß Ihnen gestehen: ich kann nicht anders, ich reagiere im Denken zunächst einmal idiosynkratisch, also sozusagen mit den Nerven; und das sogenannte theoretische Denken ist dann in einem weiten Maß nur der Versuch, diesen idiosynkratischen Reaktionen durch Bewußtsein nachzufolgen. Wenn Sie die kleine Arbeit über philosophisches Denken lesen, die ich jüngst in den »Neuen Deutschen Heften« veröffentlicht habe,[52] dann können Sie sich ein bißchen über das informieren, was ich mir dabei vorstelle. Ich habe jedenfalls gegen den Begriff der Synthese von früh auf eine heftige Idiosynkrasie gefühlt. Und ohne daß ich recht gewußt hätte, was sie bedeutet, – es war wohl zunächst gar nichts anderes als der Widerstand eines zu den Extremen tendierenden Menschen, dem der Synkretismus falsch vorkam und der sich gesträubt hat gegen jenen Mittelweg, der nach dem Satz von Arnold Schönberg[53] der einzige ist, der nicht nach Rom führt. Aber ich jedenfalls glaube, daß in der Stellung zu der Negation der Negation, als welche ja dem Schema der Triplizität zufolge die Synthesis sein soll, eben doch theoretisch diese Idiosynkrasie auch zum mindesten auf ihren Begriff gebracht ist. Dabei möchte ich Sie nun doch darauf aufmerksam machen, daß es bei Hegel mit dieser Synthesis eine höchst eigentümliche Bewandtnis hat. Es ist nämlich zunächst so bei Hegel, daß es, wenn Sie sich die Texte genau ansehen, unendlich viel weniger an solchen Synthesen, an solchen Positivitäten, die dabei herausschauen, gibt, als Sie zunächst erwarten. Und ich glaube, wenn man einmal, rein lexikographisch, dem Begriff der Synthese – nicht etwa dem Begriff der Synthesis im erkenntniskritischen Kantischen Sinn – bei Hegel nachginge, dann würde man finden, daß, gegenüber Begriffen wie Setzung, Position oder Negation, der Ausdruck Synthese unendlich wenig bei ihm begegnet, – was doch wohl auch mit der Sache etwas zu tun hat. Das hat aber einen Grund in der Sache, das ist keine bloß äußerliche Charakteristik der Hegelschen Sprache. Es ist nämlich bei ihm die sogenannte Synthese: das was jeweils innerhalb der Dreigliedrigkeit des Denkens – wenn es einmal bei Hegel etwas dergleichen geben soll – die dritte Stufe gegenüber der Negation bildet, keineswegs einfach das Bessere oder Höhere; sondern, wenn Sie sich einmal irgend so eine dreigliedrige Dialektik ansehen, meinetwegen schon die berühmte erste Trias von Sein, Nichts und Werden,[54] so werden Sie finden, daß diese sogenannte Synthese eigentlich ja etwas wie eine Bewegung ist, wie eine Bewegung des Gedankens, des Begriffs, die sich nach rückwärts wendet und die gar nicht nach vorn nun ein Erlangtes als ein glücklich gewonnenes Höheres ausgibt. Die Hegelschen Synthesen pflegen – und es wäre sehr lohnend, wenn die Analyse das einmal bis ins einzelne verfolgen würde – darin zu bestehen, daß *in* der Antithesis, nachdem sie einmal gesetzt ist, die Thesis doch wieder sich geltend macht. Ist also die Identität von zwei kontradiktorisch einander entgegengesetzten Begriffen einmal erreicht oder wenigstens behauptet in der Antithesis, wie in jener berühmtesten, der des Nichts mit dem Sein, dann folgt als eine weitere Reflexion dabei diese: ja, es *ist* zwar identisch, ich habe es zusammengebracht – also: das Sein als ein gänzlich Unbestimmtes ist zugleich das Nichts –, aber, wenn ich es einmal ganz primitiv ausdrücken soll: aber so *ganz* dasselbe ist es denn doch eigentlich nicht. Der Gedanke, der identifiziert, tut ja durch die Identifikation jedem einzelnen Begriff immer Gewalt an; und die Negation der Negation ist eigentlich gar nichts anderes als die *ἀνάμνησις* jener Gewalt, also die Rechenschaft darüber, daß ich, indem ich zwei Begriffe, die einander entgegenstehen, in eins gesetzt habe, zwar auf der einen Seite einer Notwendigkeit in ihnen gefolgt bin, zugleich aber auch ihnen Gewalt angetan habe, die korrigiert werden muß. Und eigentlich ist diese Korrektur der Gewalt in der Identifikation immer das, was die Hegelschen Synthesen meinen.[55] – Es ist das, diese Struktur – es handelt sich ja hier um eine Struktur der Dialektik –, es ist diese Struktur nicht immer ganz streng durchgehalten; und ich weiß sehr wohl, daß man mir in der Hegelschen ›Logik‹ auch anders geartete Strukturen präsentieren könnte. Aber ich würde mich anheischig machen, doch soviel zu sagen, daß die *Intention* eigentlich immer *diese* Intention ist, – was, nebenbei bemerkt, die sehr interessante systematische Konsequenz hat, daß die Bewegung des Denkens, als welche ja die Dialektik als eine radikal dynamische Art des Denkens charakterisiert, keineswegs nur ein Bewegung nach vorn, keine einsinnige ist, sondern immer zugleich auch eine rückläufige Bewegung ist, die das, wovon sie sich entfernt, jedenfalls der Absicht nach immer wieder auch in sich hineinnimmt. Und wenn es zu den erstaunlichsten und am schwersten zu fassenden Struktureigenschaften der Dialektik bei Hegel gehört, daß auf der einen Seite die Kategorien unablässig als werdende und sich verändernde bestimmt werden, daß aber auf der anderen Seite trotzdem die Kategorien, als solche der Logik, *schlechterdings* gelten sollen wie in irgendeiner traditionellen Logik oder Erkenntnistheorie auch, – dann hat das, wenn ich mich nicht täusche, genau diesen Grund, daß durch diese, in der Bewegung nach vorn selbst gelegene, retrograde Tendenz das was weitergeht immer zugleich auch stillgestellt wird; so daß also das Werden und das Sein auch in diesem Sinn (das jedenfalls ist die Absicht der Hegelschen Dialektik) miteinander identisch sein sollen. Wenn das zutrifft, was ich Ihnen eben gesagt habe, wenn also die sogenannte Synthesis gar nichts anderes ist als der Ausdruck der Nichtidentität von Thesis und Antithesis, dann wäre ein solcher Ausdruck von Nichtidentität von dem, was ich mit dem Begriff einer negativen Dialektik meine, gar nicht so absolut, gar nicht so weltenweit verschieden, wie es Ihnen zunächst einmal, auf den ersten Blick und auch nach dem, was ich Ihnen in meiner allgemeinen Charakteristik vorher gesagt habe, erscheinen dürfte. Es zeigt sich auch daran, daß die Unterschiede – und das ist eigentlich die größte Zumutung, die die Philosophie an ihre Adepten ergehen läßt –, daß die Unterschiede, auf die es eigentlich ankommt in der Philosophie (ich habe das in früheren Vorlesungen verschiedentlich schon gesagt, ich darf es aber doch vielleicht wiederholen, um Ihnen damit eine gewisse Hilfe zu geben bei Ihrer eigenen Arbeit), die Unterschiede, auf die es in der Philosophie eigentlich ankommt, das sind gar nicht die Unterschiede so der großen, riesig gegeneinander gestellten Positionen. Wenn man die miteinander vergleicht, also wenn man zum Beispiel den Rationalisten par excellence Descartes und den Urvater des Empirismus, den Francis Bacon, miteinander vergleicht, dann wird man finden, daß die in ungezählten Dingen eigentlich genau dasselbe nicht nur sagen, sondern dasselbe, wenn auch mit verschiedenen begrifflichen Mitteln, *meinen;* daß die Intention dieser Philosophien viel näher beieinander ist, als es die sogenannten weltanschaulichen oder axiomatischen Positionen erwarten lassen. Aber in solchen minimalen Nuancen wie der Fassung des Begriffs der Synthesis bei Hegel und der Fassung des Begriffs der bestimmten Negation, um die ich mich bemühe, – gerade in diesen minimalen Nuancen stecken die Differenzen drin. Und die Fähigkeit, philosophisch zu denken, ist wesentlich die, die Differenzen ums Ganze eigentlich immer in diesen minimalen Differenzen, in den Differenzen ums Kleinste zu erfahren.

Ich sprach Ihnen von Fragen, die ich durch diesen Ansatz, wie vermittelt auch immer, zu beantworten gehalten bin. Nach der Frage nach der Möglichkeit einer negativen Dialektik wäre eine zweite zu beantworten, die allerdings nur der Formulierung nach, nicht der Sache nach, von jener ersten so schrecklich verschieden ist; das wäre nämlich die Frage, ob es Dialektik ohne *System* – und darüber hinaus, ob es Philosophie ohne System – überhaupt geben kann. Der Begriff des philosophischen Systems ist längst in Mißkredit geraten; zum ersten Mal emphatisch durch den Satz von Nietzsche, der Ihnen allen bekannt ist, von der Unredlichkeit des Systems[56], mehr aber dann noch durch die Epigonensysteme der verschiedenen neukantischen Richtungen, etwa das sogenannte offene System von Heinrich Rickert,[57] bei denen die Unangemessenheit der begrifflichen Apparatur an den Anspruch, den ein solches Denken erhebt, unmittelbar evident ist. Es kostet infolgedessen keine große geistige Zivilcourage, wenn man sich gegen das System erklärt. Und es ist heute, wo es keinen Menschen mehr gibt, der sich ein bißchen was zutraut, der noch von Systemen handeln würde, beinahe besser, wenn man die Frage, ob Philosophie überhaupt ohne System möglich sei, aufwirft, als wenn man immer mal wieder versichert, daß kein System möglich sei. Das, was ich versuche und was ich Ihnen darstellen möchte, ist nun tatsächlich nichts anderes als die Möglichkeit von Philosophie in einem verbindlichen Sinn ohne System und ohne Ontologie, – darauf möchte ich eigentlich heraus. Aber wie ernst es mit diesen Dingen ist – das darf ich Ihnen vielleicht zum Schluß doch noch sagen –, mag Ihnen daraus hervorgehen, daß ein Denker wie Benjamin, der im Ruf eines Essayisten und eines Mikrologen steht, noch in der Arbeit, die jetzt in den »Zeugnissen« sich findet,[58] sehr nachdrücklich die Ansicht vertreten hat, daß ohne System Philosophie nicht möglich sei. Und die Anstrengung seines Denkens hat, bis zu einer Art von Katastrophe, eigentlich doch dieser Frage nach der *Möglichkeit von Philosophie ohne System* gegolten. Und mit ihr werden wir uns im Fortgang der Vorlesung sehr eingehend zu beschäftigen haben, – eben mit jener umgekehrten Wendung; umgekehrt gegenüber der üblichen Selbstverständlichkeit, daß das *System der Philosophie nicht möglich* sei.

4. Vorlesung
18. 11. 1965

Stichworte

[Einfügung 3 a:] Anfang 18.XI.65

ad vocem System.

Verruf allgemein, wichtiger die Nötigung einzusehen.

Nach dem gesamten traditionellen Begriff der Phil[osophie] ist eine, die nicht System ist, verurteilt. Der traditionelle Begriff setzt sich die Erklärung des Weltganzen, oder des Weltgrundes vor.

System = die Form welche dies Ganze zu geben beansprucht.

Dabei Unterschied von Systematik und System.

Systematik ist eine in sich einheitliche Darstellungsform, ein Schema, in dem alles Raum findet, eine Veranstaltung subjektiver Vernunft.

System war die Entwicklung der Sache selbst aus einem Prinzip, dynamisch und total, das ›damit nichts draußen bleibe‹. Prototyp Fichte.

So groß ist das Bedürfnis nach dem System, daß heute unvermerkt die Systematik als dessen Substitut hingenommen wird. Daß alle Tatsachen in einem zuvor aus den Tatsachen abstrahierten Ordnungsschema Raum, seine [sic] feste Stelle finde, wird für die Erklärung genommen.

Dies Bedürfnis bedingt, daß auch Denkgebilde, die antisystematisch (Nietzsche) oder asystematisch auftreten, latent System sind.

Haags Hinweis auf Heidegger, in dessen Seinsbegriff Subjekt und Objekt so ungeschieden in einander sind, daß es die Funktion des Systemprinzips übernimmt, ohne freilich, wie die großen Systeme der Philosophie, als solches durchsichtig zu sein. Verbindet Totalität mit Verzicht aufs Begreifen.

Aber durch seine Latenz verändert sich der Impuls zum System, ist nicht mehr der gleiche.

Negative Dialektik ist, unter diesem Aspekt, das Bewußtsein seiner Veränderung. *[Ende der Einfügung]*

Wird der Gedanke dann[59] *nicht* <u>*zufällig*</u>*, willkürlich. Antwort: er wird geleitet von der Gestalt der (falschen) Positivität; philosophisch, wie stets, von der historisch gegebenen Gestalt des Gedankens. Er* <u>*richtet*</u> *sich gleichsam nach dem Widerstand. Anstelle des Systems Zwang der Sache.*

Nur: die <u>*Kraft*</u> *des Systems muß in die Kritik des Einzelnen umgesetzt werden können. Kritik im doppelten Sinn: des Begriffs u[nd] der* <u>*Sache*</u>*! Noch zur Diskussion. Denken, das in sich selbst das System verzehrt. Die Kraft, die beim Aufsprengen des Einzelnen frei wird, ist die einst das System beseelende, denn es ist die durch welche das Phänomen, als mit seinem Begriff nichtidentisches, mehr ist als es selbst. Zu* <u>*retten*</u> *am System: daß die Phänomene* <u>*objektiv*</u>*, nicht erst in ihrer Klassifikation, einen Zusammenhang bilden. Das ist aber nicht zu hypostasieren oder von außen an sie heranzubringen sondern in ihnen selbst, ihrer innersten Bestimmung aufzufinden, und die Methode dazu soll eine neg[ative] Dial[ektik] sein.*

(1)[60] *Philosophie schien überholt. Feuerbachthesen. Frage nach der Unidentität von Phil[osophie] heute, ihrer Irrelevanz, une barque sur l'Océan*[61] *Phil[osophie] scheint einer unvergleichlich beschränkteren Welt anzugehören. Häuschen.*[62]

Zu revidieren da nicht verwirklicht, nicht der Punkt, von wo aus sie ihrer Nichtigkeit zu überführen wäre. *18.XI.65*

Vorlesungsprotokoll

Sie werden sich erinnern, daß ich in der letzten Stunde übergegangen war zu der Behandlung des Begriffs des Systems. Ich möchte Sie schonend darauf vorbereiten, daß in diesem Kolleg von dem Begriff des Systems immer wieder die Rede sein wird. Es drängt sich mir die Erörterung dieser Kategorie, die im übrigen in einem Buch von mir, der ›Metakritik‹, zu kurz gekommen ist,[63] immer wieder auf. Und ich habe das deutliche Gefühl, Ihnen gerade an dieser Stelle eine deutliche Rechenschaft schuldig zu sein, die ich aber nicht ununterbrochen führen kann, sondern die ich an verschiedenen Stellen ansetzen und wieder aufnehmen muß. Zunächst möchte ich Sie dazu bringen, etwas geistig zu leisten, was für niemanden heute mehr so leicht ist, – nämlich *doch* die Nötigung der Philosophie zum System einmal nachzuvollziehen. Es ist heute viel wohlfeiler geworden zu sagen: systematisch zu philosophieren, das ist unmöglich geworden, – und infolgedessen muß man darauf verzichten, als sich dessen zu versichern, was eben doch dem Begriff des Systems einen solchen außerordentlichen Nachdruck verliehen hat. Und ich lege deshalb darauf einen so großen Wert, weil ich glaube, daß Sie auf der einen Seite meinen Ansatz überhaupt nur dann richtig verstehen können, wenn Sie ihn im Verhältnis zum System sehen, und nicht einfach als ein dem System gegenüber gleichgültiges, zufälliges Denken; dann aber, weil in einem gewissen Sinn doch die Motive, die einmal die philosophischen Systeme getragen haben, in meinen eigenen Versuchen aufbewahrt werden sollen, – jedenfalls ist das meine Absicht. Nach dem traditionellen Begriff von Philosophie ist eine, die nicht System ist, von vornherein verurteilt: nämlich verurteilt zur Zufälligkeit, verurteilt dazu, daß – wie die moderne Logistik das nennt – ihre Elemente unverbunden sind und deswegen ihres zwingenden Zusammenhangs und ihrer eindeutigen Gestalt entraten. Dahinter steht, daß der traditionelle Begriff der Philosophie, wie er von Platon bis zum deutschen Idealismus reicht, es darauf abgesehen hat, das Weltganze zu erklären, – oder wenigstens den Weltgrund, aus dem das Ganze zu schöpfen sei. System bedeutet dabei die Form, unter der ein solches Ganzes gegeben werden kann; eine Form also, bei der gewissermaßen nichts draußen bleibt. Dieser Anspruch im philosophischen Systembegriff ist außerordentlich groß, so groß, daß er fast mit dem Anspruch der Philosophie selber zusammenfällt.

Ich glaube, um sich dessen zu versichern, was hier gemeint ist, sollten wir uns klar machen den Unterschied zwischen System in diesem nachdrücklichen Verstande des Wortes und dem, was dann weitgehend an seine Stelle getreten ist, – nämlich die Systematik des Denkens. Unter Systematik verstehe ich dabei – und ich glaube, das ist nicht so eine willkürliche Verbaldefinition, sondern entspricht tatsächlich den Sachverhalten des systematischen Vortrags heute –, unter Systematik verstehe ich eine in sich einheitliche Form der Darstellung; also ein Schema, in dem alles, was zu dem betreffenden Sachgebiet oder schließlich auch zu dem philosophischen (falls das ein Sachgebiet sein sollte) gehört, seinen Platz findet, seinen richtigen Raum, an den es hingehört. Es ist also eine Veranstaltung subjektiver Vernunft. Vielleicht der wirksamste und bekannteste Typus einer solchen Systematik heute ist der Entwurf einer funktionell-strukturellen Theorie der Gesellschaft, wie sie von Talcott Parsons entwickelt worden ist und wie sie von ihm her über die Soziologie einen außerordentlichen Einfluß ausübt.[64] Es geht mir aber hier gar nicht um das Soziologische sondern um die Struktur eben eines solchen Denkens, das wie ein Plan ist, oder wie ein Bezugssystem ist, das man entwirft und in dem dann, was sich überhaupt findet, auch untergebracht werden kann. Es scheint mir sehr bezeichnend zu sein, daß gerade in einer Situation, in der das, was man als wesentlich philosophisches System bezeichnen kann, also: die Entwicklung einer Objektivität, eines angeblich Ansichseienden aus einem einheitlichen Gesichtspunkt heraus, – daß das in einem so weiten Maß durch das ersetzt worden ist, was man mit Systematiken bezeichnen kann. Ich nehme das als einen Index dafür, daß das Bedürfnis, das hinter der Systembildung steht, eben doch sehr viel größer ist, als die philosophische Diskreditierung des Systemgedankens es zunächst vermuten läßt; und eben das nötigt uns ja dazu, mit dem Begriff des Systems uns eingehend zu befassen. System also in dem nachdrücklichen, emphatischen, dem eigentlich philosophischen Sinn wäre – gegenüber diesem Begriff von Systematik als einem Ordnungsschema subjektiver Vernunft, einem Ordnungsschema, das man klassifikatorisch entwerfen kann –

die Entwicklung der Sache selbst aus einem Prinzip heraus, dynamisch, also eben als Entwicklung, als eine Bewegung, die alles in sich hineinzieht, die alles ergreift, und zugleich total ist, und mit dem Anspruch objektiver Gültigkeit von der Art, daß nichts, was überhaupt, mit Hegel zu reden[65], zwischen Himmel und Erde gedacht werden kann, aus einem solchen System draußen bleibt. Vielleicht ist der am konsequentesten durchgeführte Typus eines solchen Systems im nachdrücklichsten Sinn der Fichtesche. Fichte hat tatsächlich getrachtet, aus einer Idee, nämlich dem Ich, dem absoluten Subjekt, alles, auch das endliche Subjekt und das endliche, ihm gegenüberstehende Nicht-Ich, abzuleiten. Und ich glaube, wenn Sie sich einmal eine gewisse Klarheit über den nachdrücklichen Systembegriff verschaffen wollen, tun Sie gut daran, die beiden nachgeschriebenen ›Einleitungen‹ zur Fichteschen ›Wissenschaftslehre‹[66] zu lesen, in der Sie mit der ganzen Gewalt, die der Fichteschen Logik eignet, die Nötigung zum System sich vergegenwärtigen können, die dem erschlafften Bewußtsein heute gar nicht mehr fühlbar ist. Und ich meine allerdings, daß nur ein Denken, das emphatisch a-systematisch oder antisystematisch ist, es mit dem System aufnehmen kann, wenn es diese Nötigung selber verspürt und wenn es – falls ich dies Programmatische vorwegnehmen darf – es schließlich auch vermag, etwas von dieser Kraft, die einmal in den großen Systemansätzen aufgespeichert war, in sich selbst hineinzunehmen. So groß ist das Bedürfnis nach einem solchen System, das heute unvermerkt die Systematik – also das Ordnungsschema; gewissermaßen das blasse Nachbild des Systems in einem positivistischen Zeitalter – als Substitut für das System akzeptiert wird. Dabei ist gegen alle diese Systematiken zu sagen – und ich möchte das gerade sagen, weil ich weiß, ohne es recht zu verstehen, welche Faszination von solchen Systematiken heute ausgeht –, daß es eine äußerst fragwürdige Sache ist, daß ein Ordnungsschema, das erst aus den Tatsachen und ihrer Abfolge herausabstrahiert worden ist, um sie logisch durchsichtig anordnen zu können, dann so behandelt wird, als ob es das sei, was System sein wollte und was Philosophie jedenfalls immer sein muß: nämlich die Erklärung, die *Deutung* dessen, was davon ergriffen wird.

Dies Bedürfnis bedingt, und auch darauf möchte ich Sie aufmerksam machen, damit Sie sich des Ernstes dieses uns ferngerückten Motivs wenigstens erinnern, – dies Bedürfnis bedingt, daß auch Denkgebilde, die so antisystematisch sind wie etwa Nietzsche oder die, wie die moderne Phänomenologie und Ontologie, a-systematisch auftreten, latent gleichwohl Systeme sind. Husserl, der ja mit Einzelanalysen von Bewußtseinsphänomenen und ihren Korrelaten begonnen hat, ist schließlich aufrichtig genug gewesen zuzugestehen, daß, sobald man überhaupt einmal die Methode einer Reduktion alles dessen, was da ist, auf Bewußtseinsstrukturen unternimmt, damit eigentlich der Anspruch auf das System mitgesetzt ist. Und dadurch hat sich in der Spätphase die Husserlsche Phänomenologie in eine Art von System, ja, man kann wohl ganz getrost sagen: von System des transzendentalen Idealismus wieder zurückgebildet.[67] Aber selbst bei Heidegger ist es mit diesen Dingen komplizierter, als es vielleicht erscheint. Es war ja sicher unter den Gründen der Faszination, die einmal von der Heideggerschen Philosophie ausgegangen ist, auch einer, daß diese Philosophie mit einem gewissen Nachdruck als notwendig und konsequent sich dargestellt hat, ohne daß sie mit den Begriffsmühlen des Systems hörbar geklappert hätte. Es ist aber nun doch so – und ich verdanke den Hinweis darauf einem Gespräch, das ich in den letzten Tagen mit Herrn Professor Haag[68] geführt habe –, daß latent zumindest auch bei Heidegger die Funktion des Systems darin steckt, daß in seinem Seinsbegriff das, was eigentlich die philosophischen Systeme herkömmlicherweise nachzuweisen unternehmen: nämlich die Identität dessen was ist mit dem Gedanken, insofern enthalten ist, als dieser Seinsbegriff ja eine ununterschiedene, unmittelbare Einheit dieser Momente sein soll, aus der, eben weil sie ununterschiedene Einheit ist, dann die verschiedenen Seinsweisen des Seins und die Unterschiede des Ontologischen und des Ontischen erst deriviert werden. Also hat der Seinsbegriff bei ihm denn doch eine ganz ähnliche, zum mindesten ›erzeugende‹, Funktion und zugleich eine ähnlich totale Funktion, wie sie in der Tradition des deutschen Idealismus den Systemen zukam, – allerdings mit der Modifikation, daß die Relation auf ein solches ursprüngliches Prinzip nicht mehr durchsichtig ist; nicht mehr also im Sinn einer logischen Deduktion vollzogen wird; und auch nicht mehr das Prinzip, auf das dabei rekurriert wird, selber ein vernunftgemäßes sein soll. Man könnte also bei Heidegger paradox reden von einem irrational gewordenen System der Philosophie. Es verbindet, könnte man sagen, den Anspruch auf Totalität oder, wie er selber an einer Reihe von Stellen, zumindest von »Sein und Zeit« noch, sagt, den Anspruch auf Ganzheit mit dem Verzicht aufs Begreifen.[69] Übrigens können sie diese sonderbare Koppelung auch bei Kant bereits angelegt finden, der ja die Idee eines Systems des transzendentalen Idealismus sehr nachdrücklich verfochten hat und der den Plan hatte, die drei ›Kritiken‹ durch ein solches positiv ausgeführtes System zu ergänzen, der aber gleichzeitig den Gedanken eines Begreifens der Gegenstände ›von innen her‹ als leibnizianisch-intellektualistisch abgelehnt hat, – obwohl doch tatsächlich, wenn der Philosophie es gelungen wäre, alles was da ist, ohne einen Überschuß, der verbleibt, unter ihren Begriff zu bringen, damit notwendigerweise die Phänomene, die sie da unter sich hat, auch begriffen wären. Aber zu den vielen Fragen, die bei Kant offenbleiben – großartig offenbleiben, muß man sagen –, gehört eben auch dieses.

Nun möchte ich Sie aber doch auf etwas aufmerksam machen, was sich in den Veränderungen in der Funktion und in der Gestalt des Systems der Philosophie bemerkbar macht. Es wäre sehr billig (und ich möchte das um keinen Preis tun), wenn man nun etwa sagen wollte: na ja, wenn der Heidegger dann doch, malgré lui-même, ein System ist, dann ist er also Idealismus, und dann hat sich also die Sache damit erledigt. Ich will damit gar nicht leugnen, daß ich die Heideggersche Philosophie für verkappt idealistisch halte. Aber das, was sich hier zuträgt: daß nämlich der Systembegriff nicht mehr als solcher in Erscheinung tritt, sondern, wie ich vorhin es nannte, daß er latent wird; daß also nicht mehr alles, was da ist, explizit abgeleitet oder unter seinen konstitutiven, erzeugenden Begriff gebracht wird, – das verändert eben dann doch auch qualitativ den Begriff des Systems selbst. Also der Weg – und ich geniere mich gar nicht zu sagen, daß ich an dieser Stelle eine gewisse Berührung fühle –, der Weg, der das System gewissermaßen säkularisiert in eine latente Kraft des Bindens der Einzeleinsichten aneinander (anstelle ihrer architektonischen Anordnungen), der scheint mir tatsächlich der einzige Weg, der der Philosophie noch bleibt; nur freilich ein anderer als der, der dabei über den Begriff des Seins ginge und sich der Indifferenz des Seinsbegriffs dabei bedienen würde. Und unter diesem Aspekt möchte ich Sie bitten, den Begriff einer negativen Dialektik zu verstehen: als das Bewußtsein, das kritische und selbstkritische Bewußtsein einer solchen Veränderung der Idee des philosophischen Systems, das verschwindet, aber das im Verschwinden ähnlich seine Kräfte freiläßt, wie man das vielleicht von der Theologie behaupten kann, deren Säkularisierung seinerzeit ja die Idee des Systems als der in sich geschlossenen und sinnhaften Welt bereits gewesen ist. – Nach dem, was ich Ihnen gesagt habe, werden Sie vielleicht doch die Frage, ob so etwas wie Philosophie anders denn als System überhaupt möglich sei, als etwas weniger antiquarisch und als etwas weniger akademisch empfinden. Es ist in diesem Zusammenhang noch einmal daran zu erinnern, daß Benjamin in seiner Frühzeit sehr nachdrücklich gesagt hat, daß Philosophie anders denn als System nicht möglich sei[70]; und der Weg, der ihn von dieser Einsicht weggeführt hat, ist ja dann überaus schwierig und schmerzlich gewesen und ist auch fragmentarisch genug geblieben. Ich glaube nicht zu übertreiben, wenn ich sage, daß bis heute die Frage, ob Philosophie ohne System möglich sei, so ernst und mit einem solchen Nachdruck noch nicht in Angriff genommen worden ist, wie es notwendig ist.

Denn zunächst sieht es ja so aus, als ob der Gedanke, der der Einheit im System gänzlich sich entäußert hat, der Gedanke, der gleichsam losgelassen drauflos denkt (wenn man es einmal unfreundlich ausdrücken will), – als ob der damit der Zufälligkeit und der Willkür überantwortet würde. Und eben dieser Einwand, der des Aperçuhaften, ist mir selbst so lange gemacht worden, bis allmählich demgegenüber – einfach dadurch, daß es schließlich so viele Dinge gab, die ineinandergegriffen haben und einen Zusammenhang dargestellt haben – dieser Einwand dann zugunsten anderer zurückgetreten ist; ohne daß ich aber nun selber bis heute die Karten auf den Tisch gelegt hätte,[71] also wirklich gezeigt hätte, was nun dieses Verbindende, diese Einheit ausmacht. Und die Überlegungen, von denen ich Ihnen wenigstens einige in dieser Vorlesung mitteile, sind der Versuch, das endlich nachzuholen.

Die Antwort, die sehr vorläufige Antwort auf die Frage, ob der Gedanke, der nicht mehr dessen sich versichert hat, daß die Totalität alles dessen, was ist und gedacht werden kann, aus einem Einheitsmoment heraus entwickelt werden kann, – die Antwort, die darauf zu erteilen ist, hängt nun sehr eng zusammen mit den Überlegungen zum Begriff der Positivität und zur Kritik der Positivität, die wir in den letzten Stunden angestellt haben. Man wird vielleicht sagen dürfen, daß dieser Gedanke geleitet wird von der Gestalt der, wie immer fragwürdigen, Positivität, die er sich gegenüber hat. Die Struktur des Gedankens wird ihm aufgedrungen nicht länger von seiner Autorität und Souveränität, mit der er seine Gegenstände aus sich heraus hervorbrächte und erzeugte, sondern von der Gestalt dessen, was er sich gegenüber hat; und in einem engeren Sinn innerhalb der Philosophie – und das freilich ist nichts Neues, sondern ist die Geschichte der Philosophie hindurch wohl stets so gewesen – von der historisch vorliegenden Gestalt des Denkens, auf die er sich erstreckt. Die Einheit des Denkens, könnte man sagen, liegt in diesem Sinn eigentlich immer in dem, was es an seiner geschichtlichen Stelle, in seiner spezifischen Situation negiert, – im Sinn des Satzes von

Hegel, daß eine Philosophie ihre Zeit in Gedanken gefaßt sei[72]. Man könnte also sagen, daß der Gedanke, der verbindlich sein möchte ohne System, dabei sich richtet nach dem Widerstand, der ihm entgegengesetzt wird; daß also das Einheitsmoment herrührt von dem Zwang, den die Sache über den Gedanken ausübt, anstelle der ›freien Tathandlung‹ des Gedankens selbst, die, verborgen stets und keineswegs immer offen wie bei Fichte, das Zentrum des Systems gewesen ist. Das bitte ich Sie zu verbinden mit einem Gedanken, den ich Ihnen in ganz anderem Zusammenhang angedeutet habe, nämlich mit dem Gedanken der Säkularisation des Systems oder der Verwandlung des systematischen Motivs, mit dem Unmöglichwerden der philosophischen Systeme. Lassen Sie mich auch das einstweilen Ihnen einmal mehr programmatisch sagen, mehr thetisch formulieren, als daß ich es Ihnen jetzt schon im einzelnen ausführen könnte. Das Postulat würde lauten, daß die Kraft des Systems: das was einmal die Kraft der Einheit eines Denkgebildes im Ganzen war, umgesetzt werden muß in die Kritik am Einzelnen, an den einzelnen Phänomenen. Dabei heißt Kritik allerdings ein Doppeltes. Kritik heißt dabei – und ich weigere mich, diese beiden Momente, wie es die wissenschaftliche Übung uns einbläut, voneinander zu trennen –, Kritik heißt dabei einerseits *Kritik im noologischen Sinn;* also einfach die Kritik über wahr und falsch von Sätzen und Urteilen und von Konzeptionen als ganzen. Sie bringt aber dieses kritische Moment auch in einen notwendigen Zusammenhang mit der *Kritik an den Phänomenen,* die hier an ihrem Begriff gemessen werden, weil ihre Nichtidentität mit sich selbst, die sie doch immer zu besitzen behaupten, zugleich auch etwas besagt über das Recht oder Unrecht dieser Phänomene selbst. Ich kann jetzt über diesen Doppelsinn des Begriffs Kritik mich nicht länger auslassen. Ich möchte Sie nur darauf hinweisen, daß eben überall, wo ich von Kritik spreche, diese Doppelheit, die zugleich eine Einheit ist, gemeint wird. Und ich darf im übrigen diejenigen, die gerade auf diesen Punkt Wert legen, verweisen auf die Diskussion mit dem englischen Logiker der Sozialwissenschaften Popper, die erschienen ist in dem Band, der die Vorträge auf dem sogenannten Kleinen Tübinger Soziologentag enthält,[73] – vielleicht lesen Sie das dort nach. Das wäre also eigentlich das Programm, das ich Ihnen hier zu geben habe. Und dieses Programm nähert sich historisch vielleicht am meisten dem, was Nietzsche in dieser Hinsicht vorgeschwebt hat. Denken wäre ein Denken, das zwar nicht System ist, aber in sich das System und auch den systematischen Impuls verzehrt; das in seiner Analyse des Einzelnen eben die Kraft bewährt, die einmal die Kraft der Systembildung hat sein wollen. Die Kraft, meine ich, die beim Aufsprengen der Einzelphänomene durch das vor ihnen insistierende Denken frei wird, diese Kraft ist dieselbe, die einmal das System beseelte, denn es ist die, durch welche die einzelnen Phänomene, als je mit ihrem Begriff nichtidentische, mehr sind, als sie selbst sind. Es ist also in Philosophie etwas vom System zu retten: nämlich daß die Phänomene objektiv – und nicht erst in ihrer vom erkennenden Subjekt ihnen auferlegten Klassifikation – einen Zusammenhang bilden. Dieser Zusammenhang in der Sache selbst ist aber nicht zu hypostasieren, also nicht zu einem Absoluten zu machen, und ist auch nicht von außen an sie heranzubringen; sondern er ist in ihnen selbst, in ihrer inneren Bestimmung aufzufinden. Und negative Dialektik, soweit sie Methode ist – und sie ist nur ihrer einen Seite nach Methode –, soll eben dazu verhelfen.

Meine Damen und Herren, an diesem Punkt erwarte ich – abgesehen davon, daß all dies ja notwendig programmatischen Charakter trägt; aber ich muß Ihnen mein Programm entwikkeln, um Ihnen dann die Schritte plausibel zu machen, durch die es sich erfüllt –, ich erwarte an dieser Stelle denn doch von Ihnen allen einen Einwand. Sie werden nämlich sagen: eigentlich traust du hier mit einer gewissen Naivetät der Philosophie etwas zu, was sie doch gar nicht mehr leisten kann. In der Zeit, in der die großen Systeme entstanden sind – also in der Neuzeit, sagen wir: von Descartes bis zu Hegel –, hat die

Welt eine gewisse Übersichtlichkeit besessen, der, muß man hinzufügen, die Übersichtlichkeit dieser Systeme – und ich erinnere dabei nur an das unendlich komplexe Hegelsche – nicht durchaus entspricht. Aber immerhin ist es doch einmal so gewesen, daß die Systeme entstanden sind in einer Welt, in der man sich ausgekannt hat. Ich will weiß Gott nicht sagen, daß die Welt damals das gewesen sei, was die Soziologie etwa Cooleys mit primary community, also mit einer primären Gemeinschaft bezeichnet[74], – das ist sie gewiß nicht gewesen. Aber sie hat, bis in die Anfangszeiten der industriellen Revolution hinein, eben doch einen Charakter der Übersichtlichkeit gehabt, der etwa dem einer Kleinstadt im Vergleich zu einer riesigen Metropole mit einem unendlichen Gewirr von Hochbahnen, Untergrundbahnen, Gleisdreiecken und ähnlichen Institutionen entspricht. Und ich glaube, es gehört dazu – wenn man schon von Philosophie mit einem solchen Anspruch redet, wie ich es nun doch tue –, daß man dabei zunächst einmal, ja, ich möchte sagen: dieser Naivetät sich bewußt wird, die darin besteht, daß im allgemeinen Philosophie heute in den Modellen, die sie an die Wirklichkeit heranbringt, eigentlich sich so benimmt, als ob die Übersichtlichkeit der realen Verhältnisse es erlaubt, alles was da kreucht und fleucht gewissermaßen durchzusehen und auf einen einheitlichen Begriff zu bringen, – daß sie das noch voraussetzt. Es liegt also, könnte man sagen, in der Philosophie selber heute ein Moment der Provinzialität; wie im übrigen es zur Signatur des Zeitalters gehört, daß das Widerstehende, das was sich nicht verschreibt, immer gegenüber dem allgemeinen Trend – auch wenn es qualitativ viel fortgeschrittener und avancierter sein sollte – dieses Moment einer gewissen Arglosigkeit und Zurückgebliebenheit in sich hat. Und insofern sind die provinziellen Momente, die ich am »Jargon der Eigentlichkeit« hervorgehoben habe,[75] gar nicht akzidentell, sondern gehören bis zu einem gewissen Grad zu der Sache selbst, weil der traditionelle Begriff der Philosophie überhaupt nur dann heimzubringen ist, wenn das Denken sich so benimmt, als ob es noch in denselben traditionellen Verhältnissen sich erginge, mit denen die Philosophie einmal operiert hat. Gerade wenn man aber diese Nötigung der Philosophie zum Provinzialismus einmal erkannt hat, die ich selber in dem »Jargon der Eigentlichkeit« gar nicht so rückhaltlos ausgesprochen habe, wie es notwendig wäre, gerade dann hat man die Verpflichtung zu zwei Dingen. Auf der einen Seite nämlich, sich dieser Provinzialität gänzlich zu entschlagen; also nicht mehr so zu reden, als ob man vor allem eine sachhaltige Welt, deren Sachhaltigkeit dem philosophischen Bewußtsein längst entglitten ist, nun aus sich so entwickeln könnte, wie noch Hegel sich einbilden durfte, daß er es vermöchte. Auf der anderen Seite aber ist ebenso zu leisten, und ist ebenso unumgänglich notwendig zu leisten – wenn man überhaupt philosophieren will und sich dabei nicht benehmen will, wie wenn man irgendein behaglich eingerichtetes Häuschen mit dem Pentagon verwechselt –, den Weg zu beschreiben oder wenigstens, wenn nicht zu beschreiben, auch das übersteigt jede billige Forderung, wenigstens geistig verkürzt nachzuvollziehen, der den Gedanken auf die Philosophie zurückverweist. Und nur dadurch, würde ich meinen, daß man dieser erneuten Nötigung zur Philosophie inne wird, ist sie von jenem Moment des Provinzialismus zu kurieren, der da schon in der Gebärde steckt, daß irgend jemand heute noch in sein Studierzimmer oder, da es das nicht mehr gibt, in sein Seminarzimmer oder, da es das eigentlich auch schon nicht mehr gibt, in sein Büro sich setzt und nun glaubt, daß er von dort aus, Papier, Bleistift und ausgewählte Bücher zur Hand, das Ganze begreifen könnte. Ich meine allerdings, daß ein Denken, das dieser Forderung gegenüber versagt, von vornherein überhaupt keine Daseinsberechtigung hat. Und ich würde weiter meinen, daß gerade der Widerstand der positivistischen Strömungen gegen die philosophischen, die dieser Forderung sich versagen, auch das Richtige hat, daß man sozusagen die Stickluft riecht, die in jenem ›Häuschen der Philosophie‹ herrscht. Und wenn Philosophie überhaupt noch etwas sein soll, dann muß sie allerdings das Häuschen schleunigst niederreißen und darf vor allem um keinen Preis das Häuschen mit der alten oder gar einer neuen Geborgenheit[76] verwechseln.

Nun, – das ist Ihnen allen wohl mehr oder minder einleuchtend. Weniger einleuchtend wird Ihnen die Frage nach der Nötigung zur Philosophie sein oder vielmehr die Frage nach dem Weg, der den Gedanken auf die Philosophie zurückverweist. Ich glaube, es ist hier am besten, wenn ich Sie zunächst einmal einfach an die Position erinnere, die man mit Grund als ein Ende der Philosophie hat betrachten können: nämlich die Marxischen »Thesen gegen Feuerbach«, deren berühmteste ja lautet, die Philosophen hätten die Welt stets nur verschieden interpretiert, es käme aber darauf an, sie zu verändern[77]. Es ist durch diesen Satz der Philosophie einerseits die Schelle angehängt worden, daß sie nichts anderes als Ideologie sei. Und es ist auf der anderen Seite der implizite Anspruch gestellt worden, daß, indem man die Ideale der Philosophie, also vor allem das der Freiheit der Menschen von den ihnen gegenüber heterogenen Institutionen, endlich verwirkliche, – daß durch diese Verwirklichung die Philosophie als eine ihrerseits nun auch abstrakte, isolierte, bloß geistige Reflexionsform überflüssig würde.[78] Und die Tradition, aus der ich selbst stamme – soweit sie eine Tradition kritischer Philosophie ist –, die hat dieses Motiv als ein sehr wesentliches in sich gehabt. Nun meine ich allerdings, daß dieser Punkt, von dem aus die Philosophie als veraltet erschienen ist, selber unterdessen veraltet ist; und daß es seinerseits ideologisch, nämlich dogmatisch wäre, wenn man das nicht zunächst einmal zugestehen würde. Der Übergang, der von Marx als, sozusagen, um die nächste Straßenecke, nämlich in der Periode von 1848 bevorstehend, angesehen worden ist, ist nicht erfolgt. Es ist nicht der qualitative Sprung erfolgt, durch den die Welt verändert worden wäre. Und das Proletariat hat sich nicht als das Subjekt-Objekt der Geschichte konstituiert, als welches es der Theorie von Marx zufolge sich hätte konstituieren sollen. Man wird kaum übertreiben und man wird kaum zu weit gehen, wenn man aus diesen Beobachtungen – deren Folgen für eine kritische Theorie der Gesellschaft selbst ich hier nicht erörtern möchte; es handelt sich um äußerst komplexe Fragen dabei –, man wird jedenfalls soviel sagen dürfen, daß dadurch, daß die Umsetzung der philosophischen Theorie in die Praxis nicht erfolgt ist, die philosophische Theorie auch nicht als in dem Sinn überholt, veraltet, überflüssig mehr gedacht werden kann, wie sie es jener Marxischen Vorstellung zufolge sein sollte. Und an diese Gedanken: also gleichsam die Aktualität der Philosophie[79] daraus abzuleiten, daß ihre Abschaffung mißlungen ist, – an diese Gedanken möchte ich in der nächsten Stunde wiederum anknüpfen.

5. Vorlesung
23. 11. 1965

Stichworte

23.XI.65[80]

Keine Dichotomie von Theor[ie] u[nd] Praxis; Feuerbachthesen nicht so deuten. Nicht gemeint daß Phil[osophie] hinter den Aspekt ihrer Verwirklichung zurückfalle. Auf der einen Seite, d.h. dem Stand der Produktivkräfte nach, wäre es tatsächlich möglicher als je; verhindert durch Produktionsverhältnisse. Aber

1) es darf nicht so gedacht werden, als stünde es der Tendenz nach bevor, wo bei M[arx] die Möglichkeit ist eine gegen den trend. Wer das verkennt, verschreibt sich dem schlechten.

2) es darf aus der Praxis keine Einschränkung des Denkens abgeleitet werden. Brecht u[nd] Idealismus. Aber daß der phil[osophische] Idealism[us] von Lenin nur dogmatisch kritisiert wurde, ist ein Moment der falschen d.h. heteronomen Praxis

3) Interpret[ieren] heißt deuten, nicht notwendig anerkennen. Meine These: Interpretation ist Kritik. Ohne Interpret[ation] in diesem Sinn gibt es gar keine wahre Praxis. M[arx] hat wohl wirklich gemeint, die Phil[osophen] sollten ihre Tätigkeit zugunsten der Politik aufgeben.

4) Bei M[arx] ambivalent: einerseits volle wissenschaftliche Objektivität gefordert, andererseits die Phil[osophie] denunziert. Darin ein Problem; aber es ist zu denken.

5) Kein Rückfall in die bloße Kontemplation. Man kann keinen richtigen Gedanken denken, wenn man nicht das Richtige will. Denken selbst ein Moment von Praxis. Die Intention bleibt die Veränderung. – Aber gegen Pseudo-Aktivität. Gegen die zu rasche Frage nach der Praxis, die die Produktivkraft fesselt. Praktisch zu werden vermag wahrscheinlich nur der nicht restringierte Gedanke.

23.XI.65

Meine Damen und Herren, ich habe aus Ihrem Kreis einen mich außerordentlich bewegenden Brief wegen der Fragen erhalten, die sich an das angeschlossen haben, was ich in der letzten Vorlesungsstunde aus Anlaß der Feuerbachthesen sagte und was im übrigen ja anknüpft an gewisse Formulierungen aus der Arbeit »Wozu noch Philosophie« aus den »Eingriffen«[81]. Ehe ich auf diesen Brief eingehe (und ich möchte das), darf ich aber vielleicht zunächst noch einmal mit den Erwägungen fortfahren, die ich ja in der letzten Stunde wirklich nur gerade so antippen konnte, so daß sie selbstverständlich viel undifferenzierter ausgefallen sind (wie das in solchen Augenblicken immer der Fall ist), als sie gemeint sind. Ich wollte zunächst einmal ganz einfach sagen, daß, wenn für ein Denken der ›Zeitkern‹[82] und der Übergang in die Praxis so entscheidend ist, wie das in der Marxischen Konzeption der Fall ist, – daß man dann nicht gleichsam indifferent in der Theorie dagegen sich verhalten kann, daß der Übergang in die Praxis, so wie er prognostiziert war, nicht erfolgt ist. Man kann nicht den Augenblick des Übergangs – ich hätte beinahe, mit dem Terminus von Kierkegaard oder von Tillich[83], gesagt: den Augenblick –, man kann den Augenblick nicht stillstellen, nicht konservieren. Und man kann schlechterdings heute nicht mehr so denken, wie Marx dachte; nämlich: daß die Revolution unmittelbar bevorstünde, – einfach deshalb, weil auf der einen Seite weder das Proletariat damals schon der bürgerlichen Gesellschaft integriert war, noch, auf der anderen Seite, die bürgerliche Gesellschaft schon die ungeheuren Machtmittel, sowohl die realen physischen wie die in einem weitesten Sinn psychologischen, so ausgebildet hatte; beides, in eins mit der zunehmenden Integration, macht heute den Begriff einer Revolution außerordentlich problematisch. Daß auf der einen Seite die Revolution zu einer administrativ eingeführten Zwangsherrschaft wurde, aber auf der anderen Seite die bloße technische Möglichkeit der Atombombe dem gegenübersteht – Jürgen von Kempski hat darüber einmal eine sehr interessante Arbeit geschrieben, die ich Sie im »Merkur« nachzulesen bitten möchte[84] –, dagegen können die Vorstellungen von Praxis selbst nicht indifferent bleiben. Allein schon das ganze Reformismusproblem[85] bekommt ja dadurch, daß die Möglichkeit einer gewaltsamen Machtübernahme durch das Proletariat etwas, ja, ich möchte fast sagen: rührend Unschuldiges als Idee angenommen hat, – selbst die berühmte und in dem klassischen Marxismus, wie Sie wissen, aufs heftigste angegriffene Idee des Reformismus gewinnt dadurch (um nur auf das Allerdrastischeste zu verweisen) einen vollkommen veränderten Stellenwert, als sie damals besessen hat. Und ich wollte zunächst einmal gar nichts anderes, als Sie überhaupt auf diese ganze Problematik aufmerksam machen. Eine Praxis, die unendlich lang vertagt worden ist und ad calendas graecas weiter vertagt werden muß oder völlig veränderte Gestalten annehmen muß, kann nicht länger die Einspruchsinstanz sein, der gegenüber die Philosophie als etwas Veraltetes abzuwerten ist. Ich würde sagen, darüber nachzudenken, warum es *nicht* geschah und warum es nicht geschehen *konnte,* – diese theoretische Frage ist nicht zum geringsten Maß der Inhalt einer heute aktuellen Philosophie; nämlich der Inhalt, lassen Sie mich es einmal so ausdrücken, einer dialektischen Anthropologie, die ja sicherlich einen nicht geringen Teil der heutigen philosophischen Problematik ausmacht[86]. Auf der anderen Seite bedarf Philosophie, deren eigener Identitätsanspruch, wie er bei Hegel angemeldet war, dann am Entscheidenden, nämlich am Übergang in die Praxis, scheiterte; in der, der Marxischen Lehre zufolge, das Reich der Freiheit nun wirklich mit dem Reich der Notwendigkeit zusammenfallen sollte,[87] auch einer äußerst radikalen Selbstkritik und muß sich darauf besinnen, *warum* all das nicht gelang. – Wenn ich Ihnen in der letzten Stunde die Idee einer Entprovinzialisierung der Philosophie entwickelt habe, dann habe ich nicht zum letzten eben daran gedacht; das heißt eben daran, daß von diesen wirklich entscheidenden welthistorischen Perspektiven die Philosophie auch und gerade dort, wo sie sich, wie der deutsche Idealismus, als eine Geschichtsphilosophie ausgelegt hat, eigentlich überhaupt keine Kenntnis genommen hat. Wenn ich Ihnen hier vielleicht das Persönliche sagen darf: wenn ich in der Schrift »Jargon der Eigentlichkeit« – auf die ich noch einmal zu sprechen kommen werde – einzelne Vertreter der Philosophie wie zum Beispiel meinen Tübinger Kollegen Bollnow angegriffen habe, indem ich sie zitierte, so habe ich damit nicht etwa einem Affekt gegen die betreffenden Herren Ausdruck verleihen wollen. Ich kenne Herrn Bollnow selbst überhaupt nicht; ich habe ihn nie in meinem Leben gesehen. Sondern ich wollte nur – und Sie tun gut daran, wenn Sie solche Bücher unter diesem philosophischen Aspekt lesen –, ich wollte wirklich nur dabei an ein paar sehr drastischen Modellen Ihnen zeigen, worin nun tatsächlich dieser Provinzialismus der Philosophie besteht, von dem sie kuriert werden muß. Ich wollte das Gegenteil zur ›heilen Welt‹ fordern, damit die Philosophie wirklich über die Sphäre des erbaulichen Sonntagsgeschwätzes hinaus kommt. Denn sicherlich ist sie in dem sehr wenig erfreulichen Sinn Säkularisierung der Theologie, als sie weithin – und das läßt sich leider schon bei Hegel gelegentlich beobachten – selber in einen Predigerton verfallen ist, den die Theologie, soweit sie fortgeschritten ist, in dieser Weise heute sich gar nicht mehr zutrauen würde.

Nun möchte ich auf jenen Brief des Kommilitonen eingehen. Ich glaube, daß er zum Ausdruck gebracht hat und zwar auf eine sehr schöne und, wie soll man sagen: sehr prägnante Weise, was sicher viele von Ihnen bewegt hat bei den Dingen, die ich gegen Ende der letzten Stunde und nun zu Beginn dieser Stunde angetippt habe. Und gerade weil ich weiß, daß bei sehr vielen hier sehr starke, ja, ich möchte sagen: geistige Affekte angerührt werden, also ihr wirkliches Interesse an der Philosophie angerührt wird, glaube ich, daß ich darauf doch ein bißchen detailliert eingehen soll. Ich möchte zunächst einmal sagen, daß es sicher – und darauf hat jener Brief hingewiesen, aber ich glaube, daß, wenn Sie ein bißchen nachdenken,

Sie mich dessen nicht für verdächtig halten werden –, daß es sicher keine einfache Dichotomie von Theorie und Praxis gibt;[88] und daß vermutlich ja auch Marx selbst eine solche einfache Dichotomie nicht im Sinne hatte. Und ganz gewiß wären die Feuerbachthesen falsch interpretiert, wenn man sie nun im Sinn eines puren Praktizismus deuten würde. Dagegen spricht ja vor allem die Kritik an der Theorie der absoluten Aktion, unabhängig von der Theorie, die Marx an den verschiedenen anarchistischen Strömungen seiner Zeit geübt hat, deren reinen Aktivismus er ja mit diesem Mangel an Theorie gleichgesetzt hat. Wenn bei Marx von Wissenschaft die Rede ist, so geht da wohl Verschiedenes ineinander; sicherlich zum Teil das naturwissenschaftliche Modell, das ihn in seiner Zeit als Vorbild auch für die Wissenschaft der Gesellschaft mehr bewegte, ihm unmittelbarer vor Augen stand, als es uns heute – oder jedenfalls gerade den nicht konformierenden Richtungen der Soziologie heute – möglich ist. Auf der anderen Seite aber heißt dieser Begriff der Wissenschaft ja doch wohl auch bei ihm immer soviel, wie daß man theoretisch die Gesellschaft begreifen und theoretisch aus ihrem eigenen Begriff – nämlich dem Begriff des Tauschs – entwickeln muß, um richtig handeln zu können. Das war die Ansicht. Und wenn er sagte: ›bisher haben die Philosophen die Welt nur verschieden interpretiert‹, so liegt sicher in diesem ›bisher‹ nun nicht einfach der Verzicht auf Theorie und die Ansicht, daß man nur sozusagen draufzuhauen brauche und dadurch des Denkens entledigt sei. Eben diese Vorstellung ist ja nun tatsächlich eine faschistische, und man würde wohl Marx das grimmigste Unrecht antun, wenn man ihm etwas dergleichen unterschieben wollte. Ich habe auch nicht gemeint, daß die Philosophie hinter den Aspekt ihrer ›Verwirklichung‹ zurückfallen darf und nun wieder sozusagen sich häuslich einrichten darf nach dem Modell der Aristotelischen dianoetischen Tugend, in der die Philosophie sich in sich selbst befriedigt[89]. Denn die Philosophie – ich glaube, es ist doch wichtig, daß man das Einfache einmal festhält – unterscheidet ja etwa von der Kunst sich dadurch, daß sie kein autonom in sich ruhendes Gebilde ist, sondern daß sie stets auf ein Sachhaltiges, auf ein Wirkliches außerhalb ihrer selbst, außerhalb ihrer Gedanken sich bezieht; und daß gerade diese Beziehung zwischen dem Gedanken und dem, was nun seinerseits nicht selbst Gedanke ist, überhaupt ja, kann man wohl sagen, das Kernthema der Philosophie ausmacht. Wenn aber Philosophie überhaupt einmal mit dem Wirklichen es zu tun hat, dann ist es klar, daß ein bloß kontemplatives Verhältnis zu diesem Wirklichen, ein sich selbst genügendes, ein also nicht auf Praxis abzielendes deshalb unsinnig ist, weil ja eigentlich bereits der Akt des Denkens über Wirkliches selbst ein – sei es auch immer seiner selbst noch nicht bewußter – *praktischer* Akt ist.

Wenn man aber sagt, daß die Philosophie hinter den Aspekt ihrer Verwirklichung nicht zurückfallen dürfe, so ist dabei noch auf etwas viel Drastischeres zu verweisen von dem Objekt her; und zwar auf etwas, was man gerade durch das Gefühl der Gefangenschaft, des Eingesperrtseins, das wir alle ja haben, nur allzu leicht vergißt. Und ich bin deshalb dem von Ihnen, der jenen Brief geschrieben hat, so dankbar, weil er da mich darauf aufmerksam gemacht hat, daß etwas gesagt werden muß, was mir vielleicht so selbstverständlich ist, daß ich es nicht ausgesprochen habe; und daß dadurch eine falsche Perspektive in das gekommen ist, was ich gemeint habe. Das ist nämlich auch etwas sehr Drastisches, daß nach der einen Seite, also nach dem Stand der Produktivkräfte, eine Einrichtung der Welt, in der kein Mangel und infolgedessen keine Versagung und kein Druck mehr wäre, heute hier unmittelbar möglich ist. Insofern ist also der Gedanke des ›Jetzt oder in hundert Jahren‹, wie Franz Pfemfert es seinerzeit formuliert hat,[90] heute noch so aktuell, wie er gewesen ist. Und wenn man diese Seite, daß es den Produktivkräften nach ganz einfach ginge, daß die Menschheit befriedigt würde und in einen menschenwürdigen Zustand käme, – wenn man das nicht mit ausspricht, dann allerdings ist man in Gefahr, an der Ideologie mitzuwirken. Verhindert wird es tatsächlich nur durch die

Produktions*verhältnisse* und durch die Verlängerung der Produktionsverhältnisse in den Apparaturen der physischen und der geistigen Macht. Ich glaube also, daß man das doch zunächst einmal sagen muß und daß der mögliche Ansatzpunkt einer richtigen Praxis darin liegt, daß man nun allerdings neu durchdenkt, wie eine Gesellschaft denn doch ins Richtige kommen könne, die zwar nach der Seite der in ihr geronnenen Verhältnisse und des nach ihnen gemodelten Bewußtseins stationär zu werden droht, die aber auf der anderen Seite unablässig die Kräfte produziert, die zwar einstweilen wesentlich der Vernichtung dienen, durch die aber – wenn ich es einmal ganz kraß sagen soll – das Paradies auf Erden heute oder morgen tatsächlich möglich wäre. Aber man darf diese Dinge nun doch nicht so denken, als ob – und ich glaube, das ist eine Differenzierung; der Herr, der den Brief schrieb, hat auf Differenzierung gedrungen; und dieser Forderung komme ich gerne nach –, es darf nun doch, angesichts der in einem nicht vorstellbaren Übermaß zusammengeballten Verhältnisse der Produktion, wie es sich diesem Stand gegenüber darstellt, – es darf nicht so gedacht werden, als stünde der Umschlag in ein Reich der Freiheit einfach der geschichtlichen Tendenz nach bevor. Sondern diese Gesellschaft hat Mittel und Wege gefunden, auch den unablässigen Fortschritt der Produktivkräfte so zu kanalisieren, so in ihrem Bann zu halten, daß die – für Marx noch selbstverständliche – Äquivalenz zwischen dem Fortschritt der Produktivkräfte und der Befreiung der Menschheit in dieser Weise jedenfalls nicht mehr gilt; daß man nicht mehr darauf hoffen kann, daß die Geschichte der Menschheit von sich aus sich auf den richtigen Zustand hinbewegt und daß es dann nur noch sozusagen eines Rüttelns an der Kulisse bedarf, damit alles in Ordnung kommt. Obwohl man – auch hier möchte ich vorsichtig sein – nicht daran vorbeisehen kann, und damit hat Marx sicher Recht gehabt, daß den Produktivkräften, also den menschlichen Kräften und ihrer Verlängerung in der Technik, eine eigene Tendenz innewohnt, trotz allem auch die Schranken, die ihnen gesellschaftlich gesetzt sind, zu überwinden. Nur diese Überwindung als eine Art von Naturgesetz vorauszusetzen und sich vorzustellen, daß es so kommen *muß* und daß es gar *unmittelbar* so kommen müsse, – das würde die gesamte Situation in einer Weise harmlos machen, die ganz sicher jede Praxis, die darauf sich verließe, zur Ohnmacht verurteilen würde. Und schließlich ist ja gerade dort, wo man den Zusammenhang von Theorie und Praxis sehr ernst nimmt, eine der wesentlichsten Aufgaben, so zu denken, daß die Gedanken nicht von vornherein gegenüber einer möglichen Praxis ohnmächtig sind. Eben das war der Sinn der Marxischen Kritik an der abstrakten Utopie.

Wer das verkennt, wer verkennt, daß heute die Möglichkeit, die festzuhalten ist, nicht einfach eine *mit* dem Trend, *mit* der historischen Tendenz sondern eine *dagegen* ist, von dem würde ich sagen, daß er höchstwahrscheinlich dem schlechten Trend, der negativen, das heißt der zerstörenden Tendenz sich verschreibt. Weiter würde ich sagen – und das ist, glaube ich, ein Punkt, der für Sie von einer unmittelbaren Bedeutung ist; und ich bitte Sie zu verzeihen, wenn ich nun sehr ad hominem dabei rede –, es ist eine sehr große Gefahr, daß der Gedanke an die Praxis nun seinerseits zu einer Fesselung des theoretischen Gedankens wird; daß alle möglichen Gedanken mit dem Hinweis sistiert werden: ja, was soll ich denn damit in der Praxis anfangen, was kann ich denn damit tun? oder gar: ja, wenn du solche Erwägungen anstellst, dann stehst du damit sogar einer möglichen Praxis im Wege. Man wird es etwa immer wieder erleben, daß, wenn man die ungeheuerlichen Schranken einer jeglichen eingreifenden politischen Praxis, die in den Produktionsverhältnissen und überhaupt in den ihnen sich anmessenden gesellschaftlichen Formen bestehen, – daß, wenn man das ausspricht, einem dann sofort geantwortet wird mit jenem Gestus des ›Ja aber‹, den ich überhaupt für eine der größten Gefahren in geistigen Dingen halte: ja aber wo sollen wir denn, wenn man so denkt, hinkommen, dann bleibt einem ja gar nichts zu tun möglich, dann muß man ja die Hände in den Schoß legen! Und ich würde sagen: das Moment, das mir in der Anwendung, in der ungebrochenen Anwendung der Feuerbachthese heute zu liegen scheint, ist eigentlich jenes Moment, daß vom terminus ad quem her die Theorie selbst gefesselt werden soll. Ich darf Ihnen dazu vielleicht einen Vorfall erzählen, der sich vor langen Jahren, es ist 24 Jahre her, zwischen Brecht und mir in Los Angeles zugetragen hat.[91] Ich hatte damals gerade die mir entscheidend dünkende Konzeption des Buches hinter mich gebracht, das dann, sehr viel später, unter dem Titel »Zur Metakritik der Erkenntnistheorie« erschienen ist und das sich die Aufgabe setzt, nicht dem Idealismus dogmatisch eine materialistische Philosophie gegenüber zu setzen, sondern nach seinem eigenen Maß, immanent den philosophischen Idealismus zu sprengen. Und ich setzte das Brecht einmal auseinander. Brecht war weit entfernt davon, auf diese Konzeption überhaupt nur anzusprechen, sondern er sagte: ja aber es gibt doch da bereits ein Buch, das sozusagen (wie er sich in solchen Fällen ausdrückte) ein klassisches Buch ist – er meinte das Empiriokritizismusbuch von Lenin –, in dem ist das getan, das hat also nun die Autorität, durch das das geschehen ist; und wenn man sich nun nach dem Maß der Philosophie weiter darum bemüht, dann ist das sozusagen vertane Arbeit . . . Und ich konnte mich des Eindrucks nicht erwehren, daß er ein bißchen so dachte, daß also, wenn Lenin das in einem derartigen Werk einmal getan hat, daß es dann ein bißchen eine Unverschämtheit sei, wenn jemand, hinter dem nicht der politische Erfolg steht, den Lenin einmal gehabt hat, sich anmaße, das zu tun, was in diesem Buch – immer nur in unablässigen und, ich muß sagen: trostlos-monotonen Wiederholungen – behauptet und hergebetet wird. Ich würde nun sagen, der Standpunkt, den Brecht – der ja schließlich doch in solchen Dingen sehr ernst zu nehmen ist – dabei vertreten hat, scheint mir nicht nur theoretisch insuffizient zu sein; es scheint mir nicht nur das Dogma anstelle der Arbeit und Anstrengung des Begriffs[92] zu treten, sondern ich würde sagen – und das sage ich ganz besonders denen unter Ihnen, die die Neigung haben, dem Praktizismus den unbedingten

Vorrang zu erteilen –, daß eine solche Ansicht zu einer *schlechten* Praxis beiträgt. Denn eine Dogmatisierung jenes Buches von Lenin oder überhaupt aller Bücher von Lenin oder überhaupt aller Bücher, die der Marxismus hervorgebracht hat, die ist ja das genaue Äquivalent dessen, daß dann die Verwaltungen, die sich im Namen des Marxismus eingerichtet haben, von jedem weiteren Nachdenken sich dispensieren und nichts anderes tun, als unter Berufung eben auf diese nicht kritisch zu durchdenkenden und weiterzudenkenden Theorien nun ihre eigenen Gewaltmaßnahmen begründen. Ich glaube, das ist ein besonders drastisches Beispiel. Diejenigen von Ihnen, die aus dem Osten geflohen sind – und es sind ja vermutlich nicht wenige unter Ihnen, bei denen das der Fall ist –, werden sich daran erinnern, wie man da drüben nun wirklich Materialismus als ein Art von Weltanschauung dogmatisch setzt und die Menschen darauf verpflichtet, aber eben dadurch zugleich hinter dem eigenen Anspruch der Theorie zurückbleibt, dem wissenschaftlichen, nämlich dem Anspruch, daß das Bewußtsein, das fortgeschrittenste Bewußtsein dabei ist; daß man dessen als Einsicht sich versichert. Dieser Anspruch wird dabei einfach mit Füßen getreten. Und das ist das entscheidende Motiv, von dem ich sagen würde, daß es einer bestimmten Art von Praktizismus – von ihrer Naivetät und Hilflosigkeit in der gegenwärtigen Situation einmal ganz abgesehen – eigentlich den Boden entzieht.

Es wurde in dem Brief dann die Frage nach der Bedeutung des Wortes interpretieren aufgeworfen, und es wurde dabei ein Satz von Marx angezogen, interpretieren heiße soviel wie anerkennen[93]. Marx hat vermutlich jenen Begriff des Anerkennens beim Begriff des Interpretierens mitgedacht. Wenn der Korrespondent (wenn ich ihn einmal so nennen darf) mich dabei fragt, ob denn nun wirklich in dem Begriff der Interpretation – und er fragte das sehr freundlich, er fragte das mit Vertrauen – jener Gestus des Anerkennens notwendig drin sein müsse, dann würde ich sagen: nein, er muß nicht drin sein; sondern das, was ich Ihnen in dieser Vorlesung zu entwickeln gedenke, ist eigentlich wesentlich – und das ist ein entscheidendes Moment –, daß Interpretation selber soviel ist wie *Kritik;* daß es Interpretation anders denn als kritische Interpretation überhaupt nicht geben kann – und nicht etwa als affirmative. Das ist also sozusagen die Generalthese, die ich hier vorbringen möchte. Aber ohne eine *solche* Interpretation, also ohne den ausgeführten und seiner selbst mächtigen Gedanken, würde ich glauben, gibt es eine wahre Praxis nicht. Im übrigen, glaube ich, hat Marx sich doch wirklich vorgestellt – und wir müssen dabei vor allem an die Zeit denken, in der die hier in Rede stehenden Schriften verfaßt worden sind, nämlich um das Jahr 1848 –, daß die Philosophen nichts besseres tun könnten als einpacken und Revolutionäre werden, also auf die Barrikaden steigen, – die ja bekanntlich heute weit und breit nicht mehr zu sehen sind und die wahrscheinlich schon durch Herbeizitierung der Polizei oder des Feldschutzes beseitigt werden könnten, wenn sie heute in irgendeiner Weise in einem fortgeschrittenen Land aufgerichtet würden. Aber er hat wohl schon etwas derartiges gemeint. Und die Vorstellung war schon die – ich glaube, das darf man nun auch wieder nicht zu weich machen –, daß das Ende der klassischen deutschen Philosophie (wie es damals hieß) gefolgt würde von der Erbschaft des Sozialismus, in dem diese Philosophie, indem sie sich verwirklicht – und darin waren Marx und Engels ganz hegelianisch –, negiert, aufgehoben wird, so daß also dann für die Philosophie eigentlich ein Platz überhaupt nicht mehr übrig ist. Ich glaube, wenn man hier schon einmal nach Marx fragt, daß seine eigene Stellung zu diesem Problem sehr ambivalent war. Und diese Ambivalenz bezeichnet ihrerseits ein Problem, das überhaupt einmal erst wieder neu und sehr prinzipiell zu durchdenken ist. Denn immer, wenn bei Denkern von der Kraft von Marx oder von Hegel oder von Kant eine Sache antinomisch stehen bleibt, ist es gewöhnlich nicht gut, wenn man diese Antinomien naseweis auflöst; sondern es ist im allgemeinen viel besser, wenn man versucht, der Notwendigkeit einer solchen Antinomie sich zu versichern. Einerseits hat Marx, sozusagen als ein Schüler der klassischen Nationalökonomie, der er ja gewesen ist, die volle wissenschaftliche Objektivität gefordert. Wenn Sie etwa die Stelle nachlesen, die Horkheimer und ich in dem Vorwort zu dem Marxbuch von Herrn Dr. Schmidt zitiert haben,[94] dann werden Sie sehen, wie entschieden solche Formulierungen gegenüber einer Wissenschaft, die ein thema probandum hat, bei ihm aussehen. Auf der anderen Seite aber hat er die Philosophie, die sich selbst genügt, mit der äußersten Härte denunziert. Die mögliche Antwort, die sich aufdrängt, ist natürlich die, daß der Bereich, für den er die Autonomie in diesem Sinn gefordert hat, die Wissenschaft gewesen ist, und daß er dabei verhältnismäßig naiv die Wissenschaft gegen die Philosophie ausgespielt hat, die er sozusagen als einen Zopf betrachtet hat, während er die am Modell vor allem der darwinistischen Naturwissenschaft orientierte Wissenschaft für das Zeitgemäße gehalten hat. Unterdessen aber hat sich ja gezeigt, was er und Engels ebenso auf der anderen Seite sehr wohl gewußt haben: daß nämlich die Wissenschaft selber nicht nur Produktivkraft ist, sondern daß die Wissenschaft ebenso auch verflochten ist in den Stand der gesellschaftlichen Macht- und Verfügungsverhältnisse, – und daß man infolgedessen nun nicht die von der Philosophie geraubte Autorität oder die der Philosophie kritisch abgesprochene Autorität einfach auf die Wissenschaft übertragen kann. Die begriffslose Wissenschaft ist unterdessen – auch sie hat ja in der historischen Dialektik gestanden; sie ist ja nicht mehr das, was sie Marx und Engels einmal erschien –, die begriffslose Wissenschaft hat unterdessen eben sich in einer Weise entfaltet, in der sie ganz sicher nicht mehr die kritische Funktion erfüllt, die von den Gründern des sogenannten wissenschaftlichen Sozialismus ihr zugesprochen worden ist, und hat eher die entgegengesetzte Tendenz angenommen. Und dadurch werden zwangsläufig die sogenannten wissenschaftlichen Probleme zu Fragen der Selbstreflexion der Wissenschaft, der Kritik der Wissenschaft, des Selbstverständnisses der Wissenschaft. Also, mit anderen Worten: sie werden zurückverwiesen an die Philosophie, von der sie einmal geraubt worden sind. Und eben dieser Prozeß des Rückverweises der Wissenschaft an die Philosophie kraft ihrer eigenen Reflexion, der scheint mir allerdings sehr zusammenzuhängen mit jener Forderung nach der Aktualität der Philosophie, die ich hier erhoben habe.

Ich möchte aber schließlich doch dazu noch sagen, daß ein Rückfall in die Kontemplation, wie sie in der großen idealistischen Philosophie und schließlich, trotz der großen Stellung der Praxis im Hegelschen System, auch bei Hegel der Fall war, – daß ein solcher Rückfall nicht gemeint sein kann. Wenn der verstorbene Karl Korsch, der ja, wie sie vielleicht wissen, der philosophische Lehrer von Brecht gewesen ist, gegen Horkheimer und mich, in Amerika schon und später, nach dem Erscheinen der »Dialektik der Aufklärung«, noch schärfer den Einwand erhoben hat, daß wir gewissermaßen auf den Standpunkt des Linkshegelianismus uns zurückbegeben würden,[95] dann scheint mir eben das eben deshalb nicht richtig zu sein, weil der Standpunkt der bloßen Kontemplation nicht mehr zu halten ist. Wobei man übrigens wohl auch sagen muß, daß der von Marx konstruierte Gegensatz von reiner Kontemplation auf der einen Seite und seiner politischen Philosophie auf der anderen auch den Intentionen des Linkshegelianismus jedenfalls nur partiell gerecht wird. Das ist eine schwierige Frage, die im übrigen wirklich erst durch die jetzt langsam anhebenden detaillierten Analysen der linkshegelianischen Denker ganz entschieden werden kann[96], – wobei man allerdings auch hier wieder Marx seinen großartigen politischen Instinkt nicht absprechen kann, der ihn darüber belehrt hat, welches retrograde, vor allem nationalistische Potential auch in solchen Denkern wie Bruno Bauer, wie Stirner, wie Ruge steckt. Nun, ich glaube, daß doch durch das, was unterdessen theoretisch und real geschehen ist, eine derartige Regression von einer dialektischen Theorie, die gerade nicht naiv ist, nicht zu befürchten steht. Wenigstens möchte ich es hoffen. Ich meine, daß man überhaupt nicht einen richtigen

Gedanken denken kann, wenn man nicht das Richtige *will;* das heißt, wenn nicht hinter diesem Gedanken, als die eigentliche ihn beseelende Kraft, das steht, daß es richtig sein soll, daß es mit den Menschen in einen Zustand kommen soll, in dem das sinnlose Leid aufhört und in dem, ich kann es immer nur negativ aussprechen, der Bann von den Menschen genommen sein wird. Denn Denken selbst ist ja immer auch eine Verhaltensweise,[97] ist selber, ob es das will oder nicht, noch in den pursten logischen Operationen ein Moment von Praxis. Es verändert durch jede Synthesis, die es vollzieht. Jedes Urteil, das zwei Momente miteinander verbindet, die vorher unverbunden waren, ist, als solche Arbeit, immer auch ein Stück, ich möchte fast sagen: Veränderung der Welt. Und wenn einmal das Denken sozusagen an der kleinsten Stelle ansetzt, seiner puren Form nach das was ist zu verändern, dann gibt es keine Instanz auf der Welt, sie sei was immer sie sein mag, die das Denken von der Praxis absolut trennen kann. Die Trennung von Theorie und Praxis ist eben ihrerseits eine Gestalt des verdinglichten Bewußtseins. Und es ist gerade an der Philosophie, die Starrheit und den dogmatischen und unversöhnlichen Charakter dieser Trennung rückgängig zu machen und ihn abzuschaffen. Was ich aber hier meine, wenn ich mit dem Begriff der Praxis nicht so operiere, wie es viele tun und wie es sicher auch für viele von Ihnen ein Lockendes hat, ist, daß ich die Praxis nicht verwechseln lassen möchte mit der Pseudo-Aktivität[98]; daß ich also Sie daran verhindern möchte, – nicht durch Autorität mich aufspielen, sondern einfach dadurch, daß dadurch Überlegungen wie die, die ich heute angestellt habe, ein bißchen in Sie eindringen, und daß Sie sie ein bißchen auch von sich aus vollziehen; daß Sie nicht glauben, es wäre dadurch, daß man nun irgendwie ›etwas‹ tut – etwa als organizer, wie man in Amerika für diesen Typus sagt; also indem man irgendwelche Menschen zusammenbringt, organisiert, agitiert und solche Dinge macht –, daß damit eo ipso etwas Wesentliches getan wäre. Es muß in jeder Aktivität die Relation zu der Relevanz stecken, zu dem möglichen Potential, das sie in sich enthält. Sehr leicht wird gerade heute, weil die entscheidende Aktivität abgeschnitten ist und weil auf der anderen Seite aus Gründen, die ich Ihnen oft genug angedeutet habe, das Denken selbst gelähmt ist, die ohnmächtige und zufällige Praxis zu einer Art von Ersatz für das, was nicht geschieht. Und je tiefer man weiß, daß es eigentlich nicht die wahre Praxis ist, um so verbissener und passionierter hängt sich dann das Bewußtsein an eine solche Praxis dran. Und deshalb möchte ich gegen die zu rasche Frage nach der Praxis Bedenken anmelden, gegen die Frage des ›Paßkontrolleurs‹, die nun nicht mehr jeder Praxis die theoretische Rechtfertigung abverlangt – was sicher auch falsch ist –, aber umgekehrt jedem Gedanken sofort den Sichtvermerk abverlangt: ja, was kannst du damit denn machen? Ich würde denken, daß eine solche Verhaltensweise nicht etwa die Praxis befördert, sondern daß sie sie hemmt. Und ich würde sagen, daß die Möglichkeit einer richtigen Praxis zunächst einmal das volle und das ganz ungeminderte Bewußtsein der *Verstelltheit* von Praxis ihrerseits voraussetzt. Wenn man den Gedanken sofort an seiner möglichen Verwirklichung mißt, so wird die Produktivkraft des Denkens davon gefesselt. Praktisch zu werden vermag wahrscheinlich nur der Gedanke, der nicht durch die Praxis, auf die er unmittelbar anwendbar sein soll, bereits vorweg restringiert ist. So dialektisch, würde ich denken, ist das Verhältnis von Theorie und Praxis. Und ich hoffe, so sehr es mir in meinem armseligen Zustand heute möglich war, wenigstens die Forderung nach einer gewissen Differenzierung des in der letzten Stunde Vorgetragenen durchgeführt zu haben.

6. Vorlesung
25. 11. 1965

Stichworte

Unkonservierbar der Augenblick des Übergangs. Man kann nicht mehr so denken, als ob die Revolution bevorstünde, die einerseits zur Zwangsherrschaft wurde, andererseits kaum mehr möglich ist (Verwaltungsakt, rote Armee)

Die unendlich vertagte Praxis nicht länger die Einspruchsinstanz gegen die Philosophie. – Das Nachdenken, warum es nicht geschah, ist die Philosophie. Dazu gehört die fortgeschrittenste gesellschaftliche Einsicht: kein Gehäuse.

Umgekehrt bedarf Philosophie, deren Identitätsanspruch am Entscheidenden, dem Übergang in die Praxis scheiterte, der radikalen Selbstkritik. Entprovinzialisierung. Darum Angriff auf Bollnow[99]

Ist Phil[osophie] noch möglich = ist Dialektik möglich. Von dieser ein unpedantischer Begriff.

Denn diese ist die oberste Gestalt der Philosophie, als der Versuch, das nicht Begriffliche, der Phil[osophie] Heterogene in diese hineinzunehmen, also Phil[osophie] aufs Wesentliche auszudehnen, das sie in ihrer traditionellen, affirmativen Gestalt unterschlägt.

Situation: Gedanke auf die Phil[osophie] zurückgewiesen. Dazu: daß die Atempause heute die Möglichkeit dazu gewährt.

Die Welt ward auch darum nicht verändert, weil zu wenig interpretiert. Z. B. die ungebrochene Übernahme von Naturbeherrschung bei Marx. – Die hat ihre praktische Konsequenz

Andererseits ist die Phil[osophie] in ihrer bisher höchsten Gestalt nicht zu retten. Der Anspruch der Identität von Sein und Denken ging zu Protest. Wenn die Welt = Geist wäre, wäre sie sinnvoll

Im Großen: weil die Welt als vernünftig, sinnvoll nicht mehr sich behaupten läßt: der Gedanke bis ins In[nerste] ist von der realen Geschichte betroffen.

Philosophisch: weil die Identität als theoretischer Gedanke falsch ist. Zu zeigen am ersten Schritt der H[egel]schen Logik. Logik I, 110[100].

(2)[101] *Um die Identität von Sein + Nichts lehren zu können, wird das Sein, als Unbestimmtes, zur Unbestimmtheit, zum Begriff, und dadurch das Resultat des absoluten Geistes eulenspiegelhaft vorweggenommen.*

Also Aporie: Zurückverweis an die Phil[osophie], und: diese langt nicht mehr zu. Es geht nicht mit und nicht ohne Philosophie Es geht aber darum, ob Phil[osophie] überhaupt noch mit Grund über Sachhaltiges, Inhaltliches und damit Wesentliches reden kann.

Sonst fällt sie entweder in den Formalismus zurück oder in die Zufälligkeit unverbundener und unverbindlicher Sätze.

Der Rückfall in Formalismus und der in Unverbindlichkeit akut in der Geschichte der Phänomenologie[,] heut in der zunehmenden Abstraktion bei H[eidegger].

Zufälligkeit als Gefahr des inhaltlichen qua drauflosphilosophierens, übrigens J[argon] d[er] E[igentlichkeit] auch überall, wo die Neuontologie inhaltlich redet: Hypothese von vergänglichen wie agrarischen Verhältnissen. *25.XI.65*

Vorlesungsprotokoll

Wir haben uns, gegen Ende der vorletzten Stunde und dann fast während der ganzen letzten, mit den recht differenzierten Problemen des Verhältnisses von Theorie und Praxis abgegeben. Ich möchte nun zu den Überlegungen zurückkehren, innerhalb derer jene etwas erweiterten Betrachtungen ihren Ort hatten, – nämlich zu den spezifisch philosophischen Fragestellungen, soweit sie, wenn ich es einmal so abgekürzt nennen darf, das Programm einer negativen Dialektik betreffen. Das Nachdenken darüber, warum es *nicht* geschah: also warum die Praxis in jenen Schwierigkeiten oder in jener Situation des Stillgestelltseins sich findet, – dieses Nachdenken ist selbst ein wesentlicher Teil dessen, was man heute überhaupt Philosophie nennen kann. Also in gewissem Sinn ist der Prozeß von Theorie und Praxis dadurch, daß der prognostizierte Übergang der Theorie in die Praxis nicht erfolgte, an die Theorie wieder zurückverwiesen. Dazu selber gehört allerdings die fortgeschrittenste Einsicht in die gesellschaftlichen Prozesse; und wenn ich versuche, einen Begriff von Philosophie Ihnen zu entwickeln, der aufs äußerste entgegengesetzt ist dem der Philosophie als einer Grund- oder Dachwissenschaft, kurz dem von Philosophie als einem ›Gehäuse‹, – dann hat das eben darin seinen Grund. Und ebenso mögen Sie hier (ohne daß ich diesmal, in dieser Vorlesung, mich darüber des längeren verbreiten möchte) die Motivation dessen erkennen, warum ich die landläufige arbeitsteilige Trennung von Philosophie und Soziologie nicht anerkenne. Andererseits aber ist zu sagen, daß in der Tatsache, daß der seit Hegel in der Philosophie selbst implizierte Übergang zur Praxis nicht gelungen ist, auch gelegen ist, daß die Philosophie selbst zu der schärfsten Selbstkritik gehalten ist; zu einer Selbstkritik selbstverständlich, die anschließen muß an die letzten sichtbaren Gestalten, die sie gefunden hat.[102] (Nicht denke ich dabei an die Kritik der ungezählten unter dem Titel Philosophie laufenden und völlig irrelevanten Arbeiten, die so als Produkte des akademischen Betriebs alljährlich abfallen und unablässig auch ihre Verleger und ihre Drucker finden.)

Man muß also fragen, ob Philosophie noch möglich ist. Wenn ich diese Frage gleichsetze der Frage nach der Möglichkeit von Dialektik, so habe ich Ihnen das auch nach der positiven Seite zu rechtfertigen. Die negative ist die, daß die antidialektischen Philosophien eben jener kritischen Selbstbesinnung, von der ich denken möchte, daß sie notwendig ist, nicht standzuhalten vermögen. Dabei möchte ich Sie noch einmal darum bitten, von Dialektik einen möglichst unpedantischen, also nicht an das schematisch-dialektische Philosophieren gebundenen Begriff zunächst einmal an die Sache heranzubringen, wenn Sie verstehen wollen, was ich mit der Frage nach der Möglichkeit von Dialektik meine. Sie stellt den Versuch dar, das was der Philosophie heterogen ist, ihr Anderes, man könnte vorgreifend sagen: das Nichtbegriffliche in die Philosophie mit hineinzunehmen, – bei Hegel im Sinn der

Identifikation des Nichtidentischen[103]; im Sinne der Fragestellungen, die *ich* Ihnen exponiere, viel eher nicht das Nichtbegriffliche *hineinzunehmen,* sondern es in seiner Nichtbegrifflichkeit zu *begreifen*. Und dadurch würde Philosophie sich, um fähig zu sein, von dem Wesentlichen zu reden, das ihr so vielfach entgleitet, sich mit eben dem einzulassen haben, was sie, in ihrer traditionellen Gestalt bis hinauf zu Hegel – ich werde darauf heute noch zu sprechen kommen –, gerade uns unterschlägt; das was sie in ihrer traditionellen und, wie man wohl hinzufügen darf, in ihrer affirmativen Gestalt mit Bedacht durch ihre Maschen schlüpfen läßt. Die Situation ist also so, daß der Gedanke auf die Philosophie zurückgeworfen ist, während gleichzeitig die Philosophie selbst problematisch geworden ist; nicht nur problematisch im Sinn einer beziehungslos und gleichgültig weiter betriebenen Sonderdisziplin, sondern auch in dem viel ernsteren Sinn, daß sie an das, was sie sich vorgesetzt hat, offensichtlich in ihrer gegenwärtigen Gestalt nicht heranreicht. Dieses Zurückgeworfensein auf die Philosophie hat nun in der Situation selbst auch sein reales Äquivalent. Wir befinden uns in einer Art geschichtlicher Atempause. Wir sind in einer Lage, in der im Ernst nachzudenken uns den materiellen Voraussetzungen und auch einer gewissen Friedlichkeit der Zustände nach, jedenfalls soweit es sich um die Bundesrepublik handelt, wieder möglich ist. Und die Versuche, einen darin irre zu machen und ununterbrochen: Wolf, Wolf! zu rufen, sind wohl im Augenblick gerade deshalb eine Ideologie, weil auf Grund einer gesellschaftlichen Analyse à la longue nicht damit zu rechnen ist, daß dieser Zustand, in dem man überhaupt nachdenken kann, sich erhält, – so daß man diesen Zustand nicht versäumen darf. Und ich würde sagen, es liegt darin, in dieser Möglichkeit, für uns alle und ganz besonders auch für Sie eine Art von Verpflichtung, nun wirklich nachzudenken und sich nicht dadurch beirren zu lassen, daß Sie auch die geistige Tätigkeit der allgemeinen Betriebsamkeit unterordnen; liegt etwas wie eine moralische Verpflichtung, die von der Gestalt der Realität an Sie genauso wie an mich ergeht (wenn man so etwas sagen darf). Die Welt ward sicher nicht nur aus geistigen Gründen nicht verändert, aber sie ward wahrscheinlich *auch* deswegen nicht verändert, weil sie zu wenig interpretiert worden ist.

Ich erinnere dabei nur an ein Problem, das bei Marx zu kurz kommt und in dem ich und die paar Menschen, die ähnlich denken, etwas sehr Wesentliches sehen. Bei Marx ist es so, daß das Prinzip der *Naturbeherrschung* eigentlich naiv akzeptiert wird. Es ändert sich zwar, der Marxischen Konzeption zufolge, etwas an den Herrschaftsbeziehungen zwischen den Menschen – es soll sich ändern, das heißt: sie sollen verschwinden –, aber die unbedingte Herrschaft der Menschen über die Natur wird bei ihm dadurch nicht berührt, so daß man sagen könnte, daß das Bild der klassenlosen Gesellschaft bei Marx, wie Horkheimer es einmal formuliert hat, etwas von einer gigantischen Aktiengesellschaft zur Ausbeutung der Natur hat. Die Tatsache, daß Marx zufolge aus der Arbeit, die die Tiere leisten – obwohl ja oft bei ihnen die Reproduktionskosten geringer sind als die verausgabte Zeit oder die verausgabte Kraft –, daß trotzdem aus den Tieren, einer ausdrücklichen Passage des »Kapitals« zufolge[104], kein Mehrwert folgen soll, ist dafür vielleicht nur das krasseste Symbol. Ich möchte mich nicht in romantisierende Betrachtungen über die Natur verwickeln, aber ich glaube doch, wenn ich sage: es ist zu wenig interpretiert worden, dann liegt hier ein sehr zentrales Moment; man kann nämlich nicht, wenn es nur *eine* Wahrheit gibt, das Prinzip der Herrschaft auf der einen Seite radikal kritisieren, auf der anderen aber in einem unbeschränkten Bereich es einfach undialektisch, ungebrochen, positiv hinnehmen. Wenn es zutrifft – wie Marx und Engels es gelehrt haben und wovon ich allerdings in gar keiner Hinsicht überzeugt bin –, daß die Herrschaft über die auswendige Natur, die Jahrtausende hindurch auch gesellschaftlicher Herrschaftsverhältnisse bedurfte, weil es ohne sie nicht gegangen wäre, – daß dieses Verhältnis nun plötzlich radikal umschlagen soll, dann gehört doch ein sehr starker Glaube dazu (um es fein auszudrücken), daß die Formen der Naturbeherrschung rein im Sinn des Idealismus, in einem Fichteschen Sinn der absoluten Subjektivität, fortbestehen sollten, *ohne* daß dabei auch Formen der Herrschaft sich reproduzierten. Wenn in den östlichen Ländern die Bürokratien sich festgesaugt haben und zu einer Klasse geworden sind, dann hängt das dort fraglos zunächst mit der Industrialisierung zusammen und mit den völlig rücksichtslos und undialektisch aufgenommenen Forderungen der Naturbeherrschung, während für eine im Ernst befreite Vorstellung von der Gesellschaft, die ja immer auch das Verhältnis zwischen Menschen und Natur in sich begreift, eben deshalb auch das Verhältnis zur Naturbeherrschung verändert werden müßte, wenn es nicht sich wieder reproduzieren soll in innergesellschaftlichen Herrschaftsformen. – Ich gebe Ihnen nur dieses eine Modell, um Ihnen zu zeigen, von welcher eminenten praktischen Bedeutung das, was mit Interpretation: also wirklich mit Philosophie, mit freiem Nachdenken bezeichnet werden kann, eben doch ist.

Andererseits ist die Philosophie in der bisher höchsten Gestalt, die sie hatte, und die war nun einmal die Hegelsche mit ihrem Versuch, eben doch das Nichtidentische zu begreifen, wenn auch *identifizierend* zu begreifen, nicht zu retten. Der Anspruch der Identität von Sein und Denken, der eben doch hinter der gesamten philosophischen Tradition steht, ist unrettbar zu Protest gegangen. Wenn die Welt wahrhaft eins mit dem Geist wäre, wenn die Welt Produkt des Geistes, vom Geist durchherrscht, ja vom Geist hervorgebracht wäre, dann besagte das mit unausweichlicher Notwendigkeit, daß die Welt in ihrer daseienden Gestalt selber sinnvoll wäre. Eben das: daß also die Welt, wie man so sagt, einen Sinn habe, läßt sich angesichts dessen, was wir in unserer geschichtlichen Periode erfahren haben, schlechterdings nicht mehr behaupten. Und eine Philosophie, die gegen diese Erfahrungen sich blind machte und statt dessen gewissermaßen im Bereich der Erkenntnistheorie und der mit ihr gleichgesetzten Metaphysik an der These von der Sinnhaftigkeit der Welt festhielte, ohne sich davon beirren zu lassen, daß diese Welt nun wirklich nicht mehr eine sinnvolle ist, – eine solche Philosophie sänke wirklich und notwendig zu leerem Geschwätz und zu einer branchenhaften Versicherung herab, die den Hohn verdient, den dann manche philosophische Richtungen wie die Positivisten und sicher das alltägliche Bewußtsein für die Philosophie bereit haben. Der Gedanke ist also gerade, wenn man ihn mißt an seiner These von der Identität von Denken und Sein, von der geschichtlichen Erfahrung ihres Auseinanderweisens bis ins Innerste betroffen. Das hat nun aber auch ebenso eine philosophische Gestalt und nicht nur eine, die an dem vorphilosophischen Bewußtsein entspringen würde. Und die philosophische ist dabei die eigentlich verbindliche. Wenn man nur sagt: der Gedanke kann sich nicht blind machen gegen die Erfahrung, so hätte das, wenn er in sich selbst dabei stimmig bliebe, ebenso den Charakter einer dogmatischen Behauptung, wie, umgekehrt, der Gedanke, der sich nicht um die Welt schert, mit der er gleichzeitig identisch sein will, – wie *diese* Versicherung leer und eng ist, so untriftig wäre auf der anderen Seite eine solche Kritik. Man kann also zeigen, daß die Identität als theoretischer Gedanke selber falsch, daß er erschlichen ist. Und diesen Aufweis, diesen zwingenden *negativen* Aufweis halte ich zunächst einmal für das zentrale Problem von philosophischer Kritik heute.

Ich möchte Ihnen das doch wenigstens an einem Modell aus dem wichtigsten Text zur Lehre von der philosophischen Identität andeuten, nämlich an der Hegelschen ›Logik‹, und zwar gleich ihrem Anfang, der Stelle, wo Hegel den Übergang von Sein als der allerunbestimmtesten Kategorie in Nichts lehrt. Ich glaube, es gibt hier einige Formulierungen im ersten Teil der ›Logik‹, und zwar in dem Abschnitt, der ›Qualität‹ überschrieben ist; es ist etwa die Seite 110 der Glocknerschen Ausgabe des ersten Bandes der »Wissenschaft der Logik«[105], wo sich das immerhin greifen läßt. Sie werden vielleicht wissen, daß die Hegelsche ›Logik‹ beginnt unter Anlehnung an Aristoteles, aber mit einer impliziten subjektiven Wendung;

mit dem Begriff Sein, der gesetzt wird, und von diesem Sein wird dann gesagt, man könnte fast sagen: geschlossen, oder durch seine Phänomenologie aufgewiesen, daß er identisch sei mit Nichts. Ob es sich hierbei um eine Analyse des Begriffs oder um eine selber bereits sachhaltige Analyse handelt, das ist eine Frage, die wir dabei deshalb außer Betracht lassen müssen, weil Hegel sagen würde, daß einem so schlechthin Allgemeinen gegenüber, wie Sein es sei, bereits eine Differenz wie die von Begriff und Sache ja eine Bestimmung wäre, die dem Unbestimmtheitscharakter des hier gedachten Substrats ›Sein‹ Gewalt antäte. Nun muß man sich aber einmal genau ansehen, wie es mit dieser These sich verhält, die darin liegt, daß also der Begriff ›Sein‹ gleichgültig gegen den Unterschied des Begriffs ›Sein‹ und der Sache ›Sein‹ sei, – wie es sich damit verhält. Er beschäftigt sich in der Passage, die ich angezogen habe, zunächst einmal mit der empirischen Nichtigkeit von Begriffen wie denen des leeren Raums, als welche Resultate der Abstraktion seien, – wie er das ja im übrigen auch von dem Begriff des Seins, als einem im Lauf der ›Logik‹ in sich vermittelten, zugestehen würde. Und der Gang der ›Logik‹ selber ist ja, wenn Sie so wollen, die Bestimmung, die Angabe der Stufen von Abstraktion, die vollzogen werden müssen, damit es zu so etwas wie dem Begriff des Seins überhaupt kommt. Insofern also sind die Bewegungen, die vorwärts gerichteten Bewegungen der Hegelschen ›Logik‹ schon bei ihrem allerersten Schritt zugleich auch *retrograde* Bewegungen. Also: Sein ist das Unbestimmte – und zwar nennt er es so unter Beziehung auf gewisse Erwägungen von Jacobi, dem er nicht hold ist –, das Unbestimmte ist das Sein. Im nächsten Satz aber: »Sie [scil. »die Gedanken von reinem Raum, Zeit, reinem Bewußtsein, reinem Sein«] sind Resultate der Abstraktion, sind ausdrücklich als *Unbestimmte* bestimmt, was – um zu seiner einfachsten Form zurückzugehen – das Sein ist.«[106] Nun passen Sie gut auf, wie er fortfährt! In sehr subtilen sprachlichen Übergängen steckt in einem Werk wie der »Wissenschaft der Logik« im allgemeinen das Entscheidende drin. Und es könnte wohl sein, daß hier in einer minimalen verbalen Verschiebung bereits eine Vorentscheidung von unermeßlicher philosophischer Tragweite, und von ebenso großer Fragwürdigkeit, sich verbirgt. Hegel fährt also fort: »Eben diese *Unbestimmtheit* ist aber das, was die Bestimmtheit desselben ausmacht« – nämlich des Seins –; »denn die Unbestimmtheit ist der Bestimmtheit entgegengesetzt; sie ist somit als Entgegengesetztes selbst das Bestimmte oder Negative, und zwar das reine, ganz abstrakt Negative. Diese Unbestimmtheit oder abstrakte Negation, welche so das Sein an ihm selbst hat« – ›an sich‹, würden wir heute sagen, an sich selbst hat –, »ist es, was die äußere wie die innere Reflexion ausspricht, indem sie es« – nämlich das Sein – »dem Nichts gleichsetzt, es für ein leeres Gedankending, für Nichts erklärt.«[107] Nun, – meine Damen und Herren, beachten Sie hier, daß er zunächst, wenn er von Sein spricht, redet von dem *Unbestimmten,* daß er aber dann unvermerkt anstelle des Unbestimmten den Ausdruck ›die *Unbestimmtheit*‹ setzt. Ich glaube, die meisten, die Hegel mit einer gewissen Arglosigkeit lesen, werden sich über diese sprachliche Nuance hinwegsetzen und werden geneigt sein, sie auf das Konto jener etwas laxen Art des Ausdrucks zu setzen, die ja bei Hegel vorherrscht und deren Gründe ich in dem ›Skoteinos‹ zu entwickeln gesucht habe[108]. Aber ich glaube, man darf es sich an dieser Stelle, und an dieser entscheidenden Stelle, so bequem nicht machen, sondern muß schon hier Hegel wirklich beim Wort nehmen. Überlegen Sie eine Sekunde einmal den Unterschied von ›das Unbestimmte‹ und ›die Unbestimmtheit‹; die Sprache unterscheidet hier ja mit Grund. ›Das Unbestimmte‹: das hat Substratcharakter. Es wird zwar in dem Begriff des Unbestimmten ganz gewiß nicht unterschieden zwischen der Sache und dem Begriff, sondern gerade weil eine Bestimmung nicht erfolgt ist, tritt der Unterschied zwischen dem Bestimmenden, nämlich der Kategorie, und der Sache als solcher in diesem Ausdruck ›das Unbestimmte‹ nicht hervor. Aber es hat jedenfalls in dieser Ungeschiedenheit, die ihm zukommt, eben beides: sowohl den Begriff wie die Sache, die unbestimmt sei. Indem nun aber Hegel dafür ›die Unbestimmtheit‹ substituiert, wird – Kant würde sagen: mit einer Subreption – bereits der Begriff, nämlich das Unbestimmtsein *an sich* anstelle dessen, *was* da unbestimmt ist, unterschoben. Die bloße sprachliche Wendung von dem Substratausdruck ›das Unbestimmte‹ zu der Unbestimmt*heit* ist bereits die Wendung auf den Begriff. Und nur dieses begriffliche Wesen, das dadurch mit dem Sein gleichgesetzt ist – also im Grunde hier bereits ein Urakt der Identifikation, durch den das am Sein, was Seiendes, was also nicht Unbestimmtheit sondern *Unbestimmtes* wäre, aus dem Wege geschafft wird –, nur dieser Akt der Identifikation, sage ich, erlaubt es Hegel dann, sogleich dieses Sein, als ein rein Begriffliches, seiner reinen Begrifflichkeit, nämlich eben dieser *Unbestimmtheit* gleichzusetzen. Sie können also sehen, daß die Gleichheit von Sein und Nichts daran haftet, daß das Sein als Unbestimmtheit gefaßt wird; mit anderen Worten: daß es schon von vornherein in der begrifflichen Sphäre erscheint. Wäre es noch das Unbestimmte – wie er zunächst redet und wie er es von Jacobi etwas abschätzig übernimmt –, dann wäre die Gleichsetzung mit dem Nichts nicht möglich, denn ein Etwas kann durchaus unbestimmt sein, es kann aber nicht von ihm gesagt werden, es sei ›soviel wie Nichts‹. Unbestimmtheit aber als eine generelle gedankliche Form, aus der jede Erinnerung an ihr Substrat verscheucht ist, kann nun nicht mehr in derselben Weise als ein dem Begriff Entgegengesetztes behandelt werden; sie ist tatsächlich nur noch Begriff, reiner Begriff, wird eben *dadurch* Nichts. Und dadurch kommt diese ganze Art von Dialektik, wie sie die Hegelsche ›Logik‹ aufs großartigste entfaltet, überhaupt erst in Gang.

Was ich Ihnen hier, an dieser mikrologischen sprachlichen Einzelheit, glaube gezeigt zu haben, das bezeichnet nun aber einen viel generelleren Charakter: nämlich den, daß die gesamte Hegelsche Philosophie eigentlich nur dadurch die Identität erlangt, daß sie das Nichtbegriffliche von vornherein eskamotiert. Das ist die größte Versuchung für die Philosophie.

Und es ist viel leichter, dieser Versuchung zu erliegen und diese Versuchung ihrerseits als die Bewegung der Philosophie zu interpretieren, als des Unwahren in ihr gewahr zu werden. Denn wenn wir sprechen, wenn wir philosophieren, haben wir es tatsächlich ja *immer* mit Begriffen zu tun. Auch wenn wir von dem Seienden reden, dann können wir es nicht so machen wie Braque und Picasso in gewissen Bildern aus der kubistischen Periode, und wie es die frühe dadaistische Malerei versucht hat: nämlich wir können dann nicht sozusagen ein Stück Seiendes in unsere philosophischen Texte hineinkleben.[109] Und wenn wir es machen wollten, dann wäre uns vermutlich philosophisch nicht viel damit geholfen. Nebenbei bemerkt: daß die Kunst genau darum immer wieder und mit einer Art Verzweiflung sich bemüht hat, dürfte anzeigen, daß die Innervationen der Künstler genau an dieser Stelle etwas gespürt haben, einer Sache gewahr geworden sind, die eigentlich ein Thema der Philosophie wäre, deren aber die Philosophie auf Grund ihrer behaglichen Zurückgebliebenheit eben niemals so recht sich versichert hat. Wir sind also in der Philosophie gehalten, *mit* Begriffen und *über* Begriffe zu reden; und dadurch ist von vornherein schon das, worum es in der Philosophie geht – nämlich das Nichtbegriffliche, das worauf die Begriffe sich beziehen –, aus ihr ausgeschlossen. Sie bringt sich also bereits durch ihr eigenes Medium, durch ihren eigenen Ansatz um das, was sie eigentlich sollte: nämlich um die Möglichkeit, über das zu urteilen, was sie nicht selber, was nicht Begriff ist. Und ich würde zunächst einmal ganz einfach – ich glaube, das wird jedem von Ihnen einleuchten – als Programm formulieren, daß die Philosophie diesen Prozeß, daß sie nur von Begriffen handelt, selbst begrifflich reflektiert und, indem sie ihn selber zum Begriff erhebt, ihn revidiert und ihn, so gut das eben mit Mitteln des Begriffs angeht, wieder rückgängig macht. Wenn Freud an einer großartigen Stelle der »Vorlesungen zur Einführung in die Psychoanalyse« davon gesprochen hat, daß die Psychoanalyse es mit dem Abhub der Erscheinungswelt zu tun habe,[110] dann könnte man sagen, daß die

Philosophie ihren Gegenstand eigentlich an genau dem hat, worum sie, ihrem eigenen Ansatz nach, im allgemeinen sich bringt: an dem Abhub des Begriffs; also an dem, was nicht selber Begriff ist.[111] Und die Frage nach der Möglichkeit einer negativen Dialektik ist die, ob dieser Prozeß des Aufdröselns gelingen kann; ob es also der Selbstreflexion des Begriffs möglich ist, eben dadurch die Mauer zu sprengen, die der Begriff durch sein eigenes begriffliches Wesen um sich und um das, worauf er geht, legt. Sie werden daran, an der Forderung, vor der Philosophie steht, und an deren fast prohibitiven Schwierigkeiten sehen, daß heutzutage Philosophierender zu sein, wie man in Schwaben sagt: kein Kuchenschlecken ist. Auf der einen Seite geht es wirklich nicht ohne Philosophie ab. Die Naivetät der Praxis, die der philosophischen Besinnung sich entschlägt, ist nicht nur borniert, sondern sie ist auch – aus den Gründen, die ich versucht habe, heute Ihnen zu entwickeln – in sich selbst problematisch; das heißt: sie wird zur *falschen* Praxis. Aber auf der anderen Seite ist der Zustand der Philosophie selber so bis ins Innerste hinein problematisch und fragwürdig, daß man zur Kur ein Mittel vorschlagen muß, von dem man nicht nur nicht genau weiß, *wie* es funktioniert, sondern von dem äußerst ungewiß ist, *ob* es funktioniert. Und ich glaube, mit Philosophie im Ernst sich abzugeben, hat überhaupt nur noch dann einen Sinn, wenn man diese aporetische Situation (wie man das gebildet ausdrückt), also diese verteufelte und zunächst ausweglose Schwierigkeit, von der gar nicht sicher ist, ob man überhaupt herauskommt, – wenn man sich die sehr ernst vorlegt; und zwar in dem Sinn, ob Philosophie überhaupt und ob sie noch mit Grund über Sachhaltiges, Inhaltliches denken kann und ob sie damit überhaupt noch legitimiert ist, über Wesentliches etwas zu sagen. Wenn sie das nicht auf sich nimmt; wenn ihr diese Bewegung mißglückt, dann stehen der Philosophie zwei Möglichkeiten offen, die beide gleich schlecht sind. Auf der einen Seite droht ihr nämlich dann der Rückfall in den Formalismus. Die Denkbewegungen der vergangenen Generation – ich erinnere nur an den berühmten Titel des Buches von Scheler über den ›Formalismus in der Ethik‹[112], aber auch an das gesamte Werk von Bergson, das der Kritik des abstrakten Allgemeinbegriffs gegolten hat[113] – waren ein einziger Versuch, eben diesem Formalismus, in dem die erkenntnistheoretische Philosophie sich entwickelt hatte, zu entrinnen. Es ist nun für das Zugespitzte der Aporie, von der ich Ihnen spreche, außerordentlich bezeichnend, daß die phänomenologische Philosophie, die die Richtung zum Materialen, eben bei Scheler oder auch bei dem frühen Heidegger, genommen hat, mit einer offenbar doch in sich sehr zwingenden Gewalt sich wieder in Formalismus zurückentwickelt hat. Denn mit der bloßen Versicherung, daß das ›Sein‹ nicht abstrakt, überhaupt kein Begriff, sondern das Allerkonkreteste sei, mit dieser Versicherung ist gar nichts getan. Zunächst einmal ist Sein, so wie Hegel Jacobi gegenüber immer wieder mit größtem Nachdruck festgestellt hat, der allerabstrakteste Begriff. Und daß Heidegger auf diesen Begriff verfallen ist, hat sicherlich den Grund – den ich nun komplementär Ihnen noch nennen möchte –, daß, wenn Philosophie sich auf diese äußerste Abstraktheit *nicht* zurückzieht, sie dann in Gefahr ist, in unverbindliche, zufällige, willkürliche Setzungen sich zu verlieren. Und zwar herkömmlicherweise in der Art, daß Bestimmungen, die aus der Geschichte entnommen sind und die nur innerhalb der Geschichte ihren Stellenwert haben, hypostasiert werden, – so als ob sie, sei es ›Befindlichkeiten‹ des Daseins oder gar Attribute des Seins schlechthin wären. Ich glaube, ich begehe keine Ungerechtigkeit, wenn ich sage, daß die Entwicklung Heideggers von »Sein und Zeit« zu der sogenannten Kehre damit zusammenhängt; das heißt, daß er jene Ent-Inhaltlichung seiner Philosophie, die schließlich zu dem Kultus des Wortes Sein geführt hat, auch deshalb vollzogen hat, weil er gespürt hat, daß die materialen Bestimmungen von »Sein und Zeit« – die im übrigen diesem Werk ja seinen Einfluß verschafft haben – eben keineswegs so ohne weiteres Bestimmungen von Dasein oder Sein sind, sondern daß in ihnen unendlich viel mehr an Spezifischem und, nach dem Maß einer reinen Ursprungsphilosophie, deshalb Zufälligem, Willkürlichem enthalten ist, als er damals zugestanden hat. Es hat ja tatsächlich dann auch andere ›Entwürfe‹ dieser Befindlichkeiten gegeben, die dann mit wachsendem Wohlstand immer optimistischer geworden sind, – so daß man dann etwa, anstelle von Angst, Sorge und Tod, mit Begriffen wie der Lauterkeit operiert hat. Dieser Übergang von negativen Befindlichkeiten in positive ist an sich äußerst instruktiv zu verfolgen; ich kann ihn Ihrem Interesse angelegentlich anempfehlen. Ich würde beinahe soweit gehen zu sagen, daß die Philosophie in ihrem gegenwärtigen akademischen Zustand sich nicht nur polarisiert nach dem Willkürlich-Zufälligen auf der einen und dem Formalen auf der anderen Seite, sondern daß zwischen diesen beiden Polen etwas wie ein funktionaler Zusammenhang besteht; das heißt, daß je mehr die inhaltliche Philosophie in ihrer jetzigen Gestalt, wenn sie das nicht leistet, was ich versucht habe, heute Ihnen als Programm zu entwickeln, genötigt ist, sich eben deshalb doch wieder auf jene Formalismen zurückzubilden, aus denen sie einmal hat ausbrechen wollen. Und die Frage oder das Problem, das der Philosophie sich stellt, ist ganz einfach das, wie sie in eins inhaltlich *und* stringent sein kann. Und das allerdings ist möglich nur dadurch, daß man von der Gleichsetzung des allgemein Begrifflichen mit dem allein Substantiellen loskommt, in der die Philosophen bis heute miteinander einig sind.

7. Vorlesung
30. 11. 1965

Stichworte

Bei Hegel soll das bestimmte Einzelne deshalb vom Geist sich bestimmen lassen, weil seine Bestimmung nichts anderes als Geist sei: daher »Begriff«.

(3) Sonst müßte Phil[osophie] zur Methodik der Wissenschaften u. ä. resignieren.

Ausgangsdifferenz von H[egel]: Phil[osophie] hat dort ihr Interesse, wo er und die gesamte Phil[osophie] desinteressiert sind, beim Begriffslosen. Die Krugsche Feder. Recht und Unrecht. Das Begriffslose – aber wo dem Begriff daran etwas aufgeht.

Also gleichsam beim Abhub des phil[osophischen] Gedankens, dem, was nicht selbst Gedanke ist. – Bezug auf Freud: Abhub der Erscheinungswelt. – Das Begriffslose vermittelt als das Vernachlässigte, Ausgeschlossene, worin der parti pris des Begriffs

Bergson wie Husserl haben das, das Interesse am Nichtbegrifflichen, innerviert:

B[ergson] in der Schicht unterhalb des Begrifflichen, die amorphen Bilder

Husserl im Wesen das aus dem Einzelnen herauszuschauen sei, also nicht klassifikatorisch.

Bei beiden aber bleibt es ein Geistiges, selbst Subjektives, in dem in Wahrheit immer der Begriff schon drinsteckt.

Bei B[ergson] willkürliche, dualistische Annahme einer besonderen Erkenntnisweise, die doch auf den Begriff verwiesen bleibt. Unvermittelt Resignation zur Dichtung, NB Proust nicht begriffslos. Bei Husserl sind die Wesenheiten Begriffe, wie die üblichen.

(4) Die Ausbruchsversuche beider idealistisch, darum gescheitert. Die Objektivität bei beiden ein bloß Subjektives. – Ausbruch nicht als Akt möglich sondern nur durch Selbstreflexion.

Philosophie ist vor der Aufgabe, doch auszubrechen, ohne ein sei's auch minimales Vertrauen darauf geht es nicht.

Philosophie muß sagen, was sich nicht sagen läßt. Gegen Wittgenstein. An diesem Widerspruch muß sie sich abarbeiten.

Insofern ihr eigener Begriff widerspruchsvoll, in sich dialektisch.

Utopie der Erkenntnis: das Begriffslose mit dem Begriff aufzuschließen, ohne es ihm gleichzumachen.

Umfunktionierung der Idee des Unendlichen.[114]

Phil[osophie] soll nicht »erschöpfen«, nicht die Gegenstände auf ein Minimum von Sätzen reduzieren.

(5) Sie gilt dem ihr Heterogenen, ohne es auf präfabrizierte Kategorien zu bringen. *30.XI.65*

Vorlesungsprotokoll

Ich hatte in der letzten Stunde gegen Ende Ihnen gesprochen von der Tendenz der neuen ontologischen Richtungen in der Philosophie, sich zurückzubilden entweder in einen reinen Formalismus: in genau jenen Formalismus, gegen den einmal die ontologischen Richtungen, als inhaltlich gewandt, polemisch angetreten waren, – oder sich zurückzubilden in relativ zufällige inhaltliche Sätze. Was diese Zufälligkeit anlangt, so könnten Sie sagen, daß das auf der einen Seite überhaupt die Gefahr einer jeden nicht von einem festen Punkt dirigierten Philosophie sei; und daß auf der anderen Seite ja bis zu einem gewissen Grad die Idee, die ich Ihnen hier zu entwickeln suche, etwas Ähnliches involviere. Das letztere möchte ich zunächst offen lassen; darüber werden wir selbstverständlich und sehr ernst zu sprechen haben. Was nun das erstere anlangt, so ist es vielleicht gut, wenn Sie hier sich daran erinnern, daß die systematischen Philosophien, also etwa die Hegelsche, insofern einen unendlichen Vorteil – wenn ich es einmal so, wie soll man sagen: im Sinn einer Art philosophischen Bilanz aussprechen soll –, einen unendlichen Vorteil gegenüber den

Ontologien hatten, als sie ja davon ausgingen, daß der Geist das allein Wirkliche ist und daß alles Wirkliche auf Geist reduzibel ist. Durch diese Generalthesis hat die Hegelsche Philosophie natürlich niemals in derselben Weise befürchten müssen, in das bloß Seiende abzusinken, wie es die Ontologien müssen, die ja ausdrücklich einen derartigen Anspruch jedenfalls nicht erheben. Die Zufälligkeit des Empirischen ist hier, in dieser Philosophie, in dem Augenblick, wo sie sich aus ihren äußersten Abstraktionen zurückbegibt – von denen sie übrigens leugnet, daß es Abstraktionen seien – unvermeidlich. Und es ist in diesem Zusammenhang vielleicht zu verstehen, daß die materiale Seite etwa der Heideggerschen Philosophie jenen eigentümlich archaisierenden, will sagen: an kleinstädtischen oder agrarischen Verhältnissen orientierten Charakter hat, den ich im »Jargon der Eigentlichkeit« versucht habe, kritisch ins Licht zu rücken[115]. Es ist aber natürlich in solchen Fällen nie genug, daß man solcher Erscheinungen kritisch sich versichert, sondern die philosophische Aufgabe – das, wodurch hier Philosophie wirklich, ja: von bloßer Kulturrederei sich unterscheidet – ist, daß man das Kritisierte selber auch abzuleiten vermag; daß man das Kritisierte dadurch in Bewegung setzt, daß man es selbst noch in seiner Notwendigkeit begreift. Diese Philosophie, die den Anspruch erhebt, eben keine formale zu sein und die trotzdem sich zu obersten, abstraktesten Kategorien zusammenziehen muß, diese Philosophie hat, wenn sie dann ins Materiale geht, natürlich alles Interesse daran, diesen Übergang ins Materiale nicht selber als in dem Sinn zufällig erscheinen zu lassen, wie er es in Wirklichkeit, gerade also etwa angesichts der Unverbindlichkeit des Seinsbegriffes, sein muß. Infolgedessen bezieht sie sich in ihren materialen Sätzen fast unumgänglich auf Gewesenes, auf Verhältnisse, die historisch geworden sind, die durch ihre Historizität eine Art Aura haben: daß es so und nicht anders geworden ist; und die außerdem, wenn man so sagen darf, in einer gewissen Weise vorgegeben sind. Und das führt dann dazu, daß diese Philosophie übrigens auch deshalb archaisiert, weil die Idee des Konkreten[116], die ihr vorschwebt, ja selber etwas ist, was in der gegenwärtigen Gesellschaft als einer rücksichtslos abstrakten, funktionalen Gesellschaft nicht anzutreffen ist; so daß, wenn ohne Kritik das Konkrete als ein Seiendes soll präsentiert werden können, es eben nur in jenen mehr oder minder naturwüchsigen Verhältnissen gesucht werden kann, die dadurch, daß sie in Wahrheit durch den Gang der Geschichte verurteilt sind und vergangen sind, so etwas wie einen Schein des Versöhnenden annehmen. – Das wäre also sozusagen die philosophische Geschichte jener Archaismen und jener gesellschaftlich restaurativen Implikationen, die die ontologischen Richtungen annehmen, soweit sie überhaupt noch in materiale Bereiche sich hinein begeben. Sie sind dann, könnte man sagen, Hypostasen von Vergänglichem als eines dem Sein selbst Zugehörigen, um dadurch, daß Vergängliches dem Sein als Qualität zugesprochen wird, auf der einen Seite seiner Vergänglichkeit und Zufälligkeit zu entgehen, andererseits aber doch von dem Historischen und Gewordenen jene Farbe der Konkretion zu erborgen, die jener Philosophie ihre Attraktionskraft ja nun einmal verleiht.

Nun, – ich sagte Ihnen, bei Hegel soll demgegenüber das bestimmte Einzelne deshalb vom Geist sich bestimmen lassen, weil seine Bestimmung selber im Grunde nichts anderes als Geist sei. Und das geschieht – ich habe Ihnen das in der letzten Stunde an einem sehr pointierten Modell vom Anfang der »Wissenschaft der Logik« entwickelt –, das geschieht eben dadurch, daß bei Hegel auch das Seiende vorweg in seiner begrifflichen Gestalt präsentiert, auf Begriff gleichsam reduziert wird; was dann jenen Akt der Identifikation ungemein erleichtert. Das ist also die tiefste Ursache, ein selber noch philosophisch Verständliches dafür, warum die Hegelsche Philosophie, deren terminus ad quem der absolute Begriff ist, von vornherein nur von Begriffen handelt. Verhielte sie sich nicht so, so müßte sie Hegel zufolge zu einer bloßen Methodik der Wissenschaften und ähnlichem resignieren. Ich glaube, daran kann man die Differenz dessen, was ich Ihnen programmatisch entwickle, von dem, was ihr zugleich so nahe wie Hegel ist, recht genau bestimmen. Ich würde nämlich demgegenüber sagen, daß Philosophie genau an der Stelle ihr Interesse hat, wo er und mit ihm eigentlich die gesamte philosophische Tradition desinteressiert sind, nämlich bei dem *Begriffslosen*. Es ist gegen die Hegelsche Philosophie schon früh von einem seiner Gegner – er hieß Krug[117] – eingewandt worden, daß er, wenn er dem Anspruch seiner Philosophie wirklich gerecht zu werden sich vermäße, dann eigentlich auch die Schreibfeder müsse deduzieren können, mit der er sein Werk niedergeschrieben habe, – die berühmte ›Krugsche Feder‹. Hegel hat das Argument in einer sehr kavaliersmäßigen Weise, also sehr von oben herab, abgetan, indem er gesagt hat – ein apologetischer *τόπος* von Hegel übrigens, der in den verschiedensten Strukturen bei ihm wiederkehrt –, daß es ja eben nicht die Aufgabe der Philosophie sei, sich mit so Gleichgültigem abzugeben wie mit Schreibfedern, sondern daß sie es eben mit dem Wesentlichen zu tun habe.[118] Ich glaube, diese Kontroverse ist, wie die meisten solcher Kontroversen, außerordentlich schwer zu schlichten. So töricht nämlich das Beispiel von Krug sich auch ausnimmt – denn wer will schon eine Schreibfeder deduziert haben, die jemand in der Hand hat –, so ist darin ein Interesse doch angemeldet; und zwar genau das Interesse, das die Hegelsche Philosophie nicht befriedigt. Und immer, wenn Hegel – wenn ich Ihnen diese kleine Anweisung zur Hegel-Lektüre geben darf – mit besonderem Hochmut sich über etwas hinwegsetzt, dann hat man Grund zur Annahme, daß da irgendein Hund begraben liege. Der Krug hat trotz der Erbärmlichkeit des Beispiels, das er gibt – Platon war ja der Ansicht, daß die Beispiele ruhig erbärmlich sein dürften[119]; ich bin, wie in anderen Punkten auch, darin mit Platon nicht d'accord –, aber jedenfalls: der Krug hat gesehen, daß die Philosophie, die emphatische Philosophie, an genau dieser Stelle vor einem ihrer wesentlichsten Motive versage: nämlich vor dem Versuch, das Begriffslose zu begreifen. Das ist in diesem Krugschen Einwand formuliert. Andererseits hat Hegel, muß man sagen, insofern gegen ihn auch wieder Recht, als es natürlich nicht die Aufgabe der Philosophie sein kann, mit einem jeden noch so gleichgültigen Seienden sich einzulassen. Ich glaube, es ist das ein Punkt, an dem wirklich mit apriorischen Konstruktionen nicht durchzukommen ist. Denn was einem an einem Bestimmten und, wenn Sie wollen, Begriffslosen aufgeht, was der Begriff aus ihm herausholt, das läßt sich einem solchen begriffslosen, opaken Etwas von vornherein nicht ansehen. Wenn man es nämlich schon wüßte, wenn es bereits verbürgt wäre, dann brauchte man nicht die Anstrengung und Arbeit der Philosophie, die es erst herausbringen will. Auf der anderen Seite aber muß natürlich auch dabei etwas daran sein, was die Aufmerksamkeit auf sich zieht und was nun wahrscheinlich – und das, möchte ich sagen, ist wieder ein Wahrheitsmoment der idealistischen Philosophie –, was in einem gewissen Maß nur von der vorgreifenden theoretischen Besinnung antezipiert werden kann. Um das berühmteste Beispiel aus neuerer Zeit zu nehmen: die Zuwendung der Freudischen Psychologie zu dem Abfall, dem ›Abhub der Erscheinungswelt‹, zu sonst völlig vernachlässigten Phänomenen wie etwa Versprechungen oder Zufallshandlungen oder Fehlleistungen oder derartigen Dingen, – was die im einzelnen *bedeuten,* läßt sich natürlich nicht antezipieren; und eine solche Bemühung könnte a priori genausogut auch gänzlich daneben gehen. Wenn man andererseits aber ein theoretisches Konzept wie das Freudsche hat und etwa eine ausgebildete Theorie der Verdrängung bereits hat, dann wird man danach antezipieren dürfen, daß gerade in solche, nicht im Licht der ratio liegenden, begriffslosen Gegenstände sich auch etwas Wesentliches an Interesse verzogen hat. Und tatsächlich sind ja die drei Hauptthemen der Freudischen Psychologie, nämlich eben diese Fehl- und Zufallshandlungen, die Träume und die Neurosen, allesamt dadurch charakterisiert, daß in ihnen ein Moment der, ja, sagen wir: Begriffslosigkeit oder, wie man heute sagen würde, der Absurdität, der Irrationalität mit ihrer Relevanz, ihrer Wesentlichkeit *für den Begriff* sich verbindet.

Ich meine also, die Philosophie – und übrigens auch fast alle materialen Disziplinen – sollten darin tatsächlich der wahrhaft genialen Freudischen folgen, sich auf das zu konzentrieren, was nicht durch den kategorialen Mechanismus der Gesellschaft, des gesellschaftlich verbreiteten Denkens und der Wissenschaft vorher bereits zugerichtet ist. Wofür natürlich auch spricht, daß an solchen Gegenständen, auf denen nicht schon das allgemein herrschende und konformierende Bewußtsein seine Fingerabdrücke hinterlassen hat, sehr viel mehr sich gewahren läßt, als wo das nicht der Fall ist. Die französische Bewegung des Surrealismus hat ja gerade dafür in einem geschichtsphilosophischen und metapsychologischen Sinn einen außerordentlich feinen Instinkt bewiesen. Man könnte sagen, daß das Begriffslose selbst, wenn man an es herangeht, wenn man überhaupt ihm zum ersten Mal sich zuwendet, insofern schon durch den Begriff in einem negativen Sinn vermittelt ist, – nämlich als das Vernachlässigte, das Ausgeschlossene; und daß eben darin, daß der Begriff es nicht in sich aufgenommen hat, etwas von der Voreingenommenheit, vom parti pris und von den Sperren des Begriffs sich erkennen läßt. So wie ja tatsächlich die Gruppen von Phänomenen, denen Freud seine Aufmerksamkeit zugewendet hat, dadurch charakterisiert werden, daß sie – aus Gründen, die er selber dann theoretisch sehr genau entwickelt – dem Mechanismus der Verdrängung in einem ganz besonderen Maß unterliegen. Es gibt auch so etwas wie gesellschaftliche Verdrängung, und zu dem Organ des philosophisch Denkenden, wenn anders man von einem solchen Organ reden darf, gehört es ganz sicher, daß man etwas von dieser Verdrängung an Gegenständen, von dem, was an Gegenständen von dem allgemeinen Bewußtsein verdrängt ward, spürt und von genau dem angezogen wird, worüber das approbierte Bewußtsein sich hinwegsetzt oder was es am liebsten überhaupt nicht zum Gegenstand der Betrachtung machen wollte. Wenn die Methode, von der ich Ihnen eine Vorstellung geben möchte, immer wieder eine Tendenz zur Mikrologie hat; also eine Tendenz hat, in die kleinsten Details sich zu versenken, aber nicht aus philologischer Pedanterie, sondern um gerade dort den Funken herauszuschlagen, dann hängt das mit genau diesen Momenten zusammen. Denn der Begriff ist ja im allgemeinen eine Vergrößerung seiner Gegenstände, er nimmt nur das an ihnen wahr, was groß genug ist, um mit anderen Gegenständen vergleichbar zu sein. Und das, was dabei durch die Maschen fällt, ist nun eben gerade das Allerkleinste, in dem das, was eigentlich auf die philosophische Interpretation wartet, enthalten zu sein pflegt. Dieses Interesse der Philosophie am Nichtbegrifflichen, dieses Interesse, von dem ich so nachhaltig rede, ist keineswegs neu, sondern man kann sagen, daß in der vorigen Generation von Philosophen – oder für Sie schon in der vorvorigen Generation; also der Generation, die ich als die meiner geistigen Eltern betrachten darf – dieses Bedürfnis schon außerordentlich intensiv am Werk gewesen ist. Und was an den Produkten jener Generation irgend mit dem Anspruch des *Modernen* auftreten kann, ist von diesem Bedürfnis geprägt.

Ich nenne Ihnen als die wichtigsten Repräsentanten dafür nur zwei Namen, weil bei ihnen dieses Bedürfnis, von dem ich Ihnen spreche, nicht bloß als ein weltanschauliches sich anmeldet, wie etwa bei Klages[120], sondern weil es durch eine eigentümliche Symbiose mit der Wissenschaft zugleich zumindest den Drang in sich verspürt hat, sich verbindlich zu machen. Ich meine damit Bergson und Husserl, die beide auf ihre Weise und beide zugleich auf eine ganz verschiedene Weise in der Philosophie das Interesse an etwas angemeldet haben, was nicht seinerseits klassifikatorischer Begriff ist, – übrigens beide unter der Nötigung der gleichen Situation, nämlich beide aus Widerstand gegen die Allherrschaft des kausalmechanischen Denkens und des Unbefriedigenden, das das kausalmechanische Denken für die Absicht des Begreifens notwendig mit sich führt. Bergson hat das Begriffslose gegenüber eben jenen klassifikatorischen Begriffen für die höhere Wahrheit gehalten und hat sie aufgesucht in einer Schicht von mehr oder minder amorphen Bildern, die unterhalb des

Bewußtseins und unterhalb des Begrifflichen lokalisiert sein sollen, – also eine unbewußte Bilderwelt, gar nicht so verschieden vielleicht von den Bildern, auf die die Freudische Psychoanalyse immer wieder führt und die gegenüber dem veranstalteten, durch Abstraktion zustande gekommenen Bewußtsein etwas wie ein unmittelbares Wissen von den Dingen selbst sein sollen. Das ist zumindest die Theorie, wie er sie in seinem doch wohl produktivsten und merkwürdigsten Werk »Matière et mémoire«[121] entwickelt hat. Husserl dagegen – der mit Bergson ja gewisse Motive gemeinsam hat, bei dem aber auf der anderen Seite doch die Rationalität im traditionellen Sinn weit ungebrochener geblieben ist als bei Bergson –, Husserl hat gelehrt, daß die ›Wesenheiten‹, also das philosophisch Relevante (man muß allerdings wohl sagen: die Begriffe) aus dem je Einzelnen herauszuschauen seien; daß also die Wesenheiten die Früchte einer bestimmt gearteten ›Einstellung‹ zu dem Erfahrenen, Konkreten und Einzelnen seien, und nicht, wie man im allgemeinen unterstellt, durch komparative Abstraktion sich ergeben. Das hängt bei Husserl mit einem begriffsrealistischen Ansatz zusammen: daß nämlich die logische Einheit der Arten, der Spezies eine Objektivität besitzt, die nicht erst durch die abstraktiven Akte des Subjekts hervorgebracht wird. Und dieser Objektivität soll der Erkennende in seiner Zuwendung zu einem jeglichen individuellen Seienden innewerden können auf die verhältnismäßig einfache Weise, daß er das, was daran bloß individuiert, das heißt also: raumzeitlich gebunden ist, wegläßt. Die Wendung gegen die raumzeitliche Bestimmtheit hat er übrigens dabei mit der Bilderlehre von Bergson auf eine merkwürdige Weise gemeinsam. Der Begriff soll also um seiner Objektivität willen in dem je Einzelnen bereits drinstecken und nicht erst durch vermittelnde Veranstaltungen des Subjekts daraus freigelegt werden: das hat Husserl in einer ganzen Reihe von Analysen darzustellen versucht und zu verfeinern gesucht, – angefangen von der Arbeit über ›Die ideale Einheit der Spezies‹ und den Streit über die ›neueren Abstraktionstheorien‹ aus den »Logischen

Untersuchungen«[122]; dann in der ›Sechsten logischen Untersuchung‹ über die kategoriale Anschauung, die die Anschaulichkeit des Begrifflichen in einem extremen Maß gelehrt hat[123]; und schließlich, zu einem Extrem gesteigert, in dem einleitenden Kapitel über Wesen und Dasein, das die »Ideen zu einer reinen Phänomenologie und phänomenologischen Philosophie« eröffnet[124]. Bei beiden aber bleibt das Begriffslose, auf das ihre philosophische Anstrengung sich konzentriert, seinerseits ein Geistiges, ein selbst Subjektives. Und zwar steckt in Wahrheit der Begriff immer schon in dem Begriffslosen drin.

Bei Bergson wird mit einer gewissen Art von Willkür dogmatisch eine Zweiheit der Erkenntnis angenommen: auf der einen Seite diese tiefe, von Bildern gespeiste Wesenserkenntnis und auf der anderen die der gängigen klassifizierenden Wissenschaft, die einfach so als zwei Möglichkeiten dualistisch nebeneinander bleiben, – wie ja überhaupt das gesamte Denken Bergsons, sehr merkwürdig für einen Lebensmetaphysiker, wie er es gewesen ist, noch bis in sein Spätwerk über »Die zwei Wurzeln der Moral und der Religion«[125] einen streng dualistischen Charakter sich bewahrt hat. Dabei entgeht ihm, daß jene sogenannten intuitiven Erkenntnisse oder jene Bilder, die im Subjekt als Vorbegriffliches Objektivität haben sollen, anders als durch den Begriff überhaupt nicht ausgedrückt werden können; und das Verhältnis dieser beiden Möglichkeiten der Erkenntnis oder dieser beiden Typen der Erkenntnis wird ebensowenig ausgeführt, wie eigentlich die nach seiner Ansicht höhere, in der ›erlebten Dauer‹ steckende Art der Erkenntnis als Erkenntnis von ihm konkretisiert wird. Man könnte sagen, es liege bei ihm etwas vor wie Resignation zur Dichtung; es wird dann der Dichtung eigentlich das übermacht, als Aufgabe zugesprochen, was die Philosophie als Aufgabe sich gesetzt hat. Und wir besitzen ja nun hier das großartige Experiment eines Dichters, des größten Romanciers unseres Zeitalters, der versucht hat, die Probe auf eben diese Bergsonsche These zu machen. Ich meine Proust, der aber nun – und das ist sehr interessant und ist wohl von dem herrschenden Proust-Geschwätz nie genügend berücksichtigt worden –, der in einem unvergleichlich viel höheren Maß der rationalen Formen der Erkenntnis sich hat bedienen müssen, als in dem Programm Bergsons, das er übrigens nie ganz sich zu eigen gemacht hat, angelegt gewesen ist. Man könnte beinahe sagen, daß gerade der Versuch des Proustschen Romans, die Probe auf die Philosophie von Bergson zu machen, gerade diesen Bergsonschen Ausbruchsversuch bis zu einem gewissen Grad widerlegt hat eben dadurch, daß Proust jenes Instrumentarium der rationalen – das will auch sagen: in weitem Maß der ich-psychologischen – Erkenntnis sich bedient, um das Konkrete zu erreichen, das Unauflösliche zu erreichen, das er sich vorstellte, wie es im Sinne der Bergsonschen Erkenntnistheorie gerade ausgeschlossen gewesen wäre.[126] – Was Husserl anlangt, so habe ich in der »Metakritik der Erkenntnistheorie« versucht zu zeigen, warum auch der Husserlsche Ausbruchsversuch mißlungen ist. Ich möchte dem jetzt nur ein Moment hinzufügen, weil ich nicht gerne Dinge in der Vorlesung wiederhole, die Sie ohnedies schon in den gedruckten Arbeiten, die es von mir gibt, nachlesen können. Es ist nämlich bei Husserl das Sonderbare – und auch darauf scheint mir in der Literatur erstaunlich wenig Wert gelegt worden zu sein –, daß das, was dann herausschaut dadurch, daß ich die Wesenheiten aus den Individuationen oder aus den individuellen Phänomenen herausschaue (und nicht erst komparativ ihrer mich versichere), – daß das, was dabei herausschaut, dann im Grunde gar nichts anderes ist, als die guten alten Begriffe der klassifikatorischen Logik auch sind. Es handelt sich also eigentlich hier wirklich nur um so etwas wie den Versuch der ontologischen Rechtfertigung der Begriffe, die nicht erst Begriffe sein sollen, die vom erkennenden Bewußtsein gestiftet sind, sondern die an sich in den Sachen selber schon enthalten sein sollen. Aber wenn man dann das sich ansieht, was sich der individuellen Erfahrung bei Husserl gibt, was sich der individuellen Erfahrung öffnet, dann sind das einfach abstrakte Kategorien, die ganz genauso sind wie die des üblichen szientifischen Denkens auch, mit dem er infolgedessen in seiner Spätphase, als er diese ganze Theorie durch eine transzendentale Logik zu unterbauen getrachtet hat[127], sich mühelos verständigen konnte.

Es sind also die beiden großen und mit einer außerordentlichen Energie vor ungefähr 50 bis 60 Jahren versuchten Ausbruchsversuche aus der Philosophie, aus dem Bereich der bereits ›gemachten‹ Begriffe als gescheitert zu betrachten, und zwar eben deshalb, weil sie beide idealistisch waren, weil sie beide den Ausbruch aus der begrifflichen Sphäre geglaubt haben zu vollziehen, indem sie gleichzeitig den Begriff der Bewußtseinsimmanenz, des ›Bewußtseinsstroms‹ – in Übereinstimmung mit der gesamten herrschenden idealistischen Erkenntnistheorie – als die eigentliche Grundlage der Erkenntnis angesehen haben und geglaubt haben, nun nur mit einer Art von Willensakt dieses Subjektive, das sie im Bewußtseinsstrom selber vorgefunden haben, mit der Würde und den Prädikaten einer höheren Objektivität zu belehnen. Ich möchte daraus gleich jetzt eine Konsequenz ziehen, von der ich denken würde, daß sie fruchtbar ist für die Methode, die ich Ihnen dann weiter entwickeln möchte. Nämlich: jene Art Ausbruch ist nicht als ein Akt möglich, der sich gleichsam kopfüber in das stürzt, was nicht vom Subjekt veranstaltete Erkenntnis sein soll; also nicht sich stürzt in die angebliche Objektivität der Wesenheiten oder in eine – angeblich transsubjektive, aber im Subjekt irgendwie lokalisierte – Bilderwelt. Ein jeder so gleichsam nur vom Subjekt angestellte, aus subjektiver Willkür, man könnte auch sagen: aus subjektiver Freiheit vollzogene Ausbruchsversuch ist mit der Vergeblichkeit gezeichnet, daß er, eben um seines Ursprungs in subjektiver Willkür willen, notwendig immer wieder in die Sphäre zurückschlägt, aus der er heraus will; daß also die Objektivität, in die er sich versenkt, eigentlich den Charakter eines Spiegeleffekts besitzt. Wenn so etwas wie Ausbruch möglich ist, dann kann er nicht erfolgen durch eine solche Setzung eines nicht

Subjekteigenen, nicht durch die Setzung des Nicht-Ichs, – wir wissen ja aus der Geschichte der Philosophie, daß die subjektive Setzung des Nicht-Ich gerade die Höhe des Idealismus gewesen ist[128]. Sondern wenn es eine solche Möglichkeit des Ausbruchs überhaupt gibt, dann ist der Weg dazu allein der einer kritischen Selbstreflexion der subjektiven Sphäre, in der diese die Einsicht in sich selbst – und zwar zwingend und bündig – als etwas erkennt, was seinerseits nicht *bloß* Subjektivität ist, sondern was notwendig die Beziehung auf das voraussetzt, was sie idealistisch erst zu stiften vermeint; also nur so, daß dem Subjekt nachgewiesen wird, daß es selber ein Gesetztes ist oder jedenfalls *auch* ein Gesetztes ist, und nicht durch den Nachweis, daß das Nicht-Ich eine Setzung ist. Dabei bleibt allerdings von jenen Philosophen die *Aufgabe* des Ausbruchs bestehen. Und die ungeheure Gewalt, die Bergson auf die Kultur seiner Zeit ausgeübt hat, und die immerhin nicht zu unterschätzende Gewalt, die Husserl wenigstens auf die Branche der Philosophie ausgeübt – so wenig ich auch diese Branche mit der Kultur gleichsetzen möchte –, die bezeugt eben doch etwas davon, daß in dem, was sie wollten, eine kollektive, eine sehr tiefe Nötigung verspürt worden ist; nur daß es ihnen eben nicht gelungen ist. Aber wenn man nicht das Vertrauen darauf hat, daß dieser Ausbruch aus der Sphäre des gemachten Begriffs in das diesem Begriff wesentlich zugehörige Nichtbegriffliche eben doch möglich sei, dann kann man wirklich überhaupt nicht philosophieren. Sie können sagen: warum muß philosophiert werden, – und darauf kann ich Ihnen eine Antwort nicht geben. Aber immerhin: wenn man eine solche Nötigung überhaupt verspürt, dann ist sie ohne ein Moment des Vertrauens auf die Möglichkeit des Ausbruchs nicht zu vollziehen. Und dieses Vertrauen selbst ist ja wohl nicht zu trennen von dem *utopischen* Vertrauen darauf, daß es – also: das nicht schon Zugerichtete, nicht Veranstaltete, nicht Verdinglichte – nicht eben doch soll möglich sein können. Ich würde deshalb sagen, daß der Satz von Wittgenstein, daß man über das, was man nicht klar ausdrücken kann, schweigen soll,[129] der antiphilosophische Satz schlechthin sei. Sondern die Philosophie besteht gerade in der Anstrengung, das zu sagen, was nicht sich sagen läßt: nämlich was nicht unmittelbar, was nicht in einem einzelnen Satz oder in einzelnen Sätzen, sondern nur in einem Zusammenhang sich sagen läßt. Und insofern muß man wohl auch sagen, daß der Begriff der Philosophie selber die widerspruchsvolle Anstrengung sei, durch ihren Zusammenhang und durch ihre Vermittlung das zu sagen, was unmittelbar, hic et nunc nicht sich sagen lasse; daß insofern die Philosophie ihrem eigenen Begriff nach widerspruchsvoll, also in sich selbst dialektisch sei. Und vielleicht ist das überhaupt die tiefste Rechtfertigung des dialektischen Verfahrens, daß die Philosophie an sich selbst – als der Versuch, das Nichtsagbare zu sagen, vor allem besonderen Inhalt und vor jeder besonderen These – dialektisch bestimmt ist. Es wäre die *Utopie der Erkenntnis* – wenn man daraus, was ich versucht habe, Ihnen heute zu entwickeln, eine gewisse Konsequenz ziehen wollte –, es wäre die Utopie der Erkenntnis, das Begriffslose nun nicht etwa durch irgendwelche begriffslosen, angeblich höheren Methoden zu ergreifen, sondern das Begriffslose vermittels des Begriffs und vermittels der Selbstkritik der Begriffe aufzuschließen, – ohne daß dabei das Begriffslose, das Begriffene seinerseits gewalttätig von außen her den Begriffen gleichgemacht werden dürfte.[130]

Es ist nun meine Absicht, Ihnen das näher zu entwickeln, indem ich Ihnen die Veränderung der Stellung der Philosophie zu einem Begriff darstelle, mit dem es die Philosophen in neueren Zeiten, ganz besonders aber seit Leibniz, dem philosophischen Erfinder des infinitesimalen Kalküls, in besonderem Maß zu tun gehabt haben, – nämlich der Idee des *Unendlichen.*[131] Im allgemeinen wird man ja wohl sagen, daß die Philosophie, jedenfalls die neuere Philosophie, unter einem gewissen Aspekt soviel sei wie die Anstrengung, Unendliches zu denken, – wie denn die neuere Geschichte der Philosophie über lange Zeiträume hinweg homolog verlaufen ist der Ausbreitung der Infinitesimalrechnung in den positiven Wissenschaften. Dem würde nun zunächst einmal ganz einfach zu entgegnen sein, daß es nicht die Aufgabe von Philosophie sein kann, wie die Oberlehrerphrase lautet: zu erschöpfen. Ich habe schon auf der Schule es nicht verstanden, wenn ein Schullehrer an den Rand eines Aufsatzes geschrieben hat, daß das Thema nicht ›erschöpft‹ sei, weil mir von Anfang an gegenwärtig war, daß die Möglichkeit des Geistes die der Intensität, der intensiven Versenkung, und nicht die einer Art von quantitativen Vollständigkeit sein könnte, – wie sie übrigens ihre ehrwürdige Geschichte etwa im »Discours de la méthode« von Descartes hat[132], wo ja die Vollständigkeit der Erkenntnis unter den Kriterien der richtigen Erkenntnis ihre nachdrückliche Rolle spielt[133]. Philosophie soll – das wäre nun sozusagen ein Gegenaxiom gegen das Cartesianische – nicht erschöpfen, soll nicht ihre Gegenstände auf ein Minimum von Begriffen oder von Sätzen reduzieren; denn genau darin, daß man ein Maximum von Gegenständen auf ein Minimum von Kategorien bringt, ist ja jener Primat des Begriffs über das Begriffslose gesetzt, von dem ich denken würde, daß die Philosophie endlich mit der äußersten Schärfe und der äußersten Dezision ihm sich zu entziehen hat. Philosophie gilt also – damit möchte ich heute programmatisch schließen – dem ihr Heterogenen, dem was sie nicht selbst ist, und nicht dem Versuch, alles was da ist auf sich selbst und ihre Begriffe zu bringen; also nicht die Welt auf ein präfabriziertes System von Kategorien zu reduzieren, sondern, gerade umgekehrt, sich in einem bestimmten Sinn offen zu machen für das, was dem Geist an *Erfahrung* sich darbietet. Und von diesem Erfahrungsbegriff und der veränderten Stellung zur Unendlichkeit möchte ich dann am Donnerstag weiter sprechen

8. Vorlesung
2. 12. 1965

Stichworte

Unendlich bei Hegel soviel wie das Goethesche Willst du ins Unendliche schreiten.

Veränderte Stellung des Begriffs des Unendlichen, der im Idealism[us] zum Gewäsch ausartete.

Grund des Hohlen: Übertäubung eines tiefen Zweifels durch Reklame.

Es soll im Idealism[us] durch eine karge Endlichkeit von Kategorien ein unendlicher Gegenstand besessen werden. Darüber wird Philosophie endlich, abschlußhaft. Daher das Enge, das kleinstädtische Modell. Sogar die Provinzialität hat ihren systematischen Grund.

Dieser Anspruch zu kassieren.

Phil[osophie] verfügt nicht länger über ein Unendliches.

Der Satz des Epicharmos.[134] *Hinzufügen, daß sie nirgends als in den Konfigurationen des Sterblichen ein Unsterbliches hat. – Sie besitzt, wenn überhaupt, nur Endliches.*

Dagegen wird sie selber in gewissem Sinn unendlich: nicht länger in einem Corpus zählbarer Theoreme fixierbar, prinzipiell offen. Aber nicht molluskenhaft sondern in ihrer Offenheit determiniert: das ist eigentlich das Problem. Ihre Bestimmtheit, nicht Weichheit nimmt mit dem sich Übertreffen zu, sie kommt vom Gegenst[an]d.

Sie hat ihren Gehalt in der ungeschmälerten Mannigfaltigkeit der Gegenstände aufzusuchen. Ihnen überliefert sie sich im Ernst, benutzt sie nicht als Spiegel, verwechselt nicht ihr eigenes Abbild mit den Konkreta.

Solche Philosophie wäre die volle, unreduzierte Erfahrung im Medium der begrifflichen Reflexion: »geistige Erfahrung«. Auch diese Wendung des Erfahrungsbegriffs ist in Hegel, und dem deutschen Idealism[us] gegen Kant, vorbereitet. Die Inhalte der Erfahrung sind keine Exempel für Kategorien (Verweis auf Henkel Krug und frühe Erfahrung)[135].

Motor die unverbürgte Erwartung, jedes Einzelne und Partikulare, das ihr glückt, müsse jenes Ganze in sich vorstellen, das ihr immer wieder entgleitet, freilich eher nach prästabilierter Disharmonie.

(6) Metakritische Wendung gegen prima philosophia die gegen die Endlichkeit einer Phil[osophie], die über Unendlichkeit schwadroniert und sie nicht achtet.

Hat keinen ihrer Gegenstände ganz inne. Soll nicht das Phantasma eines Ganzen bereiten, aber in ihr soll Wahrheit sich kristallisieren.

Modell: daß Kunstwerke in ihrer philosophischen Interpretation sich entfalten.

Was als geregelter Fortgang der Abstraktion oder als Subsumtion unter Begriffe sich absehen läßt, ist in weitestem Sinn Technik (Bergson wußte das), aber für Philosophie, die nicht sich einordnet, gleichgültig.

Phil[osophie] hat keinen Gegenstand garantiert, kann prinzipiell immer fehlgehen.

Soviel ist wahr an Skepsis und Pragmatismus; aber das Problem ist, darüber nicht emphatische Philosophie preiszugeben sondern es ihr zuzueignen.

Nur daß dies nicht mit Induktion, bloßen Tatsachen zusammenfällt. *2.XII.65*

Vorlesungsprotokoll

Ich hatte das letzte Mal angefangen, Ihnen den Unterschied des Entwurfs – ich brauche schon selbst das Wort;[136] Sie können daran sehen, in welchem Zustand ich bin –, des Entwurfs, den ich Ihnen entwickeln möchte, von der traditionellen Philosophie zu erläutern durch Reflexionen über den Begriff des *Unendlichen.* Der Begriff des Unendlichen war ursprünglich ja in die Philosophie doch wohl wesentlich im Zusammenhang mit der Infinitesimalmethode gekommen, die Leibniz unabhängig von Newton[137] entdeckt hatte. Und Kant – der ja aus der Wolffischen, also mittelbar der Leibnizschen Schule hervorgegangen war – hat dieses Motiv dann aufgegriffen; man kann wohl sagen, daß dem Antinomiekapitel der mathematische Begriff der Unendlichkeit im Sinn der Differentialrechnung mit den Paradoxien, die er involviert, wesentlich zugrunde liegt.[138] Es dürfte mit der Entfremdung von der Mathematik und den Naturwissenschaften zusammenhängen, der in der Philosophie seit Fichte und am merklichsten gerade bei dem Naturphilosophen Schelling sich vollzog, daß der Begriff des Unendlichen dann sehr rasch diese Prägnanz verliert. Ich glaube, es wäre eine sehr interessante Aufgabe – die scheinbar geistesgeschichtlich wäre, aber in sehr tiefe sachhaltige Zusammenhänge führen könnte –, wenn man einmal die Geschichte des Unendlichkeitsbegriffs von Kant bis Hegel in einer Monographie schreiben würde. Es kämen dabei Umfunktionierungen dieses Begriffs zutage, die mit dem gesamten, ich möchte sagen: unterirdischen klimatischen Wechsel sehr viel zu tun haben, der in dieser Epoche sich zugetragen hat. Wenn bei Hegel von Unendlichem und Unendlichkeit die Rede ist, dann ist das eigentlich schon im Sinn der Goetheschen Sentenz, daß wer ins Unendliche schreiten wolle, nur ins Endliche nach allen Seiten schreiten solle;[139] daß also der Inbegriff der endlichen Bewegungen dadurch, daß jede endliche Bewegung als Endliches sich selbst negieren müsse, bereits der Schritt in die positive Unendlichkeit sei. Nun, – daß die Negation des Endlichen in sich die Setzung der Unendlichkeit beinhalte, ist in gewisser Weise, könnte man sagen, die Generalthesis der Hegelschen Philosophie überhaupt, wenn anders diese auf eine Generalthesis sich abziehen läßt. Aber auf der anderen Seite scheint sich doch dabei eine Veränderung des Unendlichkeitsbegriffs gegenüber seiner mathematisch definierten Gestalt vollzogen zu haben, die, ich möchte beinahe sagen: den Kern dieses Begriffs überhaupt angefressen hat. Wie immer es damit sich verhalte, jedenfalls kann man sagen: wenn man die großen Schriftsteller des deutschen Idealismus, vor allem Fichte, Schelling und Hegel, liest, dann kann man sich des Eindrucks nicht entschlagen, daß alle diese Philosophen mit dem Ausdruck ›unendlich‹ etwas sehr large und etwas unbedacht umgegangen sind und eigentlich die Verantwortung, die in diesem Begriff liegt, gar nicht mehr recht gespürt haben. Er ist dann in seiner Strenge abermals behandelt zu werden, erst von den Marburger Neukantianern versucht worden, wo er ja nun wirklich wieder, ähnlich wie bei Leibniz, zu der Vermittlungskategorie zwischen dem mundus sensibilis und dem mundus intelligibilis wird, – während davon in dem, wenn ich es so nennen soll, klassischen deutschen Idealismus nichts gespürt werden kann. Das bedeutet, daß im Idealismus dieser Unendlichkeitsbegriff, wenn ich es einmal schroff sagen soll, zu einer Art von Phrase, zu einer Art Allerweltsgewäsch ausgeartet ist, – wie es ja immer dann zu gehen pflegt, wenn irgendwelche Begriffe zum Repertoire gehören, ohne daß sie noch spezifisch durchdacht, das heißt: ohne daß sie noch mit den Sachgehalten konfrontiert werden, die von ihnen bezeichnet werden sollen.

Dadurch ist ein eigentümlicher Charakter von Hohlheit in die Rede vom Unendlichen gekommen, wie sie dann die Philosophie beherrscht, – eine Hohlheit, die vielleicht mehr als alles andere dazu beigetragen hat, die offizielle akademische Philosophie dem Sonntagsgeschwätz und seiner Unverbindlichkeit anzunähern. Man hat da manchmal das Gefühl, als ob die Rede vom Unendlichen einen tiefen Zweifel daran übertäuben möchte, ob die Philosophie, als ein doch selber Endliches, eben jenes Unendlichen mächtig sei, von dem sie da schwafelt. Denn der Identitätsanspruch, der absolute Identitätsanspruch der Philosophie, also der Anspruch, daß schlechterdings alles in den Bestimmungen der Philosophie aufgeht, ist natürlich notwendig ein Anspruch auf positive Unendlichkeit. Und es scheint mir, daß eben deshalb, weil man diesem Anspruch selber nicht so ganz traut, – daß man da als einer Art von Schibboleth immer wieder mit der Unendlichkeit operiert. Es soll also im Idealismus, so könnte man ihn bestimmen, durch eine karge Endlichkeit von Kategorien – und selbst bei Hegel stellen ja die Kategorien ein Endliches, man möchte fast sagen: ein Zählbares, eine Art von Kategoriennetz oder -liste dar; trotz aller Rede von Dynamik –, es soll durch eine solche karge Endlichkeit von Kategorien ein Unendliches eingefangen, ein unendlicher Gegenstand besessen werden. Darüber wird nun – und das ist der äußerste Gegensatz zu dem Anspruch auf Unendlichkeit, den diese Philosophien erheben – die Philosophie selbst zu einem Endlichen, Abschlußhaften, das nun glaubt, in seiner eigenen Beschränktheit alles was da ist intus zu haben. Wenn ich Ihnen in einer früheren Vorlesungsstunde von dem Engen, fast Kleinstädtischen sprach,[140] daß heute selbst den größten philosophischen Konzeptionen anhaftet, so wie wenn man einen unendlichen Kosmos in einem kleinen, übersichtlichen Häuschen unterbringen wollte, dann hängt diese Provinzialität selber mit dem Sachlich-Philosophischen, also eben mit diesem Anspruch, das Unendliche in einem endlichen Netz von Kategorien zu fassen, zusammen. Sie mögen hier, wenigstens mit einem Durchblick, erkennen, wie sehr Bestimmungen an der Philosophie, die, wenn man sie zunächst vernimmt, vielen von Ihnen soziologisch, wenn nicht soziologistisch klingen dürften, in Wahrheit mit der Sache selbst, mit der philosophischen Problematik zusammenhängen.[141] Wenn Sie unter diesem Aspekt übrigens die »Kritik der reinen Vernunft« lesen, dann werden Sie finden, daß dieser Charakter der Enge, von der Benjamin in dem Briefbuch »Deutsche Menschen« geradezu als einer Bedingung der Humanität gehandelt hat[142], bei Kant in der Metaphorik durchschlägt; also in den Vergleichen, mit denen er – ich rede notwendig schon selber so – von den Territorien der reinen Vernunft, die da durch die Kritik erobert oder abgestoßen sein sollen, spricht[143]; da hört man vom Lande der Wahrheit, – ein reizender Name, fügt Kant hinzu; oder man hört von der fest abgemessenen und sicheren Insel inmitten des Ozeans, des unendlichen[144]; wie übrigens überhaupt bei Kant der Begriff des Unendlichen in einer wohl schon auf den

Sturm und Drang verweisenden Art mit der Vorstellung des Ozeanischen, mit dem sogenannten ozeanischen Gefühl sich zu verbinden scheint. Und gerade dadurch, daß die Vernunft nun glaubt, in ihrer Enge sich fest eingerichtet zu haben, während sie zugleich doch Kunde geben muß von der Winzigkeit dessen, was sie da nun wirklich sicher haben soll, – dadurch kommt noch in die kritische und unbestechliche Philosophie von Kant jener Oberton des Rührenden, der Unschuld herein, der mehr vielleicht als andere es heute unmöglich macht, so oder in einer irgend dem verwandten Weise noch zu denken. Kurz, dieser Anspruch, daß man mit einem endlichen Kategoriensystem – denken Sie dabei zunächst einmal nur an die Kantische Kategorientafel, von der schließlich die Hegelsche ›Logik‹ nicht durch so einen Abgrund getrennt ist, wie es Hegel wohl passen würde –, daß man also mit einer solchen Kategorientafel nun das Sichere der Erkenntnis in Händen habe und andererseits damit von allen Fragen dispensiert sei, die darüber hinaus gehen; vergegenwärtigen Sie sich das, und ich glaube, es ist keine große Zumutung, wenn ich sage, daß eben dieser Anspruch kassiert werden müsse. Es wäre also in diesem Sinn axiomatisch, daß Philosophie nicht länger über ein Unendliches verfügt.

Ich habe deshalb der ›Metakritik‹ jenes Fragment des Epicharmos als Motto vorangestellt, daß da besagt, daß es dem Sterblichen zieme, Sterbliches zu denken und nicht Unsterbliches zu denken,[145] – im übrigen ein Satz, der, weiter verfolgt, so etwas wie die Kritik des traditionellen Identitätsanspruchs in sich trägt. Es war übrigens eine merkwürdige Koinzidenz, daß einige Jahre später der verstorbene Reinhold Schneider, ein katholischer Dichter und Philosoph, seinem letzten Buch – ganz gewiß ohne das meine zu kennen – dasselbe Motto vorangestellt hat,[146] das also offenbar eine Art von eigenem Gewicht hat, dem man nur sehr schwer sich wird entziehen können. Wenn überhaupt die Philosophie etwas besitzt, dann besitzt sie nur Endliches und nicht das Unendliche. Ich glaube, nur wenn man mit dieser Einschränkung beginnt; also nur, wenn man die eigene Provinzialität – das was ich Provinzialität nannte – dabei reflektiert, sie selber zum Bewußtsein erhebt, nur dann ist eine Möglichkeit, daß eben die Philosophie dieser Enge sich entledigt. Hinzuzufügen wäre vielleicht, daß nirgends anders als eben in den Kategorien des Endlichen, oder, nach jenem Satz, des Denkens des Sterblichen, Unsterbliches überhaupt gefaßt werden kann, während jeder Versuch, der Transzendenz anders als in Kategorien der Endlichkeit habhaft zu werden, vorweg verurteilt ist, – im übrigen gerade dies eine Einsicht, die in jener Verhaltensweise von Hegel, die ich zu Eingang Ihnen charakterisiert habe, ja doch wohl auch mitgedacht ist. Ich sagte, daß gerade darin, daß die Philosophie im Gegensatz zur traditionellen darauf verzichte, Unendliches zu haben, ihre eigene Hoffnung bestehe, mehr zu sein als die naive Hypostase ihrer eigenen Endlichkeit. Man könnte das positiv wenden derart, daß durch jene Umformulierung der Aufgabe der Philosophie diese selbst in gewissem Sinn unendlich werde, – nämlich nicht länger fixierbar in einem Corpus zählbarer Theoreme, wie es etwa das Kantische ›System der Grundsätze‹ darstellt, sondern grundsätzlich offen. Und damit komme ich zu der Forderung eines *offenen* Philosophierens im Gegensatz zu dem systematischen Philosophieren. Es ergibt sich dabei sogleich die Problematik, der vor allem die Lebensphilosophie erlegen ist, die auf Grund des Gegensatzes von Lebendigem und Starrem ja auch antisystematisch war und etwas wie eine Idee des Offenen konzipiert hat: daß nämlich eine offene Philosophie so leicht ins Molluskenhafte oder, wie Theodor Haecker das sehr boshaft und klug genannt hat,[147] in eine ›Philosophie des Irgendwie‹ ausarten könne. Und das ganze Kunststück der Philosophie – es ist immer wieder dasselbe Kunststück, das ich umkreise, das aber je nach den Kategorien, die ich mit Ihnen erörtere, in anderer Gestalt sich darbietet –, das ganze Kunststück der Philosophie wäre demnach, offen zu philosophieren und doch nicht molluskenhaft, doch nicht beliebig sich anhängend an alle erdenklichen Gegenstände; sondern so, daß es seiner inneren Nötigung gehorcht und daß es einen objektiven Zwang dabei verfolgt. Ich wage dazu die, vielleicht nach den üblichen philosophischen Gewohnheiten paradox klingende, aber andererseits ja sehr einfache und einleuchtende These, daß je mehr die Philosophie sich wirklich ihrem Gegenstand überläßt, je weniger also sie Gegenstände, mit denen sie befaßt ist, mißbraucht als Demonstrationsobjekte eben jenes endlichen Koordinatensystems, das sie zu haben pflegt, – daß sie damit um so mehr dem molluskenhaften Charakter entgeht. Denn das Molluskenhafte, das Beliebige, das was denn auch etwa von den restaurativen Philosophien so gern als das Bodenlose gescholten wird, das pflegt ja im allgemeinen nichts anderes zu sein als der Ausdruck einer gewissen Beliebigkeit im Verhältnis des Gedankens zum Gedachten; es pflegt darin zu bestehen, daß Gedanken, die dann im allgemeinen eben selbst wie ein solches Koordinatensystem präformiert sind, sich an alle möglichen und relativ zufälligen Objekte dranhängen und dann mit diesen Objekten solange herumwirtschaften, bis das dabei herausschaut, was man sich vorstellt. Wenn dagegen dem Desiderat entsprochen wird, das ich für das eigentlich philosophische Desiderat halte: nämlich dem Desiderat der Vorbehaltlosigkeit dem Objekt gegenüber, dem, was Hegel wohl mit seinem Begriff der ›Freiheit zum Objekt‹[148] gemeint hat; daß dann dadurch, daß das Objekt nicht als ein schlechterdings Unbestimmtes gedacht wird, sondern daß der Gedanke, indem er es spontan denkt, immer zugleich auch ihm sich anmißt, – dadurch wird dann dem Gedanken ein Mehr und nicht ein Weniger an Strukturiertheit, an Bestimmtheit, an Verbindlichkeit zu eigen sein. Und das, würde ich sagen, ist die einzige wirkliche Antwort auf den Einwand des Molluskenhaften. Wenn man dagegen die Festigkeit einfach in das Kategoriensystem verlegt, also in den Inbegriff dessen, womit man an etwas herangeht, und wenn man sagt: ich als Ontologe, ich als Protestant, ich als Marxist denke das oder jenes, – dann, genau dann gewinnt der Charakter seinem Gegenstand gegenüber jenes Zufällige, nämlich von seinem Ausgangspunkt her Determinierte, das es zu einer eigentlich verbindlichen Erkenntnis überhaupt nicht mehr kommen läßt.

Philosophie hätte also demzufolge ihren Gehalt in der ungeschmälerten Mannigfaltigkeit ihrer Gegenstände aufzusuchen. Sie hätte sich ihnen im Ernst zu überliefern, ohne dabei immer schon rückversichert zu sein durchs Koordinatensystem oder durch ihre sogenannte Position. Sie darf ihre Gegenstände nicht als die Spiegel benutzen, aus denen sie immer wieder sich selbst herausliest, und sie darf nicht ihr eigenes Abbild verwechseln mit dem, worauf Erkenntnis eigentlich geht. Ich würde sagen, diese Verwechslung ist überhaupt das *πρῶτον ψεῦδος* der gesamten modernen Philosophie. Sie ist ganz einfach auszusprechen in der Form, daß – wenn man einmal die für diese Denkart ja prototypische Kantische Philosophie sich vornimmt, in der gesagt wird, daß die Natur ein von der Vernunft Produziertes sei[149] –, daß dann die Erkenntnis, die eben auf diese natura naturata geht, überhaupt gar keine Erkenntnis ist; sondern daß die Erkenntnis dann in ihrem Objekt immer gar nichts anderes hat als das erkennende Subjekt selbst; und daß sie infolgedessen, indem sie heroisch resignierend auf diese Weise sich einrichtet, gleichzeitig das versäumt, was den Begriff der Erkenntnis ausmacht: daß sie dabei das zu erkennen versäumt, was nicht selber eins mit der Erkenntnis ist. – Meine Damen und Herren: eine solche Philosophie, die auf der einen Seite es sich nicht anmaßt, der unendlichen Gegenstände mächtig zu sein, auf der anderen aber auch nicht sich selbst endlich macht, – eine solche Philosophie wäre soviel wie die volle, unreduzierte Erfahrung im Medium der begrifflichen Reflexion oder, wie man es wohl auch nennen darf, sie wäre soviel wie geistige Erfahrung. Indem ich hier den Erfahrungsbegriff gebrauche, merke ich an, daß die Wendung, die ich vollziehe oder zu der ich einige Beiträge leisten möchte und die ich ihnen plausibel machen möchte, in einer etwas vertrackten, dialektischen Weise auch eine Rettung des Empirismus einschließt; das heißt, daß es sich hier ja immer prinzipiell um eine Erkenntnis von unten nach oben und nicht um eine von oben nach unten, um ein Sichüberlassen und nicht um ein Deduzieren handelt, – allerdings mit einem ganz anderen Charakter, einem ganz anderen Erkenntnisziel, als das in den empiristischen Richtungen der Fall ist.[150] Auch diese Wendung des Erfahrungsbegriffs zu einem Begriff geistiger Erfahrung ist in Hegel und in dem deutschen Idealismus – gegen Kant – vorbereitet. Ich würde sagen, man müßte nur diesen Begriff der geistigen Erfahrung – der den Denkern zwischen Fichte und Hegel sicherlich vorgeschwebt hat; durch den ihre Philosophie ihre Substantialität, das gewonnen hat, was sie von dem bloßen Formalismus unterscheidet – befreien von seinen idealistischen Präsuppositionen; man müßte nur diesem Begriff der geistigen Erfahrung nachgehen, ja, ich möchte beinahe sagen: man müßte nur das wirklich und in allem Ernst tun, was die Idealisten eigentlich immer nur ›angezeigt‹ haben (der berühmte Unterschied zwischen der Speisekarte und dem Essen, das serviert wird!), um auf diese Weise aus der idealistischen Sphäre herauszukommen. Die Inhalte dieser Erfahrung – und auch das klingt ganz nominalistisch – sind also mit dem Erfahrungsbegriff, wie er sich gegen die Deduktion pointiert, identisch. Die Inhalte einer solchen Erfahrung sind keine Exempel für Kategorien, sondern sie werden gerade dadurch relevant, daß an ihnen jeweils ein *Neues* aufgeht, – während der Fehler des gesamten gängigen Empirismus, des gesamten gängigen Erfahrungsbegriffs mir der zu sein scheint, daß diese empiristische Philosophie als Erkenntnistheorie genau die Möglichkeit der Erfahrung eines Anderen, prinzipiell Neuen abschneidet durch ihre Spielregeln, auf die es in den heroischen Zeiten des Empirismus, in der überschwenglichen empiristischen Philosophie von Bacon etwa, einmal abgesehen gewesen ist. Wenn Sie gerade über diesen Begriff der geistigen Erfahrung – im Gegensatz, sagen wir, zu dem lebensphilosophischen unverbindlichen Über-alles-und-nichts-Philosophieren – meiner Position sich ein wenig näher versichern möchten; falls jemand von Ihnen daran interessiert ist, darf ich Sie vielleicht auf den kurzen Text über »Henkel,

Krug und frühe Erfahrung«, der am Anfang der Festschrift für Ernst Bloch steht[151] und in dem ich gerade an dem, was ich an seiner Philosophie als ganz junger Mensch erfahren habe, getrachtet habe, meinen Begriff von geistiger Erfahrung zu explizieren, – im Gegensatz zu der thematisch sehr verwandten Philosophie von Simmel. Indem ich auf diese Arbeit Sie hinweise, bin ich vielleicht davon dispensiert, gerade diesen Punkt jetzt weiter zu verfolgen. Der Motor einer solchen Art von Erfahrung, das was einen Menschen überhaupt dazu treibt, solche geistigen Erfahrungen zu machen – und darauf kommt es ja wohl in der Philosophie allein an –, ist die allerdings unverbürgte, vage, dunkle Erwartung, daß jedes Einzelne und Partikulare, das ihr zufällt, schließlich doch jenes Ganze in sich, ich rede Leibnizisch: vorstelle, das ihr immer wieder entgleitet; freilich eher im Sinn einer prästabilierten Disharmonie[152], die in einer solchen Erfahrung sich offenbart, als im Sinn der harmonistischen These, welche die Erfahrung in den großen rationalistischen Systemen geleitet hat, die ja in ihrer späten Gestalt bereits ebenfalls (ähnlich wie der deutsche Idealismus) ein Versuch gewesen sind, die vérités de raison und die vérités de fait, also Vernunfterkenntnis und Erfahrungserkenntnis, miteinander zu vereinigen. Die metakritische Wendung gegen eine prima philosophia, die ich versuche, Ihnen von verschiedenen Seiten her begreiflich zu machen, ist die gegen die Endlichkeit einer Philosophie, die über Unendliches schwadroniert und gleichzeitig das Unendliche, das ihr sich entzieht, nicht wirklich als Unendliches achtet. Philosophie hat demnach – und auch das gehört zu den Bestimmungen der Dialektik, in denen, wenn man sie nur energisch genug nimmt, sich eine negative mir vorzubereiten scheint –, Philosophie hat keinen ihrer Gegenstände ganz inne. Sie soll nicht das Phantasma eines Ganzen bereiten, aber in ihr soll Wahrheit sich kristallisieren.

Das letzte, was ich Ihnen sagte, klingt doch vielleicht so apodiktisch und nimmt den Mund, contre cœur, doch so voll, daß ich eine gewisse Verpflichtung fühle, Ihnen, bei aller

Skepsis gegen Beispiele, wenigstens zu erläutern, was ich dabei meine. Und Sie werden es mir vielleicht durchgehen lassen (obwohl gegen dieses Verfahren gewiß sehr Triftiges anzumelden wäre), wenn ich dabei auf Ästhetisches rekurriere – nämlich auf das Verhältnis zwischen Kunstwerken und Philosophie der Kunst –, einfach deshalb, weil ich glaube, daß das, was ich Ihnen hier versuche zu sagen: daß nämlich die Philosophie nichts Unendliches sei; daß keine ihre Gegenstände ganz inne hätte, aber daß die Wahrheit in ihr sich kristallisiere, – daß man das an Phänomenen der Kunst am besten demonstrieren kann. Man kann ja wohl sagen, daß die Kunstwerke in dem Sinn etwas wie positive Unendlichkeit darstellen – ich spreche dabei stillschweigend nur von den authentischen Kunstwerken –, als sie auf der einen Seite ein in sich Endliches, Umrissenes, Gegebenes in Raum oder in Zeit sind, aber auf der anderen Seite ein unendliches Maß an Implikationen haben, das ohne weiteres sich gar nicht erschließt und das der Analyse erst bedarf. Der etwas fatale und jedem Mißbrauch offene Ausdruck ›Vielschichtigkeit der Kunstwerke‹ erinnert – es tut mir leid, daß ich das konzedieren muß – an diesen Sachverhalt, der zu den Kunstwerken nun einmal dazugehört und der im übrigen nicht mit einem billigen Irrationalismus der Kunst verwechselt werden darf. Wenn Sie Kunstwerke analysieren: also alles an Strukturbeziehungen, die in ihnen stecken, an Sinnesimplikaten, die diese Strukturbeziehungen enthalten, alles was da ist, herausarbeiten und auf diese Weise durch eine immanente Analyse der Kunstwerke, die allerdings nie voraussetzungslos ist, sondern zu der man immer schon etwas wissen muß, um es aus dem Kunstwerk herauszuholen, das muß man, wenn man nicht schwindeln will, vorweg sagen, – aber eine solche Analyse hilft dann eben doch in einem eminenten Maß, jene im Kunstwerk verschlossene Unendlichkeit zu artikulieren. Und man kann in einem gewissen Sinn sagen, daß die Kunstwerke überhaupt ihr Leben in jener Entfaltung haben, die durch eine Philosophie der Kunstwerke – die allerdings ihre Analyse und zwar ihre mikrologische Analyse in sich einschließt – überhaupt erst möglich und gezeitigt wird. Die Kunstwerke leben in einem gewissen Sinn dadurch, daß die fortschreitende Analyse immer mehr dessen sich versichert, was in ihnen an Geistigem objektiv enthalten ist; also durch eine Analyse, die in fortschreitendem Maß ihres Wahrheitsgehalts sich versichert. Sie können sagen: mit den Kunstwerken ist man gut dran, denn die Kunstwerke *sind* Sinnzusammenhänge, – und von der Welt, wir hatten davon gesprochen, kann in ähnlicher Weise Sinnhaftigkeit nicht und niemals ausgesagt werden wie von den Kunstwerken als Artefakten, die eben deshalb Geist sind, weil sie Produkt von menschlichem Geist sind. Aber ich meine doch, daß dies Verfahren, das die Betrachtung der Kunstwerke uns vorzeichnet, in einem gewissen Sinn prototypisch sein muß für die Erkenntnis, für die philosophische Erkenntnis der Wirklichkeit; daß nur, wenn man über diese Art Möglichkeit der Erfahrung verfügt, die ich versucht habe, Ihnen an den Kunstwerken anzuzeigen, daß nur dann überhaupt das sich konstituieren kann, was ich versucht habe, mit dem Begriff einer geistigen Erfahrung im Gegensatz zu der pointiert *nicht* geistigen Erfahrung der empiristischen Wissenschaft gemeint habe.

Alles das was dieser geistigen Erfahrung gegenüber als ihr Widerpart, alles das was als sogenannter geregelter Fortgang der Abstraktion oder als bloße Subsumtion unter Begriffe sich absehen läßt, ist in einem weitesten Sinn bloße Technik. Und ich würde sagen, wenn es etwas wie eine Kritik des aufgeklärten Bewußtseins auch an Aufklärung gibt, dann liegt genau hier ein Stück Dialektik der Aufklärung: daß nämlich die Aufklärung als Standpunkt fortschreitenden Bewußtseins eben doch, soweit sie stehenbleibt vor dem Begriff der geistigen Erfahrung oder ihn als ein Unsicheres und Ungewisses auszuschalten trachtet, im Bereich der bloßen Herrschaft, der bloßen Kontrolle über Unbegriffenes stehenbleibt. Das ist die Einsicht, die in unserer Zeit und gegenüber dem unendlichen Druck der positiven Wissenschaften und der verdinglichten Welt mit einer diesem Druck gleichen Abstraktheit und Sturheit Bergson ausgesprochen hat; eine Einsicht, die aber doch, nachdem Bergson es einmal erkannt hat und Scheler es ihm nachgesprochen hat, nicht wieder verloren werden darf. Alle diese Erkenntnisse, die dem geregelten Fortgang der Abstraktion und der bloßen Subsumtion unter Begriffe sich darbieten, sind der Philosophie, einem nachdrücklichen Begriff von Philosophie, den ich hier im Auge habe, prinzipiell gleichgültig in dem Sinn, in dem die Stoa den Begriff des Gleichgültigen bezeichnet hat[153]: sie sind etwas, woran die Philosophie eigentlich kein Interesse hat und wobei sie nicht stehenbleiben darf, wenn sie nicht unterhalb dessen verharren will, was ihr selber objektiv vorschwebt, sie mag es eingestehen oder sie mag es nicht eingestehen. Das besagt nun aber im Gegensatz zu diesen wohl umhegten und wohl definierten Prozeduren, daß gerade Philosophie, die wirklich eine ist, das Gegenteil dessen ist, als was man sie Ihnen im allgemeinen in Ihrer vorphilosophischen Bildung präsentiert. Philosophie hat nämlich keinen Gegenstand absolut garantiert; philosophisch wird eigentlich überhaupt nur dort gedacht, wo der Gedanke fehlgehen kann, wo er fehlbar ist. Im Augenblick, wo dem philosophischen Gedanken nichts passieren kann, das heißt, wo er bereits im Bereich der Wiederholung, der bloßen Reproduktion angesiedelt ist, in diesem Augenblick hat die Philosophie ihren Zweck bereits verfehlt. Und, wenn ich mir das gestatten darf, ich würde sagen, daß der Punkt, an dem heute die Philosophie – mit aller Fragwürdigkeit und Fehlbarkeit, die ihrem Begriff mittlerweile anhaftet – ihre wahre Aktualität, wenn anders sie eine hat, zeigt, darin besteht, daß sie dem herrschenden Sekuritätsbedürfnis, nach dem auch alle Modi der Erkenntnis mehr oder minder zurechtgeschustert sind, widersteht; und daß sie einsieht, daß – mit Nietzsche zu reden[154] – eine Erkenntnis, die nicht gefährlich ist, nicht wert ist, gedacht zu werden. Wobei dieses Gefährlichsein weniger auf nihilistische Bombenattentate oder auf die Zertrümmerung irgendwelcher alter Werttafeln gerichtet ist als ganz einfach darauf, daß eine Erkenntnis, die nicht dadurch, daß sie über das hinausgeht, was das bereits gewußte Wissen ist, in Gefahr steht, selber falsch und unwahr und überholt zu werden, – daß eine solche Erkenntnis auch nicht wahr sein kann. Was nur eine andere Form des Ausdrucks dessen ist, worauf ich immer wieder zurückkomme: daß nämlich der Wahrheitsgehalt selber in sich ein Zeitmoment hat, anstatt bloß in der Zeit als dieser gegenüber Gleichgültiges und Ewiges zu erscheinen. Soviel ist wahr an der Skepsis und an dem Pragmatismus, der ja etwa in John Dewey[155] die Möglichkeit einer Philosophie, die sich selber dem Falschen aussetzt, mit einer wirklich großartigen Offenheit und einem außerordentlichen Ernst dargestellt hat. Das Problem dabei ist nur, daß man darüber nicht den emphatischen Anspruch der Philosophie als der Erkenntnis von *Wesentlichem* preisgibt, sondern daß man diesen Anspruch selber der geistigen Erfahrung zueignet.

9. Vorlesung
7. 12. 1965

Stichworte

Gegenüber der Totalität der Methode enthält Phil[osophie] wesentlich ein Moment des Spiels, das die Verwissenschaftlichung ihr austreiben wollte. Ohne Spiel keine Wahrheit. NB Zufall

Sie ist das Allerernsteste, und so ernst wieder auch nicht.

Was abzielt auf das, was es nicht a priori schon selbst ist und worüber es keine verbriefte Macht hat, gehört immer auch einer Sphäre des Ungebändigten an, die vom begrifflichen Wesen tabuiert ward. Die spekulative ratio hat ein Irrationales in sich.

Zueignung der Mimesis.

Insofern ist das ästhetische Moment der Phil[osophie], wenn auch aus ganz anderen Motiven als bei Schelling, der Phil[osophie] nicht akzidentell.

Sie hat es aber aufzuheben in der Verbindlichkeit ihrer Einsichten in Wirkliches.

(7, Einf.)[156] *Keine Anleihen der Phil[osophie] bei der Kunst, insbesondere nicht Berufung auf Intuitionen. Kritik des Intuitionsbegriffs; die sog. Intuitionen sind den anderen Erkenntnissen gegenüber nichts qualitativ Verschiedenes, keine Blitze von oben. Sie sind ein Moment: ohne Einfall keine Phil[osophie], aber er muß sitzen. Heute Leben [?] gegen Einfall. Sie [scil. die Intuitionen] sind Konstellationen des vorbewußten Wissens.*

Phil[osophie], die von sich aus Kunstwerk werden wollte, wäre bereits verloren: postulierte jene Identität, das Aufgehen des Gegenstandes in ihr, welche in ihr, und zwar kritisch, thematisch ist.

Kunst und Phil[osophie] haben ihr Gemeinsames nicht in Form und gestaltendem Verfahren, sondern in einer Verhaltensweise, die Pseudomorphose verbietet.

Der philosophische Begriff läßt nicht ab von der Sehnsucht, die Kunst als begriffslose beseelt und die begriffslos sich blind nur erfüllt, und deren Erfüllung der begriffslosen Unmittelbarkeit als einem Schein entflieht.

Phil[osophie] hat zum Organon den Begriff, der zugleich Mauer zwischen ihr und jener Sehnsucht ist. Er negiert die Sehnsucht; jene Negation kann Phil[osophie] weder umgehen noch ihr sich beugen.

Idee der Phil[osophie]: über den Begriff durch den Begriff hinauszugelangen.

(7) Phil[osophie] kann auch nach Absage an den Idealismus der Spekulation nicht entraten.

Mit Spek[ulation] meine ich, zum Unterschied von deren strengem Hegelschen Begriff, hier nur: motiviert weiter denken als durch Fakten belegt ist.

Positivisten hätten es nicht schwer, auch dem Marxischen Materialismus spekulative Elemente nachzuweisen wie 1) die keineswegs unmittelbar gegebene, aus keinen Data zu abstrahierende Objektivität und Totalität des gesellschaftlichen Prozesses. 2) die »Metaphysik der Produktivkräfte« (M[arx] viel mehr deutscher Idealist als man so weiß und zwar nicht nur in der Methode). Hinweis auf die Vorstellung von Freiheit = die Notwendigkeit durch Bewußtsein annehmen.

7. Dezember 1965

Vorlesungsprotokoll

Meine Damen und Herren, ich möchte, wegen Ihrer Dispositionen, Ihnen ansagen, daß ich die nächste Woche lese, die ganze nächste Woche hindurch; daß ich dagegen nicht mehr lese am 21. und in der ganzen Weihnachtswoche, nachdem man mir gesagt hat, daß in der Weihnachtswoche doch kaum mehr ein Hörer hier sein würde. Man kann es in solchen Dingen nie allen recht machen. Aber nach meiner bestimmten Information ist mit einem solchen Hörerschwund während der Weihnachtswoche zu rechnen, daß man da nicht mehr lesen kann, – es tut mir sehr leid.

Ich hatte in der letzten Stunde Sie aufmerksam gemacht auf eine gewisse Beziehung des Begriffs der negativen Dialektik zur Skepsis, – und sogar zu dem Pragmatismus insofern, als Philosophie keinen Gegenstand garantiert hat, daß sie prinzipiell immer fehlgehen kann. Es liegt also hier – in dem Typus von Denken, den ich versuche, Ihnen zu beschreiben und womöglich zu begründen – ein Moment vor, der mit den empiristischen Strömungen etwas zu tun hat. Und wenn ich in der vorigen Stunde (da war es ja wohl) auf den Begriff der geistigen Erfahrung zu sprechen gekommen bin, dann liegt ja im Begriff einer geistigen Erfahrung, im Begriff der Erfahrung, der Hinweis eben darauf beschlossen. Allerdings müssen Sie sich hier doch darüber im klaren sein, daß diese Art geistige Erfahrung von dem trivialen Erfahrungsbegriff deshalb unendlich weit entfernt ist, weil der Begriff der Tatsache, des Faktums, der Gegebenheit, der ja für die empiristischen Richtungen der Philosophie kanonisch ist und der sein Urbild an der sensuellen Erfahrung, also an den *sinnlichen* Gegebenheiten hat, natürlich in der *geistigen* Erfahrung als einer Erfahrung von bereits Geistigem und als einer geistig vermittelten Erfahrung keine Geltung hat. Insofern also müssen Sie es richtig verstehen, wenn ich Ihnen gesagt habe, daß die Beziehung zu den empiristischen Tendenzen, die ich Ihnen in der negativen Dialektik klargelegt habe, ironische Beziehungen sind, die sich gegen das identitätssetzende System richten; daß aber dieser Erfahrungsbegriff in sich selbst eben jenes konstitutiv geistige Moment hat, – daß es derart eine geistige Erfahrung ist, wie es gerade die empiristischen Richtungen verleugnen. Ich möchte Ihnen dabei nicht verschweigen, daß dieser Begriff der geistigen Erfahrung, abgesehen von dem Moment des Ungedeckten und der Fehlbarkeit, auf das ich Sie nachdrücklich genug hingewiesen zu haben glaube, auch noch eine andere Crux besitzt, die mir viel bedenklicher erscheint als jene, da ich ja in der absolut zweifelsfreien Gewißheit nicht das τέλος der Philosophie zu erblicken vermag; daß nämlich durch diesen Begriff einer geistigen Erfahrung – also einer denkenden Verhaltensweise, die nur möglich ist im Sinn einer äußerst weit getriebenen Sublimierung; die also nicht einfach auf die facta bruta sich stützt, sondern diese facta bruta in ihrem Zusammenhang und zugleich in ihrer Bedeutung nimmt –, daß, sage ich, in dieser Wendung der geistigen Erfahrung immer die Möglichkeit einer, ja wie soll man sagen: einer Spiritualisierung der Welt besteht: also die Möglichkeit, daß man dadurch, daß man geistige Erfahrungen macht, die hinausgehen über die bloße unmittelbare, sinnliche Erfahrung, zugleich den Gegenstand der Erfahrung selber zu einem Geistigen macht und ihn bis zu einem gewissen Grad dadurch rechtfertigt. Und wenn Sie der geistigen Erfahrung nachgehen, wie sie das Hegelsche System durchherrscht, dann werden Sie mehr als nur einer Spur dieser Ansicht begegnen. Ich würde sagen, die Art geistige Erfahrung, die mit negativer Dialektik gemeint ist und die ja eine in sich selbst kritische, eine in sich selbst reflektierte geistige Erfahrung sein soll, die hat es als eine ihrer wesentlichsten Aufgaben, gerade in dem Punkt selbst kritisch zu sein (nicht naiv zu sein), daß sie jenes Vorurteil der Vergeistigung der Gegenstände, das sie als Methode mit sich bringt, in sich selbst immer wieder berichtigt. Ich glaube, ich kann darüber reden wie das gebrannte Kind, das das Feuer scheut, weil ich mich immer wieder in der eigenen Arbeit selber dabei ertappe, daß ich – eben durch diesen Begriff der geistigen Erfahrung, überhaupt durch eine bestimmte Kanonisierung des Geistes als des Maßes von Philosophie – sehr leicht geneigt bin, geistige Phänomene schwerer zu nehmen, als sie vielleicht doch im Zusammenhang der Realität genommen werden dürfen. Und ich glaube, nur wenn man gerade dieses Moment sich selbst gegenwärtig hält und dafür offen ist, daß man nur dann dem einigermaßen gerecht werden kann, was mir vorschwebt und wovon ich gern hätte, daß Sie einen Begriff davon empfingen.

Man kann dieses Moment von Skepsis, dieses Moment von Fehlbarkeit, deren die Philosophie sich selber bewußt sein muß, und zugleich eben jenes spirituelle Moment vielleicht so ausdrücken, daß die Philosophie gegenüber der Totalität der Methode, wie sie in der traditionellen Vorstellung von Philosophie gelehrt wird, wesentlich ein Moment des *Spiels* enthält; und zwar genau jenes Moment des Spiels, das die absolute Verwissenschaftlichung der Philosophie, sei es in dem naturwissenschaftlichen oder sei es – und das ist heute besonders verbreitet – im philologischen Sinn, ihr austreiben möchte. Ich halte es unter diesem Gesichtspunkt für eines der größten Verdienste von Nietzsche, daß er stärker als jeder andere dies dem Gedanken integrierende spielerische Moment hervorgehoben hat. Darin unterscheidet er sich – nimmt man einmal die Griechen, die Sokratik aus – wirklich von der gesamten Tradition der Philosophie, mit Ausnahme der sogenannten Moralisten und ihres Vorläufers Montaigne[157], die man ja aus eben diesem Grunde auch in der Ahnenreihe der Philosophie nur so wie illegitime Väter mitzuzählen pflegt. Ich bitte Sie dabei aber, dieses spielerische Moment der Philosophie nicht als etwas bloß Psychologisches auffassen zu wollen sondern, wie ich eben sagte, als ein der Sache selbst Notwendiges: weil nämlich Philosophie selber, indem sie hinausschießt über das, was sie als ein ganz Sicheres hat, und das auch weiß und fehlbar ist, dies spielerische Moment, um überhaupt Philosophie sein zu können, beinhaltet; und nicht bloß, ihren Motiven oder ihrem Vorgang nach, dem zuweilen sich nähert, – sondern weil eben dieses Moment mit ihrer eigenen Offenheit in sehr tiefem Zusammenhang steht. Ich würde so weit gehen zu sagen, daß es ohne Spiel etwas wie Wahrheit überhaupt nicht gibt. Und ich würde weiter sagen, daß das Moment des Zufalls, das dem Spiel innewohnt, zu der Wahrheit auch wesentlich mit dazugehört, – eben als das, was in dem allgemeinen Bann des Identitätsdenkens mahnt an das, was nicht zu denken ist. Lassen Sie mich in diesem Zusammenhang eine Bestimmung anwenden, die ich selber einmal spielenderweise von der Kunst getroffen habe, als ich sagte, die Kunst sei das Allerernsteste, was es auf der Welt gibt, aber so ernst sei sie wieder auch nicht[158]. Ich glaube, nur wenn man dieser Paradoxie inne bleibt, wenn man also weiß, daß es in der Philosophie um die allerernstesten Dinge geht und daß sie der äußersten Anstrengung des fortgeschrittensten Bewußtseins bedarf; daß sie aber, auf der anderen Seite, doch selber auch wieder nur eine Tätigkeit innerhalb der arbeitsteiligen Gesellschaft ist, die innerhalb des wirklichen Lebensprozesses der Gesellschaft nur eine partikulare Bedeutung hat, – ich glaube, nur wenn man diese seltsame Doppeldeutigkeit sich vergegenwärtigt, dann kann man Philosophie *richtig* betreiben, nämlich eben mit jener eigentümlichen Verschränkung des Ernsten und des – kategoriell genommen: Spielerischen, ohne die der Gedanke nun einmal nicht zu leben vermag. – Dieses Moment des Ernstes und des zugleich doch nicht *ganz* Ernsten finden Sie merkwürdigerweise – ich bin außerordentlich erstaunt gewesen, wie ich darauf gestoßen bin – gerade bei dem Denker angedeutet, bei dem Sie es am letzten erwarten, nämlich bei Hegel (wenn ich mich recht erinnere, in einer der einleitenden Partien der ›Großen Logik‹), wo er sagt, daß die Philosophie ihrerseits ja selbst nur ein Moment innerhalb des realen Lebens der Menschheit und deshalb nicht zu verabsolutieren sei.[159] Ein humanes Zugeständnis von Hegel, das auf der einen Seite seiner philosophischen Selbstreflexion die größte Ehre macht, auf der anderen Seite aber auch großartig inkonsequent ist, weil ja eben seiner Lehre zufolge zunächst einmal Philosophie eines der Momente des sogenannten absoluten Geistes ist, so daß man denken müßte, er spreche der Philosophie deshalb den höchsten und absoluten Ernst zu, etwa wie das der Aristoteles getan hat, an den er sich so vielfach anschließt, – während er in Wirklichkeit eben doch schon darin ganz unnaiv und ganz gebrochen ist, daß er die äußerste Anstrengung des philosophischen Gedankens mit dem Bewußtsein von dessen eigener Begrenztheit innerhalb der Realität verbindet.

Also das was abzielt auf diejenigen Momente, die es nicht a priori schon selbst ist – und das ist ja doch wohl unter Philosophie zu verstehen –, und das worüber auch der Gedanke keine verbriefte Macht hat, das gehört, und auch dieses Moment ist im Begriff des Spiels gegenüber dem Ernst enthalten, einer Sphäre des *Ungebändigten* an, die von dem begrifflichen Wesen tabuiert ward. Der Gedanke, der von vornherein gänzlich diszipliniert ist, ist genausowenig zur Philosophie fähig, wie der undisziplinierte Gedanke zur Philosophie fähig ist. Und wenn man die ganze Philosophie darstellen könnte als ein wahres System zahlloser Quadraturen des Zirkels, dann ist sicher *diese* Quadratur nicht die allerunwürdigste, daß der Gedanke ebenso seiner Disziplin wie seiner Disziplinlosigkeit bedarf; ja, daß er wesentlich darin besteht, diese beiden Momente in eins zu setzen. Man könnte also auch sagen, die spekulative ratio: die Art von ratio, die über die begriffliche Ordnung eines schon besessenen, gegebenen Positiven hinausgeht, habe eben dadurch, daß sie sich vergeht gegen das, was sie schon als Sicheres hat, notwendig ein Moment von *Irrationalität* in sich selbst. Es gibt keine Vernunft ohne dies ihr innewohnende Moment der Irrationalität, das aber in dem Augenblick, in dem es sich selber setzt, indem es sich zu einem Selbständigen und gar Absoluten macht, sofort in den Schein und die Lüge übergeht. Es ist das wohl der Repräsentant des Moments im Denken, das Horkheimer und ich in der »Dialektik der Aufklärung« das mimetische Moment genannt haben[160]: also das Moment des unmittelbaren Sichgleichmachens der Lebewesen und des Bewußtseins an das, was anders ist als sie; jene Reaktionsform, die dann im Lauf der Jahrtausende nicht nur durch die begriffliche Erkenntnis ersetzt, sondern mit einem schweren Verbot belegt worden ist. Und man kann, um eine neue Quadratur des Zirkels vor Ihnen zu demonstrieren, sagen, daß es die Aufgabe der Philosophie sei, eben jene Momente der Identifikation *mit* der Sache – anstelle der Identifikation *der* Sache –, die begriffslos in der mimetischen Verhaltensweise gelegen sind und die von der Kunst ererbt worden sind, nun eben doch noch dem Begriff zuzueignen. Man kann insofern also sagen, daß das ästhetische Moment – wenn auch aus vollkommen anderen Gründen als das bei Schelling gelehrt wird – wesentlich und nicht akzidentell sei. Bei Schelling wird ja das ästhetische Moment der Philosophie im Grunde mit der Identitätsphilosophie begründet: Philosophie soll deshalb die Welt gleich wie ein Kunstwerk darstellen, weil die Welt selber mit dem Geist identisch ist. Wenn ich hier Sie auf die Affinität zwischen der Kunst und der Philosophie verweise, ist der Grund fast der entgegengesetzte: daß die Philosophie nämlich nur dadurch, daß sie die Nichtidentität von Geist und Welt, Geist und Wirklichkeit registriert, Anteil an der Wahrheit gewinnt, – und diejenige Verhaltensweise, die das einmal verbürgt hat und in gewisser Weise heute noch leistet, ist eben die mimetische Verhaltensweise. Aber – und ich glaube, das ist wichtig, damit Sie diese sehr komplexe Relation zwischen nachdrücklicher Philosophie und Kunst sich klar machen – die Philosophie hat dieses ästhetische Moment aufzuheben in der Verbindlichkeit ihrer Einsichten in Wirkliches. Zur Philosophie gehört es konstitutiv dazu, daß sie die Wahrheit ausspricht über Wirkliches – und nicht sich in sich befriedigt. Philosophie als eine sogenannte Gedankendichtung ist von vornherein verurteilt und wäre auch ästhetisch immer ein Schlechtes, sie wäre bloßes Kunstgewerbe, wie denn ästhetisierende Philosophien, die versuchen, sich den Kunstwerken anzubiedern, eben dadurch fast immer von der allerminderwertigsten Qualität sind.[161] Es geht also nicht darum, daß die Philosophie bei der Kunst Anleihen macht, insbesondere nicht indem sie – wie es ja manche belieben – sich auf den Begriff der Intuition[162] bezieht. Solche Anleihen werden sie nur verderben. Sondern: die Beziehung zwischen der Philosophie und der Kunst besteht eben, ich möchte sagen: in dem *τέλος*, das sich nicht mit der Klassifikation von Tatsachen begnügt, das aber in beiden einen total verschiedenen Weg gehen muß, und das zwar im Gehalt der beiden Sphären konvergiert,[163] das aber im Augenblick korrumpiert und verdorben wird, in dem man die Methoden der Kunst nun unmittelbar, ungebrochen auf die Philosophie übertragen wollte. Womit ich nicht sagen möchte, daß die Philosophie nun bei der Kunst gar nichts zu lernen habe, – ich werde darauf auch noch zu sprechen kommen.

Was die sogenannten Intuitionen anlangt, so sind die sicherlich ein *Moment* der Philosophie; es gibt, im Gegensatz vielleicht zu manchen positiven Wissenschaften – aber wahrscheinlich ist dieser Gegensatz auch nur ein Schein –, es gibt ganz gewiß keine Philosophie, in der einem nichts ›einfällt‹. Wenn man nicht ein irgendwie ursprüngliches Verhältnis zur Realität hat, an der einem etwas, und in gewisser Weise dann auch plötzlich und jäh, aufgeht, sondern wenn man einfach dasitzt, mit dem Bleistift in der Hand, und schön methodisch eine Folgerung aus einer Prämisse zieht usw., dann wird im allgemeinen wirklich das herauskommen, was Schopenhauer als Professorenphilosophie der Philosophieprofessoren schon vor ungefähr 150 Jahren gebrandmarkt hat[164]. Aber man muß sich darüber klar sein, daß diese Einfälle innerhalb des Geflechts des Denkens wirklich ein Moment und nichts Herauszuhebendes sind; und das diese Einfälle – und ich möchte das gerade auch im Gedanken an gewisse Wirkungen meiner eigenen Sachen sagen –, daß diese Einfälle ›sitzen‹ müssen; daß man also, indem man einen solchen Einfall hat, sogleich auch kontrollieren muß, ob er wirklich das dabei Gemeinte genau trifft oder ob das nicht der Fall ist. Heute scheint es mir vielfach so auszusehen, als ob eine sterile Polarität herrschen würde zwischen, auf der einen Seite, dem logisch-deduktiven Verfahren, bei dem nie mehr herauskommt, als man hereingesteckt hat, und, auf der anderen Seite, einem gewissen Kultus des Einfalls per se, der aber dadurch sich disqualifiziert, daß diese Einfälle nicht der Sache wirklich adäquat sind, sondern daß sie, wie man so sagt, an die Sache sich anschließen, daß sie Assoziationen sind. Assoziationen, würde ich sagen, sind in diesem Sinn nicht der eigentliche fruchtbare Einfall, der wie ein Blitz in die Sache schlägt, sondern geradezu das Gegenteil; nämlich das, was, anstatt nun unmittelbar in seine Sache hineinzuzünden, indem es an die Sache sich bloß dranhängt, statt dessen von ihr abführt. Und ich würde sagen, daß gerade ein Denken, das nicht den Einfall als ein Moment sich ausreden läßt, gleichzeitig auch die äußerste Kritik gegen den Einfall ausbilden muß; und zwar Kritik nicht in dem Sinn, daß es sich die Einfälle verwehrt, sondern in dem Sinn eben, daß es jenes ›Sitzen‹, jene Präzision der Einfälle kontrolliert. Übrigens eine Aufgabe – und das ist schon eines der Momente, wo dann doch in den Methoden der Philosophie und der Kunst ein so absoluter Unterschied nicht herrschen dürfte –, ein Moment, in dem die Kunst ganz ähnlich geartet ist. Jeder Künstler und vor allem der Musiker, bei dem ja traditionellerweise der Begriff des Einfalls eine sehr erhebliche Rolle spielt, weiß, aber auch der Lyriker etwa weiß es, daß man Einfälle immer daraufhin abklopfen muß, ob sie ›sitzen‹, ob sie genau das treffen, was sie treffen sollen, oder ob sie das nicht tun; und die Fähigkeit dazu, die ich einmal als das Vermögen der Willkür im Unwillkürlichen bezeichnet habe[165], entscheidet weitgehend über den Rang von Kunstwerken, – und ich würde denken, in nicht geringem Maß auch über den Rang einer Philosophie. Im übrigen ist es ja interessant, daß heute die Tabuierung des mimetischen Moments gerade auch auf den Einfall übergreift; daß etwa was so ein richtiger Erzpositivist ist einem geradezu mit Stolz berichten wird, daß ihm niemals etwas einfalle; ich kenne einen solchen ruhmgekrönten Herrn, der sich dessen mir gegenüber immer wieder gerühmt hat, und ich glaube es ihm. Aber es ist heute so, daß wirklich gerade auch die Absenz des Einfalls bereits als eine Art von wissenschaftlicher Tugend verbucht wird, weil innerhalb des an der Wissenschaft orientierten Betriebs der Einfall vorweg abgewertet erscheint als so eine Art Vorurteil. Wenn einem zu einer Sache was einfällt, dann überläßt man sich sozusagen nicht mehr rein der Erforschung der Sache, man weiß dann schon vorher, was man herausfinden will; und deshalb ist also der armselige sterile Pedant, dem nichts einfällt, auch noch im Besitz der schmeichelhaften Meinung, daß er das geistig höhere Prinzip verkörpere.

Sie mögen allein an diesen Reflexionen sehen, wie sehr die Eliminierung dieses Moments, von dem ich eben rede, dazu beiträgt, nun wirklich das Denken selbst um das zu bringen, wodurch es zum Denken überhaupt wird. Gerade deshalb aber ist es nun wichtig, daß Sie dieses Moment des Einfalls oder, wie man es denn so nennt, der Intuitionen nicht als ein qualitativ Verschiedenes von den anderen Erkenntnissen betrachten. Das was da in die Sache selber hineinschlägt und subjektiv zuweilen den Charakter des Blitzhaften hat – obwohl das wohl gar nicht so häufig der Fall ist –, das ist in Wirklichkeit kein Blitz von oben her. Man kann wohl sagen, daß die sogenannten Intuitionen eher so sind wie gewisse Flüsse oder Bäche, die längere Strecken unterirdisch fließen und dann plötzlich ans Tageslicht kommen und da sind, aber den Schein des Plötzlichen allein dem verdanken, daß man ihren Weg nicht kennt oder, um es gebildeter auszudrücken: die sogenannten Intuitionen sind wohl Kristallisationen eines unbewußten Wissens. Philosophie dagegen, die von sich aus Kunstwerk werden wollte, wäre bereits verloren. Sie postulierte nämlich jene Identität mit ihrem Gegenstand; sie postulierte bereits, daß ihr Gegenstand derart bruchlos und total in ihr selber aufgeht, wie es, und zwar im kritischen Sinn, der Philosophie überhaupt erst thematisch ist. Kunst und Philosophie hätten demnach ihr Gemeinsames nicht etwa in ihrer Form und ihrem gestaltenden Verfahren, sondern in einer Verhaltensweise, die jede derartige Pseudomorphose, jede derartige äußerliche Anähnelung der Methoden aneinander verbietet. Dasselbe gilt übrigens auch im umgekehrten Sinn: Kunstwerke, die etwa dadurch glauben, ›höhere‹ Kunstwerke zu werden, daß sie sich, wie man das so nennt, zur Gestaltung irgendwelche philosophischen Themen stellen, sind dadurch wohl von vornherein ihrer Qualität nach entwertet. Der philosophische Begriff läßt nicht ab von der Sehnsucht, die die Kunst als begriffslose beseelt und die begriffslos sich blind nur erfüllt, und weil sie blind ist, sich dann doch wieder gar nicht erfüllt sondern nur zum Schein erfüllt. Und die begriffslose Unmittelbarkeit, wie sie die Kunst hat, bringt es eben doch durch ihre Begriffslosigkeit in einem gewissen Sinn zu der Erfüllung selbst, indem sie als eine solche begriffslose in ihrem eigenen Schein sich einrichtet. Philosophie hat, und davon ist nicht abzulassen, zu ihrem Organ den Begriff; und der Begriff ist zugleich die Mauer zwischen der Philosophie und jener Sehnsucht, von der sie nicht ablassen darf. Der Begriff negiert, als die Befassung des je schon Seienden unter sich, jene Sehnsucht; und die Philosophie kann eine solche Negation weder umgehen noch sich ihr beugen, – auch das eine Quadratur des Zirkels.

Ich würde das, was ich so versucht habe Ihnen auseinanderzusetzen, vielleicht in einer Idee der Philosophie formulieren; zu einer Definition zu kommen suchen. Ich bin ja gar kein so böser Mensch, daß ich die Definitionen hassen und verwerfen würde, ich glaube nur, daß die Definitionen viel eher ihren Ort in der Bewegung des Gedankens, als sein terminus ad quem haben, als daß sie dem Gedanken vorangestellt werden dürfen. Und ich würde eine Definition riskieren wie etwa die, daß die Idee der Philosophie sei, über den Begriff mit dem Begriff hinauszugelangen. Philosophie kann, heißt das, auch nach der Absage an den Idealismus, über die wir uns verständigt haben, der *Spekulation* nicht entraten. Ich meine hier mit Spekulation etwas anderes, als bei Hegel gemeint ist, – und zwar deshalb, weil gerade der Hegelsche Spekulationsbegriff ja notwendig auf die Identität, auf die Generalthese der Identität bezogen ist; notwendiger als irgendeine andere Hegelsche Kategorie. Sondern mich beseelt, wenn ich jetzt von Spekulation rede, dabei zunächst, etwas ganz Einfaches festzuhalten in der Art, wie Ihnen etwa aus Ihrem eigenen Sprachgebrauch der Begriff der Spekulation vertraut sein mag: nämlich soviel wie, daß man motiviert – nicht blindlings, sondern motiviert und konsequent – weiterdenkt, als der Gedanke jeweils durch einzelne Fakten, durch Tatsachen belegt ist. Es wird wohl manche unter Ihnen geben, die sagen, wenn man einem Begriff wie dem der Spekulation das Wort redet, man damit, durch ein solches Instrument des Denkens, denselben Idealismus durch eine Hintertür wieder einschmuggelt, den man glaubt, durch das große Hauptportal der Philosophie verabschiedet zu haben. Und schließlich war ja der Begriff der Spekulation, als der Form des Denkens, durch welche das Denken, das des Unendlichen habhaft werden sollte, sozusagen der Königsweg der Philosophie. Ich glaube, daß eine solche Gleichsetzung von Idealismus und Spekulation nicht gerechtfertigt ist. Anstatt daß ich Ihnen das jetzt im einzelnen entwickle – wie ich es erst könnte und kann, wenn der Begriff einer negativen Dialektik selber viel weiter fortgeschritten ist, als ich es auf diesem Punkt der Vorlesung Ihnen zumuten kann –, anstatt das also rein aus dem Begriff zu entwickeln, möchte ich Sie hier auf etwas aufmerksam machen: daß nämlich ein Denker, der schließlich eine so extreme Gegenposition zum Idealismus einnimmt wie *Marx,* durchaus ein spekulativer Denker gewesen ist, – wie denn auch tatsächlich heute die Positivisten und die übliche Kritik an Marx, im Gegensatz zu der älteren, etwa der im Vorfaschismus geläufigen, so gewitzigt ist, Marx eben als einen Spekulanten und womöglich deshalb sogar als einen Metaphysiker anzugreifen. Andererseits würde der Begriff eines nichtidealistischen, eines dem Idealismus entgegengesetzten Denkens natürlich überhaupt jeden faßlichen Sinn verlieren, er würde vollkommen in der Luft schweben, wenn man sich dazu herbeiließe, nun jemanden wie Marx auf die Seite des Idealismus zu ziehen, – obwohl ich auch zu diesem Punkt immerhin einiges anzumerken hätte. Es gibt also, sage ich, bei Marx spekulative Elemente, an denen Sie sehr deutlich, modellartig sich klarmachen können, was ich damit meine, wenn ich Ihnen sage, daß ein prinzipiell nichtidealistisches Denken gleichwohl des spekulativen Moments nicht entraten könne. Zunächst ist es ja bei Marx so – es hat in dem Soziologischen Hauptseminar darauf mit Recht verschiedentlich Herr Dr. Schmidt[166] aufmerksam gemacht –, daß bei Marx die spekulative Unterscheidung von Schein und Wesen aufrechterhalten wird; sie ist deshalb eine spekulative Scheidung, weil das Wesen ex definitione ja nicht eine Tatsache, nicht etwas ist, worauf man im Sinn der sinnlichen Erfahrung so unmittelbar den Finger legen kann, sondern worin etwas allen Tatsachen gegenüber Transzendierendes besteht. Die Vorstellung von der

Objektivität des Gesamtprozesses der Gesellschaft und von der Totalität, zu der die Gesellschaft sich zusammenfaßt – und diese Vorstellung eines objektiven, allen Subjekten vorgeordneten Sozialprozesses und seiner Totalität, die nicht nur alle einzelnen Menschen, sondern alle einzelnen sozialen Handlungen in sich einbegreift, ist geradezu die implizite Voraussetzung der gesamten Theorie von Marx –, die ist schlechterdings kein unmittelbar Gegebenes; und zwar in dem sehr radikalen Sinn, daß durch Verweis auf unmittelbare Gegebenheiten allein, etwa als bloße Abstraktion von diesen unmittelbaren Gegebenheiten, zu solchen Begriffen nicht geschritten werden kann; und trotzdem haben diese Begriffe bei Marx die Funktion des Allerwirklichsten. Insofern also liegt an dem entscheidenden Punkt der Marxischen Konstruktion ein spekulatives Moment vor.

Zum anderen ist es so, daß bei Marx – und damit nähert er sich sogar in einem schon spezifischeren Sinn dem Begriff des Idealismus –, zum anderen gibt es bei Marx etwas, was mein verstorbener Jugendfreund Alfred Seidel einmal mit ›Metaphysik der Produktivkräfte‹ bezeichnet hat[167]. Das heißt, daß den produktiven Kräften der Menschen und ihrer Verlängerung in der Technik ein schlechthin absolutes Potential zugeschrieben wird, in dem man ohne große hermeneutische Künste die Vorstellung des schöpferischen Geistes, schließlich der Kantischen ›ursprünglichen Apperzeption‹[168] wiedererkennen kann. Und ohne daß dieses ungeheure metaphysische Pathos, dieses spekulative Pathos auf den Produktivkräften läge, von denen da erwartet wird, daß sie auf eine ja im Grunde nie mehr abgeleitete Weise, die aber etwas wie die metaphysische Substantialität dieser Produktivkräfte voraussetzt, in dem Konflikt von Produktivkräften und Produktionsverhältnissen siegreich sich behaupten werden, – ohne diese Konstruktion ist der gesamte Marxische Ansatz zunächst einmal überhaupt nicht zu verstehen. Ich möchte gerade mit dieser spekulativen Seite von Marx mich selbst keineswegs identifizieren. Mir scheint dieser Optimismus der Produktivkräfte außerordentlich problematisch geworden zu sein. Aber ich möchte Sie darauf hinweisen, damit Sie sehen, in welcher Weise spekulative Momente einer materialistisch gedachten Philosophie eingesenkt sind. Diese Metaphysik der Produktivkräfte, die schließlich etwas dem Glauben an den Hegelschen Weltgeist außerordentlich Verwandtes ist, führt am Ende dazu, daß sogar ein äußerst bedenkliches Theorem des deutschen Idealismus bei Marx fast unverändert wiederkehrt; vor allem bei Engels, es ist im ›Anti-Dühring‹ ausdrücklich formuliert[169], – daß nämlich die Freiheit eigentlich soviel sei wie daß man bewußt das Notwendige tue; was natürlich nur dann einen Sinn ergibt, wenn das Notwendige, der Weltgeist, die Entfaltung der Produktivkräfte a priori recht hat und ihm der Sieg verbürgt ist. Genau daraus sind dann ja sehr verhängnisvolle Folgen entstanden, – nämlich eben alle jene antilibertären und autoritären Perversionen, die die Marxische und Engelssche Theorie dann mit der Installierung in den östlichen Staaten erfahren hat.

Sie sehen an dem, was ich Ihnen hier gesagt habe, daß die Frage nach dem Materialismus oder Nichtmaterialismus von Marx doch nicht so einfach zu entscheiden ist, wie ich es zu Anfang dieser kurzen Betrachtung Ihnen hingestellt habe. Aber es liegt auf der anderen Seite (und damit möchte ich heute die Vorlesung beschließen) ja doch auch eine tiefe Nötigung darin, daß eine Theorie, die überhaupt aufs Ganze geht, die also dem Begriff der Theorie gerecht wird und die nicht einfach Theorie opfert, daß eine solche Theorie selber zu spekulativen Begriffen verhalten wird. Nur daß diese spekulativen Begriffe dann eben jener Fehlbarkeit selber auch unterliegen, von der ich Ihnen zu Beginn dieser Stunde gesagt habe, daß sie vom Wesen der Philosophie selber untrennbar sei.

10. Vorlesung
9. 12. 1965

Stichworte

Das Phantasma sicheren Bodens ist dort zu verwerfen, wo der Wahrheitsanspruch erheischt, daß man sich erhebe. Der Unterschied von Wesen + Erscheinung ist real. Z. B. der Schein des subjektiv Unmittelbaren. Aber der Schein notwendig: Ideologie. – Das spekulative Element das ideologiekritische.

Phil[osophie] ist Kraft des Widerstandes dadurch, daß sie sich nicht abspeisen läßt mit dem, was ihr wesentliches Interesse ihr ausreden will, anstatt es, sei es auch durchs Nein, zu befriedigen. – Davon nicht abzulassen, war das Wahrheitsmoment des großen Idealismus. Die Differenz von Wesen + Erscheinung zu bestreiten – das Erzpositivistische ist Betrug.

Phil[osophie] als Widerstand bedarf der Entfaltung, der Vermittlung.

Jeder Versuch, es unmittelbar zu sagen, verfällt, nach Hegels Wort, der leeren Tiefe. Zum Begriff Tiefe als einem Kriterium der Phil[osophie]. – Einerseits notwendig; andererseits das Falsche daran. Durch die Rede von Tiefe und die Beschwörung tief klingender Worte wird Phil[osophie] so wenig tief wie etwa ein Bild metaphysisch, indem es metaphysische Visionen und Stimmungen reproduziert. – Bilder wie die impressionistischen, die dergleichen strikt ausschalten, können vom tiefsten metaph[ysischen] Gehalt sein. Trauer des Sinnlichen. Busoni [?]

An Tiefe hat Phil[osophie] teil nur vermöge ihres denkenden Atems.

(8) Tiefe ist ein Moment der Dialektik, keine isolierte Qualität. NB Nietzsche hat ihren Doppelcharakter gesehen.

Gegen die deutsche Tradition einer Rechtfertigung des Leidens.

Über die Dignität des Gedankens entscheidet nicht sein Resultat, d. h. nicht die Bestätigung von Transzendenz. Affirmation ist kein Kriterium. Zum Begriff des Sinnes.

Ebenso Tiefe nicht Rückzug in die Innerlichkeit, als wäre der Rückzug ins bloße Für sich sein der in den Weltgrund. »Die Stillen im Lande«. Das Fürsich Abstraktion, ein Partikulares.

Maß von Tiefe heute Widerstand gegen das Geblök.

Tiefe heißt: nicht mit Oberfläche sich begnügen, wörtlich: die Fassade durchbrechen. – Dazu gehört auch, daß man mit keinem noch so tief sich Gebenden, aber Vorgegebenen zufrieden ist. Auch nicht mit krit[ischer] Theorie.

Widerstand das, was sich sein Gesetz von den gegebenen Tatsachen nicht vorschreiben läßt; insofern transzendiert es in engster Fühlung mit ihnen die Gegenstände.

Im Begriff der Tiefe ist die Differenz von Wesen + Erscheinung gesetzt: sie gilt heute wie stets.

(9) Der spekulative Überschuß des Denkens übers bloß Seiende ist seine Freiheit.

Grund: Ausdrucksbedürfnis des Subjekts: Leiden laut werden lassen. Das ist der Grund aller Tiefe. »Gab mir ein Gott, zu sagen«. *9.XII.65*

Vorlesungsprotokoll

Vorgestern hatte ich Ihnen über das spekulative Moment wenigstens einiges gesagt. Ich hatte Ihnen gesagt, daß auch in der für Materialismus als prototypisch geltenden Theorie von Marx die spekulativen Momente unverkennbar sind, und hatte dem noch einiges hinzugefügt über den trotz allem sehr engen Zusammenhang, der zwischen der Theorie von Marx und dem deutschen Idealismus, insbesondere in seiner Hegelschen Gestalt, besteht. Ich glaube, zu dem Problem des Spekulativen wäre zu sagen, daß das Phantasma des sogenannten sicheren Bodens dort zu verlassen ist, wo der Wahrheitsanspruch erheischt, daß man sich erhebe; mit anderen Worten: wo sich ergibt, daß dies vermeintlich Letzte und absolut Sichere selber kein Letztes sondern vermittelt – und deshalb auch ein absolut Sicheres nicht sei. Ich sehe davon ab, daß von dem latent hinter dem antispekulativen Kriterium wirksamen Postulat der absoluten Sicherheit – das selber durch seine, wenn sie so wollen: idealistische Überspanntheit, also dadurch, daß dem Begriff etwas zugemutet wird, was er eigentlich gar nicht erfüllen kann: absolute Sicherheit nämlich – dem Denken ein Maulkorb vorgebunden wird, der es daran verhindert, weiter sich vorzuwagen, als durch die jeweils angeblich gesicherten Fakten ihm verbürgt ist. Insofern also gerade die Reflexion solcher Begriffe wie Sicherheit, wie Faktizität, unmittelbar Gegebenes selber den Gegenstand der philosophischen Reflexion ausmachen, können sie nicht als Kriterien dem Gedanken a priori präsentiert werden. Und eben die Reflexionen, die in der Zone beheimatet sind, die sich mit dem Recht oder Unrecht jener Kriterien befassen, sind die, welche, naiv vom Standpunkt der Faktizität und der Gegebenheit aus, als die der Spekulation erscheinen. Indem ich das Wort ›erscheinen‹ ausspreche, komme ich zum ersten Mal im Zusammenhang dieser Vorlesung auf eine Differenz, die man wohl gar nicht schwer genug nehmen kann und die wohl, wenn es so etwas wie ein Kriterium dessen, was Philosophie sei und was sie nicht sei, als ein solches gelten muß; ich komme nämlich auf die Unterscheidung von *Wesen und Erscheinung,* wie sie in fast allen Philosophien – mit Ausnahme ihrer positivistischen Kritik und etwa auch gewisser Invektiven von Nietzsche – durch die gesamte philosophische Tradition hindurch festgehalten worden ist. Ich glaube, daß es eines der wesentlichen Motive, beinahe hätte ich gesagt: eine der wesentlichen Legitimationen von Philosophie ist, daß der Unterschied von Wesen und Erscheinung sich nicht der bloßen metaphysischen Spekulation verdankt, sondern daß er real ist. Wenn Sie es mir erlauben, hier das mir material nächstliegende Modell heranzuziehen, das soziologische: daß nämlich die subjektiven Verhaltensweisen der Menschen in der gegenwärtigen Gesellschaft, insofern sie in einem kaum von den Menschen selbst auch nur geahnten Maß von der objektiven Struktur abhängig sind, eben als deren bloße Erscheinungen aufgefaßt werden müssen. Es ist also, mit anderen Worten, die Sphäre der Unmittelbarkeit, mit der wir es zunächst immer zu tun haben, die wir deswegen geneigt sind, zunächst auch als das absolut Sichere zu betrachten; die aber tatsächlich in sich selber das Vermittelte, Abgeleitete und Scheinhafte und deshalb Unsichere sind. Andererseits ist aber auch dieser Schein *notwendig,* das heißt: es liegt im Wesen der Gesellschaft ebenso, daß sie die Bewußtseinsinhalte der Subjekte produziert, die diese nun einmal haben, wie es auch im Wesen der Gesellschaft liegt, daß sie dagegen verblendet sind, daß sie das in ihnen nur Vermittelte und Determinierte für die Tat oder das Eigentum ihrer Freiheit und womöglich für ein Absolutes halten. Man kann insofern also sagen, daß das unmittelbare Bewußtsein der Menschen als ein gesellschaftlich notwendiger Schein in einem sehr weiten Maß *Ideologie* sei. Und wenn ich in dem Vortrag über Gesellschaft, mit dem ich das Soziologische Hauptseminar eröffnet habe, den manche von Ihnen auch hören konnten, gesagt habe, ich hielte es für die Signatur unseres Zeitalters, daß die Menschen selber tendenziell zur Ideologie werden,[170] dann habe ich genau das damit gemeint. Wenn man mir darauf entgegnet hat, daß dadurch einer Theorie das Wort geredet wäre, in der gewissermaßen die Menschen abgeschafft werden, so kann ich darauf eigentlich nur auf gut amerikanisch entgegnen: it's just too bad. Ich möchte damit sagen: diese Abschaffung liegt nicht an der Unmenschlichkeit des Gedankens, der das bezeichnet, sondern sie liegt in der Unmenschlichkeit des Zustands, den der Gedanke designiert. Und es scheint mir, wenn Sie mir diese persönliche Bemerkung wieder einmal durchgehen lassen, sehr bedenklich zu sein, wenn man Konstatierungen, die man als den eigenen wie immer auch berechtigten und legitimen Impulsen konträr empfindet, deswegen abwertet, weil sie einem sozusagen nicht ins Konzept passen, – anstatt daß man versucht, diese Erwägungen auch in das eigene Konzept und möglicherweise auch in die eigenen Erwägungen über eine richtige Praxis hineinzunehmen. Aber dies nur nebenbei. Jedenfalls meine ich – und ich glaube, das wird das, was ich Ihnen über den Begriff des Spekulativen gesagt habe, vor einigen Mißverständnissen sichern –, daß man das spekulative Element, als das kritische, als das mit der Fassade nicht sich begnügende, mit dem antiideologischen gleichsetzen sollte; daß jedenfalls das, was ich unter Spekulation verstehe: die Haltung des Antiideologischen anstelle der Bescheidung im Sich-feststellen, in einem sehr markierten Gegensatz zu den Gewohnheiten einer feststellenden Wissenschaft steht, – denn die herrschende Denkgewohnheit ist natürlich die, gerade die Spekulation mit der Ideologie in eins zu setzen. Ich hoffe, mich hinlänglich deutlich gemacht zu haben – nicht nur durch das, was ich Ihnen zu diesem Punkt sage, sondern durch den ganzen Zusammenhang, in dem diese Gedanken auftreten –, um Ihnen zu zeigen, daß Spekulation in einer negativen Dialektik die genau entgegengesetzte Funktion haben soll und – wie ich mir schmeichle – auch tatsächlich hat.

Ich benutze das zu einem ersten Hinweis auf einen Sachverhalt, auf den wir noch zu sprechen kommen werden: daß nämlich in einer negativen Dialektik nicht einfach alle dialektischen Kategorien vorkommen, nur etwa mit dem Index der Offenheit; sondern daß durch die philosophische Wendung, die mir vorschwebt und die ich mich bemühe, Ihnen in dieser Vorlesung zu explizieren, die Kategorien selber inhaltlich sich so verändern, wie der Begriff der Spekulation sich verschiebt, der ursprünglich ja wesentlich eine sinnstiftende Kategorie war, während er nach dem, was ich Ihnen auseinandergesetzt habe, wesentlich dazu da ist, den Schein von Sinn, den das bloß Daseiende usurpiert, zu zerstören. Philosophie ist die Kraft des *Widerstandes:* ich glaube, eine andere Bestimmung von Philosophie als die als geistige Kraft des Widerstandes gibt es überhaupt nicht; Kraft des Widerstandes dadurch, daß sie sich nicht abspeisen läßt mit dem, was ihr wesentliches Interesse ihr ausreden will; nicht abspeisen läßt mit den Fakten, – anstatt ihre wesentlichen Bedürfnisse sei es auch durch das dezidierte Nein, durch den Aufweis ihrer Unerfüllbarkeit also, zu befriedigen. Und davon nicht abzulassen, von diesem Bedürfnis, es sich nicht ausreden zu lassen, sondern daran festzuhalten, – das war das Großartige an den idealistischen Philosophien, so daß ihre Gestalt die eines falschen Bewußtseins denn doch wohl überleben dürfte; und sie hatten das eben nicht zufällig in der emphatischen Unterscheidung von Wesen und Schein. Die Differenz von Wesen und Erscheinung wird heute natürlich fast allgemein bestritten; das Wesen wird, wie das zuerst bei Nietzsche, schon in der schroffsten Weise, geschieht, viel schroffer bei Nietzsche übrigens als etwa bei Marx, der Hegelianer genug war, um den Begriff des Wesens immer festzuhalten, – die Differenz von Wesen und Erscheinung wird heute bestritten. Ich halte aber gerade diesen Versuch, die Differenz von Wesen und Erscheinung zu bestreiten, selber insofern für das Erzideologische, als sie uns dazu nötigt, die Phänomene der Erscheinung, weil ja doch nichts anderes hinter ihnen sei, zu akzeptieren als das, was sie nun einmal sind. Und in dem Augenblick, in dem theoretisch nicht mehr über sie hinausgegangen werden kann, in dem sie theoretisch hingenommen werden müssen, ist im Grunde, gerade wenn man eines Zusammenhangs von Theorie und Praxis sich versichert weiß, auch keine Möglichkeit mehr, in der Theorie selbst über sie hinauszugehen. Aber wenn ich sage, daß Philosophie Widerstand sei, so müssen Sie mich dabei recht verstehen. Widerstand ist ja zunächst eine Kategorie des Impulses, eine Kategorie der unmittelbaren Verhaltensweise. Wenn Philosophie nur eine solche bleibt, wenn also Philosophie nichts anderes vermag, als sich gewissermaßen zu schütteln und zu sagen: ich bin dagegen, ich mag das nicht, – dann bleibt eine solche Philosophie im Bereich der Zufälligkeit der subjektiven Reaktionsweise, die von ihr selbst durchdrungen werden muß. Ich würde sagen, während dies Moment des Widerstands die Idee oder den Impuls von Philosophie abgibt, muß dieser Widerstand, wenn er nicht irrational und damit selber ephemer und sogar falsch bleiben will, nicht nur sich reflektieren, sondern er muß sich im theoretischen Zusammenhang entfalten. Solange das nicht geschieht, läuft er auf einen armen und abstrakten Dezisionismus, auf eine bloß willkürliche Art der Entscheidung heraus. Jeder Versuch, das was Philosophie sagen will, unmittelbar, gleichsam schlagartig zu sagen – so wie es noch Fichte in seinem ersten Grundsatz vorgeschwebt hat[171], der ja bekanntlich durch eine außerordentliche Leere sich ausgezeichnet hat –, der verfällt nach Hegels Worten der sogenannten leeren Tiefe.[172]

Ich glaube, daß ich damit Sie geleiten kann zu einer Erörterung dieses Begriffs der *Tiefe*, der ja nun einmal in der Philosophie ganz sicher thematisch ist. Wenn ich versuche, in dieser Vorlesung das dialektische Wesen aller möglichen, scheinbar unproblematischen und selbstverständlichen Kategorien Ihnen evident zu machen, so kann das vielleicht vom Standpunkt eines sogenannten naiven Bewußtseins, also in einer ganz einfachen Reflexion nirgends besser geschehen, als wenn Sie mir zunächst bei einigen ganz elementaren Erwägungen über den Begriff der Tiefe folgen. Daß Philosophie so einer Sache oder einer Verhaltensweise oder einer Dimension (wie Sie das nun nennen mögen) wie der Tiefe bedarf, das hat ja wohl zunächst etwas sehr Schlagendes. Ein Verhalten, das nicht tief ist; ein Verhalten also, das sich zufrieden gibt mit den nächstliegenden Fakten, ohne weiterzubohren, ohne die Insistenz des Was ist das? warum ist das? was bedeutet das? –, ein solches Verhalten mag alles mögliche in der Welt sein, aber ein philosophisches Verhalten ist es ganz gewiß nicht. Insofern kann man also von dem zwar selten ausdrücklich, aber doch de facto immer wieder erhobenen Kriterium der Tiefe in Philosophie nicht absehen. Und wer subjektiv die Qualität des Bohrenden, des Insistenten, des sich nicht Bescheidens nicht hat, dem ist wohl von vornherein die Philosophie nicht fremd, sondern eigentlich versagt. Auf der anderen Seite wird Sie alle, so wie es mir auch ergeht, bei dem Gebrauch des Wortes Tiefe eine Art von Unbehagen ergreifen. Dieser Ausdruck Tiefe hat einen Klang des Pharisäischen. Indem man ihn als Philosophierender zum Kriterium erhebt und ihn sich zu eigen macht, hat man schon gewissermaßen eine Art elitärer Haltung eingenommen. Man selber ist dann eben der Tiefe und die anderen, die das nicht tun, sind die Oberflächlichen. Und wenn man in eine solche Situation sich hineinmanövriert hat, ist es einem ja im allgemeinen ganz wohl zumute, selbst wenn dann die Resultate einer solchen Tiefe so erfreulich gar nicht sein sollten. Aber nicht genug damit. Es liegt in diesem Begriff der Tiefe, gerade auch bei uns in Deutschland, noch einiges andere mit beschlossen, was einem allen Grund zur Vorsicht und zur Zurückhaltung einem Begriff gegenüber gibt, von dessen Notwendigkeit man auf der anderen Seite – wie ich versucht habe, Ihnen wenigstens anzudeuten – nicht dispensiert ist. Wenn man zurückgeht bis auf Leibniz, dann hat der Begriff der Tiefe eine eigentümliche Verkopplung erfahren mit dem Gedanken der Theodizee[173], mit dem Gedanken der Rechtfertigung des Leidens. Daß Tiefe etwas mit Leiden zu tun hat, daß sie das Denken ist, das das Leiden nicht verleugnet sondern ihm ins Auge sieht, das ist sicher. Aber wenn Sie einen Blick auf die Geschichte gerade des deutschen Geistes werfen, dann werden Sie finden, daß dieses Moment des Leidens, das in der Tiefe, in jeder philosophischen Tiefe enthalten ist, in einer eigentümlich apologetischen und deshalb sehr problematischen Weise gewendet worden ist. Ich sage en passant: wenn ich solche Betrachtungen über Tiefe anstelle, daß ich dann auch hier mich nicht auf etwas wie eine Formaldefinition dieses Begriffs einlasse, sondern daß ich versuche, Ihnen einiges von dem zu explizieren, und zwar in seiner Antithetik zu explizieren, was einem solchen Begriff geschichtlich zugewachsen ist und was in ihm auch dann mitgedacht wird, wenn es nicht ausdrücklich gesagt wird. Wenn man diese Obertöne in der Philosophie nicht wahrnimmt, dann ist das sicher ein genauso großer und für uns im allgemeinen noch bedrohlicherer Fehler, als wenn man die Begriffe nur verschwommen faßt und nicht genau weiß, was man unter ihnen sich denken muß. Man muß es genau wissen, aber man muß genau eben das an den Begriffen wissen, was an den Begriffen selbst nicht genau ist: das ist so eines der Doktor-Kunststücke, die die Philosophie neben vielen anderen nun einmal zu übernehmen hat. Es ist also diese deutsche Tradition, wie sie etwa an Ausdrücke vom Typus der ›flachen Aufklärung‹ oder des ›flachen Optimismus‹ sich anschließt und wie sie eigentlich ihre traditionelle Zusammenfassung in dem Begriff des Tragischen gefunden hat. Wobei ich anmerken möchte, daß das tief Fragwürdige allein schon darin liegt, daß eine ästhetische Kategorie wie die des Tragischen ohne weiteres auf die Realität und auf das Zusammenleben der Menschen und auf das sittliche Verhältnis, in dem Menschen zueinander stehen, übertragen wird. Es soll demnach oberflächlich eigentlich alles Denken sein, das das Glück ernst nimmt, und tief soll ein Denken sein, das die Versagung, die Negativität sich zu eigen macht und als ein Positives begreift, ihm Sinn gibt. Es wird Sie vielleicht überraschen, wenn gerade im Zusammenhang einer negativen Dialektik gegen diese Neigung der Hypostase der Negativität polemisiert wird, – aber so dialektisch geht es in der Welt nun einmal zu. Ich glaube, daß die Position, die ich versuche, Ihnen zu explizieren, durch nichts deutlicher könnte ausgedrückt werden als dadurch, daß sie nicht bereit ist, den Begriff der Tragik, also den Begriff, daß alles, was da ist, um seiner Endlichkeit willen auch seinen Untergang verdiene und daß dieser Untergang zugleich die Bürgschaft seiner Unendlichkeit sei, – ich sage, es gibt wohl weniges aus dem traditionellen Denken, dem ich so sehr mich entgegengesetzt weiß wie dem. Ich sage also, der Begriff der Tiefe, der hinausläuft auf die Theodizee des Leidens, ist selber ein oberflächlicher Begriff. Er ist oberflächlich deshalb, weil er, während er sich so gebärdet, als ob er dem oberflächlichen, etwas banalen sinnlichen Glücksverlangen widerspricht, in Wirklichkeit nur das sich zu eigen macht und in ein Metaphysisches zu überhöhen sucht, was ohnehin der Weltlauf ist; weil er die Versagung, den Tod, die Unterdrückung als ein unvermeidliches Wesen der Dinge bekräftigt, – während all diese Momente zwar mit dem Wesentlichen sehr viel zu tun haben, aber ein Vermeidbares, ein zu Kritisierendes, jedenfalls das genaue Gegenteil dessen sind, womit der Gedanke eigentlich sich zu identifizieren habe. Ich glaube, es ist das unvergängliche Verdienst von Schopenhauer, wie immer kritisch man sonst zu dessen Philosophie auch stehen mag, daß man genau an diesem Punkt – also an dem Punkt, wo er die Theodizee des Leidens abgeschnitten und zerschlagen hat – sagen muß, daß Schopenhauer der Ideologie der philosophischen Tradition sich entwunden hat; obwohl er in anderen Momenten, vor allem in der Abstraktheit, in der der Begriff des Leidens bei ihm auftritt, mit dieser Ideologie weiß Gott genug zu tun hat.[174]

Die Tiefe, die Philosophie zu verfolgen hat, lassen Sie mich das gleich hier anschließen, kann ganz sicher nicht dadurch gewonnen werden, daß Philosophie Tiefe im Munde führt und tiefe Verhaltensweisen, die sie als ihre eigenen auszugeben pflegt, gegenüber angeblich oberflächlichen ausspielt. Es ist besonders so – und ich glaube, das kann man in Deutschland und heut' und hier überhaupt nicht nachdrücklich genug sagen –, es ist so, daß die Rede von Tiefe und die Beschwörung von tief klingenden Worten so wenig Tiefe der Philosophie verbürgt, wie etwa ein Bild dadurch metaphysischen Gehalt gewinnt, daß es irgendwelche metaphysischen Stimmungen oder gar Vorgänge wiedergibt; oder wie eine Dichtung dadurch metaphysischen Gehalt gewinnt, daß in ihr von metaphysischen Sachverhalten oder etwa auch von den Glaubenszuständen und religiösen Ansichten oder Verhaltensweisen der darin präsentierten Personen gesprochen wird. Man wird ästhetisch im allgemeinen gerade das Gegenteil sagen können: daß die Gebilde um so mehr objektiv an metaphysischem Gehalt haben, je weniger sie diesen metaphysischen Gehalt bereden oder selber darstellen. Und es will mir so scheinen, als sei es in der Philosophie nicht anders, – obwohl ich den Unterschied nicht verkenne, der selbstverständlich darin liegt, daß ja die Philosophie ihren Gehalt selber reflektieren, also ihren Wahrheitsgehalt, wenn Sie so wollen, zu ihrem Sachgehalt machen muß; ein Desiderat, das in der gleichen Weise selbstverständlich für die Kunst nicht gilt. Aber, um Ihnen nur ein Beispiel zu sagen, wenn Sie sich etwa die Malerei des späteren 19. Jahrunderts ansehen, so gab es da ja eine Art metaphysischer Malerei, wie sie in Frankreich mit ungeheurer Wirkung vertreten worden ist von Puvis de Chavannes, wie sie von den englischen Präraffaeliten vertreten worden ist und wie sie dann schließlich in ihrem Abhub in der deutschen Jugendstilmalerei, bis hinab zu Melchior Lechter und ähnlichen Figuren, vorgekommen ist. Da werden nun also ›Einweihungen am mystischen Quell‹[175] und ähnliche Themen abgehandelt, und es geht, wenn man so sagen darf, ungemein hoch her. Ich glaube, man braucht nur einmal mit einer gewissen Unvoreingenommenheit ein großes impressionistisches Bild gesehen zu haben, in dem nichts dergleichen vorkommt; und man braucht nur mit einem gewissen, ja, wenn Sie mir den Ausdruck durchgehen lassen: mit einem gewissen metaphysischen Organ solche Bilder einmal gesehen zu haben, und dann wird einem wohl daran aufgehen – etwa eine bestimmte Verlassenheit des sinnlichen Glücks, eine bestimmte Melancholie des sinnlichen Glücks, wie sie einem daraus entgegentritt; oder ein Ausdruck von Trauer aus einer Sphäre, die sich selber als eine Sphäre des Vergnügens gibt; oder die unendlichen Spannungen, die bestehen zwischen der technischen Welt und den Residuen von Natur, in die sie eingesprengt sind . . . Alle solche Probleme, die wirklich metaphysische Probleme sind, werden Ihnen aus Bildern wie den größten von Manet, den ich für ein metaphysisches Genie höchsten Ranges halte, aber auch von Cézanne etwa oder von Claude Monet, und auch manchem von Renoir, sicher in die Augen springen. Ich glaube, es gibt tatsächlich in der Philosophie etwas Ähnliches; es wird etwa in der Art, in der Nietzsche gegen die positive Einführung irgendwelcher sogenannter metaphysischer Ideen sich sperrt, und in der Gewalt, mit der sein Denken deren Negation vollzieht, diesen Ideen unendlich viel mehr Ehre erwiesen, als wo sie im Stil von Wilhelminischen Festtagsrednern so zelebriert werden, wie sie es, abgesehen von Nietzsche, in der gesamten offiziellen deutschen Philosophie zwischen 1870 und 1914 vorfinden können. Und ich würde sagen, daß es auch heute noch so ist, daß je mehr eine Philosophie – und dabei denke ich an Heidegger – sozusagen thematisch es sich mit den tiefen Gegenständen wohl sein läßt, daß sie um so gründlicher von dem abführt, was durch das Desiderat der Tiefe, nämlich durch das Desiderat, solche Ideen ernstzunehmen, ihr eigentlich aufgebürdet ist.

Man könnte also sagen, daß es zum Begriff der Tiefe wesentlich dazugehört, daß die Insistenz des Gedankens die durchschnittliche traditionelle Tiefe negiert. Und die Idee einer radikalen Säkularisation der theologischen Gehalte, in der allein etwas wie deren Rettung kann gesucht werden, kommt ja einem derartigen Programm von Tiefe tatsächlich sehr nahe. Es kann nicht über die Dignität des Gedankens sein Resultat entscheiden. Es kann nicht darüber entscheiden, ob etwas Affirmatives, Bejahendes, ob ein sogenannter Sinn dabei herausschaut. Sondern wenn man Philosophie daran mißt und sagt, nur eine Philosophie, bei der Sinn als positiver gesetzt wird, ist tief; eine aber, die einen solchen Sinn bestreitet, die gibt sich mit der bloßen Fassade des Lebens zufrieden und verzichtet auf die Deutung, – dann ist das selber deshalb oberflächlich, weil ja kein Mensch vorwegnehmen kann, ob nicht gerade jene Behauptung des Sinnes selber im Dienst der Fassade, das heißt im Dienst der Bestätigung dessen, was nun einmal ist, steht; als welches ja, wenn es einen Sinn hat, eben dadurch bereits gerechtfertigt ist. Und ich würde sagen, daß die Anstrengung oder der Widerstand des Gedankens gerade darin besteht, eine solche unmittelbare Thesis des Sinnhaften der bloßen Existenz zu verweigern. Ebenso kann Tiefe nicht etwas sein wie jene Art von Rückzug in die Innerlichkeit, der ja offenbar in Deutschland eine unausrottbare Anziehungskraft ausübt und der heute etwa in der Sphäre unserer Schulen – und ich meine hier Schulen nicht im Sinn der philosophischen Schulen, sondern die Schule, in die die Kinder und die, die schon keine Kinder mehr sind, geschickt werden –, da also spielt dieser falsche Begriff der Tiefe als der bloßen Innerlichkeit in eins mit der Vorstellung vom ›einfachen Leben‹, das man nämlich dann führen muß, wenn man in seine bloße Innerlichkeit sich zurückgenommen hat, eine geradezu verhängnisvolle Rolle. Und wenn ich nichts anderes vermöchte, als diejenigen unter Ihnen, die einmal Lehrer werden wollen oder müssen, dazu zu bringen, gegen *diese* Vorstellung von Tiefe, wie sie mit dem Namen von Herrn Wiechert[176] verbunden ist, aufs allerschärfste mißtrauisch zu werden und zu sehen, daß es sich hier nicht um Tiefe sondern um Stapelware handelt, und daß diese Tiefe der Stillen im Lande[177] in Wirklichkeit nach Maß angefertigt und so standardisiert ist wie irgendein Produkt der Kulturindustrie. Wenn ich Ihnen wenigstens das einigermaßen zum Bewußtsein gebracht hätte, dann würde ich bereits glauben, daß die verzwickten Wege, durch die ich Sie hier führe, doch keine ganz unnütze Zumutung gewesen sind.

Ich glaube, ich brauche Sie nur an einen Begriff wie den der Stillen im Lande zu erinnern und Sie werden merken, worauf diese Art von Tiefe hinausläuft, nämlich auf ein bloßes Ausweichen, dem gegenüber nun wirklich und in aller Energie die Einsicht von Hegel wie von Goethe gilt, daß die Tiefe nicht der Versenkung in das bloße Subjekt gilt, das in sich selbst, wenn es sich in sich zurücknimmt, bloß eine ›leere Tiefe‹ findet, sondern daß die Tiefe gar nicht zu trennen ist von der Kraft zur Entäußerung. Wenn einer tief ist, dann kann er das realisieren in dem, was er tut, und in dem, was er hervorbringt; und die Tiefe von ihm selber als einem isolierten Subjekt, die mag zwar dazu gut genug sein, daß er sich als Elite, und zwar im allgemeinen als absinkende und gefährdete Elite fühlt, aber ganz sicher hat sie keine Substanz, – wenn sie Substanz hätte, dann könnte sie eben jene Entäußerung vollbringen. Denn der je Einzelne, der sich als ein Absolutes und die Bürgschaft der Tiefe selber pflegt und in sich selber den Sinn zu finden glaubt, der ist ja eine bloße Abstraktion, ist ein bloßer Schein gegenüber dem Ganzen. Und dazu stimmt nur allzu genau, daß die Inhalte, die er dann in sich als einem absolut Fürsichseienden findet und wahrnimmt, in Wirklichkeit gar nicht sein absolut Eigenes sind, sondern nur ein kollektiver Rückstand, nur der Abhub des allgemeinen Bewußtseins; eine ältere Gestalt, würde ich sagen, der Erniedrigung, die von ihrer gegenwärtigen Gestalt nur dadurch sich unterscheidet, daß sie mit dieser gegenwärtigen Gestalt der Erniedrigung noch nicht ganz mitgekommen ist. Ich meine also, das Maß von Tiefe heute heißt Widerstand, und zwar Widerstand gegen das Geblök. Und bei Geblök denke ich keineswegs nur an ›Yeah! Yeah!‹[178], das ist noch, würde ich sagen, als ein offenbares und, wenn man es so nennen soll, seiner selbst bewußtes Geblök eine relativ unschuldige Gestalt. Sondern ich denke vielmehr an den Widerstand gegen alle jene verkappteren und gefährlicheren Formen des Gebløks, zu deren Physiognomik ich ja hoffe, im ›Jargon‹ Ihnen einige Modelle wenigstens präsentiert zu haben. – Tiefe heißt, wirklich nicht mit der Oberfläche sich begnügen, sondern heißt, die Fassade durchbrechen. Und dazu gehört allerdings auch, daß man mit keinem noch so tief sich selbst gebenden, aber bereits vorgegebenen Gedanken zufrieden ist; und daß man vor allem auch nicht das eigene Ticket, die eigene Parole, die eigene Zugehörigkeit zu einer Gruppe für die Garantie der Wahrheit hält, sondern daß man auch dem Eigenen gegenüber mit der rücksichtslosen Kraft der Reflexion sich einläßt, ohne darauf so sich festzumachen, als ob man es nun ein für allemal und gesichert in der Hand hätte. Wo solche Verhaltensweisen, vor allem in der Identifikation mit Kollektiven, noch überleben, würde ich sagen, tragen sie noch die Spur des Totalitären auch dann, wenn sie ihrem eigenen offenbaren Gehalt nach den totalitären Weltanschauungen noch so entgegengesetzt sich vorkommen. Der Widerstand ist das, was sich sein Gesetz von den angeblichen und je gegebenen Tatsachen nicht vorschreiben läßt. Und insofern transzendiert der Widerstand in engster Fühlung mit den Gegenständen die Gegenstände.

Insofern ist aber im Begriff der Tiefe – und deshalb habe ich das, was ich dazu Ihnen sagen wollte, angeknüpft an die Unterscheidung von Wesen und Erscheinung – die Differenz von Wesen und Erscheinung immer auch gesetzt, und sie ist es heute mehr als je. Sicherlich hat der Begriff der Tiefe doch auch etwas mit jenem Moment zu tun, das ich Ihnen in der letzten Stunde als das spekulative bezeichnet habe. Ich glaube, daß es ohne Spekulation so etwas wie Tiefe nicht gibt, – daß sonst wirklich Philosophie zur bloßen Deskription ausartet, das dürfte einigermaßen einleuchtend sein. Dieser spekulative Überschuß des Denkens über das, was bloß der Fall ist, über das bloß Seiende, der ist das Moment der Freiheit am Denken und ist deshalb, weil er allein für Freiheit einsteht, weil er das winzige bißchen Freiheit ist, das wir überhaupt haben, zugleich auch das *Glück* des Denkens. Er ist deshalb das Moment der Freiheit, weil in ihm das Ausdrucksbedürfnis des Subjekts die konventionellen und kanalisierten Vorstellungen, in denen es sich bewegt, durchschlägt und sich geltend macht. Und dieses Durchschlagen der dem Ausdruck gesetzten Grenzen von innen her *und* das Durchschlagen der Fassade des Lebens, in dem man sich befindet: diese beiden Momente dürften wohl dieselben sein. Das was ich Ihnen eben beschreibe, wäre wohl philosophische Tiefe, subjektiv gesehen, – nämlich nicht als die Rechtfertigung oder als der Moderantismus des Leidens, sondern als der *Ausdruck des Leidens,* der, indem er Ausdruck wird, zugleich das Leiden selber noch in seiner Notwendigkeit faßt. Philosophie ist in einem gewissen Sinn das, was Georg Simmel mit Recht an den meisten Philosophen vermißt hat,[179] – nämlich eben, daß man das Leid der Welt, das Leiden der Welt zur Sprache bringt, daß man es ausdrückt, von dem man der Philosophie ja im allgemeinen so wenig anmerkt. Und der Satz des Tasso, daß wenn der Mensch in seiner Qual verstummt, ein Gott *ihm* gab zu sagen was er leide,[180] – der ist nun wirklich ein Zusammenhang, ein unmittelbarer Zusammenhang zwischen der Dichtung und der Philosophie.[181]

Stichworte zur 11. bis 25. Vorlesung

(9) Denn Leiden ist die Wucht der Objektivität, die auf dem Subjekt lastet; was es als sein Subjektivstes erfährt, sein Ausdruck, ist objektiv vermittelt. Das mag erklären helfen, daß der Philosophie ihre Darstellung nicht [11] gleichgültig und äußerlich ist sondern ihrer Idee immanent: ihr integrales Ausdrucksmoment, unbegrifflich-mimetisch, vermag nur durch die Darstellung – die Sprache – sich zu äußern. Die Freiheit der Philosophie ist nichts anderes als das Vermögen, ihrer Unfreiheit zum Laut zu verhelfen. Wirft das Ausdrucksmoment als mehr sich auf, so artet es in Weltanschauung aus; wo sie des Ausdrucksmoments und der Pflicht zur Darstellung sich begibt, wird sie auf Wissenschaft nivelliert, die sie reflektieren und über die ihre Reflexion hinausdenken sollte. Ausdruck und Stringenz sind keine dichotomischen Möglichkeiten der Philosophie. Sie bedürfen einander, keines ist ohne das andere; der Ausdruck wird durchs Denken, an dem er sich abarbeitet wie Denken an ihm, seiner Zufälligkeit enthoben, Denken wird erst durch seinen Ausdruck, die sprachliche Darstellung, bündig; das lax Gesagte ist stets schlecht gedacht. Im Ausdruck wird Stringenz, dem Ausgedrückten abgezwungen, nicht Selbstzweck auf dessen Kosten, jener dinghaften Entäußerung entrissen, welche ihrerseits einen Gegenstand philosophischer Kritik bildet. Spekulative Philosophie ohne idealistische Substruktion erheischt Treue zur Stringenz, um deren autoritäres Unwesen zu brechen. Benjamin, dessen ursprünglicher Passagenentwurf unvergleichliches spekulatives Vermögen mit mikrologischer Nähe zu den Sachgehalten verband, hat in einer Korrespondenz über die erste, eigentlich metaphysische Schicht jener Arbeit, in einer späteren Phase, (10) geurteilt, sie sei nur als »unerlaubt ›dichterische‹« *(Benjamin, Briefe, hrsg. und mit Anmerkungen versehen von Gershom Scholem und Theodor W. Adorno, Frankfurt a. M. 1966, S. 686 (16. 8. 1935, an Gretel Adorno).* zu bewältigen. Diese Kapitulation designiert ebenso die Schwierigkeit von Philosophie, die nicht abgleiten will, wie den Punkt, an dem ihr Begriff weiterzutreiben ist. Das Diktum ist wohl in Zusammenhang zu [12] bringen mit der dogmatischen und insofern wiederum weltanschaulichen Übernahme eines stillgestellten dialektischen Materialismus. Daß aber Benjamin zur endgültigen Niederschrift der Passagentheorie nicht sich bringen konnte, mahnt daran, daß Philosophie nur dort noch eine raison d'être hat, wo sie dem totalen Mißlingen sich exponiert, als Antwort auf die traditionell vorgegaukelte absolute Sicherheit. Benjamins Defaitismus dem eigenen Gedanken gegenüber war bedingt von einem Rest undialektischer Positivität, den er aus der theologischen Phase, der Form nach unverwandelt, in die materialistische mitschleppte. Hegels Gleichsetzung von Negativität mit dem Subjekt, dem Gedanken, welcher die Philosophie vor der Positivität der Wissenschaft wie vor der Kontingenz des Singulären behüten will, hat ihren Erfahrungskern. Denken ist, an sich schon,

(9) Das Subjektivste, Ausdruck, objektiv vermittelt, eben durchs Leiden, in dem die Gestalt des Weltlaufs enthalten ist.

Daher ist der Phil[osophie] ihre Darstellung nicht äußerlich sondern ihrer Idee immanent. Phil[osophie] ohne Darstellung unterschlägt das ihr wesentliche Ausdrucksmoment.

Darstellung allein wird dem mimetischen Moment, dem Gegenpol des begrifflichen, gerecht.

Sie bringt die Unfreiheit zum Laut. – Sonnemann[182]*: kein bedeutender Phil[osoph] der kein bedeutender Schriftsteller. Aber der Ausdruck nicht zu hypostasieren.*

Als positives, als isoliertes Moment artet der Ausdruck in Weltanschauung aus. Das Geweihte. Oder: der losgelassene, verselbständigte Stil.

Ohne Ausdruck qua Darstellung wird Phil[osophie] zur Wissenschaft nivelliert. Das Banausische. Von hier aus Kritik der akademischen Phil[osophie]

Ausdruck + Stringenz keine dichotomischen Möglichkeiten.

Sie bedürfen einander, keines ist ohne das Andere.

Ausdruck wird durchs Denken seiner Zufälligkeit enthoben, Ausdruck schlecht als bloße Unmittelbarkeit. Denken auch im Ausdruck bündig. Dazu Hegel. – Den Ausdruck realisieren heißt ihn streng machen, in ihm realisiert sich die Stringenz. – Denken soviel wie nach dem richtigen Ausdruck suchen.

Umgekehrt ist Ausdruck das Korrektiv der Verdinglichung von Stringenz, die sich dem subjektiven Dabeisein gegenüber verselbständigt.

Treue zur Stringenz erheischt, um deren ideologisches Unwesen, die Selbstherrlichkeit des Denkautomatismus zu brechen, den Ausdruck.

(10) Gegen Kontamination mit dem Dichterischen. Benjamins Passagenentwürfe.[183]

Die Kapitulationsgefahr in seiner Absage: Übernahme eines stillgestellten und dadurch undialektischen Materialismus.

und vor allem besonderen Inhalt, Negieren, Resistenz gegen das ihm Aufgedrängte; das hat Denken vom Verhältnis der Arbeit zu ihrem Material, seinem Urbild, behalten. Ermuntert die Ideologie heute mehr denn je den Gedanken zur Positivität, so registriert sie klug, daß eben diese dem Denken konträr sei und daß es des freundlichen Zuspruchs sozialer Autorität be(11)darf, um den Gedanken zur Positivität zu dressieren. Die Anstrengung, die im Begriff des Denkens selbst, als Widerpart zur passivischen Anschauung, impliziert wird, ist bereits dessen Negativität, Auflehnung gegen das von jeder Unmittelbarkeit als passives Hinnehmen ihm Zugemutete. Urteil und Schluß, die Denkformen, deren auch Kritik des Denkens nicht entraten kann, enthalten in sich kritische Keime; ihre Bestimmtheit ist allemal zugleich Ausschluß des von ihr nicht Erreichten, und die Wahrheit, die sie der Form nach prätendieren, verneint das nicht von Identität Geprägte als unwahr. Das Urteil, etwas sei so, wehrt potentiell ab, die Relation von Subjekt und Prädikat sei anders als im Ur[13]teil ausgedrückt. Die Denkformen wollen weiter als das, was bloß vorhanden, ›gegeben‹ ist. Das inspiriert Hegel; nur hat er es vermöge der Identitätsthese, welche den Druck des Vorhandenen dem Subjekt gleichsetzte, wiederum sich verdorben. Der in der Form des Denkens gegen dessen Material gerichtete Widerstand ist nicht einzig die spirituell gewordene Naturbeherrschung. Während das Denken dem, woran es seine Synthesen übt, Gewalt antut, folgt es zugleich einem Potential, das in seinem Gegenüber steckt, und gehorcht bewußtlos einer Idee von restitutio in integrum an den Stücken, die es selber geschlagen hat; der Philosophie wird dieses Bewußtlose bewußt. Dem unversöhnlichen Denken ist die Hoffnung auf Versöhnung gesellt, weil der Widerstand des Denkakts gegen das bloß Seiende, die gewalttätige Freiheit des Subjekts, auch das am Objekt meint, was durch dessen Zurüstung zum Objekt diesem verloren ging.

Hinterm philosophischen Defaitismus ein Rest undialektischer Positivität, aus B[enjamin]s theologischer Phase in die materialistische verschleppt.

Hegels Gleichsetzung von Negativität mit dem Subjekt – gegen die Positivität der Wissenschaft und die Kontingenz des Einzelnen – hat ihren Erfahrungskern. Denken ist, vor allem besonderen Inhalt, Negieren, Resistenz (daher das Moment der Anstrengung, das Denken von der Rezeptivität unterscheidet. Darin gleicht das Denken seinem Urbild, der Arbeit: auch diese zugleich negativ)

Positivität an sich, das Gesetzte, so Seiende, dem Denken konträr.

(11) Alle logischen Operationen, Urteil und Schluß, enthalten in sich kritische Keime; die Bestimmtheit der logischen Formen ist Ausschluß des von ihnen nicht Erreichten. Logik des »ausgeschlossenen Dritten« als Negation.

Die Wahrheit, die die logischen Formen eo ipso prätendieren, verneint das nicht von Identität Geprägte als unwahr. Denken ist a priori Kritik.

»Implizite Negativität«: Das Urteil, daß etwas so sei, wehrt potentiell ab, die Relation von Subjekt und Prädikat sei anders als im Urteil ausgedrückt. Die implizite Negativität muß explizit werden.

Die Denkformen wollen a priori weiter, als was bloß vorhanden, gegeben ist. Synthese ist Negation.

Der Widerstand des Denkens gegen sein Material ist nicht nur spirituell gewordene Naturbeherrschung.

Während seine Synthesen dem Objekt Gewalt antun, folgen sie zugleich dem in diesem wartenden Potential.

Es zielt bewußtlos auf eine Idee von restitutio ad integrum[184] *an den Stücken, die es selbst geschlagen hat; Phil[osophie] ist das Bewußtsein dieses Bewußtlosen.*

Antrieb[? Natur? Utopie?] Dem unversöhnlichen Denken ist die Hoffnung auf Versöhnung gesellt.

14. Dezember 1965

(11) Darf man es als den sich selbst verborgenen Wunsch der Philosophengeneration von Bergson und Husserl interpretieren, aus dem Bann von Bewußtseinsimmanenz und System auszubrechen, und mißglückte der Ausbruch nach dem Maß von Stringenz, so wäre es an einer Philosophie, die der Tradition eingedenk ist, von der sie sich lossagt, den Ausbruch verbindlich zu vollziehen, in Hölderlins »Offe(12)nes«. Beraubte einmal kritische Philosophie die intentio recta ihres naiven Dogmatismus durch subjektive Reflexion, so wäre in einer zweiten Bewegung der Reflexion die intentio recta bar jener Naivetät wiederzugewinnen; denn jegliche Gestalt von Subjektivität setzt die wie immer auch bestimmte Objektivität stets wiederum voraus, die es nach dem Modell der intentio obliqua einzig stiften oder der Erkenntnis garantieren soll. Philosophie hätte über Gegenstände nachzudenken, ohne diese vorweg nach ihren zu schlechter Selbstverständlichkeit eingefrorenen Spielregeln einzurichten. Die Konkretion, welche philosophisches Denken [14] in den früheren Dezennien des zwanzigsten Jahrhunderts programmatisch ausschrie, war Ideologie, weil sie die Konkreta stets durch ihren Oberbegriff präpariert und dann bequem als sinnvoll verherrlicht hatte. Zweite Reflexion hat demgegenüber kritisch die verschwiegenen Abstraktionsvorgänge in den Konkreta herauszuarbeiten, die ihrerseits überaus konkret: von der abstrakten Gesetzlichkeit der Gesellschaft, vorgezeichnet sind. Andererseits muß sie sich ohne Mentalreservat an die Details verlieren, wissend, daß einzig in ihnen und nicht über ihnen herausspringen möchte, was mehr ist als die Stofflichkeit der Details. Das Zu den Sachen, das Husserl bloß proklamiert hatte, wäre durchzuführen, ohne daß die Sachen durch ihre erkenntnistheoretischen Kategorien substituiert würden. Dabei ist nicht der Fata Morgana nachzujagen, ohne Begriffe zu philosophieren, wie es Benjamin verlockte, als er in seiner Spätphase den Passagentext rein aus Zitaten zu montieren vorhatte. Keine Konstruktion der Details ohne den emphatischen Begriff. Der Unterschied von der traditionellen Philosophie ist der der Richtungstendenz. Jene hatte die Erhebung zum Begriff als implizites Ideal. Nach diesem waren ihre Materialien ausgewählt und präformiert. Statt dessen wären die Begriffe zu versammeln, um (13) in ihrer Konstellation das Begriffslose aufzuschließen.

(11) Der von Husserl und Bergson vergebens intendierte Ausbruch aus Bewußtseinsimmanenz und System ist verbindlich zu vollziehen, mit Hölderlins Lieblingsaus(12)druck[185] *ins »Offene« zu gelangen.*

Durch zweite Reflexion die intentio recta wiederzuerlangen; denn das Subjekt setzt immer jene wie immer bestimmte Objektivität auch voraus, die es more philosophorum einzig konstituieren soll. Hier Kernargument geben. Ich seiend, Abstraktion.

Differenz des Begriffs des Konkreten und dessen selbst (aus Einfügung *[186]*) Zweite Reflexion hat demgegenüber die verschwiegenen Abstraktionsvorgänge in der Konkretion herauszuarbeiten.*

Andererseits ohne Mentalreservat an die Details sich verlieren.

Das Zu den Sachen, die bei Husserl immer nur noetisch-noematische Strukturen sind, durchzuführen; meine materialen Arbeiten sind der Versuch, die hier von oben her – falsch darum – entwickelte negative Dialektik einzulösen.

(13) Wiederholt: Idee der neg[ativen] Dial[ektik]: durch Konstellation der Begriffe das Begriffslose aufzuschließen. 16.XII.65

(13) Das Ziel, unerreichbar wie ein jegliches, das der Gedanke sich stellt, solange er nicht in Praxis übergeht, wäre, daß Philosophie aus dem wörtlich genommenen Einzelnen aufstiege. Die Begriffe aber, deren sie sich bedienen muß, wenn sie nicht den Willkürakt mit dem Vollbrachten verwechseln will; die Fragestellungen, die sie an die Details heranbringt, empfängt sie vom aktuellen Stand der Tradition, fixiert sie jedoch nicht χωϱίς von den Gegenständen, sondern wirft sie in diese hinein, überdrüssig des Wahns, sie habe am bloßen Fürsichsein der Begriffe das An sich. Den Stand der Tradition selbst [15] jedoch hätte sie mit dem geschichtlich realen zu konfrontieren. Theorie wäre dann nicht länger Subsumtion sondern das Verhältnis der begrifflichen Momente zueinander. Sein Zentrum hat es in der Auflösung des Unauflöslichen oder, nach dem Wort von Karl Heinz Haag, im »Unwiederholbaren«. Theorie wird vorausgesetzt und benutzt, um sie in ihrer gängigen Gestalt abzuschaffen. Das Ideal ihrer veränderten wäre ihr Erlöschen. Die Intention aufs Ungedeckte ist exponierter als die einer offenen oder unabgeschlossenen Dialektik. Diese vermag, nach der Exstirpation des logisch-metaphysischen Identitätsprinzips, nicht mehr recht anzugeben, was eigentlich die dialektische Bewegung von Sache wie von Begriff motiviert. Zu kurz kommt in ihr das negative Wahrheitsmoment der idealistischen Dialektik, die objektive machine infernale, aus der das Bewußtsein – und nicht es allein – herausmöchte. Hoffen darf es darauf nicht, indem es sie ignoriert, sondern einzig indem es sie begreift. Zu verteidigen bleibt Hegel gegen den altgewohnten Vorwurf der ›Zwangsjacke der Dialektik‹. Es ist die Zwangsjacke der Welt. Nicht anders ist das Offene zu denken als durch das ungemilderte Bewußtsein der Versperrtheit, des verkehrten Wesens.

(14) Damit ist das Verhältnis zum System charakterisiert. Die traditionelle Spekulation hat die von ihr, auf Kantischer Basis, als chaotisch vorgestellte Mannigfaltigkeit durchs philosophische Prinzip zu synthesieren, schließlich sie als Einheit aus sich heraus zu entwickeln getrachtet. Das stellt den Sachverhalt auf den Kopf. Das Telos der Philosophie, das Offene und Ungedeckte, ihre Freiheit, Phänomene zu deuten, mit denen sie unbewehrt es aufnimmt, ist antisystematisch. Soviel aber hat sie vom System zu achten, wie ihr Heterogenes als System ihr gegenübertritt. Auf solche starre Systematik bewegt die verwaltete Welt sich hin. System ist die nega-[16]tive Objektivität, nicht das positive Subjekt. Nach einer geschichtlichen Phase, welche die Systeme, soweit sie ernstlich Inhalten gelten, ins ominöse Reich der Gedankendichtung relegierte und vom System einzig den blassen Schatten des Ordnungsschemas übrigbehielt, fällt es schwer, lebendig sich vorzustellen, was einmal den philosophischen Geist zum System trieb. Nach Nietzsches Kritik dokumentierte es endgültig bloß noch die Gelehrtenpedanterie, die für politische Ohnmacht sich entschädigte

(13) Weg von unten nach oben, Analysis. »Rettung des Empirismus«.

Dabei wird die Problematik ebenso vom aktuellen Stand der Tradition, aber auch dem real geschichtlichen der Phil[osophie] an die Hand gegeben. Nicht χωρίς *von der Erfahrung.*

Theorie vorausgesetzt und benutzt, um ihre gängige Gestalt abzuschaffen.

Das Ideal ihres Erlöschens.

Mehr als nur »offene Dialektik«, welche die überkommene, nur ohne den abschlußhaften Anspruch, wäre. – Qualitative Differenz. In neg[ativer] Dialektik verändern sich die Kategorien. Modell: Synthese. Diese nicht mehr als das Höhere. »Das Ganze ist das Unwahre«.[187]

In ihr [scil. der »offenen Dialektik«] kommt das negative Wahrheitsmoment der idealistischen Dialektik zu kurz, die objektive machine infernale[188]*, aus der das Bewußtsein herausmöchte.*

Der Zwangscharakter nicht zu ignorieren sondern zu begreifen.

»Zwangsjacke der Dialektik«: Zwangsjacke der Welt.

Das Offene zu denken nur durchs ungemilderte Bewußtsein der Versperrtheit.

(14) System. Das idealistische stellt den Sachverhalt auf den Kopf.

Telos der Phil[osophie] ist das Offene, Ungedeckte.

Das System, das sie als absolutes Subjekt zu produzieren wähnt, bezieht sie vom Objekt.

Das Recht in der Idee des Systems: nicht mit den membra disiecta des Wissens vorlieb zu nehmen sondern aufs Ganze zu gehen – wenn auch das Ganze darin besteht, daß es die Unwahrheit ist.

6.I.66

durch begriffliche Konstruktionen ihrer absoluten Macht übers Seiende. Aber das systematische Bedürfnis: das, nicht mit den membra disiecta des Wissens vorlieb zu nehmen, sondern das absolute zu erlangen, dessen Anspruch unwillentlich bereits in der Bündigkeit eines jeden Einzelurteils erhoben wird, war einmal mehr als Pseudomorphose des Geistes an die unwiderstehliche mathematisch-naturwissenschaftliche Methode.

(14) Geschichtsphilosophisch hatten die Systeme zumal des siebzehnten Jahrhunderts kompensatorischen Zweck. Dieselbe ratio, die, eines Sinnes mit dem Interesse der bürgerlichen Klasse, die feudale Ordnung und ihre geistige Reflexionsgestalt, die scholastische Ontologie, zertrümmert hatte, fühlte sogleich den Trümmern, (15) ihrem eigenen Werk gegenüber Angst vor dem Chaos, vor dem, was unterhalb ihres Herrschaftsbereichs drohend fortdauert und proportional zu ihrer eigenen Gewalt sich verstärkt. Jene Angst prägte in ihren Anfängen die fürs bürgerliche Denken die Jahrhunderte hindurch konstitutive Verhaltensweise aus, jeden Schritt zur Emanzipation zu revozieren durch Bekräftigung von Ordnung. Im Schatten der Unvollständigkeit seiner Emanzipation muß das bürgerliche Bewußtsein fürchten, von einem fortgeschritteneren kassiert zu werden; es ahnt, daß es, weil es nicht die ganze Freiheit ist, nur deren Zerrbild hervorbringt; darum muß es seine Autonomie theoretisch zum System überhöhen, das zugleich seinen Zwangsmechanismen ähnelt. Bürgerliche [17] ratio war, aus sich heraus die Ordnung zu produzieren, die sie draußen negiert hatte. Als produzierte ist sie aber schon keine mehr und deshalb unersättlich. Solche widersinnige, rational gesetzte Ordnung war das System, Gesetztes, das als Ansichsein auftritt. Seinen Ursprung mußte es in dem von seinem Inhalt abgespaltenen formalen Denken suchen. Nur kraft solcher Abspaltung konnte es seine Herrschaft übers Material ausüben. Im philosophischen System verschränkte sich der Ansatz mit der Unmöglichkeit; sie hat gerade die frühe Geschichte der Systeme zur Vernichtung des einen durchs andere verurteilt. Die ratio, die, um als System sich durchzusetzen, virtuell die qualitativen Bestimmungen dessen ausmerzte, worauf sie sich bezog, geriet in unversöhnlichen Antagonismus zu der Objektivität, welcher sie Gewalt antat, indem sie sie zu begreifen fingierte. Von ihr entfernte sie sich desto weiter, je vollkommener sie sie ihren Axiomen, schließlich dem einen der Identität, unterwarf. Die Pedanterie aller Systeme, bis zu den architektonischen Umständlichkeiten Kants und selbst Hegels, dessen Programm sie so inkommensurabel sind, sind Male eines a priori bedingten und in den Brüchen des Kantischen Systems mit unvergleichlicher Redlichkeit aufgezeichneten Mißlingens. Was an dem zu Begreifenden vor der Identität des Begriffs zurückweicht, nötigt diesen zur skurril übertreibenden Veranstaltung, daß nur ja an der Geschlossenheit und Stringenz des Denkprodukts kein Zweifel sich rege. Große Philosophie war von dem paranoischen Eifer besessen, der es der Königin in Sneewittchen verbietet, noch am äußersten Rande des Reichs ein Schöneres – ein Anderes – zu dulden als sie selbst, und sie treibt, es mit aller List ihrer (16) Vernunft zu verfolgen, während es vor der Verfolgung weiter stets sich zurückzieht.

(14) Der kompensatorische Zweck der Systeme: Ratio, welche die feudale Ordnung und ihre geistige Reflexionsgestalt zertrümmert hatte, fühlte sogleich den (15) Trümmern gegenüber Angst vor dem Chaos wie das Bürgertum politisch – vor dem, was unter ihrer Domäne drohend fortdauert und proportional zu ihrer eigenen Gewalt sich steigert. Die unvollständige Emanzipation fürchtet die vollständigere.

Was Freiheit sagt und nicht die ganze ist, bringt nur deren Zerrbild hervor und diffamiert die wirkliche. Darum muß es seine Autonomie in der Theorie zum System überhöhen, das zugleich seinen Zwangsmechanismen ähnelt.

Bürgerliche ratio spiegelt vor, aus sich heraus die Ordnung zu produzieren, die sie als transsubjektive negiert hatte und zwar weithin nach dem Modell der alten (Descartes und Scholastik). Als produzierte ist sie aber schon keine mehr und deshalb unersättlich. Das Gesetzte kein An sich Seiendes, und nur als solches wäre das System mehr. Als System d.h. Denkzusammenhang kann es aber gerade kein an sich Seiendes sein.

Seinen Ursprung muß es in dem von seinem Inhalt abgespaltenen formalen Denken suchen: nur dadurch kann es Herrschaft über sein Material ausüben.

Im System verschränkt sich bereits sein Ansatz mit seiner Unmöglichkeit; daher frißt eines das andere auf. Die dialektische Geschichte der Philosophie ist die ihrer eigenen Negativität.

Ratio als System muß virtuell die qualitativen Bestimmungen dessen ausmerzen, worauf sie geht.

*Sie eliminiert, was sie begreifen will: das ist die Antinomie des Systems. Die Pedanterie ist ihr Wundmal. Dazu Exkurs über die Qualitäten * 12 a*

*[Einf. 12 a *:] Über das Qualitative.*

Die Reduktion der Qualitäten auf Quantität – das Beherrschbarmachen gesellschaftlicher und natürlicher Prozesse – wird dem Fortschritt der Erkenntnis qua des Objekts selbst gleichgesetzt.

Aber eben dieser Prozeß, als einer der Abstraktion, entfernt sich von den Sachen.

Und er ist in sich falsch, weil im Tausch die Qualitäten nicht einfach verschwinden, sondern zugleich auch festgehalten werden.

Einem, vom Tausch befreiten, Gesellschaftsprozeß fielen die Qualitäten zu.

Doppelstellung zu ihnen heute. Weder romantisch sie unmittelbar haben, »Leben«, noch ihr Verschwinden sanktionieren.

Es ist auch gesellschaftlicher Schein. [Ende der Einfügung]

Was an dem zu Begreifenden vor der Identität des Begriffs zurückweicht, nötigt diesen zur skurrilen übertreibenden Veranstaltung, um nur ja keinen Zweifel an der Lückenlosigkeit aufkommen zu lassen. NB. Kants architektonische Veranstaltungen

Große Phil[osophie] hatte immer den paranoischen Eifer der Königin aus Sneewitchen, daß nur ja nicht am äußersten Rande des Reiches ein Schöneres – einfach ein Anderes sei als sie selbst.

Sie verfolgt dies Andere mit aller List ihrer Vernunft, während es vor der Verfolgung immer weiter sich zurückzieht.

11. Januar 1966

(16) Der geringste Rest von Nichtidentität genügte, die gesamte Identi-[18]tät zu dementieren. Die Exzentrizitäten der Systeme seit der Cartesianischen Zirbeldrüse und den Axiomen Spinozas, in die schon der totale Rationalismus hineingepumpt ist, den er dann deduktiv herausholte, bekunden in ihrer Unwahrheit die Wahrheit über die Systeme selbst, ihr Irres. Der Prozeß jedoch, in dem diese kraft ihrer eigenen Insuffizienz sich zersetzten, kontrapunktiert einen gesellschaftlichen. Die bürgerliche ratio näherte als Tauschprinzip das, was sie sich kommensurabel machen, identifizieren wollte, mit wachsendem, wenngleich potentiell mörderischem Erfolg real den Systemen an, ließ immer weniger draußen. Was in der Theorie als eitel sich überführte, ward ironisch von der Praxis vindiziert. Daher ist die Rede von der Krisis des Systems eine Generation nach Nietzsche beliebt auch bei all denen, die in rancuneerfüllten Berufstönen übers Aperçu, nach dem bereits obsoleten Ideal des Systems, nicht sich genugtun konnten, zunehmend ideologisch geworden. Die Realität soll nicht mehr konstruiert werden, weil sie allzu gründlich zu konstruieren wäre, und ihre Irrationalität, die unterm Druck partikularer Rationalität sich verstärkt: die Desintegration durch Integration, bietet dafür Vorwände. Wäre die Gesellschaft, als geschlossenes und darum den Subjekten unversöhntes System, durchschaut, so würde sie von den Subjekten, solange sie noch welche sind, kaum geduldet. Ihr Systemcharakter, gestern noch das Schibboleth der Schulphilosophie, muß von deren Adepten geflissentlich verleugnet werden; sie dürfen sich dabei als Sprecher freien, ursprünglichen, womöglich unakademischen Denkens aufspielen. Solcher Mißbrauch annulliert nicht die Kritik am System.

(16) Die Exzentrizitäten und Pedanterien der Systeme sagen die Wahrheit über diese: Narben des Nichtaufgehens, Aufgehen wird forciert durch Veranstaltung. Es ist, wie wenn, was an den Dingen dem Denken entflieht, in diesem parodiert, als seine eigene Dinghaftigkeit herauskäme.

Das Irre der Systeme (Hinweis auf Freud) Schon beim Platon in der Vorstellung einer mathematischen Behandlung der Moral.

Zersetzung der Systeme kontrapunktiert eine gesellschaftliche Entwicklung. Die bürgerliche ratio, als Tauschprinzip, näherte die Realität immer mehr dem System an, ließ immer weniger draußen. Das Leiden darunter: geistige Klaustrophobie. Darum wird das Antisystematische zur komplementären Ideologie

Was in der Theorie als vergeblich sich überführte, wurde von der Praxis vindiziert. Die Welt ist so zwangshaft und verdorrt geworden wie vorher die Systeme es waren.

Wie einst die Systeme, wird heute das Verdammungsurteil über sie mehr und mehr ideologisch. Es ist schon ganz billig, gegen das System zu sein.

Die Realität soll nicht mehr konstruiert werden, weil sie allzu gründlich sich konstruieren ließe. Je abstrakter die Welt, desto konkreter spielt die Philosophie sich auf.

Stützen kann sich diese Abwehr auf die der Integration verschwisterte Desintegration.[189] *Die zusammengeschlossene Gesellschaft nicht mehr rational. Durchführung des Äquivalenzprinzips.*

Wäre die Gesellschaft als das System durchschaut, das sie ist, so würde sie von ihren Zwangsmitgliedern kaum länger geduldet.

Daß kein System sei, will vortäuschen, es sei noch Leben. Wer das System leugnet, erscheint auch noch als Sprecher freien, unakademischen Denkens.

Also Doppelstellung zum System. (Seine Leugnung war ein Jugendstilmotiv, komplementär zu den reaktionären späten Systemen.)

Kritik daran nicht annulliert. *13.I.66*

(16) Der aller nachdrücklichen Philosophie, im Gegensatz zur skeptischen, die dem Nachdruck sich versagte, gemeinsame Satz, sie sei nur als System möglich, ist ihr kaum weniger feind als die empiristischen Richtungen. Worüber sie erst triftig zu urteilen hätte, das wird vorentschieden durchs Postulat ihres Ansatzes. (17) [19] System, Darstellungsform einer Totalität, der nichts extern bleibt, setzt den Gedanken gegenüber jedem seiner Inhalte absolut und verflüchtigt den Inhalt in Gedanken: idealistisch vor aller Argumentation für den Idealismus.

Kritik daran liquidiert aber nicht einfach das System. Nicht nur ist seine Form adäquat der Welt, die dem Inhalt nach der Hegemonie des Gedankens sich entzieht. Einheit und Einstimmigkeit sind zugleich die schiefe Projektion eines versöhnten, nicht länger antagonistischen Zustands auf die Koordinaten herrschaftlichen, unterdrückenden Denkens. Der Doppelsinn philosophischer Systematik läßt keine Wahl als die einmal von den Systemen entbundene Kraft des Gedankens, im Vergleich mit denen unsystematisches Denken bis zu Nietzsche stets etwas Mattes und Ohnmächtiges zeigte, in die offene Bestimmung der Einzelmomente zu transponieren. Tendenziell war das von der Methode der Hegelschen Logik visiert. Die Reflexion der einzelnen Kategorien sollte, ohne Rücksicht auf ein ihnen von oben Aufgestülptes, jene Bewegung eines jeden Begriffs in den anderen bewirken, deren Totalität ihm dann das System bedeutete. Nur war dies System, anstatt erst sich zu kristallisieren, implizit, und darum erschlichen, in jeder Einzelbestimmung bereits vorgedacht. Solcher Schein wäre zu tilgen, was Hegel nur verheißt, zu leisten, die gleichsam bewußtlose Versenkung des Bewußtseins in die Phänomene, zu denen es Stellung bezieht, und damit freilich veränderte Dialektik sich qualitativ. Systematische Einstimmigkeit zerfiele. Das Phänomen bliebe nicht länger, was es bei Hegel bleibt und was er nicht will, Exempel seines Begriffs. (18) Vom Gedanken erheischt das mehr an Arbeit und Anstrengung, als was Hegel so nennt, [20] weil bei ihm der Gedanke immer nur das an seinen Gegenständen expliziert, was er an sich schon ist. Er verharrt, trotz des Programms der Entäußerung, bei sich selbst, schnurrt ab, so oft er auch das Gegenteil beteuert. Entäußerte der Gedanke wahrhaft sich an die Sache, so begönne das Objekt unter dem hartnäckigen Blick des Gedankens selber zu reden.

(16) Der Satz, Phil[osophie] sei nur als System möglich, ist ihr kaum weniger Feind als der zutiefst antiphilosophische Empirism[us].

System ist die Vorentscheidung dessen, worüber Phil[osophie] erst triftig zu urteilen hätte; durchs Postulat seines Ansatzes.

(17) Es setzt den Gedanken gegenüber jeglichem Inhalt absolut, verflüchtigt tendenziell jeden Inhalt in Gedanken: idealistisch vor aller Argumentation für den Idealismus.

Aber solche Kritik liquidiert nicht einfach das System.

Nicht nur wegen seiner Adäquanz an diese Welt.

Einheit und Einstimmigkeit sind zugleich die schiefe Projektion eines versöhnten, nicht länger antagonistischen Zustands auf die Koordinaten herrschaftlichen, selbstherrlichen Denkens.

Der Doppelsinn des Systems läßt keine Wahl, als die einmal von den Systemen entbundene Kraft des Gedankens in die Bestimmung der Einzelmomente zu transponieren. Das Einzelne steht für das Ganze, das man nicht hat.

Hinweis auf das Matte und Ohnmächtige der nichtsystematischen Philosophien in Vergleich zu den großen Systemen. Im Grunde Empirismus als Philosophie gar nicht möglich; das zeigt sich an seiner eigenen Untriftigkeit. Oberflächlicher obwohl in gewissem Sinn wahrer; aber die Systeme mehr an Wahrheit in verkehrter Gestalt. Wo der Empirism[us] Phil[osophie] ist, tendiert er zum subjekt[iven] System

Übrigens der klassische Empirismus nur zum Schein antisystematisch; in Wahrheit der Kantischen Kategorienlehre höchst verwandt (Kant).

Wie Philosophie in der Aporie von Empir[ismus] + System sich zu verhalten habe, ist in Hegel implizit: Reflexion der Kategorien in sich, ohne Rücksicht auf ein ihnen von außen aufgestülptes Ganzes.

Das ist der Sinn der immanenten Bewegung des Begriffs.

Dabei war freilich das System, anstatt erst sich zu kristallisieren, immer hinter den Kulissen schon da.

Hier wäre also Hegels Forderung, gegen ihn, im Ernst einzuholen.

Gleichsam bewußtlose Versenkung des Bewußtseins in die Phänomene. Dies gemeint mit »Wahr sind nur die Gedanken, die sich selbst nicht verstehen«[190]*. Der Gedanke, der sich selbst versteht, schon über sich hinaus und insofern unwahr. Damit verändert Dialektik sich qualitativ.*

Systematische Einstimmigkeit zerfiele.

Das Phänomen wäre virtuell nicht länger, was es bei H[egel] trotz seines Einspruchs noch bleibt, Exempel seines Begriffs. Die Aufgabe negativer Dialektik zunächst, diese qualitative Veränderung zu entfalten.

(18) Vom Gedanken dadurch mehr an Arbeit und Anstrengung verlangt als im System, wo es trotz allem abschnurrt. Nicht, wie das akademische Vorurteil will, dadurch leichter, beliebiger.

Entäußerte sich wahrhaft der Gedanke, so begänne das Objekt selbst zu reden. Anstrengung der Phantasie – dagegen der größte – rationalisierte – Widerstand *18.I.66*

(18) Insofern ist das Ideal der Philosophie die Deutung, die ihrem traditionellen Begriff tabu war. Hegel hatte gegen die Erkenntnistheorie eingewandt, daß man nur vom Schmieden Schmied werde, im Vollzug der Erkenntnis an dem ihr Widerstrebenden, gleichsam Atheoretischen. Darin ist er beim Wort zu nehmen; das allein gäbe der Philosophie die Freiheit zurück, die sie im Bann des Freiheitsbegriffs, der sinnsetzenden Autonomie des Subjekts, eingebüßt hatte. Philosophie hatte ihre Substanz in dem Einzelnen und Besonderen, das ihre gesamte Tradition als quantité négligeable behandelt. Die spekulative Kraft, das Unauflösliche aufzusprengen, ist aber die der Negation. Einzig in ihr lebt der systematische Zug fort. Die Kategorien der Kritik am System sind zugleich die, welche das Besondere begreifen. Was einmal am System legitim das Einzelne überstieg, hat seine Stätte im Ungedeckten. Der Blick, der am Phänomen mehr gewahrt, als es bloß ist, und einzig dadurch, was es ist, säkularisiert die Metaphysik. Die Fragmente, in denen Philosophie terminiert, brächten erst die vom Idealismus illusionär entworfenen Monaden zu dem Ihren, die Vorstellungen der als solche unvorstellbaren Totalität im Partikularen. Der Gedanke indessen, der nichts positiv hypostasieren darf außerhalb des dialektischen Vollzugs, schießt über den Gegenstand hinaus, mit dem [21] eins zu sein er nicht länger vortäuscht; er wird unabhängiger als in der Konzeption seiner Absolutheit, in der das Souveräne und das Willfährige sich vermengen, eines vom anderen in sich abhängig. Vielleicht zielte darauf die Kantische Exemtion der intelligiblen Sphäre von jeglicher Immanenz. Dieser Überschuß des Gedankens koinzidiert nicht mit der dialektischen Mikrologie. (19) Versenkung ins Einzelne, die zum Extrem gesteigerte dialektische Immanenz, bedarf als ihres Moments auch der Freiheit, aus dem Gegenstand herauszutreten, die der Identitätsanspruch abschneidet. Hegel hätte sie am letzten gebilligt: er verließ sich auf die vollständige Vermittlung in den Gegenständen. In der Erkenntnispraxis, der Auflösung des Unauflöslichen, kommt das Moment solcher Transzendenz des Gedankens daran zutage, daß die Entschlüsselung des Unauflöslichen, die Mikrologie, einzig über makrologische Mittel verfügt. Zwar öffnet nicht der klassifikatorische Begriff, unter den es sich subsumieren läßt, das Opake; jedoch die Konstellation von Begriffen, welche der konstruierende Gedanke an es heranträgt etwa so, wie die Schlösser wohlverwahrter Kassenschränke nicht durch einen Einzelschlüssel oder eine Einzelnummer sondern nur durch eine Nummernkombination aufspringen. Philosophie würde erneut Opfer der Leibnizschen und Hegelschen prästabilierten Harmonie, der tröstlichen Affirmation, wenn sie sich und andere darüber betröge, daß sie, womit immer sie ihre Gegenstände in sich selbst bewegt, ihnen auch von außen einflößen muß.

(18) Insofern das Ideal der Philosophie die Deutung, die nach ihrem traditionellen Begriff tabu war. Was Phil[osophie] ist, kann man an der Deutung von Phänomenen lernen.

Hegels Kritik der Erkenntnistheorie: diese sei vom Vollzug der Erkenntnis nicht zu trennen (beim Schmieden wird man Schmied)[191] *ist beim Wort zu nehmen.*

Phil[osophie] hat ihre Substanz in dem Einzelnen und Besonderen, das sie – trotz der Hegelschen Voten fürs Konkrete – immer nur als quantité négligeable behandelte.

Spekulative Kraft: das Aufsprengen des Unauflöslichen. Aufsprengen negativ, nicht, wie bei Hegel, das Antidialektische, die Negation der Negation.

In ihr lebt der spekulative Zug fort.

Die Kategorien der Kritik am System sind dieselben, welche das Besondere begreifen.

Was einmal am System legitim das Einzelne überstieg, hat seine Stätte im Ungedeckten. Der Blick, der am Phänomen mehr gewahrt, als es bloß ist, und einzig dadurch faßt, was es ist, säkularisiert die Metaphysik.

Erst in Fragmenten[192] *käme die Konzeption der Monaden zu dem Ihren.*

Der Gedanke, der nichts positiv hypostasieren darf außerhalb des dialektischen Vollzugs, schießt über den Gegenstand hinaus, mit dem eins zu sein er nicht mehr vortäuscht. Im Unterschied von dem Hinausschießen der Abstraktion

Er wird unabhängiger als in der Konzeption seiner Absolutheit, in der das Souveräne mit dem Willfährigen sich vermengt, eines vom anderen abhängig.

Vielleicht zielt darauf im Tiefsten die Kantische Exemption [sic] der intelligibeln Sphäre von jeglicher Immanenz.

(19) Versenkung ins einzelne Extrem bedarf als ihres Moments auch der Freiheit, aus dem Gegenstand herauszutreten, den der Identitätsanspruch abschneidet. Die geforderte Mikrologie verfügt einzig über makrologische Mittel.

Zwar öffnet nicht der klassifikatorische Begriff, unter den es als Exemplar fällt, das Einzelne, wohl aber die Konstellation der Begriffe die der konstruierende Gedanke an es heranträgt.

Vergleich mit der Nummernkombination bei Kassenschränken.

*Philosophie würde Opfer einer Leibnizschen oder Hegelschen prästabilierten Harmonie, wenn sie sich und andere darüber betrügen wollte, daß sie, womit immer sie ihre Gegenst[ä]nd[e] in sich selbst bewegt, ihnen auch von außen einflößen muß. – Es bedarf des Subjekts zur Erfahrung der Objektivität; nicht seiner Eliminierung. * 15 a* *20. Januar 1966*

[Einfügung 15 a:] Wieso es zur Erfahrung der Objektivität des vollen Subjekts bedarf.

Der Eliminierung der subjektiven Qualitäten entspricht stets auch eine Reduktion des Objekts. Je mehr an Reaktionen als »bloß subjektiv« wegfallen, um so mehr auch an qualitativen Bestimmungen der Sache.

Modell: Schicksal von Fragebogen, bei denen die phantasievollen, in die Sache führenden Fragen eliminiert werden und solche übrig bleiben, die das Resultat auf das vorweg zu Erwartende nivellieren.

Die Erkenntnis um die es der negativen Dialektik geht ist qualitativ.

Die qualitativen Momente werden von den üblichen wissenschaftlich objektivierenden Methoden ausgeschaltet.

Eliminierung des Subjekts = Quantifizierung.

Das einzelne erkennende Subjekt, Individuum, selber ein Qualitatives. Eben deshalb bedarf es seiner.

Begriff der Affinität: daß nur Ähnliches Ähnliches zu erkennen vermag.[193]

Dabei bleibt das Problem der Zufälligkeit, so wie das Individuum selbst gegenüber dem Allgemeinen der Vernunft etwas Zufälliges hat.

Aber: diese Zufälligkeit ist nicht so absolut wie sie dem szientifischen Aberglauben dünkt, weil in der Besonderung selbst ein gesellschaftlich allgemeines Prinzip, das fortschreitender Differenzierung, steckt. – Diese Differenzierung ist kein bloß Subjektives sondern die Fähigkeit am Objekt wahrzunehmen was dessen Zurüstung ausscheidet. Sie ist selbst vom Objekt her konstituiert. Sie zielt auf dessen restitutio in integrum.

Sie ist dabei fehlbar – das Qualitative zugleich auch ein mimetisches Residuum, quasi archaisch. Daher an ihr Notwendigkeit der Korrektur. Diese wird gemeint von der Selbstreflexion geistiger Erfahrung.

Also, bildlich gesprochen: ein vertikaler (innerzeitlicher) nicht horizontaler (abstraktiv-quantifizierender) Objektivationsprozeß.

[Ende der Einfügung]

(19) Was in ihnen [scil. den Gegenständen der Philosophie] selbst wartet, bedarf des Eingriffs, um zu sprechen. Die Intention bleibt, daß die von außen mobilisierten Kräfte, am Ende jede an die Phänomene herangebrachte Theorie in jenen sich verzehre. Philosophische Theorie meint ihr eigenes Ende.

(19) Was in ihnen [den Gegenständen der Philosophie] selbst wartet, bedarf des Eingriffs (zutiefst: eines Praktischen) um selbst zu sprechen.

Wahrheitsmoment im Idealismus retten.

Die Intention bleibt dabei, daß die von außen mobilisierten Kräfte, am Ende die Theorie, in ihren Gegenständen sich verzehren.

Philosophische Theorie meint ihr eigenes Ende. *25.I.66*

(20) [22] Dialektik, die nicht länger in der Identität »festgemacht« *(Kant, Kritik der reinen Vernunft, B 134)* ist, provoziert, wo nicht den Einwand des Bodenlosen, der an seinen faschistischen Früchten zu erkennen ist, den des Schwindelerregenden. Hinter der Sorge, wo denn nun eine Philosophie zu packen sei, steht meist nur die Aggression, die Begierde, sie zu packen, wie historisch die Schulen einander fressen. Die Äquivalenz von Schuld und Buße hat sich auf die Folge der Gedanken übertragen. Eben diese Assimilation des Geistes an das herrschende Prinzip ist von der philosophischen Reflexion zu durchschauen. Das traditionelle Denken und die Gewohnheiten des gesunden Menschenverstandes, die es hinterließ, nachdem es philosophisch verging, fordern ein Bezugssystem, ein frame of reference, in dem alles seine Stelle finde. Gar nicht so viel Wert wird auf die Einsichtigkeit des Bezugssystems gelegt – es darf sogar in dogmatischen Axiomen niedergelegt werden –, wofern es nur jeder Überlegung Obdach gewährt und dadurch den ungedeckten Gedanken von sich fernhält. Dialektik, die ihre Hegelsche Fixierung abgeworfen hat, genügt nur dann sich selbst, wenn sie ohne Sicherheitsmaßnahmen an die Gegenstände à fonds perdu sich wegwirft; der Schwindel, den das erregt, ist ein index veri; das Schwindelerregende der Schock des Offenen, die Negativität, als welche es im Gedeckten und Immergleichen notwendig erscheint: Unwahrheit fürs Unwahre. Die Demontage der Systeme und des Systems ist nicht formal-erkenntnistheoretisch sondern drastisch inhaltlich: die Details ordnen nicht länger sich ein. Was ehedem das System ihnen anschaffen wollte, ist, als qualitativ Anderes, einzig in ihnen aufzusuchen. Weder ob es dort sei noch was es sei, ist vorher dem Gedanken verbürgt. Damit erst käme die durchwegs mißbräuchliche Rede [23] von der Wahrheit als dem Konkreten zu sich selbst. Sie nötigt das Denken, das Kleinste aufzuknacken. Nicht über Konkretes ist zu philosophieren, vielmehr aus ihm heraus, indem die Begriffe darum sich versammeln. Hegels Satz, das Besondere sei das Allgemeine, ist die schneidendste Kritik an ihm; ihr wäre Genüge zu tun. Hingabe an den spezifischen Gegenstand aber wird vom Geblök mit Vorliebe einem Mangel an eindeutiger Position zugeschrieben. Was anders ist als das Existente, gilt diesem für Hexerei; und was unterm Bann steht, hat den Vorteil für sich, daß alles, was irgend in der falschen Welt Nähe, Heimat und Sicherheit war, seinerseits Figur des Bannes ist. Mit diesem fürchten die Menschen alles zu verlieren, weil sie kein anderes Glück, auch keines des Gedankens kennen, als daß man sich an etwas halten kann, die perennierende Unfreiheit. Ver(21)langt werden wenigstens Ausblicke auf das, was einer wolle; handgreiflicher ein Stück Ontolo-

(20) Der Einwand des Schwindel Erregenden gegen negative Dialektik (Kracauer)[194]*. Sie ist keine Axiomatik. »Nichts, woran man sich halten kann«.*

Warum sie mehr herausfordert als Hegel

a) bei diesem doch der Haftpunkt im absoluten Subjekt.

b) die Invarianz des Gerüsts.

Hinter der Frage, wo eine Phil[osophie] zu packen sei, die Aggression, die Begierde sie zu packen.

Äquivalenz von Schuld und Buße hat auf die Folge der Gedanken sich übertragen. Eben das ist zu durchschauen.

Gegen die Forderung eines frame of reference (NB: mit Descartes anal[ytische] Geometrie aufkommend: Koordinatensystem!) in dem alles seine Stelle fände. Darin bereits Quantifizierung (des räumlich Anschaulichen), Abstraktion. (es darf, nach gängigem Denken, sogar auf willkürlichen Axiomen beruhen – Willkür und Axiomatik gehen zusammen; nur, was sich nicht als Erstes setzt, braucht nicht willkürlich zu sein).

Durchs frame of reference wird alles eingefangen, ist drin. Bedeutung von Immanenz.

Wahrheit nur, was ohne Rettungsgürtel, à fond[s] perdu sich wegwirft.

Das Schwindelerregende ist die Erfahrung des Offenen, inmitten des Banns das wesentlich Moderne (Baudelaire. Poe) le goût du néant[195]*: die Unwahrheit ist es nur fürs Unwahre, d.h. für den Bann. Genauer: das unablässig sich formierende. Gewebe, nicht Gedankengang. Gegen die üblichen Bücher*

Der Schwindel, den der nicht nachkonstruierende Gedanke erregt, ist index veri.

Was ehedem das Koordinatensystem den Phänomenen anschaffen wollte, ist einzig in ihnen aufzusuchen.

Weder ob es dort sei oder nicht sei ist vorher dem Gedanken verbürgt: das heißt Rettung des Empirismus.

Damit erst käme die meist mißbräuchliche Rede von der Wahrheit als dem Konkreten zu sich selbst.

gie inmitten von deren Kritik, als ob nicht eine jegliche ungedeckte Einsicht besser ausdrückte, was gewollt ist, als eine declaration of intention, bei der es dann bleibt.

Nicht über Konkretes ist zu philosophieren wie bei Simmel sondern aus ihm heraus, indem die Begriffe darum sich versammeln[196].

Was anders ist als das Existente, gilt diesem für Hexerei.

Was unterm Bann steht, nutzt aus, daß, was immer in der falschen Welt Ruhe, Heimat und Sicherheit war, selber Figur des Bannes ist.

Mit diesem fürchten die Menschen alles zu verlieren: sie kennen kein Glück, auch keines des Gedankens, als die perennierende Unfreiheit.

(21) Das allgemeine Verlangen wenigstens nach einem »Stück Ontologie«. Unmöglich: entweder Invariantenlehre oder radikaler Verzicht auf solche.

Man soll sagen was man will: These. »Declaration of intention«.

Darin verdinglichtes Bewußtsein: die Coolidgegeschichte: Worüber predigte er? – Über Sünde. – Was sagte er? – Er war dagegen.[197] *– Gegen Simplifizierung. Brecht. Wenn es wahr ist, daß das Entscheidende im Kleinsten steckt, ist Simplifizierung das Unwahre. Wäre an der Marxismusdebatte zu zeigen. Simplifizierung gleich sich dumm stellen. Patina [?] auf Dummheit.*

Dies Schema heute weltweit verbreitet. *27.I.66*

(21) An Philosophie bestätigt sich eine Erfahrung, die Schönberg an der traditionellen Musiktheorie notierte: man lerne aus dieser eigentlich nur, wie ein Satz anfange und schlösse, nichts über ihn selber, seinen Verlauf. Analog hätte Philosophie nicht sich auf Kategorien zu bringen sondern in gewissem Sinn erst zu komponieren. Aber eine Verhaltensweise, die nichts Erstes und Sicheres hütet und doch, allein schon vermöge der Bestimmtheit ihrer Darstellung, dem Relativismus, dem Bruder des Absolutismus, so wenig Konzessionen macht, daß sie der Lehre sich nähert, bereitet das Skandalon. Sie treibt bis zum Bruch über Hegel hinaus, dessen Dialektik alles haben, auch prima philosophia sein wollte und im Identitätsprinzip, dem absoluten Subjekt, tatsächlich es war. Durch die Lossage des Den-[24]kens vom Ersten und Festen indessen verabsolutiert es damit sich nicht als freischwebend.

(21) In den Alternativen steckt der Zwang. So hat ein Verwaltungsbeamter zwischen ihm vorgegebenen Möglichkeiten zu entscheiden.

Mein alter Widerstand gegen das »Wer nicht für mich ist, der ist wider mich«[198]*, worin die Autorität, die zu reflektieren wäre, schon supponiert ist.*

Struktur: Nichts Erstes und Sicheres zu hüten, aber allein schon durch die Bestimmtheit der Darstellung (die der bestimmten Negation gleichkommt) gegen den Relativismus ebenso wie gegen den Absolutismus.

Dies ist das Skandalon und es gehört zur Phil[osophie].

Die Lossage vom Festen kein Mannheimisch Freischwebendes[199]*. Die Erkenntnisse der neg[ativen] D[ialektik] sind motiviert; soweit denken wie nach dem Stand möglich, aber dies nicht hypostasieren. * 17 a*

[Einfügung 17 a:] *Der Relativismus hat selbst das bürgerliche Modell des Individualismus.*

Das »alles relativ« ist abstrakt.

Dahinter steht: Denken ist nichtig, es kommt auch auf Materielles, Geld an, und der Gedanke stört den Erwerb.

Sobald man in eine bestimmte Sache eintritt, zergeht der Relativismus in deren Disziplin.

Er erscheint immer bloß von außen.

Das Nichtige des Relativismus besteht aber darin, daß das Beliebige und Zufällige, das er als irreduzibel hypostasiert, selber objektiv motiviert ist.

Die vermeintlich individuellen Reaktionen sind präformiert: Geblök.

Solcher Schein eines individualistischen Relativismus ist schon vom soziologischen durchschaut worden: Pareto. (er war Mannheims Urbild)[200]

Aber die von ihm als schlechthin unüberwindlich gesetzten schichtenspezifischen Anschauungen sind ihrerseits deduzibel aus dem Ganzen der Gesellschaft.

(21) [24] Die Lossage gerade befestigt es an dem, was es nicht selbst ist, und beseitigt die Illusion seiner Autarkie. Soll das Bodenlose durchaus gescholten werden, so wäre der Einwand gegen das sich in sich selbst erhaltende geistige Prinzip als Sphäre absoluter Ursprünge zu wenden; dort aber, wo die Ontologie, Heidegger voran, aufs Bodenlose schlägt, ist der Ort von Wahrheit. Schwebend ist sie, zerbrechlich vermöge ihres zeitlichen Gehalts; Benjamin kritisierte eindringlich Gottfried Kellers Spruch, die Wahrheit könne uns nicht davonlaufen. Auf die Tröstung, Wahrheit sei unverlierbar, hat Philosophie zu verzichten. Eine, die nicht abstürzen kann in den Abgrund, von dem die Fundamentalisten der (22) Metaphysik salbadern – es ist nicht der behender Sophistik sondern des Wahnsinns –, wird, unterm Gebot ihres Sekuritätsprinzips, analytisch, potentiell zur nichtigen Tautologie. Nur solche Gedanken bieten der allmächtigen Ohnmacht des sicheren Einverständnisses die Stirn, die bis zum Äußersten gehen; nur Gehirnakrobatik hat noch Beziehung zur Sache, die sie nach der fable convenue ihrer Selbstbefriedigung zuliebe verachte. Irrationalistisch ist heute jeder Versuch, sie zu unterbinden. Die Funktion des Begriffs von Sicherheit in der Philosophie schlug um. Was einmal Dogma und Bevormundung durch Selbstgewißheit überholen wollte, ist zur Manier sozialversicherter Erkenntnis geworden, der nichts soll passieren können. Tatsächlich passiert nichts.

Modell: wenn der Kapitalist das variable Kapital v in seine Rechnung einsetzt, so muß er nach den Regeln der Rechnungslegung annehmen, es sei Gleich um Gleich getauscht, weil er sonst Unterbilanz hat, denken muß, er sei zu kurz gekommen.

Die angebliche Relativität der Anschauungen ist also auf ein Objektives, die Strukturgesetze als Ganzem, zurückzuführen.

Ebenso auch der Relativismus als Doktrin: bürgerliche Skepsis.

Geistfeindschaft = Abwehr der Konsequenzen aus dem eigenen Begriff der Vernunft.

Der Relativismus ist also nicht durch einen dogmatischen Absolutismus abzuwehren sondern durch Verfolgung seiner eigenen Thesen aufzulösen.

Seine Funktion wechselt; zuweilen gegen das Dogma progressiv; heute durchaus ideologisch. Doch war dem Relativismus stets schon das reaktionäre Moment gesellt: in der Sophistik als ein sich verfügbar halten für die je stärksten Interessen, bei Montaigne als Bereitschaft zur Apologie des Dogmas. [Ende der Einfügung]

(21) Sie [scil. die negative Dialektik] befestigt das Denken an dem, was es nicht selber ist, gegen die Illusion seiner Autarkie.

Will man schon das Bodenlose schelten, so wäre es das sich in sich selbst erhaltende geistige Prinzip – die reine Vermittlung – als Sphäre absoluter Ursprünge[201].

Wo Ontologie aufs Bodenlose schlägt, ist der Ort von Wahrheit.

Sie ist, vermöge ihres immanenten zeitlichen Gehalts, zerbrechlich.

Benjamin hat mit Recht Gottfried Kellers Spruch als bürgerlich kritisiert, die Wahrheit könne uns nicht davonlaufen.[202] *Sie kann.*

(22) Was nicht abstürzen kann, ist, unterm Gebot des Sekuritätsideals, analytisches Urteil, potentiell bloße Tautologie.

Chancen haben nur Gedanken, die bis zum Äußersten gehen; für Gehirnakrobatik.

Funktion der Sicherheit in Phil[osophie] ist umgeschlagen: was einmal Dogma und Bevormundung überholen wollte durch Selbstgewißheit, ist zur Manier sozialversicherter Erkenntnis geworden, der nichts soll passieren können.

Tatsächlich passiert dann gar nichts. 1. Februar 1966

(22) Entfesselte Dialektik entbehrt so wenig wie Hegel eines Festen. Doch verleiht sie ihm nicht länger den Primat. Hegel betonte jenes Feste nicht so sehr im Ursprung seiner Metaphysik: es sollte aus ihr am Ende, als durchleuchtetes Ganzes, hervortreten. Dafür haben seine logischen Kategorien eigentümlichen Doppelcharakter. Sie sind entsprungene, sich [25] aufhebende und zugleich apriorische, invariante Strukturen. Zur Dynamik ist das vermittelt durch die Doktrin von der auf jeder dialektischen Stufe erneut sich wiederherstellenden Unmittelbarkeit. Die bereits kritisch tingierte Theorie der zweiten Natur ist einer negativen Dialektik unverloren. Sie nimmt die vermittelte Unmittelbarkeit, die Formationen, welche die Gesellschaft und ihre (23) Entwicklung dem Gedanken an den Kopf schleudert, tel quel an, um durch Analysis ihre Vermittlungen freizulegen, nach dem Maß der immanenten Differenz der Phänomene von dem, was sie von sich aus zu sein beanspruchen. Das invariant sich durchhaltende Feste, das »Positive« des jungen Hegel, ist solcher Analyse, wie diesem, das Negative. Je mehr die Autonomie von Subjektivität kritisch sich einschränkt, sich ihrer als eines Vermittelten bewußt wird, desto bündiger die Verpflichtung, den Objekten jenen Vorrang zu lassen, der dem Gedanken das an Festigkeit einbringt, was er nicht in sich hat, dessen er bedarf, und ohne das nicht einmal jene Dynamik wäre, mit welcher Dialektik das Feste auflöst. Die Möglichkeit negativer Dialektik hängt ab vom Nachweis eines Vorrangs des Objekts. Auch er kann für Dialektik kein absolutes Prinzip, keine Reprise des naiven Realismus sein: er gilt einzig in der Verflechtung. Würde der Vorrang des Objekts, unterm Triumphgeheul des Einverständnisses, aus der Dialektik herausgebrochen und positiv gesetzt, so regredierte die Philosophie, wie in der späteren Phase von Georg Lukács, auf das törichte Dogma von der Abbildung oder Widerspiegelung. Abermals wäre ein Prinzip, ein »Spruch« hypostasiert, und damit schließlich doch das Denken, das, was ist, auf einen Hauptnenner bringt. Keineswegs immer gleicht die Ideologie der idealistischen Generalthesis. In Wahrheit steckt sie in den Substruktionen eines Ersten selbst, gleichgültig welchen Inhalts. Sie impliziert [26] die Identität von Begriff und Sache, und damit die Rechtfertigung der Welt, auch dann, wenn sie summarisch die Abhängigkeit des Bewußtseins vom Sein stipuliert. Die Theodizee der Geschichte, samt ihrem apologetischen Oberton, war Marx nicht fremd.

Denken, das auf kein unverrückbares Fundamentalprinzip sich stützt, pointiert sich gegen den Begriff der Synthesis. Diese unterwirft als Telos der Philosophie wie als Modell ihrer Einzeloperationen die Methode dem, was dem Idealismus Identität von Subjekt und Objekt hieß: sie prägte die Hegelsche Dialektik nach der Figur (24) des Kreises, der tödlich annullierenden Rückkehr des Resultats in den Ursprung. Demgemäß hat

(22) Der Begriff des Festen in entfesselter Dialektik ist näher zu bestimmen.

Es ist aber in ihr ein Moment (zunächst: das unvermeidlich begriffliche) und hat keinen Primat.

a) Begriffe bewegen sich nur soweit, wie sie, als Maß, festgehalten werden. Also: sehr streng nehmen der Begriffe. Forderung ihrer Genauigkeit: Funktion der Sprache.

b) Es hat wesentlich die Gestalt der Hegelschen »zweiten Natur«[203].

Negative Dialektik nimmt das Verfestigte, die Formationen, welche die Ent(23)wicklung dem Gedanken an den Kopf schleudert, telles quelles, um durch Analysis ihre Vermittlungen freizulegen.

Das immanente sich durchhaltende Feste, das »Positive« des jungen Hegel, ist solcher Analyse wie diesem [sic] das Negative.

Je mehr die Autonomie von Subjektivität kritisch sich einschränkt, desto bündiger die Verpflichtung, den Objekten jenen Vorrang einzuräumen, der dem Gedanken das an Festigkeit verschafft, was Dialektik wiederum auflöst. Daher ist der Nachweis des Vorrangs des Objekts[204] *als eines innerdialektischen Moments der springende Punkt einer negativen Dialektik.*

Keine Auferstehung des naiven Realismus: kein absolutes Urprinzip.

Vorrang d[es] O[bjekts] nur in der Dialektik; eben dies das Zerbrechliche der Wahrheit.

Sonst Rückfall in prima philosophia. (auch: dogmatischer Materialismus!)

Die idealistische Generalthesis steckt in der Substruktion eines Ersten selbst, fast gleichgültig welchen Inhalts.

Sie impliziert Identität von Begriff und Sache und schlägt sich auf die Seite des Weltlaufs (etwas davon auch bei Marx, dem die Theodizee der Geschichte nicht fremd war.)

Kritik an Synthesis: daß sie als Methode die Identität von S[ubjekt] und O[bjekt] zum Ziel sich setzt. Problem nicht logische der Begriff der Synthese, promptes Heiltum gegen Zersetzung, jenes Fatale angenommen, das in der Erfindung einer angeblichen Psychosynthese gegen die Freudsche Psychoanalyse vielleicht am widerwärtigsten sich deklariert; idiosynkratische Empfindlichkeit ekelt sich, das Wort in den Mund zu nehmen.

Synthesis als Zusammendenken getrennter Momente, sondern absolute Synthesis als höchstes Ziel der Phil[osophie].

(24) Kreisgestalt bei Hegel darin gegeben.

Das Ideologische an der Synthese manifest geworden: das Eine, Zusammengehaltene, Ganze gegen die sogenannte Zersetzung. Beispiel »Psychosynthese« und Freuds Entgegnung[205]. *Also: gegen den automatisierten Fortgang von den notwendigen Synthesen zum Ideal einer höchsten.*

3. Februar 1966

(24) Hegel braucht es [scil. das Wort Synthesis] weit seltener, als das freilich von ihm bereits seines Geklappers überführte Schema der Triplizität erwarten läßt. Dem dürfte das Gewebe seiner Philosophie entsprechen. In ihr sind die Denkoperationen fast allemal die bestimmte Negation des aus äußerster Nähe visierten, hin und her gewendeten Begriffs. Was bei solchen Analysen, formal, als Synthesis sich charakterisiert, hat insofern die Form der Negation, als darin errettet werden soll, was der vorhergehenden Bewegung des Begriffs zum Opfer fiel. Die Hegelsche Synthesis ist durchweg die Einsicht in die Insuffizienz jener Bewegung; die sogenannte höhere Stufe erweist sich zugleich als niedrigere, ein Schritt zurück ins Plusquamperfekt. Das trennt Hegel von der Vulgärvorstellung der Synthese als sieghafter Positivität. Von dieser freilich tragen die bei ihm jeweils neu sich bildenden Unmittelbarkeiten, in denen ihre eigene Vermitt[27]lung verschwinden soll, mehr als nur die Spur. Die Konsequenz daraus war schon für die Marxische Kritik der Rechtsphilosophie, den gewordenen und gesetzten Unmittelbarkeiten das Vertrauen zu kündigen, das die Hegelsche Dialektik vollends in ihrer späteren Systemgestalt ihnen zollt. Hegel hat, gegen Kant, die Priorität der Synthesis eingeschränkt: er erkannte Vielheit und Einheit als Momente, deren keines ohne das andere sei; ihre Spannung wird durch Negation ausgetragen. Gleichwohl teilt er mit Kant und der gesamten Tradition den parti pris für die Einheit. (25) Aber Denken darf auch nicht bei deren abstrakter Negation verharren. Die Illusion, des Vielen unmittelbar habhaft zu werden, schlüge ebenso in Mythologie, ins Grauen des Diffusen zurück, wie am Gegenpol das Einheitsdenken Nachahmung blinder Natur durch deren Unterdrückung, mythische Herrschaft wäre. Selbstreflexion der Aufklärung ist nicht deren Widerruf: dazu wird sie der gegenwärtigen Herrschaft zuliebe korrumpiert. Die selbstkritische Wendung des Einheitsdenkens ist auf Begriffe, Synthesen also, angewiesen und darf sie nicht mit verfügender Gebärde diffamieren. Einheit, abstrakt genommen, bietet Raum für beides: für die Repression der in Gedanken unauflöslichen Qualitäten und für das Ideal von Versöhnung, jenseits des Antagonismus. Sie hat stets wieder ihre Gewalt den Menschen schmackhaft gemacht, weil an ihr auch die Spur des Gewaltlosen und Befriedeten aufleuchtet. Nicht ist das Einheitsmoment zu exstirpieren, wie es virtuell, trotz aller Rede von der Einheitswissenschaft, im unreflektierten Nominalismus geschieht.

(24) Bei Hegel von Synthesis relativ selten die Rede.

In concreto ist seine Methode wesentlich doch Negation.

Selbst die Synthesen, die dritten Schritte, sind bei ihm negativ, insofern sie erretten wollen, was der Bewegung zum Opfer fiel; sie überführen den Gedanken seiner Falschheit an dem was hinter ihm zurückbleibt und nun gegen ihn sich geltend macht (z.B. in »Nichts«)

Allerdings: bei H[egel] das Affirmative in der Lehre von den stets neu sich bildenden Unmittelbarkeiten, in denen ihre Vermittlung verschwinden soll.

Wahrheit daran: Geltung der gleichwohl gewordenen Logik.

Aber das verschwundene Gewordensein ist nicht eliminiert.

Sonst wird das Resultat zum Fetisch, so apologetisch wie die Lehre der H[egel]schen Rechtsphilosophie von den Institutionen. »Kritik des logischen Absolutismus«[206].

Mißtrauen gegen alle gewordene und gesetzte Unmittelbarkeit: Marx. Universalität der Fetischismuskategorie[207].

Hegel hat zwar gegen Kant die Priorität der Synthesis eingeschränkt, indem Vielheit und Einheit wechselseitig aufeinander verwiesen sind. Dies übrigens potentiell schon bei Kant; datiert auf den Platonischen Parmenidesdialog zurück. Bei K[ant] aber Juxtaposition, kein wechselseitiges aus einander Hervorgehen. Differenz von K[ant] + H[egel]

Sie alle jedoch, auch H[egel], haben einen parti pris für die Einheit. Darin steckt die kritiklose Komplizität der Philosophie mit der Zivilisation. Hinweis auf Haag, Parmenidesdialog.[208]

(25) Aber Denken darf nicht bei der abstrakten Negation der Einheit verharren. Wer wahnte, des Vielen unmittelbar habhaft zu werden, der fiele ins Grauen des Diffusen, in Mythologie zurück. Das Mythische ist das Ununterschiedene.

Selbstreflexion der Aufklärung nicht deren Widerruf: dazu wird sie freilich heute leicht korrumpiert (Gegenaufklärung[209] *= Apologie von Bindungen und Institutionen um ihrer selbst willen, pragmati-*

stisch, ohne Frage nach ihrem objektiven Recht und damit ihnen widersprechend).

Einheit, abstrakt genommen, bietet Raum ebenso für Repression der Qualitäten, wie für Versöhnung.

Eben dadurch konnte sie stets wieder ihre Gewalt den Menschen schmackhaft machen: durch die ihr gesellte Spur des Gewaltlosen und Befriedeten.

Nicht stur nominalistisch das Einheitsmoment, das der Objektivität des Begriffs, zu extirpieren [sic]. Erfahrung der Objektivität subjektiv entsprungener Ideen: die musikalischen Formtypen.

8.II.66

(25) Die Tendenz der synthesierenden Momente ist umzuwenden, indem sie auf das sich besinnen, was sie dem Vielen antun. Einheit allein transzendiert Einheit. Noch am Identitätsmoment hat etwas sein Lebensrecht, die Affinität, welche durch fortschreitende Einheit zurückgedrängt wurde und gleichwohl in ihr, zur Unkenntlichkeit säkulari[28]siert, überwinterte. Ungedeckte Erkenntnis beseitigt nicht das vereinheitlichende Subjekt. In der Erfahrung des Objekts ist es unauslöschlich. (26) Seine eigenen Synthesen wollen, wie Platon wohl wußte, mittelbar, mit dem Begriff verändern, nachahmen, was von sich aus jene Synthese will.

Denken, das den Gegenständen sich überläßt, verinhaltlicht Philosophie. Danach hat diese seit der Generation von Bergson und Simmel, Husserl und Scheler vergebens sich gesehnt. Was die Tradition kündigt, war deren eigenes Bedürfnis. Wird selbstkritisch der Methodenzwang gelockert, so wird, komplementär, die philosophische Anstrengung anwachsend von ihrem Inhalt determiniert. Daß das Nichtbegriffliche mit seinem Begriff nicht identisch sei, wird von der Praxis des Erkennens durch dessen Verinhaltlichung honoriert. Die gesellschaftliche, nach philosophischer Redeweise ›ontische‹ Dialektik, die des perennierenden Antagonismus, reflektiert sich in der philosophischen von Subjekt und Objekt. Gäbe es irgend Ontologie, ein Invariantes, dann wäre es die negative des fortwährenden Antagonismus. (27) Inhaltliches Denken kann gleichwohl des methodischen Raisonnements nicht einfach sich entschlagen, will sie nicht Opfer des Dogmatismus oder des beliebigen Einfalls werden, obwohl dieser vielfach näher an der Wahrheit ist als der methodische Stufengang, dessen Sicherheit ihm den Ertrag verkürzt. Die Frage, wie inhaltliche Einzelanalysen zur Theorie der Dialektik stünden, erledigt sich nicht mit der idealistischen Beteuerung, daß diese in jenen aufginge. Sie schmuggelte abermals falsche Identität von Methode und Sache ein. Die Blindheit, mit welcher der Gedanke dem, worauf er geht, ohne Hypostase, wenn man will, ohne Methode, sich überantwortet, ist methodisches Prinzip. »Wahr sind nur die Gedanken, die sich selber nicht verstehen.« *(Theodor W. Adorno, Minima Moralia. Reflexionen aus dem beschädigten Leben, 2. Aufl., Frankfurt a.M. 1962, S. 254 [GS 4, S. 218])* Je weni[29]ger der Gedanke von der seinen Gegenständen äußerlichen Reflexion sich gängeln läßt, desto tiefer wird er des Allgemeinen im Besonderen inne; die Invektiven von Kant, Hegel und Nietzsche wider das Beispiel in der Philosophie verweisen, wider deren eigene Tradition, darauf. Inhaltlich als universale Vermittlung eines jeglichen Phänomens durch die gesellschaftliche Totalität, welche der Philosophie zur reinen Subjektivität sich verkehrt, steckt Allgemeines in jedem Besonderen. Jedoch die philosophische Erfahrung hat dies Allgemeine nicht, oder bloß abstrakt, und ist darum zum Ausgang vom Besonderen verhalten, ohne doch zu vergessen,

(25) Selbstbesinnung der Synthesis auf das, was sie dem Vielen antut.

Einheit allein transzendiert Einheit. Denn die Selbstkritik der Synthesis ist zugleich eine höhere Synthesis, gegen den fortdauernden Antagonism[us] vom Einen und τὰ πολλά.

Lebensrecht am Identitätsprinzip: Moment der Affinität, die sie[210] *zurückdrängte und die in ihr überlebt.*

(26) Denken, das den Gegenständen sich überläßt, wird inhaltlich.

Das ist an Bergson, Simmel, Scheler festzuhalten.

Was die Tradition kündigt, war deren eigenes Bedürfnis.

Philosophische Anstrengung vom Inhalt determiniert, wenn nicht vom Subjekt als dem allem Inhalt gegenüber Formalen

Daß das nicht Begriffliche mit seinem Begriff nicht identisch sei, wird in der Praxis des Erkennens zu deren Verinhaltlichung.

Der inhaltliche perennierende Antagonismus wird philosophisch zu dem von Subjekt und Objekt.

Der einzige Sinn von Ontologie wäre ein negativer, der des fortwährenden Antagonismus

(27) Kritik an der stipulierten Vormacht der Methode entbindet nicht von Erwägungen über sie. Eben dies immanente Kritik; sonst Dogmatismus oder Beliebigkeit. Allerdings der diffamierte Einfall, wenn er sitzt, vielfach näher an der Wahrheit als der geregelte Stufengang.

Es genügt nicht zu beteuern, inhaltliche Einzelerkenntnis und Theorie der Dialektik finden zusammen. Eben diese Doktrin ist das Idealistische. Die Möglichkeit inhaltlicher Erkenntnis ist das Problem heute fälliger Erkenntnistheorie.

(28) Verweis auf den Unterschied der Einzelerkenntnis vom Beispiel; die prinzipielle Inadäquanz des Letzteren, kritisiert von Kant, Hegel und Nietzsche. Einer der Hauptunterschiede der Phil[osophie] von der etablierten Wissenschaft. Die Einheit der Theorie

was sie nicht hat, aber weiß. Während sie der realen Determination der Phänomene durch ihren Begriff versichert ist *(vgl. Theodor W. Adorno, Gesellschaft, in: Evangelisches Staatslexikon, hrsg. von Hermann Kunst u. a., Stuttgart, Berlin 1966, Sp. 636ff. [GS 8, S. 9 ff.])*, kann sie diesen (28) nicht ontologisch, als das an sich Wahre, sich vorgeben. Er ist fusioniert mit dem Unwahren, dem unterdrückenden Prinzip, und das mindert noch seine erkenntniskritische Dignität. Er bildet nicht positiv das Telos, in dem Erkenntnis sich stillte. Die Negativität des Allgemeinen ihrerseits fixiert die Erkenntnis ans Besondere als das zu Errettende. Rettung des Besonderen wäre aber ohne die aus ihm freigesetzte Allgemeinheit gar nicht zu beginnen. (29) Alle Philosophie, auch die mit der Intention auf Freiheit, schleppt darum Unfreiheit mit sich, in der die der Gesellschaft sich verlängert. Die neuontologischen Entwürfe haben dagegen sich gesträubt, aber ihr Gestus war der eines Rückgriffs auf wahre oder fiktive *ἀρχαί*, Ursprung, der nichts anderes ist als das Zwangsprinzip. Denken erhöbe sich über die Alternative von Willkür und Zwang, indem es der Vermittlung ihrer antithetischen Momente sich versichert. Denken hat den Zwang in sich; [30] er schützt es vor der Regression in Willkür. Den ihm immanenten Zwangscharakter jedoch vermag es kritisch zu erkennen; sein eigener Zwang ist das Medium seiner Befreiung. Die Hegelsche Freiheit zum Objekt, bei ihm repressiv, bloße Entmächtigung des Subjekts, ist erst herzustellen. Bis dahin divergieren Dialektik als Methode und als eine der Sache und sind nicht diktatorial einander gleichzusetzen.

und der »blinden« Einzelerkenntnis steckt zunächst darin, daß kraft der Vermittlung eines jeden Phänomens durch die gesellschaftliche Totalität das Allgemeine in jedem Besonderen steckt.

Diese Vermittlung hat sich dem Idealismus zur Präponderanz des Begriffs qua Subjekt verkehrt. Sie ist aber strengsten Sinnes objektiv.

Aber die phil[osophische] Erfahrung hat dies Allgemeine nicht unmittelbar, oder hat es bloß abstrakt, anticipando und ist darum zum Ausgang vom Besonderen verhalten.

D.h. sie kann das Allgemeine, von dessen realer, faktischer Präponderanz sie weiß, sich nicht als Seinsprinzip, also ontologisch vorgeben. Angst ist ein gesellschaftlich Allgemeines, aber keine Befindlichkeit.[211]

Eben dies Allgemeine ist fusioniert mit dem unterdrückenden Prinzip, und darum nicht das τέλος, in dem das philosophische Bedürfnis sich stillte, sondern das Negative, an dem es seinen Angriffspunkt hat. Negativ ist Dialektik vermöge der Negativität ihres Objekts.

Solche Negativität des Allgemeinen wendet zugleich die Erkenntnis dem Besonderen als dem buchstäblich und im Begriff zu Errettenden zu.

Rettung des Besonderen wäre aber ohne die Energie des aus ihm freigesetzten Allgemeinen gar nicht zu beginnen.

(29) Alle Philosophie, auch die mit der Intention auf Freiheit, schleppt Unfreiheit mit sich.

Denken erhöbe sich darüber, indem es der Dialektik von Zwang und Willkür innewird.

[30][212] *Es hat in sich den Zwang, Stringenz, als Schutz vor der Repression in Willkür.*

Es vermag aber mit Stringenz den eigenen Zwangscharakter zu erkennen

Die Hegelsche Freiheit zum Objekt[213]*, bei ihm einfach gegen das Subjekt repressiv, ist erst herzustellen*

Bis dahin unvermeidliche Divergenz von Dialektik als Methode

und der in der Sache ausgetragenen. (Alle Methode qua Methode ist »falsch«)

D.h.: das Prinzip einer dialektischen Konstruktion des Ganzen qua gesellschaftlicher Totalität, und des blinden sich Überlassens an die Sache gehen nicht ineinander auf. *10.II.66*

[30] Freilich fiel nicht vom Himmel, daß der Begriff sowohl wie die Realität widerspruchsvollen Wesens sind. Was die Gesellschaft antagonistisch zerreißt, das herrschaftliche Prinzip, ist vergeistigt dasselbe, was die Differenz zwischen dem Begriff und dem ihm Unterworfenen zeitigt. Die logische Form des Widerspruchs aber gewinnt jene Differenz, weil, was der Einheit des herrschaftlichen Prinzips nicht sich fügt, nach dessen eigenem Maß nicht als ein gegen das Prinzip gleichgültiges Verschiedenes erscheint, sondern als Verletzung der Logik: als Widerspruch. Andererseits drückt im Rest an Divergenz zwischen philosophischer Konzeption und Durchführung auch ein Wahres sich aus, etwas von der Nichtidentität, die weder der Methode gestattet, ganz mit den Inhalten zu koinzidieren, in denen allein sie doch sein soll, noch die Inhalte derart zu vergeistigen, wie es versöhnten vielleicht zustände. Der Vorrang des Inhalts äußert sich als notwendige Insuffizienz der Methode. Was als solche, in der Gestalt allgemeiner Reflexion, gesagt werden muß, um nicht ohnmächtig zu sein vor der Philosophie der Philosophen, legitimiert sich allein in der Durchführung, und dadurch wird sie als Methode wiederum negiert. Ihr Überschuß ist angesichts des Inhalts abstrakt, falsch; Hegel bereits mußte das Mißverhältnis der Vorrede der Phänomenologie zu dieser in den Kauf nehmen. Philosophisches Ideal wäre, daß die Rechenschaft über das, was man tut, überflüssig wird, indem man es tut.

[31] (30) Der jüngste Versuch des Ausbruchs aus dem Begriffsfetischismus – aus akademischer Philosophie, ohne den Anspruch von Verbindlichkeit fahren zu lassen – ging unter dem Namen des Existentialismus. Gleich der Fundamentalontologie, von der er sich kritisch abgespalten hatte, blieb er idealistisch befangen trotz des politischen Engagements; es behielt übrigens gegenüber der philosophischen Struktur etwas Zufälliges und könnte durch konträre ersetzt werden, wofern diese nur der characteristica formalis des Existentialismus genügen. Zwischen dem Existentialismus und dem Dezisionismus ist keine theoretische Grenze. Dabei ist die idealistische Komponente des Existentialismus ihrerseits Funktion der Politik. Sartre und seine Freunde, Kritiker der Gesellschaft und nicht willlens, bei der theoretischen Kritik sich zu bescheiden, übersahen nicht, daß der Kommunismus überall, wo er zur Macht gelangt war, als Verwaltungssystem sich einrichtete. Die Institution der zentralistischen Staatspartei ist Hohn auf alles, was einmal über das Verhältnis zur Staatsmacht gedacht worden war. Sartre hat darum das Moment in die Mitte gerückt, das die herrschende Praxis nicht mehr duldet, nach der Sprache der Philosophie die Spontaneität. Je weniger objektive Chancen ihr die gesellschaftliche Machtverteilung bot, desto ausschließlicher hat er sie in der

[30] Beleg meine doppelte schriftstellerische Technik.

Freilich liegt im dialektischen Wesen von beidem, dem Ganzen und den Teilen, ein Moment sachlicher Übereinstimmung.

Was die Gesellschaft antagonistisch zerreißt, ist deshalb wie das, was die Differenz zwischen dem Begriff und dem ihm je unterworfenen Einzelnen zeitigt. Die logische Form des Widerspruchs nimmt jene Differenz an, weil, was der Einheit des herrschaftlichen Prinzips nicht sich fügt, nach dem Maß dieses Prinzips nicht als ein gegen den Begriff gleichgültiges Verschiedenes erscheint, sondern als Verletzung der Logik, eben als Widerspruch.

Andererseits drückt in dem Rest an Divergenz zwischen philosophischer Konzeption und Durchführung auch ein Wahres sich aus: etwas von der Nichtidentität, die es verbietet, Methode + Inhalt bruchlos in eins zu setzen.

Der Vorrang des Inhalts äußert sich notwendig als Insuffizienz der Methode. Sie hat ihre Legitimation nie in sich sondern allein in ihrer Durchführung Jeder Überschuß der Methode ist virtuell falsch. (Hegel, Vorrede zur Phänomenologie!)

Philosophisches Ideal: daß die Rechenschaft über das, was man tut, überflüssig wird, indem man es tut.

[31] Jüngster Ausbruchsversuch aus dem Begriffsfetischismus ging unter dem Namen des Existentialismus.

Verdienst: Inhaltlichkeit (die hat man gerade Sartre vorgeworfen, oft in der spießbürgerlichsten Weise: Heinemann[214]*)*

Kritische Intention.

Eine formal an Heideggers Lehre von den Existentialien anknüpfende Theorie hat sich material gegen ihn gewandt.

Das Moment der Willkür in der Wahl der Heideggerschen Existentialien (etwas ausführen) erklärt ein Analoges bei Sartre.

Aber es bleibt ein (beim frühen Heidegger latent vorhandenes) philosophisches Grundsatzproblem: das Verhältnis zwischen einem radikal nominalistischen, bis zum moralischen Solipsismus getriebenen Nominalismus und dem Anspruch einer Ontologie, an dem

Kierkegaardschen Kategorie der Entscheidung gesetzt, die bei jenem ihren Sinn vom terminus ad quem, der Christologie empfing.

S[artre] festhält, der eben doch etwas wie eine prima philosophia anstrebt.

Offen wie weit er dies in seinem Werk über Dialektik[215] *angepaßt hat; in l'Etre + le néant klafft beides auseinander.*

Moment der Zufälligkeit steckt darin, daß die absolute individuelle Entscheidung, die zentrale Kategorie Sartres, unbestimmt bleibt.

Wäre im Prinzip nach allen politischen Seiten möglich, Partisanen gibt es hüben und drüben.

Insofern ist S[artre], was er gewiß am wenigsten möchte, formalistisch.

Keine theoretische Grenze zwischen Existentialismus und Dezisionismus à la Carl Schmitt[216]*. . . Abstraktheit der Entscheidungskategorie. In jede Entscheidung gehen Momente der Objektivität ein. – Entscheidung als Minimum. Unmöglich, die ganze Phil[osophie] darauf zu stellen.*

Dabei ist der Dezisionismus von S[artre] selbst Funktion der gesellschaftlich-politischen Situation.

Der Gesellschaftskritiker S[artre] konnte nicht übersehen, daß der Kommunismus, wo er heute sich findet, eingeführt wurde, Verwaltungsmaßnahme; und deshalb als Herrschaftsmechanismus sich perpetuiert. Oder vielmehr: das ist die negative Determinante der Entscheidungslehre.

In einem langen Prozeß, in dessen Zentrum die Organisationsfrage steht, wurde einerseits integriert, andererseits die Spontaneität abgewürgt. Darin zwischen den Ländern jenseits + diesseits des Vorhangs kein wesentlicher Unterschied: verwaltete Welt.

Die zentralistische und sich unendlich perpetuierende Staatspartei ist Hohn auf alles, was je über das Verhältnis zur Staatsmacht gedacht wurde[217]*.*

S[artre] hat, als Korrektiv, das ins Zentrum gerückt, was die allherrschende Praxis nicht mehr duldete, eben das irreduzible Moment der Spontaneität.

Je weniger sie real möglich, desto mehr belastet er sie thematisch (das Beispiel des KZ). *15.II.66*

[31] Trotz des extremen Nominalismus Sartres organisiert sich seine Philosophie nach der alten idealistischen Kategorie der freien Tathandlung des Subjekts. Wie für Fichte ist für den Existentialismus jegliche Objektivität gleichgültig, wie in Sartres Stücken die gesellschaftlichen Verhältnisse und Bedingungen nebelhaft, herabgesetzt fast zu bloßen Anlässen für die Aktion. Diese wird vom Stande der Objektlosigkeit zu einer Irrationalität verurteilt, die der unbeirrte [32] Aufklärer gewiß am wenigsten meint. Die Vorstellung absoluter Freiheit zur Entscheidung ist so illusionär wie die vom absoluten Ich, das die Welt aus sich heraus entläßt. Sartres Stücke desavouieren die Philosophie, die sie so thesenhaft verhandeln. (31) Bescheidenste politische Erfahrung reichte hin, die zur Folie der Entscheidung von Helden aufgebauten Situationen als kulissenhaft zu durchschauen. Nicht einmal ästhetisch wäre derlei souveräne Entscheidung in konkreter geschichtlicher Verflochtenheit zu postulieren. Ein Feldherr, der ebenso irrational sich dazu entschließt, keine Greuel mehr begehen zu lassen, wie er diese vorher auskostete; der die Belagerung einer ihm bereits durch Verrat ausgelieferten Stadt abbricht und eine utopische Gemeinde gründet, wäre auch in den wilden Zeiten einer romantisierten deutschen Renaissance sogleich wenn nicht von meuternden Soldaten umgebracht, so von seinen Oberen abberufen worden. Dazu stimmt nur allzu genau, daß der bramarbasierende Götz, immerhin durch die Ausmordung seiner Lichtstadt über seine freie Tathandlung belehrt, seine Spontaneität einer organisierten Volksbewegung zur Verfügung stellt, die leicht genug als Deckbild jener zu dechiffrieren wäre, gegen welche Sartre die absolute Spontaneität ausspielt; sogleich begeht denn auch der Butzenscheibenmann, nur offenbar jetzt mit dem Einverständnis der Philosophie, abermals die Greuel, denen er aus Freiheit abgeschworen hatte. Das absolute Subjekt kommt aus seinen Verstrickungen nicht heraus: die Fesseln, die es zerreißen möchte, die der Herrschaft, sind eins mit dem Prinzip absoluter Subjektivität. Die Torheit des politischen Existentialismus ebenso wie die Phraseologie des entpolitisierten deutschen haben ihre philosophischen Gründe. Der Existentialismus befördert, was ohnehin ist, das bloße Dasein der Menschen, Gesinnung, die es wählen soll, als ob es irgend andere Wahl hätte. Lehrt [33] der Existentialismus mehr als solche Tautologie, so regrediert er auf die Instauration der für sich seienden Subjektivität als des allein Substantiellen. Die Richtungen, welche Derivate des lateinischen existere als Wahlspruch tragen, möchten die Wirklichkeit leibhaftiger Erfahrung wider die entfremdete Einzelwissenschaft restituieren. Darum verleiben sie nichts Sachhaltiges sich ein, und was sie unter *ἐποχή* setzen, rächt sich an ihnen, indem es hinter dem Rücken der Philosophie, in den dieser zufolge irrationalen Entscheidungen, seine Gewalt durchsetzt. (32) Der begriffslosen Einzelwissenschaft ist das von Sachgehalten expurgierte Den-

[31] Entscheidung kommt von Kierkegaard,[218] *bei ihm auf den Glauben bezogen, ohne ihn hängt sie in der Luft.*

Rückfall in Fichteschen Idealismus: freie Tathandlung um der Tat willen. Nur jetzt am Einzelnen festgemacht, dadurch kontingent, ohne Bezug auf ein allgemeines Gesetz. Differenz von Individuum + Gesellschaft.

Gleichgültigkeit gegen die Objektivität = Naivetät in der Beurteilung politischer Situationen. Sie sind bloßer Anlaß zur Aktion.

Diese zur Irrationalität verurteilt.[219]

[32] Der Teufel und der liebe Gott[220] *Ein Feldherr, der ebenso irrational sich entschließt, keine Greuel mehr zu begehen, wie er sie vorher auskostete, und eine utopische Gemeinde gründet, ist nicht einmal als ästhetische Fiktion möglich. Er wird zum Butzemann. Nestroys Holofernesparodie*[221]

Er [scil. der Feldherr Götz] wird denn auch, nach der unvermeidlichen Katastrophe seiner Lichtstadt, zum Condottiere einer organisierten Volksbewegung, die leicht genug als Deckbild einer totalitären zu dechiffrieren wäre. (Verwaltung!)

Der Sartresche Goetz begeht denn auch sogleich wieder – ohne Einspruch der dramatischen Idee – seine Greuel. Läuft auf die Bejahung der Mittel um des Zwecks willen heraus, ohne Rücksicht auf deren Dialektik.

S[artre] gelangt so weit, daß das absolute Subjekt aus seiner Verstricktheit nicht hinausgelangt. Übrigens hat dazu das bürgerliche Bewußtsein sich erhoben: Ibsen

Wahrer Grund dafür aber erscheint bei ihm nicht. Es ist: die Fesseln, die das absolute Subjekt zerreißen möchte, die der Herrschaft, sind eins mit dem Prinzip absoluter Subjektivität selber. Seine abstrakte Freiheit = Herrschaft.

Der Existentialismus verdoppelt, wie schon im Namen, das bloße Dasein des Menschen.

Es wird zu seiner Gesinnung, als ob es irgend eine andere Wahl ken nicht überlegen; es gerät, ein zweites Mal, in eben den Formalismus, den es um des wesentlichen Interesses der Philosophie willen befehdet, und der dann nachträglich, mit zufälligen Anleihen insbesondere bei der Psychologie, aufgefüllt wird. Die Intention des Existentialismus zumindest in seiner radikalen französischen Gestalt ist nicht in der Distanz von den Sachgehalten sondern durch bedrohliche Nähe hindurch zu realisieren. Die Trennung von Subjekt und Objekt ist nicht durch den bloßen Denkakt aufzuheben, am letzten durch die Reduktion auf den Menschen. In deren Zeichen, dem von Existenz, wird abstrakt und irrelevant drauflosgedacht; das Verfahren ist Reversbild des einzelwissenschaftlichen, das den Gedanken abwürgt. Wie wenig die um Existenz gruppierten Schulen zu jener Entäußerung fähig sind, die sie im Rekurs auf einzelmenschliche Existenz wider das transzendentale Subjekt ersehnen, bekennen sie ein, indem sie, auch in ihren nominalistischen Schattierungen, das in seinem Begriff nicht Aufgehende, ihm Konträre philosophisch bewältigen möchten, indem sie es, nach dem Hegelschen Muster, wiederum auf seinen Begriff bringen. Der Begriff des Unbegrifflichen soll es dem Denken zueignen. Darin willfährig der Tradition, weichen sie vor ihrer eigenen Aufgabe [34] zurück, dem begrifflich zu folgen, was dem Begriff sich weigert, anstatt es durch Subsumtion unter seinen eigenen Begriff zu assimilieren und verdampfen zu lassen.

Das Verfahren hat in den Sprachen sein fernes und undeutliches Urbild an den Namen, welche die Sachen nicht kategorial überspinnen, freilich um den Preis ihrer Erkenntnisfunktion. (33) Ungeschmälerte Erkenntnis will, wovor man ihr zu resignieren eingedrillt hat und was die Namen abblenden, indem sie es haben; Resignation und Verblendung pflegen ideologisch sich zu ergänzen. Idiosynkratische Genauigkeit in der Wahl der erkennenden Worte, als ob sie die Sache benennen sollten, ist keiner der geringsten Gründe dafür, daß der Philosophie die Darstellung wesentlich ist, kein äußerliches Medium. (34) Der Erkenntnisgrund für solche Insistenz des Ausdrucks vorm *τόδε τι* ist dessen eigenes dialektisches Wesen, seine begriffliche Vermittlung in sich selbst; sie ist die Einsatzstelle, das Unbegriffliche an ihm zu begreifen. Indem Erkenntnis kritisch des latent Begrifflichen im Existierenden innewird, erreicht sie virtuell das Opake, und einzig innerhalb dieser Relation. Denn die Vermittlung im Nichtbegrifflichen ist nichts, was, nach Subtraktion, als Rest erübrigte und auf eine schlechte Unendlichkeit von dergleichen Prozeduren verwiese. Vielmehr ist die Vermittlung der *ὕλη* deren implizite Geschichte. Philosophie schöpft, was irgend sie noch legitimiert fortzufahren, aus einem Negativen: daß jenes Unauflösliche, vor dem sie kapitulierte und von dem die Gewalt des Idealismus abgleitet, in seinem So-und-nicht-anders-Sein doch wiederum ein Fetisch ist, der der Irrevokabilität des Seienden. Er zergeht vorm Beweis, daß es nicht einfach so und nicht anders ist, sondern unter Bedingungen wurde. Dies Werden wohnt in der Sache, so we-

hätte als die zu existieren. – Sinn wird, vermöge seiner Absenz, zur Tautologie

[33] Was die Derivate von existere als Wahlspruch trägt, möchte die Wirklichkeit leibhaftiger Erfahrung und Selbsterfahrung, das Selbstsein gegen die Rolle, wider die entfremdete Einzelwissenschaft restituieren. Aus Angst vor Verdinglichung wird vor dem Sachhaltigen zurückgewichen, das die Antithese von Existenz gegen Essenz selber meint. Das Seiende nicht ernst genommen Unter der Hand wird jeder Inhalt wieder zum bloßen Exempel. Daher der Thesencharakter der Sartreschen Stücke und selbst mancher Romane von Camus, im schroffsten Gegensatz zu Beckett. – Ähnliche Phänomene bei Brecht. Hinweis auf »Engagement«[222].

Was aus dem Formalismus heraus wollte, mündet in einen zweiten, am schroffsten beim bestimmungslosen Sein, und wird dann nachträglich, meist mit Psychologie, aufgefüllt.

Die Intention zumindest des radikalen – »engagierten« – französischen Existentialismus nicht in der Distanz von den Konkreta einzulösen (übrigens ähnliches Problem in den Brechtischen Abstraktionen).

Trennung von S[ubjekt] + O[bjekt] nicht durch bloßen Denkakt aufzuheben, am letzten durch Anrufung des Menschen.

Durch den bloßen Begriff des Unbegrifflichen wird es nicht dem Denken zugeeignet.

Es wäre dem begrifflich zu folgen, was dem Begriff sich weigert, anstatt es durch Subsumtion unter seinen Begriff zu assimilieren – und verdampfen zu lassen.

[34] Das Verfahren, das ich meine, hat sein entferntes Urbild an den Namen, welche die Sachen nicht kategorial überspinnen – freilich um den Preis der Erkenntnisfunktion.

Ungeschmälerte Erkenntnis will, wovor zu resignieren man ihr eingedrillt hat und was die Namen verdunkeln, indem sie es haben: Resignation und Verblendung ergänzen sich ideologisch. – »Es sagen« – le dire sans savoir quoi[223]

Daher die konstitutive Funktion der Darstellung

nig auf den Begriff stillzustellen, wie von seinem [35] Resultat abzuspalten und zu (35) vergessen. Darin konvergieren idealistische und materialistische Dialektik; während dem Idealismus die innere Geschichte der Unmittelbarkeit diese als Stufe des Begriffs rechtfertigt, wird sie der materialistischen zum Maß der Unwahrheit der Begriffe nicht nur sondern mehr noch der seienden Unmittelbarkeit; beiden gemeinsam ist der Nachdruck auf der in den Gegenständen geronnenen Geschichte.

Relevanz der Darstellung heißt: idiosynkratische Genauigkeit in der Wahl der Worte, als ob sie die Sache benennen sollten, ihr Name wären. Ist das Dies da in sich begrifflich vermittelt, so kann Sprache an dieser Vermittlung angreifen.

Sie nähert sich dem Opaken.

Die Vermittlung in der ὕλη ist ihre implizite Geschichte.

Phil[osophie] schöpft ihr Positives aus einem Negativen: daß das Unauflösliche, vor dem sie kapitulierte und von dem der Idealismus abgleitet, in seinem So-und-nicht-anders-Sein doch wieder ein Fetisch ist, der der Irrevokabilität des Seienden.

Es löst sich unterm Beweis, daß es nicht einfach so und nicht anders ist, sondern unter Bedingungen wurde.

Dies Werden wohnt in der Sache, so wenig auf den Begriff stillzustellen wie [35] von seinem Resultat abzuspalten und zu vergessen.

Darin Analogie idealistischer und materialistischer Dialektik.

Für den Idealismus rechtfertigt die innere Geschichte des Unmittelbaren jeweils dieses. Für den Materialismus ist sie Maß der Unwahrheit

a) der Begriffe z. B. der Theorie des Liberalismus (Ideologiekritik)

b) der Realität die nicht so ist wie ihr Begriff es verspricht (Gesellschaftskritik)

Beidemale Nachdruck auf geronnene Geschichte (Modell: geronnene Arbeit) *17.II.66*[224]

[35] Die Kraft der negativen Dialektik ist die des in der Sache nicht Realisierten.

Zurück zur Sprache: Die Worte bleiben aber Begriffe, sind nicht wie nach ihrer Idee die Namen die Sache selbst.

Hohlraum zwischen ihnen und der Sache selbst.

Dem entspricht ein Bodensatz von Relativität und Willkür wie in der Wortwahl so in der Darstellung insgesamt. Das genaueste Wort, allein, nicht identisch mit sich selbst.

Daher kritische Reflexion der Begriffe gegen ihre sprachliche Autorität, wie selbst Benjamin sie hinnahm.

Nur Begriffe können vollbringen was der Begriff verhindert, das τρώσας ἰάσεται[225].

Kein Begriff ist, als allgemeiner, identisch mit dem, was er meint und womit er vermöge der Copula identisch sein will.

Der Begriff hat bestimmbare Fehler.

Das veranlaßt zu seiner Korrektur durch andere.

Die Hoffnung des Namens liegt in der Konstellation der Begriffe, die ein jeder zu seiner Korrektur um sich versammelt.

Dem nähert sich die Sprache der Phil[osophie] durch bestimmte Negation.

[36] Kündigung, mit dem Hauptstrom mitzuschwimmen. Gegen den Strom + main stream, schlechtes Argument gegen meine Heideggerkritik.

Gegenargument: in manchen Situationen das Aussichtslose versuchen. Auch Polemik kein neuer Wirkungszusammenhang sondern eine Form

Genau darin der Überschuß einer begründeten Spontaneität.

Außerdem ist die Unmöglichkeit des Eingriffs nicht zu hypostasieren.

Eine der herrschenden Tendenzen aller neuzeitlichen Phil[osophie]: alle traditionalen Elemente aus der Phil[osophie] zu entfernen (eben dies ist ihre neuere Tradition), Geschichte als Tatsachenwissenschaft einer Sonderdisziplin zuzuweisen.

Vermeintliche Unmittelbarkeit der Subjektivität. Das Ideal reiner Gegenwart entspricht, mit Rücksicht auf die Zeit, dem der Empfindung in Bezug auf Raum.

Verwandtschaft von Bacon und Descartes.

[37] Was geschichtlich ist, nicht der Zeitlosigkeit der reinen Logik sich einordnet, wird Idol, Aberglaube.

Aber Tradition ist der Erkenntnis <u>*immanent*</u> *als Vermittlung ihrer Gegenstände. Sie hat kategorial teil an Erkenntnis qua Erinnerung: keine Erkenntnis, nicht einmal formallogische, ohne Festhalten von Vergangenem. Kants Deduktion.*[226]

(herrschende Verdummung = Erinnerungslosigkeit)

Die Gestalt des Denkens als motivierte, innerzeitlich fortschreitende Bewegung gleicht mikrokosmisch der makrokosmischen, geschichtlichen.

Denken ist die Verinnerlichung von Geschichte.

Weil aber keine Zeit ist ohne Zeitliches, Seiendes, bleibt die innere Historizität des Denkens keine reine Form.

Sie ist mit ihrem Inhalt verflochten und eben das heißt Tradition.

Das reine, absolut sublimierte Subjekt wäre ein Punkt d. h. absolut traditionslos.

Zeitlosigkeit ist die Höhe der Verblendung des Bewußtseins

Das ist die wahre Grenze des Motivs der Autonomie.

[38] Natürlich nicht von außen, willkürlich, Tradition heranzuziehen – Heteronomie ist die abstrakte Antithese der Autonomie.

Denken muß die <u>*immanente*</u> *Tradition mobilisieren; eben das heißt geistige Erfahrung.*

Das traditionale Moment als Konstituens, als »verborgener Mechanismus in der Tiefe der Seele«[227].

Bergson als Versuch, der Entzeitlichung des Denkens zu widerstehen.

Hier der Kern eines Begriffs geistiger <u>*Erfahrung*</u>.

Aber: die Teilhabe der Phil[osophie] an der Tradition ist deren bestimmte <u>*Verneinung*</u>. *Tradition qua Kritik an den Texten. (NB Verhältnis zu geistig vorgeformtem Material).*

An ihnen wird Phil[osophie] der Tradition kommensurabel.

Darauf beruht ihr deutendes Moment.

Weder hat sie Symbol noch Symbolisiertes zu hypostasieren.

Die Wahrheit ist das Aufgehen: Säkularisation des Verhältnisses zu heiligen Texten.

In ihm gesteht sie ein, was sie unterm Ideal der Methode vergebens leugnet, ihr sprachliches Wesen.

In ihrer neueren Geschichte ist es verfemt als Rhetorik[228]*.*

[39] Abgesprengt, verdinglicht zum Mittel ohne Wahrheit des Zwecks, war Rhetorik das Medium der Lüge in der Phil[osophie].

Die Verachtung für sie beglich ihre Schuld.

Aber ihre Tabuierung hat ausgerottet, was anders als in Sprache nicht gedacht werden kann, das mimetische Moment des Gedankens.

Sie überlebt in den Postulaten der Darstellung, im Gegensatz zur Kommunikation fixierter Inhalte, die gegen ihre Form gleichgültig ist.

Dabei ist sie ständig der Korruption durch den überredenden Zweck ausgesetzt.

Allergie gegen den Ausdruck reicht seit Platon in die Phil[osophie], gemäß dem Gesamtzug von Aufklärung, die alles Undisziplinierte ahndet: Kanon des mimetischen Tabus im Denken ist die formale Logik.

Verdinglichtes Bewußtsein voll von Rancune gegen das, was ihm mangelt.

Gegen Abschaffung der Sprache aus der Phil[osophie] (= ihrer Mathematisierung) steht ihre sprachliche Anstrengung. – Hinweis darauf, daß die sprachliche Erfahrung den meisten fehlt.

Gerade nicht dem sprachlichen Gefälle folgen, sondern durch Reflexion ihm sich widersetzen.

Sprachliche Schlamperei + Wissenschaftsgestus gehen zusammen.

[40] Die Abschaffung der Sprache in der Phil[osophie] ist nicht Entmythologisierung des Denkens.

Mit der Sprache opfert Phil[osophie], worin sie eine andere Beziehung zu ihrem Gegenstand hat als die bloß signifikative.

Nur als Sprache vermag Ähnliches das Ähnliche zu erkennen.

Dabei die nominalistische Kritik an der Rhetorik nicht zu ignorieren.

Übrigens ist sie älter als der Nominalismus: Platon.[229] *Im Kratylos dialektisches Verhältnis zur Sprache: Sie ist Werkzeug, Konvention, aber nicht willkürlich sondern enthält das Moment der Ähnlichkeit.*

*Auf Kratylosdialog kurz eingehen. * 30 a*

[Einfügung 30 a:] *Kratylos.*[230]

Thema: Ist Sprache von Natur oder Konvention?

es gebe zwar Richtigkeit.

Aber Sprache gehört zu den πράξεις, [(]d. h. ist wesentlich Werkzeug)

Konvention, aber nicht willkürlich.

Kriterium der Sachverständige, der διαλεκτικός.

es überwiegt die nominalistische Ansicht, aber auch das entgegengesetzte realistische Moment, das an den Begriff der Mimesis der Dinge durch die Primwörter gebunden ist.

P[laton]s Sprachideal antiherakliteisch d. h. eines fest durchgehaltener Bedeutungen. [Ende der Einfügung]

Dialektik muß das sprachliche Moment kritisch, d. h. durch die Genauigkeit des Ausdrucks erretten. Sprache ist ebenso ein Trennendes zwischen Gedanken und Sache wie das, was gegen diese Trennung mobilisiert zu werden vermag.

Dies ist das Wahrheitsmoment der Phänomenologie als Sprach (-Bedeutungs-)analyse.

Die Genauigkeit des Ausdrucks eignet, was als Mangel des Denkens erschien, eben den Zus[ammenhang] mit der Sprache sich zu.

In der rhetorischen Qualität schlägt Kultur, die Gesellschaft, die gesamte Tradition in dem Gedanken sich nieder, den sie vermittelt; das blank Antirhetorische ist verbündet mit der Barbarei, in welcher das bürgerliche Denken endet.

(Beleg der barbarischen Sprache der Geisteswissenschaft; »im 17. Jahrhundert ist in der deutschen Literatur die Subjektivität noch nicht zum Zuge gekommen« (Trunz)[231]. – Zus[ammenhang] von Form + Inhalt dabei[.]

Rancune in der Diffamierung Ciceros, in Hegels Rancune gegen die angeblichen Literaten der Aufklärung[232]: Lebensnot hat ihnen die Freiheit des Gedankens verschlagen. Index der Pedanterie ist die sprachliche Schlamperei.

Dialektik sucht das Dilemma zwischen der beliebigen Meinung und dem wesenlos Korrekten zu meistern.

Sie neigt sich dem Inhalt zu als dem Offenen, nicht vom Gerüst Vorentschiedenen: Einspruch gegen den Mythos.

Erkenntnis, die den Inhalt will, meint die Utopie.

[41] Sie, das Bewußtsein der Möglichkeit, haftet an dem Unverschandelten. Es ist das Mögliche, nie das unmittelbar Wirkliche, das ihm den Platz versperrt; darum erscheint es im Bestehenden immer als abstrakt.

Ihm dient das Denken, ein Stück Dasein, das, wie immer negativ, ans nicht Seiende heranreicht.

Darin konvergiert Phil[osophie]: in äußerster Ferne, die allein erst die Nähe wäre.

Sie ist das Prisma, das deren Farbe auffängt.

Anhang

(1) [1]

Zur Theorie der geistigen Erfahrung[233]

Philosophie, die für einen geschichtlichen Augenblick überholt schien, ist auf sich zurückgeworfen dadurch, daß der Augenblick ihrer Verwirklichung versäumt ward.[234] Dagegen ist sie nicht indifferent. Das summarische Urteil über Philosophie, sie habe die Welt bloß interpretiert[235] und damit zur Realität zurechtgestutzt und verkrüppelt sich verhalten, verliert an Evidenz, nachdem die Welt nicht verändert ward und nicht den Ort gewährt, von dem aus die Insuffizienz von Theorie als solcher sich enthüllte; vielleicht langte die Interpretation nicht zu, die den praktischen Übergang verhieß. Der Augenblick, an dem die Kritik der Theorie hängt, läßt nicht theoretisch sich verewigen. Praxis, ad Kalendas Graecas vertagt, ist nicht länger die Einspruchsinstanz gegen Philosophie. Umgekehrt ist diese, nachdem sie das Versprechen ihrer Identität mit der Wirklichkeit brach, genötigt, sich selber rücksichtslos zu kritisieren. Solche Kritik darf nicht innehalten angesichts der höchsten Erhebung der Philosophie vor dem erwarteten Umschwung. Sie muß darauf reflektieren, ob und wie Philosophie nach dem Sturz der Hegelschen überhaupt noch möglich ist, so wie Kant der Möglichkeit von Metaphysik nach der [2] Kritik am Rationalismus nachfragte. Stellt Hegels Lehre von der Dialektik den unerreichten Versuch dar, mit dem philosophischen Begriff dem diesen Heterogenen gewachsen sich zu zeigen, so ist Rechenschaft davon zu geben, wie dialektisch zu denken sei, wenn dieser Versuch scheiterte. Die idealistische Dialektik mußte unwiederbringlich hinab. Aber der Idealismus war keine spezielle Version von Dialektik: diese vielmehr verklammert mit der Vormacht des absoluten Subjekts als der Kraft, welche negativ jede einzelne Bewegung des Begriffs und den dialektischen Gang insgesamt bewirkt. Der Primat des Subjekts jedoch, auch in der Hegelschen Konzeption, die nicht nur das einzelmenschliche Bewußtsein sondern noch das Kantische und Fichtesche transzendentale unter sich läßt, ist geschichtlich verurteilt. Nicht nur wird er verdrängt von der Unkraft des erschlaffenden Gedankens, der vor der Übermacht des Weltlaufs verzagt[236], diesen zu konstruieren. Der absolute Idealismus – und jeder andere blieb inkonsequent – ist einsichtig unhaltbar. Schon am ersten Schritt der Hegelschen Logik wäre das darzutun. Um (2) das Sein dem Nichts gleichsetzen zu können, wird jenes als schlechthin Unbestimmtes durch seine Unbestimmtheit, also ein bereits Begriffliches substituiert. Hegel sichert sich dadurch, mit einer der Eulenspiegeleien, die ihm nicht fremd waren, vorweg die Priorität des Begriffs, die dann als Resultat des gesamten Werkes herausspringen soll. Von der Wiederaufnahme des Prozesses über die Dialektik, deren nicht-idealistische Form unterdessen ebenso zum Dogma verkam wie die idealistische zum Bildungsgut, hängt aber nicht einzig die Aktualität einer historisch überlieferten Weise des Philosophierens oder der philosophischen Struktur des Gegenstandes von Erkenntnis ab. Hegels nachhaltige Kraft war, daß er der Philosophie Recht und Fähigkeit wiedergab, inhaltlich zu denken, nicht mit der Analyse leerer und im emphatischen Sinn nichtiger Formen von [3] Erkenntnis sich abspeisen zu lassen. Denken, welches dies Motiv der Dialektik von sich ausschließt, fällt entweder, wo überhaupt von Inhaltlichem gehandelt wird, in die Willkür von Weltanschauung zurück oder in jenen Formalismus und die Gleichgültigkeit, gegen die Hegel aufgestanden war. Die Entwicklung der Phänomenologie, die einmal vom Bedürfnis nach Inhalt beseelt war, zu einer jeden Inhalt als Verunreinigung fortweisenden Anrufung des Seins bezeugt das historisch. Das inhaltliche Philosophieren Hegels hatte zum Fundament und Resultat den Primat des Subjekts oder, nach der berühmten Formulierung aus der Eingangsbetrachtung zur Logik, die Identität von Identität und Nichtidentität*; das

* Hegel, Sämtliche Werke. Jubiläumsausgabe, hrsg. von Hermann Glockner, Bd. 4: Wissenschaft der Logik. 1. Teil, Stuttgart 1965, S. 78.

bestimmte Einzelne sollte deshalb vom Geist sich bestimmen lassen, weil seine Bestimmung nichts anderes als Geist sei. Ohne diese Supposition wäre ihm zufolge Philosophie gar nicht mehr fähig, Inhaltliches und Wesentliches zu erkennen, es sei denn, der idealistisch gewonnene Begriff (3) der Dialektik berge Erfahrungen, die von der idealistischen Apparatur, entgegen der Hegelschen Emphase, nicht umschrieben werden. Sonst wäre jene Resignation der Philosophie unausweichlich, die inhaltliche Einsicht sich verwehrt, sich auf die Methodik der Wissenschaften einschränkt, diese Methodik ihrerseits für Philosophie erklärt und sich virtuell durchstreicht.

Methodisch wäre die geschichtlich diktierte Ausgangsdifferenz von Hegel, daß Philosophie dort ihr wahres Interesse habe, wo Hegel, einig mit der Tradition, sein Desinteressement bekundete: beim Begriffslosen, bei dem, was seit Platon als vergänglich und unerheblich abgefertigt wurde und worauf er das Etikett der faulen Existenz klebte. Dringlich wird der [4] Begriff, wo der Begriff nicht hinreicht, angesichts dessen, was sein Abstraktionsmechanismus ausscheidet, was nicht bereits Exemplar des Begriffs ist. Bergson wie Husserl, Träger philosophischer Moderne, haben das innerviert, wichen aber davor zurück. Bergson hat dem Nichtbegrifflichen zuliebe, mit einem Gewaltstreich, einen anderen Typus der Erkenntnis erfunden. Nicht nur hat er damit das dialektische Salz im unterschiedslosen Fließen von Leben weggeschwemmt, sondern, durch einen Dualismus, der kaum minder schroff war als der von ihm befochtene Descartes' und Kants, das, worum es in verbindlicher Erkenntnis geht, ihr entzogen. Ihn bekümmerte nicht, daß, was er sich vorgesetzt hatte, sollte es nicht schimärisch bleiben, einzig mit dem Instrumentarium der Erkenntniskraft, durch Reflexion ihrer eigenen Mittel, erreicht werden kann, nicht durch ein Verfahren, das von vornherein unvermittelt ist zu dem der Erkenntnis. Der Logiker Husserl dagegen hat zwar den Modus, des Wesens innezuwerden, scharf gegen die generalisierende Abstraktion pointiert. Ihm schwebte eine spezifische geistige Erfahrung vor, die das Wesen aus dem Besonderen sollte herausschauen können. Das Wesen indessen, dem sie galt, (4) unterschied sich in nichts von den gängigen Allgemeinbegriffen. Er geriet in undialektischen Widerspruch zwischen den Veranstaltungen der Wesensschau und deren terminus ad quem. Die Insuffizienz der beiden Ausbruchsversuche hat zur Ursache, daß beide nicht aus dem Idealismus hinausgelangten: Bergson orientierte sich an den unmittelbaren Gegebenheiten des Bewußtseins, Husserl an den Phänomenen des Bewußtseinsstroms. Der Akzent auf dem Allgemeinbegriff als dem Substantiellen ist kein anderer als der auf dem von beiden als konstitutiv sanktionierten Subjekt, der Primat des Begriffs ist der des transzendentalen ego. Gegen beide wäre zu insistieren auf dem, was sie vergebens intendierten.[237] An Philosophie wäre, gegen Wittgenstein, zu sagen, was nicht [5] sich sagen läßt[238]. Der einfache Widerspruch dieses Verlangens ist der der Philosophie als solcher: er qualifiziert sie als Dialektik, ehe sie nur in ihre konkreten Widersprüche sich verwickelt. Die Arbeit philosophischer Selbstreflexion gilt dieser Paradoxie. Alles andere ist Signifikation, Nachkonstruktion, heute wie zu Hegels Zeiten vorphilosophisch. Eines wie immer fragwürdigen Restes von Vertrauen darauf, daß es der Philosophie doch möglich sei, daß der Begriff sich selbst, das Zurüstende und Abschneidende übersteigen und dadurch das Begriffslose begreifen könne, ist der Philosophie unabdingbar; sonst muß sie kapitulieren und mit ihr aller Geist; es ließe nicht sich denken, keine Wahrheit wäre, emphatisch wäre alles nur nichts. Was aber an Wahrheit durch die Begriffe über ihren abstrakten Umfang hinaus getroffen wird, kann keinen anderen Schauplatz haben als das von den Begriffen Unterdrückte, Verworfene und Mißachtete. Die Utopie der Erkenntnis wäre, das Begriffslose mit dem Begriff aufzuschließen, ohne es ihm gleichzumachen. Dann würde eine Idee umfunktioniert, die vom Idealismus vermacht und mehr als jede andere von ihm verderbt ist, die des Unendlichen. Philosophie will nicht nach wissenschaftlichem Usus erschöpfen, nicht die Phänomene auf ein (5) Minimum von Sätzen reduzieren; Hegels Polemik gegen Fichte, der von einem »Spruch« ausgehe[239], meldet das an. Vielmehr will sie sich, nicht zum Schein sondern buchstäblich, in das ihr Heterogene versenken, ohne es auf vorgefertigte Kategorien zu bringen. Sie möchte ihm so nah sich anschmiegen, wie es das phänomenologische und das Simmelsche Programm sich wünschten, ohne daß sie der ungeschmälerten Entäußerung mächtig gewesen wären. Nirgends ist der philosophische Gehalt zu ergreifen, als wo Philosophie ihn nicht oktroyiert. Die Illusion, sie könne das Wesen in der Endlichkeit ihrer Bestimmungen bannen, ist dranzugeben. Vielleicht ging den idealistischen Philosophen [6] das Wort unendlich nur darum so fatal leicht von den Lippen, weil sie den nagenden Zweifel an der kargen Endlichkeit ihrer Begriffsapparatur, noch der Hegels, der das Gegenteil meinte, beschwichtigen wollten. Die traditionelle Philosophie glaubt, ihren Gegenstand als unendlichen zu besitzen, und wird darüber als Philosophie endlich, abschlußhaft. Eine veränderte müßte jenen Anspruch kassieren, nicht länger sich und anderen einreden, sie verfüge über das Unendliche. Sie würde aber statt dessen selber unendlich insofern, als sie verschmäht, in einem Corpus zählbarer Theoreme sich zu fixieren. Ihren Gehalt sucht sie wahrhaft in der von keinem Schema zugerichteten Mannigfaltigkeit der Gegenstände auf, die ihr sich aufdrängen oder die sie wählt; ihnen überließe sie sich im Ernst, benützte sie nicht als Spiegel, aus dem sie sich selbst herausliest, ihr Abbild verwechselnd mit der Konkretion. Solche Philosophie wäre nichts anderes als die volle, unreduzierte Erfahrung im Medium begrifflicher Reflexion, während sogar die ›Wissenschaft von der Erfahrung des Bewußtseins‹[240] die Inhalte der Erfahrung zu Exempeln der Kategorien degradierte. Was Philosophie zur Sisyphusanstrengung ihrer eigenen Unendlichkeit veranlaßt, ist die unverbürgte Erwartung, jedes Einzelne und Partikulare, das ihr glückt, stelle gleich der Leibnizschen Monade jenes Ganze in sich vor, das als solches stets wieder ihr entgleitet, freilich nach prästabilierter Disharmonie eher als Harmonie. (6) Die metakritische Wendung gegen prima philosophia ist zugleich die gegen die Endlichkeit einer Philosophie, die über Unendlichkeit schwadroniert und sie nicht achtet. Erkenntnis hat keinen ihrer Gegenstände ganz inne. Sie soll nicht das Phantasma eines Ganzen bereiten, aber in ihr soll Wahrheit sich kristallisieren. So kann es nicht die Aufgabe einer philosophischen Interpretation [7] von Kunst sein, Identität von Werk und Begriff herzustellen, jenes in diesem aufzuzehren; das Werk jedoch entfaltet sich in der philosophischen Interpretation. Was dagegen, sei's als plausibler Fortgang der Abstraktion, sei's als Anwendung des Begriffs aufs darunter Befaßte, sich absehen läßt, mag als Technik im weitesten Sinn nützlich sein: für Philosophie, die nicht sich einordnet, ist es gleichgültig. Das impliziert, daß Philosophie, die ihren Gegenstand gewinnen will, diesen nicht garantiert hat. Sonst wäre sie schon Tautologie. Prinzipiell kann sie stets fehlgehen und allein darum etwas gewinnen. Skepsis und Pragmatismus, zuletzt noch dessen überaus humane Version, die John Deweys, haben das einbekannt; es wäre aber als Ferment einer nachdrücklichen Philosophie zuzuführen, nicht auf diese, im abstrakten Gegensatz absoluten und relativen Wissens, zu verzichten. Gegenüber der totalen Herrschaft von Methode enthält sie, korrektiv, das Moment des Spiels, das die Tradition ihrer Verwissenschaftlichung ihr austreiben möchte. Sie ist das Allerernsteste, aber so ernst ist sie wieder auch nicht. Was abzielt auf das, was es nicht a priori schon selber ist und worüber es keine verbriefte Macht hat, gehört, dem eigenen Begriff nach, auch einer Sphäre des Ungebändigten an, die vom begrifflichen Wesen tabuiert ward. Nicht anders vermag der Begriff die Sache dessen zu vertreten, was er verdrängte, der Mimesis, als indem er in seinen eigenen Verhaltensweisen etwas von dieser sich zueignet, und das berührt sich, nach begrifflichen Kriterien, mit dem Spielerischen. Insofern ist das ästhetische Moment, obgleich aus ganz anderen Motiven als bei Schelling, der Philosophie nicht akzidentell. [7 a] Dadurch, daß der unnaive, in sich reflektierte Gedanke weiß, daß er es nicht ganz hat, und doch immer so reden muß, als ob er es ganz hätte, empfängt er Züge des Spielerischen, die er nicht verleugnen darf, die aber gerade diejenigen seiner Perspektiven eröffnen, durch die er doch Hoffnung hat auf das, was ihm versagt ist. [7, Forts.] Nicht minder jedoch ist es an ihr [scil. der Philosophie], es aufzuheben in der (7) Verbindlichkeit ihrer Einsichten in Wirkliches. Diese und das Spiel sind die Pole, in denen ihre Spannung ausgetragen wird. (7 a) Die Affinität der Philosophie zur Kunst berechtigt jene [8] nicht zu Anleihen bei dieser, am allerletzten vermöge der Intuitionen, die Barbaren für die Prärogative der Kunst halten. Kaum je schlagen sie in die künstlerische Arbeit isoliert, als ominöse Blitze von oben ein. Sie sind undurchdringlich mit dem Formgesetz des Gebildes zusammengewachsen; wollte man sie herauspräparieren, ergäben sie nicht mehr als einen Grenzwert. Denken besitzt keine privilegierten Quellen, deren Frische es vom Denken befreite; kein Typus von Erkenntnis ist verfügbar, der absolut verschieden wäre von dem verfügenden, vor dem der Intuitionismus desperat und vergebens flieht. Philosophie, die Kunst nachahmte, von sich aus Kunstwerk werden wollte, wäre bereits verloren. Sie postulierte den Identitätsanspruch: daß ihr Gegenstand in ihr aufgehe, indem sie ihrer Verfahrungsweise eine Suprematie einräumt, der das Heterogene als Material sich einordnet, während das Verhältnis der Philosophie zum Heterogenen der Philosophie thematisch ist. Kunst und Philosophie haben ihr Gemeinsames nicht in Form oder gestaltendem Verfahren, sondern in einer Verhaltensweise, welche Pseudomorphose verbietet. Der philosophische Begriff läßt nicht ab von der Sehnsucht, welche die Kunst als begriffslose beseelt und deren Erfüllung der begriffslosen Unmittelbarkeit als einem Schein entflieht. Der Begriff, Organon des Denkens und gleichwohl die Mauer zwischen diesem und dem zu Denkenden, negiert jene Sehnsucht; solche Negation kann Philosophie weder umgehen noch ihr sich beugen. An ihr ist die Anstrengung, über den Begriff durch den Begriff hinauszugelangen, ohne Konzession an den Trug, er hätte irgend schon seine Sache.

(7, Forts.) [9] Philosophie kann, auch nach Absage an den Idealismus, der Spekulation nicht entraten, die der Idealismus zu Ehren brachte und die mit ihm verpönt wurde. Positivisten fällt es nicht schwer, dem Marxischen Materialismus, der von objektiven Wesensgesetzen, keineswegs von unmittelbaren Daten oder Protokollsätzen ausgeht, Spekulation vorzurechnen. Um Ideologieverdacht abzuwehren, ist es gelegener, Marx einen Metaphysiker zu nennen, als den Klassenfeind. Aber der sichere Boden ist dort ein Phantasma, wo der Wahrheitsanspruch erheischt, daß man über den vermeintlichen Boden sich erhebt. Philosophie wird Kraft des Widerstands, indem sie nicht sich abspeisen läßt mit dem, was ihr wesentliches Interesse ihr abmarkten will, anstatt es, sei es auch durchs Nein, zu befriedigen. Das ist das Recht der Gegenbewegungen gegen Kant seit dem neunzehnten Jahrhundert, das sie freilich stets wieder durch Obskurantismus kompromittiert haben. Der Widerstand der Philosophie bedarf ihrer Entfaltung. Auch Musik, und wohl jegliche Kunst, findet den Impuls, der jeweils den ersten Takt beseelt, nicht unmittelbar erfüllt, sondern nur vermöge ihres artikulierten Verlaufs. Insofern übt sie, wie sehr auch Schein als Totalität, durch diese Kritik am Schein. Solche Vermittlung ziemt der Philosophie nicht minder. Maßt sie ohne jene, kurzschlüssig, sich an, es zu sagen, so trifft sie das Hegelsche Verdikt über die leere Tiefe. Wer, etwa mit der tibetanischen Wiederholung der Vokabel Sein, das Tiefe in den Mund nimmt, wird dadurch so wenig tief wie ein Roman metaphysisch, der die metaphysischen Ansichten seiner Personen referiert. An der Idee der Tiefe hat Philosophie teil nur vermöge ihres denkenden Atems. (8) Modell dafür ist, in neuerer Zeit, die Kantische Deduktion der reinen Verstandesbegriffe, von der ihr Autor, in abgründig verteidigender Ironie, sagte, sie sei [10] »etwas tief angelegt«*.

* Kant, Kritik der reinen Vernunft, A XVI.

Auch Tiefe ist, wie Hegel nicht entging, ein Moment der Dialektik, keine isolierte Qualität. Vielfach wird ihr Schein hervorgebracht durch Komplizität mit dem Leiden. Nach einer abscheulichen deutschen Tradition figurieren als tief die Gedanken, welche auf die Theodizee von Übel und Tod sich vereidigen lassen. Unterschoben wird ein theologischer terminus ad quem, als ob über die Dignität des Gedankens sein Resultat, die Bestätigung von Transzendenz, entscheide oder die Versenkung in Innerlichkeit, das bloße Fürsichsein, wie wenn der Rückzug von der Welt umstandslos eins wäre mit dem Bewußtsein des Weltgrundes. Den Phantasmen der Tiefe gegenüber, die in der Geschichte des Geistes dem Bestehenden wohlgesinnt waren, das ihnen zu platt ist, wäre wohl Widerstand deren wahres Maß. Die Macht des Bestehenden errichtet die Fassaden, auf welche das Bewußtsein aufprallt; sie muß es zu durchschlagen trachten; das allein verliehe dem Postulat von Tiefe unideologischen Sinn. In solchem Widerstand überlebt das spekulative Moment: was sich sein Gesetz nicht vorschreiben läßt von den gegebenen Tatsachen, transzendiert sie noch in der engsten Fühlung mit den Gegenständen. (9) Der spekulative Überschuß des Gedankens über das, was er einzuholen vermag, ist seine Freiheit. Sie gründet im Ausdrucksdrang des Subjekts, einer Bedingung aller Wahrheit; im Bedürfnis, Leiden beredt werden zu lassen. Denn Leiden ist die Wucht der Objektivität, die auf dem Subjekt lastet; was es als sein Subjektivstes erfährt, sein Ausdruck, ist objektiv vermittelt. Das mag erklären helfen, daß der Philosophie ihre Darstellung nicht [11] gleichgültig und äußerlich ist sondern ihrer Idee immanent: ihr integrales Ausdrucksmoment, unbegrifflich-mimetisch, vermag nur durch die Darstellung – die Sprache – sich zu äußern. Die Freiheit der Philosophie ist nichts anderes als das Vermögen, ihrer Unfreiheit zum Laut zu verhelfen. Wirft das Ausdrucksmoment als mehr sich auf, so artet es in Weltanschauung aus; wo sie des Ausdrucksmoments und der Pflicht zur Darstellung sich begibt, wird sie auf Wissenschaft nivelliert, die sie reflektieren und über die ihre Reflexion hinausdenken sollte. Ausdruck und Stringenz sind keine dichotomischen Möglichkeiten der Philosophie. Sie bedürfen einander, keines ist ohne das andere; der Ausdruck wird durchs Denken, an dem er sich abarbeitet wie Denken an ihm, seiner Zufälligkeit enthoben, Denken wird erst durch seinen Ausdruck, die sprachliche Darstellung, bündig; das lax Gesagte ist stets schlecht gedacht. Im Ausdruck wird Stringenz, dem Ausgedrückten abgezwungen, nicht Selbstzweck auf dessen Kosten, jener dinghaften Entäußerung entrissen, welche ihrerseits einen Gegenstand philosophischer Kritik bildet. Spekulative Philosophie ohne idealistische Substruktion erheischt Treue zur Stringenz, um deren autoritäres Unwesen zu brechen. Benjamin, dessen ursprünglicher Passagenentwurf unvergleichliches spekulatives Vermögen mit mikrologischer Nähe zu den Sachgehalten verband, hat in einer Korrespondenz über die erste, eigentlich metaphysische Schicht jener Arbeit, in einer späteren Phase, (10) geurteilt, sie sei nur als »unerlaubt ›dichterische‹«* zu bewältigen. Diese Kapitulation designiert ebenso die Schwierigkeit von Philosophie, die nicht abgleiten will, wie den Punkt, an dem ihr Begriff weiterzutreiben ist. Das Diktum ist wohl in Zusammenhang zu [12] bringen mit der dogmatischen und insofern wiederum weltanschaulichen Übernahme eines stillgestellten dialektischen Materialismus. Daß aber Benjamin zur endgültigen Niederschrift der Passagentheorie nicht sich bringen konnte, mahnt daran, das Philosophie nur dort noch eine raison d'être hat, wo sie dem totalen Mißlingen sich exponiert, als Antwort auf die traditionell vorgegaukelte absolute Sicherheit. Benjamins Defaitismus dem eigenen Gedanken gegenüber war bedingt von einem Rest undialektischer Positivität, den er aus der theologischen Phase, der Form nach unverwandelt, in die materialistische mitschleppte. Hegels Gleichset-

* Benjamin, Briefe, hrsg. und mit Anmerkungen versehen von Gershom Scholem und Theodor W. Adorno, Frankfurt a. M. 1966, S. 686 (16. 8. 1935, an Gretel Adorno).

zung von Negativität mit dem Subjekt, dem Gedanken, welcher die Philosophie vor der Positivität der Wissenschaft wie vor der Kontingenz des Singulären behüten will, hat ihren Erfahrungskern. Denken ist, an sich schon, und vor allem besonderen Inhalt, Negieren, Resistenz gegen das ihm Aufgedrängte; das hat Denken vom Verhältnis der Arbeit zu ihrem Material, seinem Urbild, behalten. Ermuntert die Ideologie heute mehr denn je den Gedanken zur Positivität, so registriert sie klug, daß eben diese dem Denken konträr sei und daß es des freundlichen Zuspruchs sozialer Autorität be(11)-darf, um den Gedanken zur Positivität zu dressieren. Die Anstrengung, die im Begriff des Denkens selbst, als Widerpart zur passivischen Anschauung, impliziert wird, ist bereits dessen Negativität, Auflehnung gegen das von jeder Unmittelbarkeit als passives Hinnehmen ihm Zugemutete. Urteil und Schluß, die Denkformen, deren auch Kritik des Denkens nicht entraten kann, enthalten in sich kritische Keime; ihre Bestimmtheit ist allemal zugleich Ausschluß des von ihr nicht Erreichten, und die Wahrheit, die sie der Form nach prätendieren, verneint das nicht von Identität Geprägte als unwahr. Das Urteil, etwas sei so, wehrt potentiell ab, die Relation von Subjekt und Prädikat sei anders als im Ur[13]teil ausgedrückt. Die Denkformen wollen weiter als das, was bloß vorhanden, ›gegeben‹ ist. Das inspiriert Hegel; nur hat er es vermöge der Identitätsthese, welche den Druck des Vorhandenen dem Subjekt gleichsetzte, wiederum sich verdorben. Der in der Form des Denkens gegen dessen Material gerichtete Widerstand ist nicht einzig die spirituell gewordene Naturbeherrschung. Während das Denken dem, woran es seine Synthesen übt, Gewalt antut, folgt es zugleich einem Potential, das in seinem Gegenüber steckt, und gehorcht bewußtlos einer Idee von restitutio in integrum an den Stücken, die es selber geschlagen hat; der Philosophie wird dieses Bewußtlose bewußt. Dem unversöhnlichen Denken ist die Hoffnung auf Versöhnung gesellt, weil der Widerstand des Denkakts gegen das bloß Seiende, die gewalttätige Freiheit des Subjekts, auch das am Objekt meint, was durch dessen Zurüstung zum Objekt diesem verloren ging.

Darf man es als den sich selbst verborgenen Wunsch der Philosophengeneration von Bergson und Husserl interpretieren, aus dem Bann von Bewußtseinsimmanenz und System auszubrechen, und mißglückte der Ausbruch nach dem Maß von Stringenz, so wäre es an einer Philosophie, die der Tradition eingedenk ist, von der sie sich lossagt, den Ausbruch verbindlich zu vollziehen, in Hölderlins »Offe(12)nes«. Beraubte einmal kritische Philosophie die intentio recta ihres naiven Dogmatismus durch subjektive Reflexion, so wäre in einer zweiten Bewegung der Reflexion die intentio recta bar jener Naivetät wiederzugewinnen; denn jegliche Gestalt von Subjektivität setzt die wie immer auch bestimmte Objektivität stets wiederum voraus, die es nach dem Modell der intentio obliqua einzig stiften oder der Erkenntnis garantieren soll. Philosophie hätte über Gegenstände nachzudenken, ohne diese vorweg nach ihren zu schlechter Selbstverständlichkeit eingefrorenen Spielregeln einzurichten. Die Konkretion, welche philosophisches Denken [14] in den früheren Dezennien des zwanzigsten Jahrhunderts programmatisch ausschrie, war Ideologie, weil sie die Konkreta stets durch ihren Oberbegriff präpariert und dann bequem als sinnvoll verherrlicht hatte. Zweite Reflexion hat demgegenüber kritisch die verschwiegenen Abstraktionsvorgänge in den Konkreta herauszuarbeiten, die ihrerseits überaus konkret: von der abstrakten Gesetzlichkeit der Gesellschaft, vorgezeichnet sind. Andererseits muß sie sich ohne Mentalreservat an die Details verlieren, wissend, daß einzig in ihnen und nicht über ihnen herausspringen möchte, was mehr ist als die Stofflichkeit der Details. Das Zu den Sachen, das Husserl bloß proklamiert hatte, wäre durchzuführen, ohne daß die Sachen durch ihre erkenntnistheoretischen Kategorien substituiert würden. Dabei ist nicht der Fata Morgana nachzujagen, ohne Begriffe zu philosophieren, wie es Benjamin verlockte, als er in seiner Spätphase den Passagentext rein aus Zitaten zu montieren vorhatte[241]. Keine Konstruktion der Details ohne den emphatischen Begriff. Der Unterschied von der traditionellen Philosophie ist der der Richtungstendenz. Jene hatte die Erhebung zum Begriff als implizites Ideal. Nach diesem waren ihre Materialien ausgewählt und präformiert. Statt dessen wären die Begriffe zu versammeln, um (13) in ihrer Konstellation das Begriffslose aufzuschließen. Das Ziel, unerreichbar wie ein jegliches, das der Gedanke sich stellt, solange er nicht in Praxis übergeht, wäre, daß Philosophie aus dem wörtlich genommenen Einzelnen aufstiege. Die Begriffe aber, deren sie sich bedienen muß, wenn sie nicht den Willkürakt mit dem Vollbrachten verwechseln will; die Fragestellungen, die sie an die Details heranbringt, empfängt sie vom aktuellen Stand der Tradition, fixiert sie jedoch nicht *χωϱίς* von den Gegenständen, sondern wirft sie in diese hinein, überdrüssig des Wahns, sie habe am bloßen Fürsichsein der Begriffe das An sich. Den Stand der Tradition selbst [15] jedoch hätte sie mit dem geschichtlich realen zu konfrontieren. Theorie wäre dann nicht länger Subsumtion sondern das Verhältnis der begrifflichen Momente zueinander. Sein Zentrum hat es in der Auflösung des Unauflöslichen oder, nach dem Wort von Karl Heinz Haag, im »Unwiederholbaren«[242]. Theorie wird vorausgesetzt und benutzt, um sie in ihrer gängigen Gestalt abzuschaffen. Das Ideal ihrer veränderten wäre ihr Erlöschen. Die Intention aufs Ungedeckte ist exponierter als die einer offenen oder unabgeschlossenen Dialektik. Diese vermag, nach der Exstirpation des logisch-metaphysischen Identitätsprinzips, nicht mehr recht anzugeben, was eigentlich die dialektische Bewegung von Sache wie von Begriff motiviert. Zu kurz kommt in ihr das negative Wahrheitsmoment der idealistischen Dialektik, die objektive machine infernale, aus der das Bewußtsein – und nicht es allein – herausmöchte. Hoffen darf es darauf nicht, indem es sie ignoriert, sondern einzig indem es sie begreift. Zu verteidigen bleibt Hegel gegen den altgewohnten Vorwurf der ›Zwangsjacke der Dialektik‹. Es ist die Zwangsjacke der Welt. Nicht anders ist das Offene zu denken als durch das ungemilderte Bewußtsein der Versperrtheit, des verkehrten Wesens.

(14) Damit ist das Verhältnis zum System charakterisiert. Die traditionelle Spekulation hat die von ihr, auf Kantischer Basis, als chaotisch vorgestellte Mannigfaltigkeit durchs philosophische Prinzip zu synthesieren, schließlich sie als Einheit aus sich heraus zu entwickeln getrachtet. Das stellt den Sachverhalt auf den Kopf. Das Telos der Philosophie, das Offene und Ungedeckte, ihre Freiheit, Phänomene zu deuten, mit denen sie unbewehrt es aufnimmt, ist antisystematisch. Soviel aber hat sie vom System zu achten, wie ihr Heterogenes als System ihr gegenübertritt. Auf solche starre Systematik bewegt die verwaltete Welt sich hin. System ist die nega[16]tive Objektivität, nicht das positive Subjekt. Nach einer geschichtlichen Phase, welche die Systeme, soweit sie ernstlich Inhalten gelten, ins ominöse Reich der Gedankendichtung relegierte und vom System einzig den blassen Schatten des Ordnungsschemas übrigbehielt, fällt es schwer, lebendig sich vorzustellen, was einmal den philosophischen Geist zum System trieb. Nach Nietzsches Kritik dokumentierte es endgültig bloß noch die Gelehrtenpedanterie, die für politische Ohnmacht sich entschädigte durch begriffliche Konstruktionen ihrer absoluten Macht übers Seiende. Aber das systematische Bedürfnis: das, nicht mit den membra disiecta des Wissens vorlieb zu nehmen, sondern das absolute zu erlangen, dessen Anspruch unwillentlich bereits in der Bündigkeit eines jeden Einzelurteils erhoben wird, war einmal mehr als Pseudomorphose des Geistes an die unwiderstehliche mathematisch-naturwissenschaftliche Methode. Geschichtsphilosophisch hatten die Systeme zumal des siebzehnten Jahrhunderts kompensatorischen Zweck. Dieselbe ratio, die, eines Sinnes mit dem Interesse der bürgerlichen Klasse, die feudale Ordnung und ihre geistige Reflexionsgestalt, die scholastische Ontologie, zertrümmert hatte, fühlte sogleich den Trümmern, (15) ihrem eigenen Werk gegenüber Angst vor dem Chaos, vor dem, was unterhalb ihres Herrschaftsbereichs drohend fortdauert und proportional zu ihrer eigenen Gewalt sich verstärkt. Jene Angst prägte in ihren Anfängen die fürs bürgerliche Denken die

Jahrhunderte hindurch konstitutive Verhaltensweise aus, jeden Schritt zur Emanzipation zu revozieren durch Bekräftigung von Ordnung. Im Schatten der Unvollständigkeit seiner Emanzipation muß das bürgerliche Bewußtsein fürchten, von einem fortgeschritteneren kassiert zu werden; es ahnt, daß es, weil es nicht die ganze Freiheit ist, nur deren Zerrbild hervorbringt; darum muß es seine Autonomie theoretisch zum System überhöhen, das zugleich seinen Zwangsmechanismen ähnelt. Bürgerliche [17] ratio war, aus sich heraus die Ordnung zu produzieren, die sie draußen negiert hatte. Als produzierte ist sie aber schon keine mehr und deshalb unersättlich. Solche widersinnige, rational gesetzte Ordnung war das System, Gesetztes, das als Ansichsein auftritt. Seinen Ursprung mußte es in dem von seinem Inhalt abgespaltenen formalen Denken suchen. Nur kraft solcher Abspaltung konnte es seine Herrschaft übers Material ausüben. Im philosophischen System verschränkte sich der Ansatz mit der Unmöglichkeit; sie hat gerade die frühe Geschichte der Systeme zur Vernichtung des einen durchs andere verurteilt. Die ratio, die, um als System sich durchzusetzen, virtuell die qualitativen Bestimmungen dessen ausmerzte, worauf sie sich bezog, geriet in unversöhnlichen Antagonismus zu der Objektivität, welcher sie Gewalt antat, indem sie sie zu begreifen fingierte. Von ihr entfernte sie sich desto weiter, je vollkommener sie sie ihren Axiomen, schließlich dem einen der Identität, unterwarf. Die Pedanterie aller Systeme, bis zu den architektonischen Umständlichkeiten Kants und selbst Hegels, dessen Programm sie so inkommensurabel sind, sind Male eines a priori bedingten und in den Brüchen des Kantischen Systems mit unvergleichlicher Redlichkeit aufgezeichneten Mißlingens. Was an dem zu Begreifenden vor der Identität des Begriffs zurückweicht, nötigt diesen zur skurril übertreibenden Veranstaltung, daß nur ja an der Geschlossenheit und Stringenz des Denkprodukts kein Zweifel sich rege. Große Philosophie war von dem paranoischen Eifer besessen, der es der Königin in Sneewittchen verbietet, noch am äußersten Rande des Reichs ein Schöneres – ein Anderes – zu dulden als sie selbst, und sie treibt, es mit aller List ihrer (16) Vernunft zu verfolgen, während es vor der Verfolgung weiter stets sich zurückzieht. Der geringste Rest von Nichtidentität genügte, die gesamte Identi[18]tät zu dementieren. Die Exzentrizitäten der Systeme seit der Cartesianischen Zirbeldrüse und den Axiomen Spinozas, in die schon der totale Rationalismus hineingepumpt ist, den er dann deduktiv herausholte, bekunden in ihrer Unwahrheit die Wahrheit über die Systeme selbst, ihr Irres. Der Prozeß jedoch, in dem diese kraft ihrer eigenen Insuffizienz sich zersetzten, kontrapunktiert einen gesellschaftlichen. Die bürgerliche ratio näherte als Tauschprinzip das, was sie sich kommensurabel machen, identifizieren wollte, mit wachsendem, wenngleich potentiell mörderischem Erfolg real den Systemen an, ließ immer weniger draußen. Was in der Theorie als eitel sich überführte, ward ironisch von der Praxis vindiziert. Daher ist die Rede von der Krisis des Systems eine Generation nach Nietzsche beliebt auch bei all denen, die in rancuneerfüllten Berufstönen übers Aperçu, nach dem bereits obsoleten Ideal des Systems, nicht sich genugtun konnten, zunehmend ideologisch geworden. Die Realität soll nicht mehr konstruiert werden, weil sie allzu gründlich zu konstruieren wäre, und ihre Irrationalität, die unterm Druck partikularer Rationalität sich verstärkt: die Desintegration durch Integration[243], bietet dafür Vorwände. Wäre die Gesellschaft, als geschlossenes und darum den Subjekten unversöhntes System, durchschaut, so würde sie von den Subjekten, solange sie noch welche sind, kaum geduldet. Ihr Systemcharakter, gestern noch das Schibboleth der Schulphilosophie, muß von deren Adepten geflissentlich verleugnet werden; sie dürfen sich dabei als Sprecher freien, ursprünglichen, womöglich unakademischen Denkens aufspielen. Solcher Mißbrauch annulliert nicht die Kritik am System. Der aller nachdrücklichen Philosophie, im Gegensatz zur skeptischen, die dem Nachdruck sich versagte, gemeinsame Satz, sie sei nur als System möglich, ist ihr kaum weniger feind als die empiristischen Richtungen. Worüber sie erst triftig zu urteilen hätte, das wird vorentschieden durchs Postulat ihres Ansatzes. (17) [19] System, Darstellungsform einer Totalität, der nichts extern bleibt, setzt den Gedanken gegenüber jedem seiner Inhalte absolut und verflüchtigt den Inhalt in Gedanken: idealistisch vor aller Argumentation für den Idealismus.

Kritik daran liquidiert aber nicht einfach das System. Nicht nur ist seine Form adäquat der Welt, die dem Inhalt nach der Hegemonie des Gedankens sich entzieht. Einheit und Einstimmigkeit sind zugleich die schiefe Projektion eines versöhnten, nicht länger antagonistischen Zustands auf die Koordinaten herrschaftlichen, unterdrückenden Denkens. Der Doppelsinn philosophischer Systematik läßt keine Wahl als die einmal von den Systemen entbundene Kraft des Gedankens, im Vergleich mit denen unsystematisches Denken bis zu Nietzsche stets etwas Mattes und Ohnmächtiges zeigte, in die offene Bestimmung der Einzelmomente zu transponieren. Tendenziell war das von der Methode der Hegelschen Logik visiert. Die Reflexion der einzelnen Kategorien sollte, ohne Rücksicht auf ein ihnen von oben Aufgestülptes, jene Bewegung eines jeden Begriffs in den anderen bewirken, deren Totalität ihm dann das System bedeutete. Nur war dies System, anstatt erst sich zu kristallisieren, implizit, und darum erschlichen, in jeder Einzelbestimmung bereits vorgedacht. Solcher Schein wäre zu tilgen, was Hegel nur verheißt, zu leisten, die gleichsam bewußtlose Versenkung des Bewußtseins in die Phänomene, zu denen es Stellung bezieht, und damit freilich veränderte Dialektik sich qualitativ. Systematische Einstimmigkeit zerfiele. Das Phänomen bliebe nicht länger, was es bei Hegel bleibt und was er nicht will, Exempel seines Begriffs. (18) Vom Gedanken erheischt das mehr an Arbeit und Anstrengung, als was Hegel so nennt, [20] weil bei ihm der Gedanke immer nur das an seinen Gegenständen expliziert, was er an sich schon ist. Er verharrt, trotz des Programms der Entäußerung, bei sich selbst, schnurrt ab, so oft er auch das Gegenteil beteuert. Entäußerte der Gedanke wahrhaft sich an die Sache, so begönne das Objekt unter dem hartnäckigen Blick des Gedankens selber zu reden. Insofern ist das Ideal der Philosophie die Deutung, die ihrem traditionellen Begriff tabu war. Hegel hatte gegen die Erkenntnistheorie eingewandt, daß man nur vom Schmieden Schmied werde, im Vollzug der Erkenntnis an dem ihr Widerstrebenden, gleichsam Atheoretischen. Darin ist er beim Wort zu nehmen; das allein gäbe der Philosophie die Freiheit zurück, die sie im Bann des Freiheitsbegriffs, der sinnsetzenden Autonomie des Subjekts, eingebüßt hatte. Philosophie hatte ihre Substanz in dem Einzelnen und Besonderen, das ihre gesamte Tradition als quantité négligeable behandelt. Die spekulative Kraft, das Unauflösliche aufzusprengen, ist aber die der Negation. Einzig in ihr lebt der systematische Zug fort. Die Kategorien der Kritik am System sind zugleich die, welche das Besondere begreifen. Was einmal am System legitim das Einzelne überstieg, hat seine Stätte im Ungedeckten. Der Blick, der am Phänomen mehr gewahrt, als es bloß ist, und einzig dadurch, was es ist, säkularisiert die Metaphysik. Die Fragmente, in denen Philosophie terminiert, brächten erst die vom Idealismus illusionär entworfenen Monaden zu dem Ihren, die Vorstellungen der als solche unvorstellbaren Totalität im Partikularen. Der Gedanke indessen, der nichts positiv hypostasieren darf außerhalb des dialektischen Vollzugs, schießt über den Gegenstand hinaus, mit dem [21] eins zu sein er nicht länger vortäuscht; er wird unabhängiger als in der Konzeption seiner Absolutheit, in der das Souveräne und das Willfährige sich vermengen, eines vom anderen in sich abhängig. Vielleicht zielte darauf die Kantische Exemtion der intelligiblen Sphäre von jeglicher Immanenz. Dieser Überschuß des Gedankens koinzidiert nicht mit der dialektischen Mikrologie. (19) Versenkung ins Einzelne, die zum Extrem gesteigerte dialektische Immanenz, bedarf als ihres Moments auch der Freiheit, aus dem Gegenstand herauszutreten, die der Identitätsanspruch abschneidet. Hegel hätte sie am letzten gebilligt: er verließ sich auf die vollständige Vermittlung in den Gegenständen. In der Erkenntnispraxis, der Auflösung des Unauflöslichen, kommt das Moment solcher

Transzendenz des Gedankens daran zutage, daß die Entschlüsselung des Unauflöslichen, die Mikrologie, einzig über makrologische Mittel verfügt. Zwar öffnet nicht der klassifikatorische Begriff, unter den es sich subsumieren läßt, das Opake; jedoch die Konstellation von Begriffen, welche der konstruierende Gedanke an es heranträgt etwa so, wie die Schlösser wohlverwahrter Kassenschränke nicht durch einen Einzelschlüssel oder eine Einzelnummer sondern nur durch eine Nummernkombination aufspringen. Philosophie würde erneut Opfer der Leibnizschen und Hegelschen prästabilierten Harmonie, der tröstlichen Affirmation, wenn sie sich und andere darüber betröge, daß sie, womit immer sie ihre Gegenstände in sich selbst bewegt, ihnen auch von außen einflößen muß. Was in ihnen selbst wartet, bedarf des Eingriffs, um zu sprechen. Die Intention bleibt, daß die von außen mobilisierten Kräfte, am Ende jede an die Phänomene herangebrachte Theorie in jenen sich verzehre. Philosophische Theorie meint ihr eigenes Ende.

(20) [22] Dialektik, die nicht länger in der Identität »festgemacht«* 244 ist, provoziert, wo nicht den Einwand des Bodenlosen, der an seinen faschistischen Früchten zu erkennen ist, den des Schwindelerregenden. Hinter der Sorge, wo denn nun eine Philosophie zu packen sei, steht meist nur die Aggression, die Begierde, sie zu packen, wie historisch die Schulen einander fressen. Die Äquivalenz von Schuld und Buße hat sich auf die Folge der Gedanken übertragen. Eben diese Assimilation des Geistes an das herrschende Prinzip ist von der philosophischen Reflexion zu durchschauen. Das traditionelle Denken und die Gewohnheiten des gesunden Menschenverstandes, die es hinterließ, nachdem es philosophisch verging, fordern ein Bezugssystem, ein frame of reference, in dem alles seine Stelle finde. Gar nicht so viel Wert wird auf die Einsichtigkeit des Bezugssystems gelegt – es darf sogar in dogmati-

* Kant, Kritik der reinen Vernunft, B 134.

schen Axiomen niedergelegt werden –, wofern es nur jeder Überlegung Obdach gewährt und dadurch den ungedeckten Gedanken von sich fernhält. Dialektik, die ihre Hegelsche Fixierung abgeworfen hat, genügt nur dann sich selbst, wenn sie ohne Sicherheitsmaßnahmen an die Gegenstände à fonds perdu sich wegwirft; der Schwindel, den das erregt, ist ein index veri; das Schwindelerregende der Schock des Offenen, die Negativität, als welche es im Gedeckten und Immergleichen notwendig erscheint: Unwahrheit fürs Unwahre. Die Demontage der Systeme und des Systems ist nicht formal-erkenntnistheoretisch sondern drastisch inhaltlich: die Details ordnen nicht länger sich ein. Was ehedem das System ihnen anschaffen wollte, ist, als qualitativ Anderes, einzig in ihnen aufzusuchen. Weder ob es dort sei noch was es sei, ist vorher dem Gedanken verbürgt. Damit erst käme die durchwegs mißbräuchliche Rede [23] von der Wahrheit als dem Konkreten zu sich selbst. Sie nötigt das Denken, das Kleinste aufzuknacken. Nicht über Konkretes ist zu philosophieren, vielmehr aus ihm heraus, indem die Begriffe darum sich versammeln. Hegels Satz, das Besondere sei das Allgemeine, ist die schneidendste Kritik an ihm; ihr wäre Genüge zu tun. Hingabe an den spezifischen Gegenstand aber wird vom Geblök mit Vorliebe einem Mangel an eindeutiger Position zugeschrieben. Was anders ist als das Existente, gilt diesem für Hexerei; und was unterm Bann steht, hat den Vorteil für sich, daß alles, was irgend in der falschen Welt Nähe, Heimat und Sicherheit war, seinerseits Figur des Bannes ist. Mit diesem fürchten die Menschen alles zu verlieren, weil sie kein anderes Glück, auch keines des Gedankens kennen, als daß man sich an etwas halten kann, die perennierende Unfreiheit. Ver(21)langt werden wenigstens Ausblicke auf das, was einer wolle; handgreiflicher ein Stück Ontologie inmitten von deren Kritik, als ob nicht eine jegliche ungedeckte Einsicht besser ausdrückte, was gewollt ist, als eine declaration of intention, bei der es dann bleibt. An Philosophie bestätigt sich eine Erfahrung, die Schönberg an der traditionellen Musiktheorie notierte: man lerne aus dieser eigentlich nur, wie ein Satz anfange und schlösse, nichts über ihn selber, seinen Verlauf. Analog hätte Philosophie nicht sich auf Kategorien zu bringen sondern in gewissem Sinn erst zu komponieren. Aber eine Verhaltensweise, die nichts Erstes und Sicheres hütet und doch, allein schon vermöge der Bestimmtheit ihrer Darstellung, dem Relativismus, dem Bruder des Absolutismus, so wenig Konzessionen macht, daß sie der Lehre sich nähert, bereitet das Skandalon. Sie treibt bis zum Bruch über Hegel hinaus, dessen Dialektik alles haben, auch prima philosophia sein wollte und im Identitätsprinzip, dem absoluten Subjekt, tatsächlich es war. Durch die Lossage des Den[24]kens vom Ersten und Festen indessen verabsolutiert es damit sich nicht als freischwebend. Die Lossage gerade befestigt es an dem, was es nicht selbst ist, und beseitigt die Illusion seiner Autarkie. Soll das Bodenlose durchaus gescholten werden, so wäre der Einwand gegen das sich in sich selbst erhaltende geistige Prinzip als Sphäre absoluter Ursprünge zu wenden; dort aber, wo die Ontologie, Heidegger voran, aufs Bodenlose schlägt, ist der Ort von Wahrheit. Schwebend ist sie, zerbrechlich vermöge ihres zeitlichen Gehalts; Benjamin kritisierte eindringlich Gottfried Kellers Spruch, die Wahrheit könne uns nicht davonlaufen. Auf die Tröstung, Wahrheit sei unverlierbar, hat Philosophie zu verzichten. Eine, die nicht abstürzen kann in den Abgrund, von dem die Fundamentalisten der (22) Metaphysik salbadern – es ist nicht der behender Sophistik sondern des Wahnsinns –, wird, unterm Gebot ihres Sekuritätsprinzips, analytisch, potentiell zur nichtigen Tautologie. Nur solche Gedanken bieten der allmächtigen Ohnmacht des sicheren Einverständnisses die Stirn, die bis zum Äußersten gehen; nur Gehirnakrobatik hat noch Beziehung zur Sache, die sie nach der fable convenue ihrer Selbstbefriedigung zuliebe verachte. Irrationalistisch ist heute jeder Versuch, sie zu unterbinden. Die Funktion des Begriffs von Sicherheit in der Philosophie schlug um. Was einmal Dogma und Bevormundung durch Selbstgewißheit überholen wollte, ist zur Manier sozialversicherter Erkenntnis geworden, der nichts soll passieren können. Tatsächlich passiert nichts.

Entfesselte Dialektik entbehrt so wenig wie Hegel eines Festen. Doch verleiht sie ihm nicht länger den Primat. Hegel betonte jenes Feste nicht so sehr im Ursprung seiner Metaphysik: es sollte aus ihr am Ende, als durchleuchtetes Ganzes, hervortreten. Dafür haben seine logischen Kategorien eigentümlichen Doppelcharakter. Sie sind entsprungene, sich [25] aufhebende und zugleich apriorische, invariante Strukturen. Zur Dynamik ist das vermittelt durch die Doktrin von der auf jeder dialektischen Stufe erneut sich wiederherstellenden Unmittelbarkeit. Die bereits kritisch tingierte Theorie der zweiten Natur ist einer negativen Dialektik unverloren. Sie nimmt die vermittelte Unmittelbarkeit, die Formationen, welche die Gesellschaft und ihre (23) Entwicklung dem Gedanken an den Kopf schleudert, tel quel an, um durch Analysis ihre Vermittlungen freizulegen, nach dem Maß der immanenten Differenz der Phänomene von dem, was sie von sich aus zu sein beanspruchen. Das invariant sich durchhaltende Feste, das »Positive« des jungen Hegel, ist solcher Analyse, wie diesem, das Negative. Je mehr die Autonomie von Subjektivität kritisch sich einschränkt, sich ihrer als eines Vermittelten bewußt wird, desto bündiger die Verpflichtung, den Objekten jenen Vorrang zu lassen, der dem Gedanken das an Festigkeit einbringt, was er nicht in sich hat, dessen er bedarf, und ohne das nicht einmal jene Dynamik wäre, mit welcher Dialektik das Feste auflöst. Die Möglichkeit negativer Dialektik hängt ab vom Nachweis eines Vorrangs des Objekts. Auch er kann für Dialektik kein absolutes Prinzip, keine Reprise des naiven Realismus sein: er gilt einzig in der Verflechtung. Würde der Vorrang des Objekts, unterm Triumphgeheul des Einverständnisses, aus der Dialektik herausgebrochen und positiv gesetzt, so regredierte die Philosophie, wie in der späteren Phase von Georg Lukács, auf das törichte Dogma von der Abbildung oder Widerspiegelung. Abermals wäre ein Prinzip, ein »Spruch« hypostasiert, und damit schließlich doch das Denken, das, was ist, auf einen Hauptnenner bringt. Keineswegs immer gleicht die Ideologie der idealistischen Generalthesis. In Wahrheit steckt sie in den Substruktionen eines Ersten selbst, gleichgültig welchen Inhalts. Sie impliziert [26] die Identität von Begriff und Sache, und damit die Rechtfertigung der Welt, auch dann, wenn sie summarisch die Abhängigkeit des Bewußtseins vom Sein stipuliert. Die Theodizee der Geschichte, samt ihrem apologetischen Oberton, war Marx nicht fremd.

Denken, das auf kein unverrückbares Fundamentalprinzip sich stützt, pointiert sich gegen den Begriff der Synthesis. Diese unterwirft als Telos der Philosophie wie als Modell ihrer Einzeloperationen die Methode dem, was dem Idealismus Identität von Subjekt und Objekt hieß: sie prägte die Hegelsche Dialektik nach der Figur (24) des Kreises, der tödlich annullierenden Rückkehr des Resultats in den Ursprung. Demgemäß hat der Begriff der Synthese, promptes Heiltum gegen Zersetzung, jenes Fatale angenommen, das in der Erfindung einer angeblichen Psychosynthese gegen die Freudsche Psychoanalyse vielleicht am widerwärtigsten sich deklariert; idiosynkratische Empfindlichkeit ekelt sich, das Wort in den Mund zu nehmen. Hegel braucht es weit seltener, als das freilich von ihm bereits seines Geklappers überführte Schema der Triplizität erwarten läßt. Dem dürfte das Gewebe seiner Philosophie entsprechen. In ihr sind die Denkoperationen fast allemal die bestimmte Negation des aus äußerster Nähe visierten, hin und her gewendeten Begriffs. Was bei solchen Analysen, formal, als Synthesis sich charakterisiert, hat insofern die Form der Negation, als darin errettet werden soll, was der vorhergehenden Bewegung des Begriffs zum Opfer fiel. Die Hegelsche Synthesis ist durchweg die Einsicht in die Insuffizienz jener Bewegung; die sogenannte höhere Stufe erweist sich zugleich als niedrigere, ein Schritt zurück ins Plusquamperfekt. Das trennt Hegel von der Vulgärvorstellung der Synthese als sieghafter Positivität. Von dieser freilich tragen die bei ihm jeweils neu sich bildenden Unmittelbarkeiten, in denen ihre eigene Vermitt[27]lung verschwinden soll, mehr als nur die

Spur. Die Konsequenz daraus war schon für die Marxische Kritik der Rechtsphilosophie, den gewordenen und gesetzten Unmittelbarkeiten das Vertrauen zu kündigen, das die Hegelsche Dialektik vollends in ihrer späteren Systemgestalt ihnen zollt. Hegel hat, gegen Kant, die Priorität der Synthesis eingeschränkt: er erkannte Vielheit und Einheit als Momente, deren keines ohne das andere sei; ihre Spannung wird durch Negation ausgetragen. Gleichwohl teilt er mit Kant und der gesamten Tradition den parti pris für die Einheit. (25) Aber Denken darf auch nicht bei deren abstrakter Negation verharren. Die Illusion, des Vielen unmittelbar habhaft zu werden, schlüge ebenso in Mythologie, ins Grauen des Diffusen zurück, wie am Gegenpol das Einheitsdenken Nachahmung blinder Natur durch deren Unterdrückung, mythische Herrschaft wäre. Selbstreflexion der Aufklärung ist nicht deren Widerruf: dazu wird sie der gegenwärtigen Herrschaft zuliebe korrumpiert. Die selbstkritische Wendung des Einheitsdenkens ist auf Begriffe, Synthesen also, angewiesen und darf sie nicht mit verfügender Gebärde diffamieren. Einheit, abstrakt genommen, bietet Raum für beides: für die Repression der in Gedanken unauflöslichen Qualitäten und für das Ideal von Versöhnung, jenseits des Antagonismus. Sie hat stets wieder ihre Gewalt den Menschen schmackhaft gemacht, weil an ihr auch die Spur des Gewaltlosen und Befriedeten aufleuchtet. Nicht ist das Einheitsmoment zu exstirpieren, wie es virtuell, trotz aller Rede von der Einheitswissenschaft, im unreflektierten Nominalismus geschieht. Die Tendenz der synthesierenden Momente ist umzuwenden, indem sie auf das sich besinnen, was sie dem Vielen antun. Einheit allein transzendiert Einheit. Noch am Identitätsmoment hat etwas sein Lebensrecht, die Affinität, welche durch fortschreitende Einheit zurückgedrängt wurde und gleichwohl in ihr, zur Unkenntlichkeit säkulari[28]siert, überwinterte. Ungedeckte Erkenntnis beseitigt nicht das vereinheitlichende Subjekt. In der Erfahrung des Objekts ist es unauslöschlich. (26) Seine eigenen Synthesen wollen, wie Platon wohl wußte, mittelbar, mit dem Begriff verändern, nachahmen, was von sich aus jene Synthese will.

Denken, das den Gegenständen sich überläßt, verinhaltlicht Philosophie. Danach hat diese seit der Generation von Bergson und Simmel, Husserl und Scheler vergebens sich gesehnt. Was die Tradition kündigt, war deren eigenes Bedürfnis. Wird selbstkritisch der Methodenzwang gelockert, so wird, komplementär, die philosophische Anstrengung anwachsend von ihrem Inhalt determiniert. Daß das Nichtbegriffliche mit seinem Begriff nicht identisch sei, wird von der Praxis des Erkennens durch dessen Verinhaltlichung honoriert. Die gesellschaftliche, nach philosophischer Redeweise ›ontische‹ Dialektik, die des perennierenden Antagonismus, reflektiert sich in der philosophischen von Subjekt und Objekt. Gäbe es irgend Ontologie, ein Invariantes, dann wäre es die negative des fortwährenden Antagonismus. (27) Inhaltliches Denken kann gleichwohl des methodischen Raisonnements nicht einfach sich entschlagen, will sie nicht Opfer des Dogmatismus oder des beliebigen Einfalls werden, obwohl dieser vielfach näher an der Wahrheit ist als der methodische Stufengang, dessen Sicherheit ihm den Ertrag verkürzt. Die Frage, wie inhaltliche Einzelanalysen zur Theorie der Dialektik stünden, erledigt sich nicht mit der idealistischen Beteuerung, daß diese in jenen aufginge. Sie schmuggelte abermals falsche Identität von Methode und Sache ein. Die Blindheit, mit welcher der Gedanke dem, worauf er geht, ohne Hypostase, wenn man will, ohne Methode, sich überantwortet, ist methodisches Prinzip. »Wahr sind nur die Gedanken, die sich selber nicht verstehen.«* Je weni[29]ger der Gedanke von der seinen Gegenständen äußerlichen Reflexion sich gängeln läßt, desto tiefer wird er des Allgemeinen im Besonderen inne; die Invektiven von Kant, Hegel und Nietzsche wider das Beispiel in der Philoso-

* Theodor W. Adorno, Minima Moralia. Reflexionen aus dem beschädigten Leben, 2. Aufl., Frankfurt a. M. 1962, S. 254 [GS 4, S. 218].

phie verweisen, wider deren eigene Tradition, darauf. Inhaltlich als universale Vermittlung eines jeglichen Phänomens durch die gesellschaftliche Totalität, welche der Philosophie zur reinen Subjektivität sich verkehrt, steckt Allgemeines in jedem Besonderen. Jedoch die philosophische Erfahrung hat dies Allgemeine nicht, oder bloß abstrakt, und ist darum zum Ausgang vom Besonderen verhalten, ohne doch zu vergessen, was sie nicht hat, aber weiß. Während sie der realen Determination der Phänomene durch ihren Begriff versichert ist*, kann sie diesen (28) nicht ontologisch, als das an sich Wahre, sich vorgeben. Er ist fusioniert mit dem Unwahren, dem unterdrückenden Prinzip, und das mindert noch seine erkenntniskritische Dignität. Er bildet nicht positiv das Telos, in dem Erkenntnis sich stillte. Die Negativität des Allgemeinen ihrerseits fixiert die Erkenntnis ans Besondere als das zu Errettende. Rettung des Besonderen wäre aber ohne die aus ihm freigesetzte Allgemeinheit gar nicht zu beginnen. (29) Alle Philosophie, auch die mit der Intention auf Freiheit, schleppt darum Unfreiheit mit sich, in der die der Gesellschaft sich verlängert. Die neuontologischen Entwürfe haben dagegen sich gesträubt, aber ihr Gestus war der eines Rückgriffs auf wahre oder fiktive ἀρχαί, Ursprung, der nichts anderes ist als das Zwangsprinzip. Denken erhöbe sich über die Alternative von Willkür und Zwang, indem es der Vermittlung ihrer antithetischen Momente sich versichert. Denken hat den Zwang in sich; [30] er schützt es vor der Regression in Willkür. Den ihm immanenten Zwangscharakter jedoch vermag es kritisch zu erkennen; sein eigener Zwang ist das Medium seiner Befreiung. Die Hegelsche Freiheit zum Objekt, bei ihm repressiv, bloße Entmächtigung des Subjekts, ist erst herzustellen. Bis dahin divergieren Dialektik als Methode und als eine der Sache und sind nicht diktatorial einander gleichzusetzen. Frei-

* Vgl. Theodor W. Adorno, Gesellschaft, in: Evangelisches Staatslexikon, hrsg. von Hermann Kunst u.a., Stuttgart, Berlin 1966, Sp. 636 ff. [GS 8, S. 9 ff.].

lich fiel nicht vom Himmel, daß der Begriff sowohl wie die Realität widerspruchsvollen Wesens sind. Was die Gesellschaft antagonistisch zerreißt, das herrschaftliche Prinzip, ist vergeistigt dasselbe, was die Differenz zwischen dem Begriff und dem ihm Unterworfenen zeitigt. Die logische Form des Widerspruchs aber gewinnt jene Differenz, weil, was der Einheit des herrschaftlichen Prinzips nicht sich fügt, nach dessen eigenem Maß nicht als ein gegen das Prinzip gleichgültiges Verschiedenes erscheint, sondern als Verletzung der Logik: als Widerspruch. Andererseits drückt im Rest an Divergenz zwischen philosophischer Konzeption und Durchführung auch ein Wahres sich aus, etwas von der Nichtidentität, die weder der Methode gestattet, ganz mit den Inhalten zu koinzidieren, in denen allein sie doch sein soll, noch die Inhalte derart zu vergeistigen, wie es versöhnten vielleicht zustände. Der Vorrang des Inhalts äußert sich als notwendige Insuffizienz der Methode. Was als solche, in der Gestalt allgemeiner Reflexion, gesagt werden muß, um nicht ohnmächtig zu sein vor der Philosophie der Philosophen, legitimiert sich allein in der Durchführung, und dadurch wird sie als Methode wiederum negiert. Ihr Überschuß ist angesichts des Inhalts abstrakt, falsch; Hegel bereits mußte das Mißverhältnis der Vorrede der Phänomenologie zu dieser in den Kauf nehmen. Philosophisches Ideal wäre, daß die Rechenschaft über das, was man tut, überflüssig wird, indem man es tut.

(30) [31] Der jüngste Versuch des Ausbruchs aus dem Begriffsfetischismus – aus akademischer Philosophie, ohne den Anspruch von Verbindlichkeit fahren zu lassen – ging unter dem Namen des Existentialismus. Gleich der Fundamentalontologie, von der er sich kritisch abgespalten hatte, blieb er idealistisch befangen trotz des politischen Engagements; es behielt übrigens gegenüber der philosophischen Struktur etwas Zufälliges und könnte durch konträre ersetzt werden, wofern diese nur der characteristica formalis des Existentialismus genügen. Zwischen dem Existentialismus und dem Dezisionismus ist keine theoretische Grenze. Dabei ist die idealistische

Komponente des Existentialismus ihrerseits Funktion der Politik. Sartre und seine Freunde, Kritiker der Gesellschaft und nicht willlens, bei der theoretischen Kritik sich zu bescheiden, übersahen nicht, daß der Kommunismus überall, wo er zur Macht gelangt war, als Verwaltungssystem sich einrichtete. Die Institution der zentralistischen Staatspartei ist Hohn auf alles, was einmal über das Verhältnis zur Staatsmacht gedacht worden war. Sartre hat darum das Moment in die Mitte gerückt, das die herrschende Praxis nicht mehr duldet, nach der Sprache der Philosophie die Spontaneität. Je weniger objektive Chancen ihr die gesellschaftliche Machtverteilung bot, desto ausschließlicher hat er sie in der Kierkegaardschen Kategorie der Entscheidung gesetzt, die bei jenem ihren Sinn vom terminus ad quem, der Christologie empfing. Trotz des extremen Nominalismus Sartres organisiert sich seine Philosophie nach der alten idealistischen Kategorie der freien Tathandlung des Subjekts. Wie für Fichte ist für den Existentialismus jegliche Objektivität gleichgültig, wie in Sartres Stücken die gesellschaftlichen Verhältnisse und Bedingungen nebelhaft, herabgesetzt fast zu bloßen Anlässen für die Aktion. Diese wird vom Stande der Objektlosigkeit zu einer Irrationalität verurteilt, die der unbeirrte [32] Aufklärer gewiß am wenigsten meint. Die Vorstellung absoluter Freiheit zur Entscheidung ist so illusionär wie die vom absoluten Ich, das die Welt aus sich heraus entläßt. Sartres Stücke desavouieren die Philosophie, die sie so thesenhaft verhandeln. (31) Bescheidenste politische Erfahrung reichte hin, die zur Folie der Entscheidung von Helden aufgebauten Situationen als kulissenhaft zu durchschauen. Nicht einmal ästhetisch wäre derlei souveräne Entscheidung in konkreter geschichtlicher Verflochtenheit zu postulieren. Ein Feldherr, der ebenso irrational sich dazu entschließt, keine Greuel mehr begehen zu lassen, wie er diese vorher auskostete; der die Belagerung einer ihm bereits durch Verrat ausgelieferten Stadt abbricht und eine utopische Gemeinde gründet, wäre auch in den wilden Zeiten einer romantisierten deutschen Renaissance sogleich wenn nicht von meuternden Soldaten umgebracht, so von seinen Oberen abberufen worden. Dazu stimmt nur allzu genau, daß der bramarbasierende Götz, immerhin durch die Ausmordung seiner Lichtstadt über seine freie Tathandlung belehrt, seine Spontaneität einer organisierten Volksbewegung zur Verfügung stellt, die leicht genug als Deckbild jener zu dechiffrieren wäre, gegen welche Sartre die absolute Spontaneität ausspielt; sogleich begeht denn auch der Butzenscheibenmann, nur offenbar jetzt mit dem Einverständnis der Philosophie, abermals die Greuel, denen er aus Freiheit abgeschworen hatte. Das absolute Subjekt kommt aus seinen Verstrickungen nicht heraus: die Fesseln, die es zerreißen möchte, die der Herrschaft, sind eins mit dem Prinzip absoluter Subjektivität. Die Torheit des politischen Existentialismus ebenso wie die Phraseologie des entpolitisierten deutschen haben ihre philosophischen Gründe. Der Existentialismus befördert, was ohnehin ist, das bloße Dasein der Menschen, Gesinnung, die es wählen soll, als ob es irgend andere Wahl hätte. Lehrt [33] der Existentialismus mehr als solche Tautologie, so regrediert er auf die Instauration der für sich seienden Subjektivität als des allein Substantiellen. Die Richtungen, welche Derivate des lateinischen existere als Wahlspruch tragen, möchten die Wirklichkeit leibhaftiger Erfahrung wider die entfremdete Einzelwissenschaft restituieren. Darum verleiben sie nichts Sachhaltiges sich ein, und was sie unter ἐποχή setzen, rächt sich an ihnen, indem es hinter dem Rücken der Philosophie, in den dieser zufolge irrationalen Entscheidungen, seine Gewalt durchsetzt. (32) Der begriffslosen Einzelwissenschaft ist das von Sachgehalten expurgierte Denken nicht überlegen; es gerät, ein zweites Mal, in eben den Formalismus, den es um des wesentlichen Interesses der Philosophie willen befehdet, und der dann nachträglich, mit zufälligen Anleihen insbesondere bei der Psychologie, aufgefüllt wird. Die Intention des Existentialismus zumindest in seiner radikalen französischen Gestalt ist nicht in der Distanz von den Sachgehalten sondern durch bedrohliche Nähe hindurch zu realisieren. Die Trennung von

Subjekt und Objekt ist nicht durch den bloßen Denkakt aufzuheben, am letzten durch die Reduktion auf den Menschen. In deren Zeichen, dem von Existenz, wird abstrakt und irrelevant drauflosgedacht; das Verfahren ist Reversbild des einzelwissenschaftlichen, das den Gedanken abwürgt. Wie wenig die um Existenz gruppierten Schulen zu jener Entäußerung fähig sind, die sie im Rekurs auf einzelmenschliche Existenz wider das transzendentale Subjekt ersehnen, bekennen sie ein, indem sie, auch in ihren nominalistischen Schattierungen, das in seinem Begriff nicht Aufgehende, ihm Konträre philosophisch bewältigen möchten, indem sie es, nach dem Hegelschen Muster, wiederum auf seinen Begriff bringen. Der Begriff des Unbegrifflichen soll es dem Denken zueignen. Darin willfährig der Tradition, weichen sie vor ihrer eigenen Aufgabe [34] zurück, dem begrifflich zu folgen, was dem Begriff sich weigert, anstatt es durch Subsumtion unter seinen eigenen Begriff zu assimilieren und verdampfen zu lassen.

Das Verfahren hat in den Sprachen sein fernes und undeutliches Urbild an den Namen, welche die Sachen nicht kategorial überspinnen, freilich um den Preis ihrer Erkenntnisfunktion. (33) Ungeschmälerte Erkenntnis will, wovor man ihr zu resignieren eingedrillt hat und was die Namen abblenden, indem sie es haben; Resignation und Verblendung pflegen ideologisch sich zu ergänzen. Idiosynkratische Genauigkeit in der Wahl der erkennenden Worte, als ob sie die Sache benennen sollten, ist keiner der geringsten Gründe dafür, daß der Philosophie die Darstellung wesentlich ist, kein äußerliches Medium. (34) Der Erkenntnisgrund für solche Insistenz des Ausdrucks vorm *τόδε τι* ist dessen eigenes dialektisches Wesen, seine begriffliche Vermittlung in sich selbst; sie ist die Einsatzstelle, das Unbegriffliche an ihm zu begreifen. Indem Erkenntnis kritisch des latent Begrifflichen im Existierenden innewird, erreicht sie virtuell das Opake, und einzig innerhalb dieser Relation. Denn die Vermittlung im Nichtbegrifflichen ist nichts, was, nach Subtraktion, als Rest erübrigte und auf eine schlechte Unendlichkeit von dergleichen Prozeduren verwiese. Vielmehr ist die Vermittlung der ὕλη deren implizite Geschichte. Philosophie schöpft, was irgend sie noch legitimiert fortzufahren, aus einem Negativen: daß jenes Unauflösliche, vor dem sie kapitulierte und von dem die Gewalt des Idealismus abgleitet, in seinem So-und-nicht-anders-Sein doch wiederum ein Fetisch ist, der der Irrevokabilität des Seienden. Er zergeht vorm Beweis, daß es nicht einfach so und nicht anders ist, sondern unter Bedingungen wurde. Dies Werden wohnt in der Sache, so wenig auf den Begriff stillzustellen, wie von seinem [35] Resultat abzuspalten und zu (35) vergessen. Darin konvergieren idealistische und materialistische Dialektik; während dem Idealismus die innere Geschichte der Unmittelbarkeit diese als Stufe des Begriffs rechtfertigt, wird sie der materialistischen zum Maß der Unwahrheit der Begriffe nicht nur sondern mehr noch der seienden Unmittelbarkeit; beiden gemeinsam ist der Nachdruck auf der in den Gegenständen geronnenen Geschichte. Womit negative Dialektik ihre verhärteten Gegenstände durchdringt, ist die Möglichkeit, um die ihre Wirklichkeit sie betrogen hat und von der doch ein jeder zeugt. (33, Forts.) Doch selbst bei äußerster Anstrengung, durch Ausdruck das Nichtbegriffliche zu erreichen, bleiben die Worte Begriffe. Ihre Präzision surrogiert die Selbstheit der Sache, ohne daß sie ihnen ganz zuteil würde; ein Hohlraum klafft zwischen ihnen und dem Jetzt und Hier. Dem entspricht ein Bodensatz von Willkür und Relativität wie in der Wortwahl so in der Darstellung insgesamt. Dagegen hilft bloß die kritische Reflexion der Begriffe und gerade der konkreten. Noch bei Benjamin haben sie ein penchant, ihre Begrifflichkeit autoritär zu verbergen. Nur Begriffe können vollbringen, was der Begriff verhindert, das τρώσας ἰάσεται[245]. Alle Begriffe gehen im Urteil vor dem von ihnen beanspruchten Inhalt zu Protest. Sie sind als allgemeine nie identisch mit dem, was sie meinen und womit sie identisch sein wollen. Das wird zu ihrem bestimmbaren Fehler. Er veranlaßt ihre Korrektur durch andere Begriffe; darin entspringt jene Konstellation, in der allein von der Hoffnung des Namens etwas fortdauert. Ihm nähert sich die Sprache der Philosophie durch seine Negation. Was sie an den Worten kritisiert, ihren Anspruch, sie hätten es unmittelbar, ist stets fast die Ideologie positiver, seiender Identität von Wort und Sache, der geheime Aberglaube eines jeglichen Idealismus. Dieser verniedlicht das Absolute, von dessen Unendlichkeit er schwärmt oder [36] die er zu bestimmen vorgibt; die (34, Forts.) irreversible Säkularisation des Unendlichen in die Immanenz fälscht es zugleich. Auch die Insistenz vorm einzelnen Wort oder Begriff, dem ehernen Tor, das sich öffnen soll, wenn der Schlüssel genau genug paßt, ist einzig ein wenngleich unabdingbares Moment. Um erkannt zu werden, bedarf das Inwendige, dem Erkenntnis im Ausdruck sich anschmiegt, des Schlüssels als eines ihm Äußeren. Der Leibnizschen und Hegelschen Forderung, die Dinge von innen her zu verstehen, ist wider Kant zu genügen, ohne abermals in Identitätsphilosophie zu geraten.

(35, Forts.) Nicht länger ist mit dem sogenannten Hauptstrom der neueren Philosophie mitzuschwimmen. Einmal, während der ersten Hälfte des zwanzigsten Jahrhunderts, hieß die exponierteste Zeitschrift oppositionellen Denkens »Gegen den Strom«. Die westliche Zeitschrift der gleichen Partei taufte sich nach deren Etablierung im Osten den »Hauptstrom«[246]. In der Philosophie wollte ein solcher die traditionalen Momente des Denkens fortschwemmen, es dem eigenen Gehalt nach enthistorisieren, Geschichte einer Sonderbranche feststellender Tatsachenwissenschaft zuweisen. Seitdem man begann, in der vermeintlichen Unmittelbarkeit von Subjektivität das Fundament aller Erkenntnis zu erblicken, hat man, gleichwie unterm Bann von Unmittelbarkeit als einer Gegenwart, dem Gedanken seine geschichtliche Dimension auszutreiben getrachtet; unter diesem Aspekt harmonieren die offiziell als Antipoden angesehenen Patriarchen der Moderne: in den autobiographischen Erklärungen Descartes' über den Ursprung seiner Methode und der Baconischen Idolenlehre.[247]

Was im Denken geschichtlich ist, anstatt der gepriesenen Zeitlosigkeit der objektivierten Logik [37] sich einzuordnen, wird dem Aberglauben gleichgesetzt, der die Berufung auf kirchlich institutionelle Tradition wider die Autonomie des Denkens tatsächlich war. Die motivierte Kritik von Tradition als Autorität sperrte sich indessen (36) der Einsicht, daß Tradition der Erkenntnis selbst immanent ist als das vermittelnde Moment ihrer Gegenstände. Sie verformt ihre Gegenstände, sobald sie kraft stillstellender Objektivierung damit tabula rasa macht. Erkenntnis an sich, noch in ihrer dem Inhalt gegenüber verselbständigten Form, hat teil an Tradition als unbewußte Erinnerung; keine Frage könnte nur gefragt werden, in der Wissen vom Vergangenen nicht aufgespeichert wäre und weiterdrängte, und die Gestalt des Denkens, die innerzeitlicher, motiviert fortschreitender Bewegung, gleicht vorweg, mikrokosmisch, der makrokosmischen, geschichtlichen, die in der Struktur von Denken verinnerlicht ist. Unter den Leistungen der Kantischen Deduktion der Kategorien rangiert obenan, daß er noch in der reinen Form der Erkenntnis, der Einheit des Ich denke, als Reproduktion in der Einbildungskraft, Erinnerung, die verschwindende und verwischbare Spur des Geschichtlichen gewahrte. Weil jedoch keine Zeit ist ohne das in ihr Seiende, bleibt, was Husserl in seiner Spätphase innere Historizität nannte,[248] keine reine Form. Solche innere Historizität des Denkens ist mit dessen Inhalt verflochten und damit der Tradition. Das reine, vollendet sublimierte Subjekt dagegen wäre das absolut Traditionslose. Erkenntnis, welche dem Idol jener Reinheit, dem totaler Zeitlosigkeit gänzlich willfahrte, koinzidierte mit der formalen Logik, wäre buchstäblich Tautologie; nicht einmal einer transzendentalen Logik gewährte es mehr Raum. Zeitlosigkeit, der das bürgerliche Bewußtsein, vielleicht zur Kompensation der eigenen Sterblichkeit, zustrebt, ist die Höhe von dessen Verblendung. Benjamin hat das innerviert, als er dem Ideal der Autonomie – wohl allzu unvermittelt – ab[38]schwor und sein Denken einer Tradition unterstellte, die freilich, als freiwillig herangezogene, der gleichen Autorität entbehrte, deren Mangel sie dem autarkischen Gedanken vorrechnete. Quasi transzendental, Widerspiel des transzendentalen, ist das traditionale Moment, (37) und nicht Subjektivität, das eigentlich Konstitutive, der für Kant verborgene Mechanismus in der Tiefe der Seele. Unter den Variationen der Ausgangsfragen der »Kritik der reinen Vernunft«, welche deren Enge nezessitiert, hätte diejenige ihren Ort, wie Denken, das der Tradition sich entäußern muß, dabei verwandelnd sie aufbewahren könne*. Die Philosophie Bergsons, mehr noch der Roman Prousts hingen ihr nach, nur ihrerseits unterm Bann von Unmittelbarkeit, abstrakt jener bürgerlichen Zeitlosigkeit opponierend, die mit der Mechanik des Begriffs die Abschaffung des Lebens antezipiert. Die Methexis der Philosophie an der Tradition ist einzig deren bestimmte Verneinung. Sie wird gestiftet von den Texten, die sie kritisiert. An ihnen, die ihr von der Tradition zugetragen werden und die die Texte selbst verkörpern, wird ihr Verhalten der Tradition kommensurabel. Das rechtfertigt den Übergang von Philosophie an Deutung, die weder das Gedeutete noch den darauf bezogenen Gedanken, sein Symbol, hypostasiert, sondern, was wahr sei, dort sucht, wo der Gedanke sein Substrat aufzehrt, das unwiederbringliche Urbild heiliger Texte säkularisiert. Durch die sei's offenbare, sei's latente Gebundenheit an Texte gesteht Philosophie ein, was sie unterm Ideal der Methode vergebens exstirpieren wollte, ihr sprachliches Wesen. In ihrer neueren Geschichte ist es, und zwar unterm gleichen Aspekt wie die Tradition, verfemt worden als Rhetorik. [39] Abgesprengt und zum Mittel der Wirkung degradiert, war es Träger der Lüge in der Philosophie. Die Verachtung für die Rhetorik beglich die Schuld, in die sie, seit der Antike, durch jene Trennung von der Sache sich verstrickte, die Platon verklagte. Aber die Verfolgung des rhetorischen Moments, in

* Vgl. Theodor W. Adorno, Thesen über Tradition, in: Insel Almanach auf das Jahr 1966, Frankfurt a. M. 1965, S. 21 ff. [GS 10·1, S. 310 ff.].

welches der Ausdruck ins Denken sich hinüberrettete, trug nicht weniger zur Technifizierung des Denkens, seiner potentiellen Abschaffung, bei als die Pflege der Rhetorik unter Mißachtung des Objekts. Rhetorik vertritt in Philosophie, was anders als in der Sprache nicht gedacht werden kann. Sie behauptet sich (38) in den Postulaten der Darstellung, durch welche Philosophie von der Kommunikation bereits erkannter fixierter Inhalte sich unterscheidet. Gefährdet ist sie, wie alles Stellvertretende, von der Usurpation dessen, was die Darstellung dem Gedanken nicht unvermittelt anschaffen kann. Unablässig wird sie korrumpiert durch den überredenden Zweck, ohne den doch wieder die unabdingbare Relation des Denkens zur Praxis, die im Denkakt an sich, entschwände. Die Allergie der gesamten approbierten philosophischen Überlieferung, vom »Phaidros« bis zu den Semantikern, welche der Sprache den letzten Rest des Ausdrucks austreiben möchten, ist konform dem Gesamtzug von Aufklärung, das Undisziplinierte der Gebärde noch bis in die Logik hinein zu ahnden. Sie zeugt aber auch von der Rancune des verdinglichten Bewußtseins gegen das am Bewußtsein, was dem verdinglichten mangelt. Läuft das Bündnis der Philosophie mit der Wissenschaft virtuell auf die Abschaffung der Sprache hinaus, so ist ihr Überleben nächstverwandt ihrer sprachlichen Anstrengung: nicht, indem sie dem sprachlichen Gefälle blindlings folgt, sondern darauf reflektiert. Mit Grund geht sprachliche Schlamperei – wissenschaftlich: das Unexakte – mit dem wissenschaftlichen Gestus der Unbestechlichkeit durch die Sprache gern zusammen. Denn die Abschaffung der Sprache im [40] Denken ist nicht dessen Entmythologisierung. Verblendet opfert Philosophie mit der Sprache, worin sie zu ihrer Sache eine andere Beziehung erlangt als die bloß signifikative; nur als Sprache vermag Ähnliches das Ähnliche zu erkennen. Die permanente Denunziation der Rhetorik durch den Nominalismus, für dessen Grundthese der Name buchstäblich Schall und Rauch ist, bar aller Ähnlichkeit mit dem, was er sagt, läßt sich indessen nicht ignorieren, nicht das rhetorische Moment (39) ungebrochen aufbieten. Dialektik, dem Wortsinn nach an Sprache als Organon des Denkens erinnernd, wäre der Versuch, das rhetorische Moment kritisch, durch Adäquanz an die Sache zu erretten. Sie eignet, was geschichtlich als Makel des Denkens erschien, seinen durch nichts ganz zu zerbrechenden Zusammenhang mit der Sprache, als Kraft des Gedankens sich zu; das inspirierte die Phänomenologie, als sie, wie immer naiv, der Wahrheit in der Analyse der Worte sich versichern wollte. In der rhetorischen Qualität schlägt Kultur, die Gesellschaft, die gesamte Tradition in dem Gedanken sich nieder, den sie vermittelt; das blank Antirhetorische ist verbündet mit der Barbarei, in welcher das bürgerliche Denken endet. Die Diffamierung Ciceros, noch Hegels Diatribe gegen Diderot sind Echo der Rancune derer, denen die Lebensnot die Freiheit, sich zu erheben, verschlägt, und denen der Atem der Sprache für sündhaft gilt. In der Dialektik ergreift das rhetorische Moment die Partei ihres Inhalts, während das logische der formalen Tendenz gehorcht. Beides vermittelnd, sucht Dialektik das Dilemma zwischen der beliebigen Meinung und dem wesenlos Korrekten zu meistern. Sie neigt sich aber dem Inhalt zu als dem Offenen, nicht vom Gerüst Vorentschiedenen: Einspruch gegen den Mythos. Denn mythisch ist das Immergleiche, wie es schließlich zur formalen Denkgesetzlichkeit sich verdünnte. Erkenntnis, die den Inhalt will, meint die Utopie. Diese, das Bewußtsein der Möglich-[41]keit, haftet am Konkreten als dem Unverschandelten. Es ist das Mögliche, nie das unmittelbar Wirkliche, das ihr den Platz versperrt; inmitten des Bestehenden erscheint es darum als abstrakt. Die unauslöschliche Farbe kommt aus dem Nichtseienden. Ihm dient das Denken, ein Stück Dasein, das, wie immer negativ, ans Nichtseiende heranreicht. (40) In dieser Idee konvergiert alle Philosophie mit der äußersten Ferne, die allein erst die Nähe wäre; sie ist das Prisma, das deren Farbe auffängt.

Anmerkungen des Herausgebers

Abkürzungen

Adornos Schriften werden nach den Ausgaben der *Gesammelten Schriften* (hrsg. von Rolf Tiedemann unter Mitwirkung von Gretel Adorno, Susan Buck-Morss und Klaus Schultz; Frankfurt a. M. 1970 ff.)* und der *Nachgelassenen Schriften* (hrsg. vom Theodor W. Adorno Archiv; Frankfurt a. M. 1993 ff.) zitiert, soweit sie dort vorliegen. Dabei gelten die Abkürzungen:

GS 1: Philosophische Frühschriften. 3. Aufl., 1996

GS 2: Kierkegaard. Konstruktion des Ästhetischen. 2. Aufl., 1990

GS 3: *Max Horkheimer und Theodor W. Adorno,* Dialektik der Aufklärung. Philosophische Fragmente. 3. Aufl., 1996

GS 4: Minima Moralia. Reflexionen aus dem beschädigten Leben. 2. Aufl., 1996

GS 5: Zur Metakritik der Erkenntnistheorie/Drei Studien zu Hegel. 5. [recte: 4.] Aufl., 1996

GS 6: Negative Dialektik/Jargon der Eigentlichkeit. 5. Aufl., 1996

GS 7: Ästhetische Theorie. 6. Aufl., 1996

GS 8: Soziologische Schriften I. 4. Aufl., 1996

GS 10·1: Kulturkritik und Gesellschaft I. 2. Aufl., 1996

GS 10·2: Kulturkritik und Gesellschaft II. 2. Aufl., 1996

GS 11: Noten zur Literatur. 4. Aufl., 1996

GS 12: Philosophie der neuen Musik. 2. Aufl., 1990

GS 13: Die musikalischen Monographien. 4. Aufl., 1996

GS 14: Dissonanzen/Einleitung in die Musiksoziologie. 4. Aufl., 1996

GS 18: Musikalische Schriften V. 1984

GS 20·1: Vermischte Schriften I. 1986

GS 20·2: Vermischte Schriften II. 1986

NaS IV·4: Kants »Kritik der reinen Vernunft« <1959>, hrsg. von Rolf Tiedemann. 1995

* Die Ausgabe ist text- und seitenidentisch mit der 1997 erschienenen Taschenbuchausgabe.

NaS IV·7: Ontologie und Dialektik <1960/61>, hrsg. von Rolf Tiedemann. 2001
NaS IV·10: Probleme der Moralphilosophie <1963>, hrsg. von Thomas Schröder. 2. Aufl., 1997
NaS IV·13: Zur Lehre von der Geschichte und von der Freiheit <1964/65>, hrsg. von Rolf Tiedemann. 2000
NaS IV·14: Metaphysik. Begriff und Probleme <1965>, hrsg. von Rolf Tiedemann. 1998
NaS IV·15: Einleitung in die Soziologie <1968>, hrsg. von Christoph Gödde. 1993

Auf unveröffentlichte Materialien des Theodor W. Adorno Archivs in Frankfurt am Main wird lediglich mit der jeweiligen Archivsignatur verwiesen; Signaturen mit der vorangestellten Sigle »Ts« bezeichnen Typoskripte abgeschlossener und Fragment gebliebener Arbeiten; ein vorangestelltes »Vo« kennzeichnet sowohl maschinenschriftliche Transkriptionen von Tonbändern Adornoscher Vorlesungen wie seine eigenen handschriftlichen Stichworte zu denselben.

Die Tonbandtranskription, nach der die vorliegende Edition erarbeitet wurde, befindet sich unter der Signatur Vo 10809-10919 im Theodor W. Adorno Archiv, Adornos handschriftliche Stichworte zu dieser Vorlesung am gleichen Ort unter Vo 11031-11061.

1. Angekündigt hat Adorno seine Vorlesung mit dem Titel *Negative Dialektik*; um bibliographische Verwechslungen mit dem Buch gleichen Titels zu vermeiden, wurde ›Vorlesung über Negative Dialektik‹ vom Herausgeber eingesetzt.

2. Adorno hat sich für seine akademischen Vorlesungen in der Regel nur kurze Stichworte notiert, über die er dann frei improvisierend zu sprechen pflegte. Von 1958 an wurden die Vorlesungen auf Tonband aufgenommen und nach den Bändern durch Sekretärinnen im Institut für Sozialforschung abgeschrieben. Während die Bänder, mit der einzigen Ausnahme von Adornos letzter Vorlesung vom Sommer 1968, wieder gelöscht worden sind, blieben die – von Adorno nicht kontrollierten – Transkriptionen erhalten. Leider gilt das bei der vorliegenden Vorlesung jedoch nur für die ersten zehn Kollegstunden, während von den Vorlesungen 11 bis 25 lediglich die Stichworte vorhanden sind. Ob die Transkriptionen verloren gegangen sind oder, möglicherweise infolge Versagens des Aufnahmegerätes, gar nicht angefertigt worden waren, hat sich nicht mehr feststellen lassen; auch die an der Aufnahme beteiligten Assistenten und Hilfsassistenten vermochten, soweit sie erreichbar waren, keine Auskunft zu geben. Da die Bedeutung der Vorlesung als Propädeutik zu Adornos Hauptwerk es verbietet, auf sie im Rahmen der *Nachgelassenen Schriften* zu verzichten, werden von den ersten zehn Stunden die Transkriptionen der Tonbandaufnahmen abgedruckt; bei den Vorlesungen 11 bis 25 muß die Edition sich dagegen mit den Stichworten Adornos begnügen. Auch damit wenigstens in einem Fall einmal eine vollständige Wiedergabe der Adornoschen Stichworte zu einer Vorlesung zugänglich ist, sind ebenfalls bei den vorangegangenen Stunden dem Wortlaut selber die respektiven Stichworte vorangestellt worden. – Sollten zu einem späteren Zeitpunkt die fehlenden Tonbandtranskriptionen oder auch nur eine zuverlässige Mit- oder Nachschrift aus dem Hörerkreis doch noch auftauchen, wäre die vorliegende Edition selbstverständlich durch eine neue zu ersetzen.

3. An diesem Tag begann Adorno, die Stichworte zur 1. Vorlesung zu notieren. Im übrigen hat er in seinen Stichworten ein Datum an den Stellen vermerkt, bis zu denen er an den betreffenden Tagen jeweils gekommen war.

4. Die Seitenangabe Adornos bezieht sich auf die Ausgabe: Hegel, Phänomenologie des Geistes, hrsg. von Georg Lasson, 2. Aufl., Leipzig 1921 (Philosophische Bibliothek. 114); das Zitat selber s. unten, Anm. 18.

5. Der Theologe und Religionsphilosoph Paul Tillich (1886-1965), Hauptvertreter des religiösen Sozialismus in den zwanziger Jahren des vorigen Jahrhunderts, hatte Adorno mit seinem Buch über Kierkegaard habilitiert. Vgl. Adornos ›Erinnerungen an Paul Tillich‹, ein Gespräch mit Wolf-Dieter Marsch, in: Werk und Wirken Paul Tillichs. Ein Gedenkbuch, Stuttgart 1967, S. 24 ff.; für Adornos Stellung zu Tillich am aufschlußreichsten sein *Entwurf contra Paulum,* vgl. Theodor W. Adorno contra Paul Tillich. Eine bisher unveröffentlichte Tillich-Kritik Adornos aus dem Jahre 1944, hrsg. von Erdmann Sturm, in: Zeitschrift für neuere Theologiegeschichte, 3. Bd., 1996, S. 251 ff. – Vgl. auch NaS IV·14, S. 280, Anm. 213.

6. Wolfgang Philipp (1915-1969), seit 1964 ordentlicher Professor für Evangelische Theologie an der Johann Wolfgang Goethe-Universität in Frankfurt am Main, hielt anläßlich einer Gedächtnisfeier für Tillich am 16. 2. 1966 eine Rede »Die epizyklische und ostkirchliche Theologie Paul Tillichs«, abgedruckt in: Werk und Wirken Paul Tillichs, a. a. O., S. 135 ff.

7. Im Wintersemester 1965/66 war das Philosophische Hauptseminar, das Adorno gemeinsam mit Max Horkheimer hielt, dem Thema »Negation bei Hegel« gewidmet.

8. Nach Auskunft der Vorlesungsverzeichnisse der Frankfurter Universität hielten Tillich und Adorno gemeinsame Seminare im Sommersemester 1932 über Lessings »Erziehung des Menschengeschlechts« und im Wintersemester 1932/33 über Simmels »Hauptpro-

bleme der Philosophie«. Ein für das Sommersemester 1933 angekündigtes Seminar über Lockes »Essay« fand nicht mehr statt: Tillich wurde seines Buches »Sozialistische Entscheidung« (Potsdam 1933) wegen bereits im April 1933 von seiner Professur suspendiert, Adorno beendete seine Lehrtätigkeit im Frühjahr 1933 und erhielt die venia legendi am 8. 9. 1933 aberkannt.

9. Adorno dachte an eine Diskussion über »Die Theologie in der gegenwärtigen Gesellschaft«, die am 25. 5. 1961 mit Tillich, Horkheimer und ihm im Institut für Sozialforschung stattfand und in einem kleineren Kreis beim ›Schultheiß im Westend‹ fortgesetzt wurde. – Vgl. auch Max Horkheimer, Gesammelte Schriften, Bd. 18: Briefwechsel 1949-1973, hrsg. von Gunzelin Schmid Noerr, Frankfurt a. M. 1996, S. 511.

10. Wörtlich nicht ermittelt; wahrscheinlich denkt Adorno an folgende Stelle in der Vorrede: »Denn die Sache ist nicht in ihrem *Zwecke* erschöpft, sondern in ihrer *Ausführung*, noch ist das *Resultat* das *wirkliche* Ganze, sondern es zusammen mit seinem Werden; der Zweck für sich ist das unlebendige Allgemeine, wie die Tendenz das bloße Treiben, das seiner Wirklichkeit noch entbehrt, und das nackte Resultat ist der Leichnam, der die Tendenz hinter sich gelassen.« (Georg Wilhelm Friedrich Hegel, Werke in 20 Bänden. Red.: Eva Moldenhauer und Karl Markus Michel, Frankfurt a. M. 1969-1971, Bd. 3: Phänomenologie des Geistes, S. 13)

11. Vgl. etwa: »Ebensowenig ist – nachdem die Kantische, erst durch den Instinkt wiedergefundene, noch tote, noch unbegriffene *Triplizität* zu ihrer absoluten Bedeutung erhoben, damit die wahrhafte Form in ihrem wahrhaften Inhalte zugleich aufgestellt und der Begriff der Wissenschaft hervorgegangen ist – derjenige Gebrauch dieser Form für etwas Wissenschaftliches zu halten, durch den wir sie zum leblosen Schema, zu einem eigentlichen Schemen, und die wissenschaftliche Organisation zur Tabelle herabgebracht sehen.« (Ebd., S. 48)

12. Vgl. Theodor W. Adorno, Anmerkungen zum philosophischen Denken, in: Neue Deutsche Hefte, Jg. 12 (1965); Heft 107, S. 5 ff.; jetzt: GS 10·2, S. 599 ff.

13. Von der negativen Dialektik sagt Adorno in dem Buch gleichen Titels: *Ihre Logik ist eine des Zerfalls: der zugerüsteten und vergegenständlichten Gestalt der Begriffe, die zunächst das erkennende Subjekt unmittelbar sich gegenüber hat. Deren Identität mit dem Subjekt ist die Unwahrheit. Mit ihr schiebt sich die subjektive Präformation des Phänomens vor das Nichtidentische daran, vors Individuum ineffabile.* (GS 6, S. 148) In der *Notiz* am Schluß der *Negativen Dialektik* heißt es: *Die Idee einer Logik des Zerfalls ist die älteste seiner [scil. des Autors] philosophischen Konzeptionen: noch aus seinen Studentenjahren.* (Ebd., S. 409)

14. Im Wintersemester 1965/66 behandelte Adorno im Soziologischen Hauptseminar das Thema ›Zum Begriff der Gesellschaft‹; bei dem erwähnten, in der einleitenden Sitzung anscheinend verlesenen Vortrag dürfte es sich um den Artikel *Gesellschaft* gehandelt haben, den Adorno 1965 für das ›Evangelische Staatslexikon‹ schrieb, vgl. jetzt GS 8, S. 9 ff.

15. Für Adornos Philosophie war fast von Anfang an, mindestens seit seinem Buch über Kierkegaard, *das Motiv der Kritik von Naturbeherrschung und naturbeherrschender Vernunft, das der Versöhnung mit Natur, des Selbstbewußtseins des Geistes als eines Naturmoments* (GS 2, S. 262) bestimmend; Naturbeherrschung war ihr das Urphänomen der Dialektik der Aufklärung. Das keinem nur verhängten Schicksal mehr ausgelieferte, mündig werdende Subjekt ist tendenziell bereits das zweckrational handelnde Max Webers, das, ähnlich dem Odysseus in Adornos Interpretation, die ihn beherrschende Natur überwindet, indem es selber zum Herrscher über die Natur sich aufwirft. Einzig durch Naturbeherrschung scheint die Herrschaft der Natur zu brechen, doch *jeder Versuch, den Naturzwang zu brechen, indem Natur gebrochen wird, gerät nur um so tiefer in den Naturzwang hinein. So ist die Bahn der europäischen Zivilisation verlaufen.* (GS 3, S. 29) Kritik der Herrschaft ist das Movens jeden Gedankens, den Adorno gedacht hat. Wenn Herrschaft ursprünglich nach dem Modell von Naturbeherrschung sich formiert hat, dann bedeutet Naturbeherrschung immer zuerst die der eigenen Natur des Menschen; das naturbeherrschende Prinzip ist gar nicht zu trennen von dem der Selbsterhaltung. Diese, das »suum esse conservare« des Spinoza, ist das Wesen nicht nur der herrschaftlichen Vernunft; schon Spinoza selbst läßt die Tugend in ihm begründet sein, und nach Adorno schlägt es, *aufs äußerste sublimiert,* sogar im scheinbar

›rein logischen Identitätsprinzip‹ noch durch (NaS IV·10, S. 140; vgl. auch GS 3, S. 106 f.). Alle Verabsolutierungen von Geistigem vermögen sich über Natur nur um den Preis eines Rückfalls in Natur zu erheben. Bis heute kennt die Geschichte Geist nur als Beherrschung und Herrschaft der Natur: Herrschaft über Natur, Naturbeherrschung, verbleibt im bloß Naturhaften befangen. Der Geist des Idealismus etwa ist der herrschaftlicher Natur, der *nicht bloß natürliches Leben [. . .] vernichtet: Geist selber ist vernichtetes natürliches Leben und der Mythologie verhaftet* (GS 2, S. 155). In Adornos *Kierkegaard* besinnt der Geist sich als mythischer auf seinen Naturgehalt, die mythischen Gestalten, in denen er auftritt, sind Erinnerungen seiner Teilhabe am Naturhaften. Der Mythos meint, wie Adorno in dem späten Aufsatz *Kierkegaard noch einmal* formuliert, *auch den Protest des Vielen in der Natur* (ebd., S. 252) gegen das Eine des Logos, gegen logische Einheit; er meint den Protest gegen das herrschaftliche Prinzip des Geistes, der sich als Eines weiß und die Einheit herstellt. Aber die Natur, in die der Geist als mythischer zurückzukehren strebt, hat wenig Versöhnendes; sie ist, Adorno zufolge, ›naturhafter Herrschaftsbereich‹ (vgl. ebd., S. 153), ist Herrschaft selber. Auch der Protest der Natur dient noch dem herrschaftlichen Prinzip. Die Herrschaft der Natur ist daher um nichts versöhnlicher als die des Geistes, sie ist, im Gegenteil, das Urbild, dem letztere nachgebildet ist. Die Philosophie Adornos wiederholt deshalb das Thema des Einspruchs gegen Herrschaft als solche in nicht endenden Variationen. Einzig in der Kunst meldet ein anderes sich an: gelungene Kunstwerke kontrastieren *zu dem ihnen Auswendigen, dem Ort der naturbeherrschenden ratio, von der die ästhetische herstammt, und werden zu einem Für sich. Die Opposition der Kunstwerke gegen die Herrschaft ist Mimesis an diese. Sie müssen dem herrschaftlichen Verhalten sich angleichen, um etwas von der Welt der Herrschaft qualitativ Verschiedenes zu produzieren. Noch die immanent polemische Haltung der Kunstwerke gegen das Seiende nimmt das Prinzip in sich hinein, dem jenes unterliegt und das es zum bloß Seienden entqualifiziert; ästhetische Rationalität will wiedergutmachen, was die naturbeherrschende draußen angerichtet hat.* (GS 7, S. 430)

16. Vgl. dazu auch Adorno in dem Aufsatz *Aspekte* aus den *Drei Studien zu Hegel: Alle Würdigungen fallen unter das Urteil aus der Vorrede der Phänomenologie des Geistes, das über jene ergeht, die nur darum über den Sachen sind, weil sie nicht in den Sachen sind. Sie verfehlen vorweg den Ernst und das Verpflichtende von Hegels Philosophie, indem sie ihm*

gegenüber betreiben, was er mit allem Recht geringschätzig Standpunktphilosophie nannte. (GS 5, S. 251) Bei Hegel selber wurde der Begriff *Standpunktphilosophie* nicht ermittelt.

17. »Friedrich Ueberwegs Grundriß der Geschichte der Philosophie«, ein viel benutztes Handbuch, dessen erster Band 1862 erschien, wurde in der 5. bis 9. Auflage (1876-1906) von Max Heinze bearbeitet und herausgegeben; die seit 1993 erscheinende »völlig neubearbeitete Ausgabe« wird von Helmut Holzhey herausgegeben.

18. Adorno denkt an die folgende Stelle: »Die lebendige Substanz ist ferner das Sein, welches in Wahrheit *Subjekt* oder, was dasselbe heißt, welches in Wahrheit wirklich ist, nur insofern sie die Bewegung des Sichselbstsetzens oder die Vermittlung des Sichanderswerdens mit sich selbst ist. Sie ist als Subjekt die reine *einfache Negativität,* eben dadurch die Entzweiung des Einfachen; oder die entgegensetzende Verdopplung, welche wieder die Negation dieser gleichgültigen Verschiedenheit und ihres Gegensatzes ist: nur diese sich *wiederherstellende* Gleichheit oder die Reflexion im Anderssein in sich selbst – nicht eine *ursprüngliche* Einheit als solche oder *unmittelbare* als solche – ist das Wahre.« (Hegel, a. a. O. [Anm. 10], Bd. 3, S. 23)

2. Vorlesung

19. Das heißt: auf den am Ende der vorigen Vorlesung referierten Vorwurf, negative Dialektik sei eine Tautologie.

20. Bedeutung der Sigle nicht ermittelt.

21. Anspielung auf den viel zitierten Vers von Erich Kästner: »Herr Kästner, wo bleibt das Positive?«, s. oben, S. 32, und unten, Anm. 28.

22. Hegels berüchtigter Satz aus der ›Rechtsphilosophie‹, s. oben, S. 34, und unten, Anm. 32.

23. Zu den Institutionen als Kritik der abstrakten Subjektivität vgl. auch Adornos Aufsatz *Aspekte* in den *Drei Studien zu Hegel,* GS 5, S. 289f.

24. Vgl. Hegels Theologische Jugendschriften. Nach den Handschriften der Kgl. Bibliothek in Berlin hrsg. von Herman Nohl, Tübingen 1907.

25. Vgl. Hegel, Differenz des Fichte'schen und Schelling'schen Systems der Philosophie in Beziehung auf Reinhold's Beyträge zur leichtern Übersicht des Zustands der Philosophie zu Anfang des neunzehnten Jahrhunderts, Jena 1801; jetzt: Werke, a. a. O. [Anm. 10], Bd. 2: Jenaer Schriften <1801-1807>, S. 9 ff.

26. Von Adorno aus der Soziologie Durkheims übernommener Begriff, mit dem die spezifische Klasse der ›soziologischen Tatbestände‹ definiert wird: »sie bestehen in besonderen Arten des Handelns, Denkens und Fühlens, die außerhalb der Einzelnen stehen und mit zwingender Gewalt ausgestattet sind, kraft deren sie sich ihnen aufdrängen« (Émile Durkheim, Die Regeln der soziologischen Methode. Les règles de la méthode sociologique, in neuer Übers. hrsg. und eingeleitet von René König, Neuwied 1961, S. 107). In seiner *Einleitung zu Émile Durkheim, »Soziologie und Philosophie«* charakterisiert Adorno die contrainte sociale wie folgt: *Die gesellschaftliche Tatsache schlechterdings ist ihm [scil. Durkheim] die contrainte sociale, der übermächtige, jeglicher subjektiv verstehenden Einfühlung entzogene soziale Zwang. Er fällt nicht ins subjektive Selbstbewußtsein, und kein Subjekt kann mit ihm ohne weiteres sich identifizieren. Die vorgebliche Irreduzibilität des spezifisch Sozialen kommt ihm zupaß: sie hilft ihm dazu, es immer mehr zum Ansichseienden zu machen, es nicht nur dem Erkennenden, sondern auch den vom Kollektiv integrierten Einzelnen gegenüber absolut zu verselbständigen.* (GS 8, S. 250)

27. Adorno bezieht sich auf seine erste Begegnung mit Lukács, die im Juni 1925 in Wien stattfand und über die er am 17. 6. 1925 Siegfried Kracauer berichtete, vgl. NaS IV·7, S. 383 f., Anm. 194.

28. Vgl. das Gedicht »Und wo bleibt das Positive, Herr Kästner?« aus dem 1930 erschienenen Band »Ein Mann gibt Auskunft«: »Und immer wieder schickt ihr mir Briefe, / in denen ihr, dick unterstrichen, schreibt: / ›Herr Kästner, wo bleibt das Positive?‹ / Ja, weiß der Teufel, wo das bleibt.« (Erich Kästner, Gesammelte Schriften für Erwachsene, Bd. 1: Gedichte, München, Zürich 1969, S. 218) – Vgl. zu dem

Thema auch Adornos späten, *Kritik* überschriebenen Aufsatz: *Wesentlich deutsch, obwohl wiederum nicht so durchaus, wie leicht der annimmt, der nicht Analoges in anderen Ländern zu beobachten Gelegenheit hatte, ist ein antikritisches Schema, das aus der Philosophie, eben jener, die den Raisonneur anschwärzte, ins Gewäsch herabsank: die Anrufung des Positiven. Stets wieder findet man dem Wort Kritik, wenn es denn durchaus toleriert werden soll, oder wenn man gar selber kritisch agiert, das Wort konstruktiv beigesellt. Unterstellt wird, daß nur der Kritik üben könne, der etwas Besseres anstelle des Kritisierten vorzuschlagen habe; in der Ästhetik hat Lessing vor zweihundert Jahren darüber gespottet. Durch die Auflage des Positiven wird Kritik von vornherein gezähmt und um ihre Vehemenz gebracht. Bei Gottfried Keller gibt es eine Stelle, an der er die Forderung nach dem Aufbauenden ein Lebkuchenwort nennt.* (GS 10·2, S. 792)

29. *Die von Anna Freud sehr plausibel beschriebene ›Identifikation mit dem Angreifer‹ (Anna Freud, Das Ich und die Abwehrmechanismen, London 1946, S. 125 ff.)* ist Adorno zufolge ein ›Spezialfall‹ des *Verdrängungs- und Regressionsmechanismus* (GS 8, S. 76); er hat ihn im Zusammenhang einer Theorie der gegenwärtigen Gesellschaft häufig herangezogen (vgl. etwa ebd., S. 119, S. 168 und S. 251).

30. Im *Jargon der Eigentlichkeit,* der den Untertitel *Zur deutschen Ideologie* trägt, hat Adorno Namen genannt: *Im Lob der Positivität sind alle des Jargons Kundigen von Jaspers abwärts miteinander einig. Einzig der umsichtige Heidegger vermeidet allzu offenherzige Affirmation um ihrer selbst willen und erfüllt sein Soll indirekt, durch den Ton beflissener Echtheit. Jaspers aber schreibt ungeniert: »Wahrhaft kann in der Welt nur bleiben, wer aus einem Positiven lebt, das er in jedem Fall nur durch Bindung hat.«* (GS 6, S. 427 f.)

31. So zum Beispiel in »Ecce Homo. Wie man wird, was man ist«: »Ich sah zuerst den eigentlichen Gegensatz: – den *entartenden* Instinkt, der sich gegen das Leben mit unterirdischer Rachsucht wendet (– Christentum, die Philosophie Schopenhauers, in gewissem Sinne schon die Philosophie Platos, der ganze Idealismus als typische Formen) und eine aus der Fülle, der Überfülle geborne Formel der *höchsten Bejahung,* ein Jasagen ohne Vorbehalt, zum Leiden selbst, zur Schuld selbst, zu allem Fragwürdigen und Fremden des Daseins selbst . . . Dieses letzte, freudigste, überschwänglich-übermütigste Ja zum

Leben ist nicht nur die höchste Einsicht, es ist auch die *tiefste,* die von Wahrheit und Wissenschaft am strengsten bestätigte und aufrecht erhaltene. Es ist Nichts, was ist, abzurechnen, es ist Nichts entbehrlich – die von den Christen und andren Nihilisten abgelehnten Seiten des Daseins sind sogar von unendlich höherer Ordnung in der Rangordnung der Werthe als das, was der Décadence-Instinkt gutheissen, *gut heissen* durfte. Dies zu begreifen, dazu gehört *Muth* und, als dessen Bedingung, ein Überschuss von *Kraft:* denn genau so weit als der Muth sich vorwärts wagen *darf,* genau nach dem Maass von Kraft nähert man sich der Wahrheit. Die Erkenntniss, das Jasagen zur Realität ist für den Starken eine ebensolche Nothwendigkeit als für den Schwachen, unter der Inspiration der Schwäche, die Feigheit und *Flucht* vor der Realität – das ›Ideal‹«... (Friedrich Nietzsche, Sämtliche Werke. Kritische Studienausgabe, hrsg. von Giorgio Colli und Mazzino Montinari, Bd. 6: Der Fall Wagner · Götzen-Dämmerung u. a., 2. Aufl., München 1988, S. 311 f.)

32. Vgl. die Vorrede zur Rechtsphilosophie: »Was vernünftig ist, das ist wirklich; und was wirklich ist, das ist vernünftig.« (Hegel, Werke, a. a. O. [Anm. 10], Bd. 7: Grundlinien der Philosophie des Rechts oder Naturrecht und Staatswissenschaft im Grundrisse, S. 24)

33. Zu denken ist hier etwa an die Vorlesungen »Hegel und seine Zeit« von Rudolf Haym (Berlin 1857), in denen Hegels Diktum über die Vernünftigkeit des Wirklichen als »das classische Wort des Restaurationsgeistes, die absolute Formel des politischen Conservatismus, Quietismus und Optimismus« (ebd., S. 365) denunziert wird. Adorno dagegen hat Hegel gegen derlei Simplifizierung stets verteidigt, so im *Aspekt: Die fragwürdigste und darum auch verbreiteteste seiner Lehren, die, das Wirkliche sei vernünftig, war nicht bloß apologetisch. Sondern Vernunft findet sich bei ihm in Konstellation mit Freiheit. Freiheit und Vernunft sind Nonsens ohne einander. Nur soweit das Wirkliche transparent auf die Idee der Freiheit, also die reale Selbstbestimmung der Menschheit ist, kann es für vernünftig gelten. Wer dies Erbe der Aufklärung aus Hegel eskamotiert und eifert, daß seine Logik eigentlich mit der vernünftigen Einrichtung der Welt nichts zu tun habe, verfälscht ihn.* (GS 5, S. 288)

34. Adorno bezieht sich hiermit auf den vielleicht bekanntesten, aber auch am häufigsten mißverstandenen Satz, den er geschrieben

hat: »Noch das äußerste Bewußtsein vom Verhängnis droht zum Geschwätz zu entarten. Kulturkritik findet sich der letzten Stufe der Dialektik von Kultur und Barbarei gegenüber: nach Auschwitz ein Gedicht zu schreiben, ist barbarisch, und das frißt auch die Erkenntnis an, die ausspricht, warum es unmöglich ward, heute Gedichte zu schreiben.« (GS 10·1, S. 30) Zur Deutung des von Adorno mit seinem Diktum Gemeinten vgl. Rolf Tiedemann, »Nicht die Erste Philosophie sondern eine letzte«. Anmerkungen zum Denken Adornos, in: Theodor W. Adorno, »Ob nach Auschwitz noch sich leben lasse«. Ein philosophisches Lesebuch, Frankfurt a. M. 1997, S. 11 ff.

35. Während Hegel die sokratische Unterredung in Platons Dialogen als »negative Dialektik« charakterisierte (vgl. Hegel, Werke, a. a. O. [Anm. 10], Bd. 19: Vorlesungen über die Geschichte der Philosophie II, S. 69), wurde der Begriff in nachdrücklichem Sinn wohl von Adorno geprägt und zuerst in seinem 1966 erschienenen gleichnamigen Buch verwandt; Kritische Theorie dagegen ist seit dem Aufsatz »Traditionelle und kritische Theorie« von Max Horkheimer die Bezeichnung für das Denken des Kreises um das Institut für Sozialforschung, weitgehend auch ein aus politischen Gründen benutztes ›Deckwort‹ (Gershom Scholem) für den Marxismus. *Die Horkheimersche Formulierung »kritische Theorie«* – so Adorno – *will nicht den Materialismus akzeptabel machen, sondern an ihm zum theoretischen Selbstbewußtsein bringen, wodurch er von dilettantischen Welterklärungen nicht minder sich abhebt als von der »traditionellen Theorie« der Wissenschaft. Als dialektische muß Theorie – wie weithin die Marxische – immanent sein, auch wenn sie schließlich die gesamte Sphäre negiert, in der sie sich bewegt.* (GS 6, S. 197)

36. Vgl. W. I. Lenin, Materialismus und Empiriokritizismus. Kritische Bemerkungen über eine reaktionäre Philosophie, russ. Erstausg.: Moskau 1909, erste dt. Übers.: Wien, Berlin 1927. – Vgl. auch den Text »Über Lenins ›Materialismus und Empiriokritizismus‹« von Horkheimer, der über Lenins philosophisches Hauptwerk allerdings sehr anders als Adorno urteilt (in: Horkheimer, Gesammelte Schriften, a. a. O. [Anm. 9], Bd. 11: Nachgelassene Schriften 1914-1931, hrsg. von Gunzelin Schmid Noerr, Frankfurt a. M. 1987, S. 171 ff.).

37. Diesen zentralen Gedanken seiner Philosophie hatte Adorno bereits im Mai 1965 in einem seiner Notizhefte notiert: *Alle Philosophie trifft, vermöge ihrer Verfahrungsweise, eine Vorentscheidung für den Idealismus. Denn sie muß mit Begriffen operieren, kann nicht Stoffe, Nichtbegriffliches, in ihre Texte kleben (vielleicht ist in der Kunst das Prinzip der Collage seiner selbst unbewußt der Protest eben dagegen; auch Thomas Manns Klebetechnik). Dadurch ist aber bereits dafür gesorgt, daß den Begriffen, als dem* Material *der Philosophie, der Vorrang verschafft wird. Selbst Materie ist eine Abstraktion. Aber Philosophie vermag dies ihr notwendig gesetztes ψεῦδος selbst zu erkennen, zu nennen; und wenn sie von dort weiterdenkt, zwar nicht es zu beseitigen aber so sich umzustrukturieren daß alle ihre Sätze ins Selbstbewußtsein jener Unwahrheit getaucht sind. Eben das ist die Idee einer negativen Dialektik.* (GS 6, S. 531) Während die Ausführung dieser Notiz, die Adorno der Einleitung zur *Negativen Dialektik* zugedacht hatte, unterblieben ist, finden sich verwandte Formulierungen noch in der *Ästhetischen Theorie,* vgl. etwa GS 7, S. 382 f.

38. Am Ende der 2. Vorlesung vermerkt die Vorlage: »(ab hier heftiges Rauschen und Verschwinden der Stimme, fast nichts zu verstehen; es fehlen ca. 10-12 Zeilen noch.)«

3. Vorlesung

39. Die Numerierung setzt die in den Stichworten zur 2. Vorlesung begonnene fort, s. oben, S. 25 f.

40. Die erst in der folgenden Vorlesung verwandte Einfügung 3 a s. oben, S. 55.

41. Zum Titel der Vorlesung s. oben, S. 267, Anm. 1.

42. Den Plan der Arbeit über das verdinglichte Bewußtsein, zu der er manche Aufzeichnungen in seinen Notizheften machte, hat Adorno nicht mehr verwirklichen können.

43. Adorno hielt im Wintersemester 1965/66 sein soziologisches Hauptseminar über das Thema »Zum Begriff der Gesellschaft« ab, s.

oben, Anm. 14; seine *Einleitung* scheint allerdings nicht mit dem dort vorgetragenen Text *Gesellschaft* (s. ebd. sowie GS 8, S. 9 ff.) identisch gewesen zu sein.

44. Die Vorlage hat hier (Vo 10834) noch: *an dem, was gestern mit einem Zitat aus Malinowski Herr Schelsky mit . . . bezeichnet hat;* da Helmut Schelskys Malinowski-Zitat nicht ermittelt wurde, ist der Satzteil gestrichen worden.

45. »Solche Bemühungen mit dem Zwecke oder den Resultaten sowie mit den Verschiedenheiten und Beurteilungen des einen und des anderen sind daher eine leichtere Arbeit, als sie vielleicht scheinen. Denn statt mit der Sache sich zu befassen, ist solches Tun immer über sie hinaus; statt in ihr zu verweilen und sich in ihr zu vergessen, greift solches Wissen immer nach einem Anderen und bleibt vielmehr bei sich selbst, als daß es bei der Sache ist und sich ihr hingibt.« (Hegel, Werke, a. a. O. [Anm. 10], Bd. 3, S. 13)

46. In der maschinenschriftlichen Vorlage: *Philologie* (Vo 10837).

47. Unter den zahlreichen Belegen sei hier nur der § 15 der Enzyklopädie von 1830 angeführt: »Jeder der Teile der Philosophie ist ein philosophisches Ganzes, ein sich in sich selbst schließender Kreis, aber die philosophische Idee ist darin in einer besonderen Bestimmtheit oder Elemente. Der einzelne Kreis durchbricht darum, weil er in sich Totalität ist, auch die Schranke seines Elements und begründet eine weitere Sphäre; das Ganze stellt sich daher als ein Kreis von Kreisen dar, deren jeder ein notwendiges Moment ist, so daß das System ihrer eigentümlichen Elemente die ganze Idee ausmacht, die ebenso in jedem einzelnen erscheint.« (Hegel, a. a. O. [Anm. 10], Bd. 8: Enzyklopädie der philosophischen Wissenschaften im Grundrisse <1830>, 1. Teil, S. 68.

48. Nicht ermittelt. – Henri Poincaré (1854-1912), führender Mathematiker seiner Zeit, auch theoretischer Physiker und Philosoph; Verfasser der populären Werke »La science et l'hypothèse [Wissenschaft und Hypothese]« (1902, dt. 1904) und »Science et méthode [Wissenschaft und Methode]« (1908, dt. 1914).

49. In seiner Vorlesung *Kants »Kritik der reinen Vernunft«* gebraucht Adorno den Ausdruck für Kants sozusagen vorweggenommene Hegel-Kritik: *[...] Kant hat zwar auf der einen Seite Formanalyse getrieben, zugleich aber auch gesehen, daß wenn alle Erkenntnis nichts anderes wäre als Form, wenn also alle Erkenntnis im Subjekt sich erschöpfen würde, – daß sie dann eigentlich nichts anderes wäre als eine einzige gigantische Tautologie; daß das Subjekt, indem es erkennt, immer wieder nur sich selber erkennen würde; und dieses bloße Sich-selbst-Erkennen des Subjekts, das wäre eben genau ein Rückfall in jenes mythologische Denken, dem der Aufklärer Kant entgegengearbeitet hat.* (NaS IV·4, S. 105 f.)

50. Vgl. etwa in der *Dialektik der Aufklärung: Indem aber Aufklärung gegen jede Hypostasierung der Utopie recht behält und die Herrschaft als Entzweiung ungerührt verkündet, wird der Bruch von Subjekt und Objekt, den sie zu überdecken verwehrt, zum Index der Unwahrheit seiner selbst und der Wahrheit* (GS 3, S. 57) oder in der Hegel-Studie *Skoteinos oder wie zu lesen sei: Sprache selbst, kein Index des Wahren, ist doch einer des Falschen.* (GS 5, S. 339)

51. Vgl. Spinoza, Ethices pars secunda, propositio XLIII, scholium: »Sane sicut lux seipsam, & tenebras manifestat, sic veritas norma sui, & falsi est. [Wahrlich, wie das Licht selbst und die Finsternis sich offenbart, so ist die Wahrheit die Norm ihrer selbst und des Falschen.]« (Benedictus de Spinoza, Die Ethik, lateinisch und deutsch. Rev. Übers. von Jakob Stern, Nachwort von Bernhard Lakebrink, Stuttgart 1997, S. 214/215)

52. Vgl. oben, S. 16, Anm. 12.

53. Arnold Schönberg schrieb seine Drei Satiren op. 28 1925, als er »über die Angriffe einiger meiner jüngeren Zeitgenossen sehr aufgebracht war, und wollte sie warnen, daß es nicht gut ist, mit mir anzubinden«; in dem Vorwort zu den Chorsatiren heißt es: »Erstens wollte ich alle treffen, die ihr persönliches Heil auf einem Mittelweg suchen. Denn der Mittelweg ist der einzige, der nicht nach Rom führt. Ihn aber benützen solche, die an den Dissonanzen naschen, also für modern gelten wollen, aber zu vorsichtig sind, die Konsequenzen daraus zu ziehen.« (Zit. Willi Reich, Arnold Schönberg oder Der konservative Revolutionär, München 1974, S. 161 f.)

54. Vgl. Hegel, Werke a. a. O. [Anm. 10], Bd. 5: Wissenschaft der Logik I, S. 82 ff.

55. Vgl. auch die verbindliche Formulierung, die der Gedanke in der *Einleitung* zur *Negativen Dialektik* gefunden hat: *Die Spitze, die Denken gegen sein Material richtet, ist nicht einzig die spirituell gewordene Naturbeherrschung. Während das Denken dem, woran es seine Synthesen übt, Gewalt antut, folgt es zugleich einem Potential, das in seinem Gegenüber wartet, und gehorcht bewußtlos der Idee, an den Stücken wieder gutzumachen, was es selber verübte; der Philosophie wird dies Bewußtlose bewußt.* (GS 6, S. 30 f.)

56. Vgl. in der »Götzendämmerung«: »Ich misstraue allen Systematikern und gehe ihnen aus dem Weg. Der Wille zum System ist ein Mangel an Rechtschaffenheit.« (Friedrich Nietzsche, Sämtliche Werke, a. a. O. [Anm. 31] Bd. 6, S. 63)

57. Vgl. etwa: »Läßt sich nicht Weite und Unbefangenheit des Blikkes auch mit einem Willen zum System vereinen? Muß mit anderen Worten ein System immer so geschlossen werden, daß darin kein Platz mehr für das Neue bleibt? Es besteht kein Grund, der die Philosophie hindern könnte, systematisch zu verfahren, wenn sie dabei das anstrebt, was man ein *offenes* System nennen kann. Doch was heißt das? Soll ein Gedankengebilde in derselben Hinsicht systematisch und zugleich offen sein? Das ergäbe einen Widerspruch. Aber so ist es auch nicht gemeint. Die Offenheit bezieht sich vielmehr lediglich auf die Notwendigkeit, der Unabgeschlossenheit des geschichtlichen Kulturlebens gerecht zu werden, und die eigentliche Systematik kann auf Faktoren beruhen, die alle Geschichte überragen, ohne deshalb mit ihr in Konflikt zu kommen.« (Heinrich Rickert, Vom System der Werte, in: Logos 4 [1913], S. 297)

58. Vgl. Walter Benjamin, Über das Programm der kommenden Philosophie, in: Zeugnisse. Theodor W. Adorno zum 60. Geburtstag, hrsg. von Max Horkheimer, Frankfurt a. M. 1963, S. 33 ff.; jetzt: Benjamin, Gesammelte Schriften. Unter Mitwirkung von Theodor W. Adorno und Gershom Scholem hrsg. von Rolf Tiedemann und Hermann Schweppenhäuser, Bd. II·1, 3. Aufl., Frankfurt a. M. 1990, S. 157 ff.

59. Bezieht sich auf die Frage, mit der die Stichworte zur 3. Vorlesung schlossen: *Gibt es [. . .] Dialektik ohne System;* s. oben, S. 41.

60. Ab hier legte Adorno der Vorlesung seine *Einleitung* zur *Negativen Dialektik* zu Grunde, deren erste Fassung er wahrscheinlich im Oktober 1965 diktiert hatte; jedenfalls korrigierte er das in Maschinenschrift übertragene Diktat handschriftlich zwischen dem 26. Oktober und dem 13. November 1965. Adornos Sekretärin begann am 22. November diese zweite Fassung wiederum in Maschinenschrift übertragen. Das handschriftlich durchkorrigierte Typoskript der ersten Fassung (Theodor W. Adorno Archiv, Vo 13394-13436) umfaßt 40 Seiten, das der zweiten Fassung, die sogenannte *Erste Zwischenabschrift* (Vo 13352-13393) eine Seite mehr. Adornos Stichworte beziehen sich bis zum 10. Februar 1966 auf das Typoskript der ersten Fassung, und zwar auf dessen Seiten 1 bis 28; ab dort legte er die *Erste Zwischenabschrift* zugrunde. Wenngleich die Differenz der beiden Typoskripte unerheblich ist – beide enthalten den identischen Text der zweiten Fassung, die erste Fassung ist lediglich aus dem maschinenschriftlichen Bestand des handschriftlich korrigierten Typoskripts Vo 13394 ff. zu erschließen –, wird in dem im Anhang abgedruckten Text der zweiten Fassung die Seitenzählung beider Zeugen kenntlich gemacht, und zwar in runden Klammern die des früheren, in eckigen Klammern diejenige des späteren.

61. »Une Barque sur l'océan«, Klavierstück von Ravel, und zwar das dritte des Zyklus »Miroirs« von 1905; auch in einer Version für Orchester überliefert. – Adornos außerordentliches Sensorium sah Angst *wörtlich im Titel eines der Tradition zugehörigen Klavierstücks von Ravel notiert [. . .]: Une barque sur l'océan* (GS 12, S. 102).

62. *Häuschen* scheint nachträgliche Einfügung; der folgende Satz *Zu revidieren [. . .]* schließt an *Feuerbachthesen* bzw. *Philosophie schien überholt* an; zur Bedeutung von *Häuschen* s. oben, S. 67.

63. Der Begriff des Systems spielt in der *Einleitung* zur *Metakritik der Erkenntnistheorie* eine nicht gerade periphere Rolle, vgl. etwa GS 5, S. 12 f., 18, 33, 35 f. passim. – Neben den einschlägigen, dem vorlie-

genden Kolleg parallelen Passagen der ›Einleitung‹ zur *Negativen Dialektik* (vgl. GS 6, S. 33 ff.) wäre über den Begriff des Systems etwa auch Adorno, Philosophische Terminologie. Zur Einleitung, hrsg. von Rudolf zur Lippe, Bd. 2, Frankfurt a. M. 1974, S. 263 ff. heranzuziehen.

64. Über Talcott Parsons Systemtheorie äußert Adorno sich am eingehendsten wohl in seinem Vorwort zu der Dissertation von Joachim E. Bergmann (GS 20·2, S. 668 ff.); vgl. aber auch die Vorlesung *Einleitung in die Soziologie* (NaS IV·15), S. 18 passim, sowie die ebd., S. 265, angeführten Zitate und Verweise auf weitere Stellen in Adornos Schriften.

65. Möglicherweise denkt Adorno an eine Stelle der »Enzyklopädie«: »Wir Modernen sind durch unsere ganze Bildung in Vorstellungen eingeweiht, welche zu überschreiten höchst schwierig ist, da diese Vorstellungen den tiefsten Inhalt haben. Unter den alten Philosophen müssen wir uns Menschen vorstellen, die ganz in sinnlicher Anschauung stehen und weiter keine Voraussetzung haben als den Himmel droben und die Erde umher, denn die mythologischen Vorstellungen waren auf die Seite geworfen. Der Gedanke ist in dieser sachlichen Umgebung frei und in sich zurückgezogen, frei von allem Stoff, rein bei sich. Dieses reine Beisichsein gehört zum freien Denken, dem ins Freie Ausschiffen, wo nichts unter uns und über uns ist und wir in der Einsamkeit mit uns allein dastehen.« (Hegel, Werke, a. a. O. [Anm. 10], Bd. 8, S. 98); möglicherweise aber auch eher an Hamlets Worte (I, 5; v. 166 f.): »There are more things in heaven and earth, Horatio, / Than are dreamt of in your philosophy.«

66. Vgl. Johann Gottlieb Fichte, Ausgewählte Werke in sechs Bänden, hrsg. von Fritz Medicus, Darmstadt 1962, Bd. 3, S. 1 ff., insbes. S. 18 und S. 61 ff. – Adorno hielt im Sommerssemester 1956 gemeinsam mit Horkheimer das philosophische Hauptseminar über Fichtes »Einleitungen in die Wissenschaftslehre«, *mit sehr großem Gewinn für uns selber, hoffentlich auch mit einigem für die Studenten* (17. 9. 1956, Brief an Dieter Henrich).

67. Die ›Selbstzurücknahme‹ der Phänomenologie auf die ›Grundposition der transzendentalen Subjektivität oder des εἶδος ego‹ analy-

siert Adorno vor allem zu Beginn des letzten Kapitels der *Metakritik der Erkenntnistheorie,* vgl. GS 5, S. 194 ff.

68. Karl Heinz Haag (geb. 1924), ursprünglich Student der Jesuitenhochschule Sankt Georgen, war 1951 von Horkheimer und Adorno mit einer Arbeit über Hegel promoviert worden und hatte sich 1956 für Philosophie an der Frankfurter Universität habilitiert; er lehrte dort als Professor der Philosophie, um sich 1972 angewidert vom Universitätsbetrieb zurückzuziehen; seitdem widmet er sich der freien philosophischen Forschung. Haags wichtigste Publikationen sind: Kritik der neueren Ontologie, Stuttgart 1960; Philosophischer Idealismus. Untersuchungen zur Hegelschen Dialektik mit Beispielen aus der Wissenschaft der Logik, Frankfurt a. M. 1967; Zur Dialektik von Glauben und Wissen, aus: Philosophie als Beziehungswissenschaft. Festschrift für Julius Schaaf, Bd. 1, Frankfurt a. M. 1971, S. VI/3 ff.; Der Fortschritt in der Philosophie, Frankfurt a. M. 1983.

69. Ähnlich heißt es in der *Negativen Dialektik: Motivationen und Resultanten von Heideggers gedanklichen Bewegungen lassen sich, auch wo sie nicht ausgesprochen sind, nachkonstruieren; schwerlich enträt irgendeiner seiner Sätze des Stellenwerts im Funktionszusammenhang des Ganzen. Insofern ist er Nachfahre der deduktiven Systeme.* (GS 6, S. 104)

70. S. oben, S. 54 und Anm. 58.

71. Die Metapher vom auf den Tisch legen der Karten benutzt Adorno in der ›Vorrede‹ zur *Negativen Dialektik,* um deren Funktion innerhalb seines Gesamtwerks zu bezeichnen, vgl. GS 6, S. 9.

72. »Das *was ist* zu begreifen, ist die Aufgabe der Philosophie, denn das *was ist,* ist die Vernunft. Was das Individuum betrifft, so ist ohnehin jedes ein *Sohn seiner Zeit;* so ist auch die Philosophie *ihre Zeit in Gedanken erfaßt.* Es ist ebenso töricht zu wähnen, irgendeine Philosophie gehe über ihre gegenwartige Welt hinaus, als, ein Individuum überspringe seine Zeit [. . .].« (Hegel, Werke, a. a. O. [Anm. 10], Bd. 7, S. 26)

73. Vgl. Theodor W. Adorno, Zur Logik der Sozialwissenschaften, in: Kölner Zeitschrift für Soziologie und Sozialpsychologie 14 (1962), S. 249 ff. (Heft 2); jetzt: GS 8, 547 ff.

74. Vgl. etwa Charles Horton Cooley, *Social Organization: A Study of the Larger Mind,* New York 1909, S. 23 f.: »By primary groups I mean those characterized by intimate face-to-face association and cooperation. They are primary in several senses, but chiefly in that they are fundamental in forming the social nature and ideals of the individual. The result of intimate association, psychologically, is a certain fusion of individualities in a common whole, so that one's very self, for many purposes at least, is the common life and purpose of the group. Perhaps the simplest way of describing this wholeness is by saying that it is a ›we‹; it involves the sort of sympathy and mutual identification for which ›we‹ is the natural expression. One lives in the feeling of the whole and finds the chief aims of his will in that feeling. [. . .] The most important spheres of this intimate association and cooperation – though by no means the only ones – are the family, the play-group of children, and the neighborhood or community group of elders. These are practically universal, belonging to all times and all stages of development; and are accordingly a chief basis of what is universal in human nature and human ideals.«

75. Vgl. GS 6, S. 446, 448.

76. Anspielung auf Otto Friedrich Bollnow, Neue Geborgenheit, Stuttgart 1956; vgl. auch GS 6, S. 419 f. passim.

77. »Die Philosophen haben die Welt nur verschieden *interpretiert,* es kömmt drauf an, sie zu *verändern.*« (Karl Marx, Friedrich Engels, Werke [= MEW], Bd. 3, Berlin 1958, S. 7)

78. Diesen zentralen Gedanken formulierte Marx schon in seiner Dissertation, in der es über das philosophische System heißt: »Begeistet mit dem Trieb, sich zu verwirklichen, tritt es in Spannung gegen anderes. Die innere Selbstgenügsamkeit und Abrundung ist gebrochen. Was innerliches Licht war, wird zur verzehrenden Flamme, die sich nach außen wendet. So ergibt sich die Konsequenz, daß das Philosophisch-Werden der Welt zugleich ein Weltlich-Werden der Philosophie, daß ihre Verwirklichung zugleich ihr Verlust, daß, was sie nach außen bekämpft, ihr eigener innerer Mangel ist [. . .].« (Marx/Engels, MEW, Ergänzungsbd. 1. Teil, Berlin 1968, S. 328) In der »Kritik der Hegelschen Rechtsphilosophie« von 1844 bezieht Marx dann

den Gedanken konkret auf den geschichtlichen Augenblick: »In Deutschland kann keine Art der Knechtschaft gebrochen werden, ohne jede Art der Knechtschaft zu brechen. Das gründliche Deutschland kann nicht revolutionieren, ohne von Grund aus zu revolutionieren. Die Emanzipation des Deutschen ist die Emanzipation des Menschen. Der Kopf dieser Emanzipation ist die Philosophie, ihr Herz das Proletariat. Die Philosophie kann sich nicht verwirklichen ohne die Aufhebung des Proletariats, das Proletariat kann sich nicht aufheben ohne die Verwirklichung der Philosophie.« (Ebd., Bd. 1, S. 391)

79. *Die Aktualität der Philosophie* war bereits der Titel von Adornos 1931 gehaltener Antrittsvorlesung an der Frankfurter Universität, vgl. GS 1, S. 325 ff.

5. Vorlesung

80. Das Datum vom Anfang der Stichworte zur 5. Vorlesung bezeichnet den Tag der Niederschrift, das vom Ende dasjenige des Tages, an dem Adorno abgebrochen hat; da im vorliegenden Fall beide identisch sind, wurden die Stichworte also am Vormittag des Tages notiert, an dem die Vorlesung selber nachmittags gehalten wurde.

81. Vgl. Theodor W. Adorno, Eingriffe. Neun kritische Modelle, Frankfurt a. M. 1963, S. 11 ff.; jetzt GS 10·2, S. 459 ff.

82. Von Adorno übernommener Begriff Benjamins; die Formulierung ist einer der Aufzeichnungen zum Passagenwerk entnommen: »Entschiedne Abkehr vom Begriffe der ›zeitlosen Wahrheit‹ ist am Platz. Doch Wahrheit ist nicht – wie der Marxismus es behauptet – nur eine zeitliche Funktion des Erkennens sondern an einen Zeitkern, welcher im Erkannten und Erkennenden zugleich steckt, gebunden.« (Walter Benjamin, Gesammelte Schriften, a. a. O. [Anm. 58], Bd. V·1, 4. Aufl., Frankfurt a. M. 1996, S. 578)

83. Das heißt: im Grunde *ist* der emphatisch verstandene Augenblick eben die Stillstellung von Zeit oder Geschichte. – Für Kierkegaard ist der Augenblick »die Übergangskategorie schlechthin (*μεταβολή*)«

(Sören Kierkegaard, Die Krankheit zum Tode u.a., hrsg. von Hermann Diem und Walter Rest, München 1976, S. 540), in letzter Instanz die des Übergangs zwischen Zeit und Ewigkeit, Endlichkeit und Unendlichkeit; im »Begriff der Angst« schreibt er: »Der Augenblick ist jenes Zweideutige, in dem Zeit und Ewigkeit einander berühren, und hiermit ist der Begriff der *Zeitlichkeit* gesetzt, in der die Zeit beständig die Ewigkeit abreißt und die Ewigkeit beständig die Zeit durchdringt.« (Ebd., S. 547) – Paul Tillich sprach vom *καιρός*, dem rechten, günstigen Augenblick einer ›neuen Zeitenfülle‹, in dem »der Kampf zwischen dem Göttlichen und dem Dämonischen auf einen Augenblick zugunsten des Göttlichen entschieden werden [mag], obwohl es keine Garantie gibt, daß es so kommen muß«. (Paul Tillich, Gesammelte Werke, hrsg. von Renate Albrecht, Ergänzungs- und Nachlaßbände, Bd. 4: Die Antworten der Religion auf Fragen der Zeit, Stuttgart 1975, S. 131)

84. So auch in der Auseinandersetzung mit der studentischen Protestbewegung 1969: *Der scheinrevolutionäre Gestus ist komplementär zu jener militärtechnischen Unmöglichkeit spontaner Revolution, auf die vor Jahren bereits Jürgen von Kempski hinwies. Gegen die, welche die Bombe verwalten, sind Barrikaden lächerlich; darum spielt man Barrikaden, und die Gebieter lassen temporär die Spielenden gewähren.* (GS 10·2, S. 771 f.) Kempskis Aufsatz war nicht sicher zu ermitteln; möglicherweise eine vage Erinnerung an Jürgen von Kempski, Das kommunistische Palimpsest, in: Merkur 7, Jg. 2, 1948, 1. Heft, S. 53 ff.

85. In der Arbeiterbewegung gewann mit und nach dem Erfurter Programm von 1891 die Auffassung ein gewisses Gewicht, daß es zur Erreichung des Sozialismus keiner Revolution bedürfe, sondern daß sie mittels Reformen, auf parlamentarischem Weg, zu erreichen sei; Hauptvertreter der reformistisch-revisionistischen Theorie und Politik, die um 1910 in der deutschen Sozialdemokratie die Oberhand bekommen hatte, war Eduard Bernstein (1850-1932). Zu Reformismus und Revisionismus vgl. im übrigen Predrag Vranicki, Geschichte des Marxismus, übers. von Stanislava Rummel und Vjeskoslava Wiedmann, Frankfurt a. M. 1972, Bd. 1, S. 277 ff. – Adornos Stellung zum Reformismus, von dessen geschichtlich wechselnder Funktion unbeeindruckt, blieb die gleiche; 1942, in den *Reflexionen zur Klassentheorie,* war sie die ablehnende der orthodoxen Lehre: *Nur*

die Reformisten haben sich auf die Klassenfrage diskutierend eingelassen, um mit der Leugnung des Kampfes, der statistischen Würdigung der Mittelschichten und dem Lob des umspannenden Fortschritts den beginnenden Verrat zu bemänteln. (GS 8, S. 381) Noch 1969, in den *Marginalien zu Theorie und Praxis,* heißt es unverändert radikal, obgleich genauso kritisch gegen die Pseudo-Aktivisten unter den studentischen Rebellen: *Wer nicht den Übergang zu irrationaler und roher Gewalt mitvollzieht, sieht in die Nachbarschaft jenes Reformismus sich gedrängt, der seinerseits mitschuldig ist am Fortbestand des schlechten Ganzen. Aber kein Kurzschluß hilft, und was hilft, ist dicht zugehängt. Dialektik wird zur Sophistik verdorben, sobald sie pragmatistisch auf den nächsten Schritt sich fixiert, über den doch die Erkenntnis der Totale längst hinausreicht.* (Ebd., S. 770)

86. Um eine dialektische Anthropologie geht es nicht zuletzt in der *Dialektik der Aufklärung,* vor allem in den ›Aufzeichnungen und Entwürfen‹ (vgl. GS 3, S. 17); vgl. ebenfalls Adornos *Notizen zur neuen Anthropologie* im achten und letzten Band der Frankfurter Adorno Blätter (München 2003).

87. Die berühmte Stelle von Marx findet sich im 3. Band des »Kapitals«: »Das Reich der Freiheit beginnt in der Tat erst da, wo das Arbeiten, das durch Not und äußere Zweckmäßigkeit bestimmt ist, aufhört; es liegt also der Natur der Sache nach jenseits der Sphäre der eigentlichen materiellen Produktion. Wie der Wilde mit der Natur ringen muß, um seine Bedürfnisse zu befriedigen, um sein Leben zu erhalten und zu reproduzieren, so muß es der Zivilisierte, und er muß es in allen Gesellschaftsformen und unter allen möglichen Produktionsweisen. Mit seiner Entwicklung erweitert sich dies Reich der Naturnotwendigkeit, weil die Bedürfnisse; aber zugleich erweitern sich die Produktivkräfte, die diese befriedigen. Die Freiheit in diesem Gebiet kann nur darin bestehn, daß der vergesellschaftete Mensch, die assoziierten Produzenten, diesen ihren Stoffwechsel mit der Natur rationell regeln, unter ihre gemeinschaftliche Kontrolle bringen, statt von ihm als von einer blinden Macht beherrscht zu werden; ihn mit dem geringsten Kraftaufwand und unter den ihrer menschlichen Natur würdigsten und adäquatesten Bedingungen vollziehn. Aber es bleibt dies immer ein Reich der Notwendigkeit. Jenseits desselben beginnt die menschliche Kraftentwicklung, die sich als Selbstzweck gilt, das wahre Reich der Freiheit, das aber nur auf jenem Reich der

Notwendigkeit als seiner Basis aufblühn kann. Die Verkürzung des Arbeitstags ist die Grundbedingung.« (Marx/Engels, MEW, Bd. 25, Berlin 1968, S. 828)

88. Mit seinen Ausführungen über Theorie und Praxis in der Vorlesung von 1965/66 nahm Adorno die Problematik vorweg, die im Zusammenhang der Studentenbewegung 1968 dann zu schweren Konflikten zwischen dem Lehrer und seinen Schülern führte; vgl. hierzu auch die Dokumentation »Kritik der Pseudo-Aktivität. Adornos Verhältnis zur Studentenbewegung im Spiegel seiner Korrespondenz«, in: Frankfurter Adorno Blätter VI, München 2000, S. 42 ff. – Ihre endgültige Formulierung hat Adornos Theorie über das Verhältnis von Theorie und Praxis in der Anfang 1969 entstandenen Arbeit *Marginalien zu Theorie und Praxis* gefunden (vgl. GS 10·2, S. 759 ff.).

89. Adorno bestimmt in seiner *Metaphysik*-Vorlesung von 1965 die Ethik des Aristoteles dahingehend, *daß in dieser noch die sogenannten dianoetischen Tugenden, also die Tugenden, die in der reinen Kontemplation und Selbstreflexion ohne Rücksicht auf ein Tun bestehen, gegenüber allen anderen Tugenden den Vorrang haben. Das Denken genügt sich selbst gegen die Praxis.* (NaS IV·14, S. 145)

90. Die Abschreiberin hat den Namen als ›Franz Tempert‹ verstanden, was eine Fehlhörung für *Franz Pfemfert* sein dürfte. Allerdings ist die Formulierung bei Pfemfert (1879-1954), dem Herausgeber der expressionistischen »Aktion« und Freund Trotzkis, leider nicht ermittelt.

91. S. auch oben, S. 37 f.

92. Von Adorno häufig gebrauchte Anspielung auf Formulierungen in der »Phänomenologie des Geistes«: »Worauf es [. . .] bei dem Studium der Wissenschaft ankommt, ist, die Anstrengung des Begriffs auf sich zu nehmen.« (Hegel, Werke, a. a. O. [Anm. 10], Bd. 3, S. 56) Und: »Wahre Gedanken und wissenschaftliche Einsicht ist nur in der Arbeit des Begriffs zu gewinnen.« (Ebd., S. 65).

93. Vgl. am Anfang der »Deutschen Ideologie«: »Da nach ihrer [scil. der Junghegelianer] Phantasie die Verhältnisse der Menschen, ihr

ganzes Tun und Treiben, ihre Fesseln und Schranken Produkte ihres Bewußtseins sind, so stellen die Junghegelianer konsequenterweise das moralische Postulat an sie, ihr gegenwärtiges Bewußtsein mit dem menschlichen, kritischen oder egoistischen Bewußtsein zu vertauschen und dadurch ihre Schranken zu beseitigen. Diese Forderung, das Bewußtsein zu verändern, läuft auf die Forderung hinaus, das Bestehende anders zu interpretieren, d. h. es vermittelst einer andren Interpretation anzuerkennen. Die junghegelschen Ideologen sind trotz ihrer angeblich ›welterschütternden‹ Phrasen die größten Konservativen.« (Marx/Engels, MEW, Bd. 3, S. 20)

94. Vgl. Max Horkheimer und Theodor W. Adorno, Vorbemerkung zu Alfred Schmidt, Der Begriff der Natur in der Lehre von Marx, Frankfurt a. M. 1962, S. 8 [jetzt GS 20·2, S. 655]: *Über Gelehrte, die einem praktischen thema probandum, irgendeinem Effekt zuliebe, von ihrer Erkenntnis etwas sich abhandeln lassen, hat Marx verächtlich geredet: er hat sie Lumpen genannt.* – Die Stelle bei Marx wird weder zitiert noch nachgewiesen, sie wurde auch nicht ermittelt.

95. Karl Korsch (1889-1961), Politiker, Jurist, Philosoph; Mitarbeiter an Horkheimers Zeitschrift für Sozialforschung. Zeitweilig scheint Horkheimer daran gedacht zu haben, gemeinsam mit Korsch über Dialektik zu arbeiten (vgl. die Briefe von Korsch in Horkheimer, Gesammelte Schriften, a. a. O. [Anm. 9], Bd. 18). Seine Kritik an der *Dialektik der Aufklärung* ist nicht ermittelt, wahrscheinlich handelte es sich um mündliche Äußerungen von Korsch.

96. Adorno denkt unter anderem, wenn nicht vor allem an die Untersuchung von Helms über Stirner, vgl. Hans G Helms, Die Ideologie der anonymen Gesellschaft. Max Stirners ›Einziger‹ und der Fortschritt des demokratischen Selbstbewußtseins vom Vormärz bis zur Bundesrepublik, Köln 1966; über den Linkshegelianismus ist immer noch nützlich zu vgl. Karl Löwith, Von Hegel zu Nietzsche. Der revolutionäre Bruch im Denken des 19. Jahrhunderts, in: Sämtliche Schriften, Bd. 4, Stuttgart 1988, S. 87 ff. – Im übrigen ist der Vorwurf eines Rückfalls in Linkshegelianismus wohl der am häufigsten gegen Adorno und die Kritische Theorie insgesamt erhobene; in erster Linie von neomarxistischer Seite, aber durchaus nicht nur von ihr erhobene. Adorno selber hat Marx' unerbittliche Abfertigung der histori-

schen Linkshegelianer, wie sie in der »Deutschen Ideologie« geübt wird, sich niemals uneingeschränkt zu eigen gemacht; wie von Kierkegaard, hätte er auch von sich sagen können, daß er *über die Linkshegelianer nicht gering* denke (GS 6, S. 134). Während Marx, *das Erbe der klassischen deutschen Philosophie* aufbewahrend, *gegen Feuerbach und die Linkshegelianer im Hegelschen Geist argumentierte* (GS 8, S. 231), entdeckte Adorno in der Tiefe der Hegelschen Argumentationen gleichsam linkshegelianische Motive und legitimierte insoweit den Linkshegelianismus: *Fällt schließlich in der Totale, wie bei Hegel, alles ins Subjekt als absoluten Geist, so hebt der Idealismus damit sich auf, daß keine Differenzbestimmung überlebt, an der das Subjekt, als Unterschiedenes, als Subjekt faßbar wäre. Ist einmal, im Absoluten, das Objekt Subjekt, so ist das Objekt nicht länger dem Subjekt gegenüber inferior. Identität wird auf ihrer Spitze Agens des Nichtidentischen. So unüberschreitbar in Hegels Philosophie die Grenzen gezogen waren, welche verboten, diesen Schritt manifest zu tun, so unabweislich ist er doch ihrem eigenen Gehalt. Der Linkshegelianismus war keine geistesgeschichtliche Entwicklung über Hegel hinaus, die ihn mit Mißverstand verbogen hätte, sondern, getreu der Dialektik, ein Stück Selbstbewußtsein seiner Philosophie, das diese sich versagen mußte, um Philosophie zu bleiben.* (GS 5, S. 308) Der immanent philosophischen Ehrenrettung des Linkshegelianismus entspricht zugleich eine von der geschichtlichen Entwicklung erzwungene, die längst jeden Gedanken an eine ›Verwirklichung der Philosophie‹ eitel erscheinen läßt und in eins damit die Hoffnung auf so etwas wie revolutionäre Praxis kassiert. In diesem Sinn führte Adorno etwa in der Diskussion, die sich 1961 auf der Internen Arbeitstagung der DGS in Tübingen an die Referate von Karl Popper und ihm selber zur Logik der Sozialwissenschaften anschloß, aus: *Die gesellschaftliche Realität hat sich in einer Weise verändert, daß man fast zwangshaft auf den von Marx und Engels so höhnisch kritisierten Standpunkt des Linkshegelianismus zurückgedrängt wird; einfach deshalb nämlich, weil erstens die von Marx und Engels entwickelte Theorie selber eine unterdessen vollkommen dogmatische Gestalt angenommen hat; zweitens, weil in dieser dogmatisierten und stillgestellten Form der Theorie der Gedanke an die Veränderung der Welt selbst zu einer scheußlichen Ideologie geworden ist, die dazu dient, die erbärmlichste Praxis der Unterdrückung der Menschen zu rechtfertigen. Drittens aber – und das ist das Allerernsteste –, weil der Gedanke, daß man durch die Theorie und durch das Aussprechen der Theorie unmittelbar die Menschen ergreifen und zu einer Aktion veranlassen kann, doppelt unmöglich gewor-*

den ist durch die Verfassung der Menschen, die durch die Theorie bekanntlich dazu in keiner Weise mehr sich veranlassen lassen und durch die Gestalt der Wirklichkeit, die die Möglichkeit solcher Aktionen, wie sie bei Marx noch als am nächsten Tag bevorstehend erschienen sind, ausschließt. Wenn man heute also so tun wollte, als ob man morgen die Welt verändern kann, dann wäre man ein Lügner. (Zit. Ralf Dahrendorf, Anmerkungen zur Diskussion der Referate von Karl R. Popper und Theodor W. Adorno, in: Kölner Zeitschrift für Soziologie und Sozialpsychologie 14 [1962], S. 268 f. [Heft 2])

97. Zentraler Gedanke Adornos in den späteren Jahren, vor allem auch in der Auseinandersetzung mit der studentischen Protestbewegung wiederholt herausgestellt. Vgl. etwa in *Anmerkungen zum philosophischen Denken: Denken erschöpft sich so wenig im psychologischen Vorgang wie in der zeitlos reinen, formalen Logik. Es ist eine Verhaltensweise, und ihr ist unabdingbar die Beziehung zu dem, wozu es sich verhält.* (GS 10·2, S. 602) Oder in den *Marginalien zu Theorie und Praxis: Denken ist ein Tun, Theorie eine Gestalt von Praxis; allein die Ideologie der Reinheit des Denkens täuscht darüber. Es hat Doppelcharakter: ist immanent bestimmt und stringent, und gleichwohl eine unabdingbar reale Verhaltensweise inmitten der Realität.* (Ebd., S. 761)

98. Den Begriff der Pseudo-Aktivität zog Adorno später zur Kritik der studentischen Protestbewegung heran; vgl. etwa GS 10·2, S. 771 f., s. auch oben, Anm. 88.

6. Vorlesung

99. S. oben, Anm. 76 und S. 73.

100. Die Stellenangabe bezieht sich auf den 4. Band der Glocknerschen Jubiläumsausgabe (Stuttgart 1928); s. auch unten, Anm. 105.

101. Ab hier beziehen die eingeklammerten Ziffern sich, ebenso wie in den Stichworten zu den folgenden Vorlesungen, wiederum auf den im Anhang des vorliegenden Bandes abgedruckten Vortragstext, s. auch oben, Anm. 60.

102. Mindestens bis hier sind auch die Stichworte zu vergleichen, die zur vorangehenden 5. Vorlesung abgedruckt werden.

103. Das Nichtidentische ist ein – in gewisser Hinsicht: der – Schlüssel- oder Kernbegriff der Adornoschen Philosophie; er nennt das, um was es dieser zu tun ist. Mit dem Gegensatz des Nichtidentischen zum Identischen dürfte weitgehend übereinkommen, was nach traditioneller Terminologie vom Materiellen im Unterschied zum Ideellen, vom Vielen in dem zum Einen gemeint wird: nicht das Allgemeine, sondern das Besondere, das Individuum ineffabile. Insoweit folgt auch Adornos Denken jener von Husserl ausgegebenen Parole ›Zu den Sachen selber‹, das an die Stelle des sich Bescheidens in der abstrakten Begrifflichkeit treten sollte, wie sie vor allem im Neukantianismus vorherrschte. Wenn es Sache der *Negativen Dialektik* ist, eine nachträgliche *Methodologie der materialen Arbeiten des Autors* (GS 6, S. 9) zu geben, dann hat die ›Einleitung‹ (und die ihr korrespondierende Vorlesung) das Verfahren zu exponieren, mit dessen Hilfe Adorno hofft, dem Nichtidentischen seiner Materialien gerecht zu werden. Dabei sind sowohl Hegel wie Kant von Nutzen, und mehr als jener der letztere. Das ›Prinzip absoluter Identität‹, wie der Hegelsche Idealismus es verfochten hat, *perpetuiert Nichtidentität als unterdrückte und beschädigte. Die Spur davon ging ein in Hegels Anstrengung, Nichtidentität durch die Identitätsphilosophie zu absorbieren, ja Identität durch Nichtidentität zu bestimmen. Er verzerrt jedoch den Sachverhalt, indem er das Identische bejaht, das Nichtidentische als freilich notwendig Negatives zuläßt, und die Negativität des Allgemeinen verkennt. Ihm mangelt Sympathie für die unter der Allgemeinheit verschüttete Utopie des Besonderen, für jene Nichtidentität, welche erst wäre, wenn verwirklichte Vernunft die partikulare des Allgemeinen unter sich gelassen hätte.* (GS 6, S. 312) Kant dagegen tat dem Nichtidentischen eher Gerechtigkeit, indem er es aus dem System draußen hielt; noch in einer seiner letzten Arbeiten, in der achten These *Zu Subjekt und Objekt* hat Adorno sich an einer Interpretation und Kritik Kants versucht, die dem Verhältnis des Dings an sich zum Nichtidentischen gilt (vgl. GS 10·2, S. 752 ff.). Daß im Ding an sich *in Kant die Erinnerung an das gegen die Konsequenzlogik widerspenstige Moment, die Nichtidentität* überlebe, war vorher schon in der *Negativen Dialektik* (GS 6, S. 286, Anm.) festgehalten worden, in der Adorno unter dem Titel *Vorrang des Objekts* den Gedanken zur eigenen Theorie entfaltet hat. In gewissem Sinn ist *Negative Dialektik* auch der von

Adorno bereits in der *Metakritik der* Erkenntnistheorie unternommene Versuch, die Logik endlich *zum Sprechen zu bringen*, nicht Sprache immer nur weiter in Logik zu übersetzen (GS 5, S. 47). ›Erfüllt‹ würde ›der Begriff des Begriffs‹, um den es zu tun ist, allenfalls durch den Namen, wenn er zu haben wäre; im Namen wäre wohl heimzubringen, wonach die Philosophie unter dem Titel der intellektuellen Anschauung vergeblich gesucht hat: das nichtidentische Bestimmte, die unauslöschliche Farbe des Konkreten. Im »Ursprung des deutschen Trauerspiels« hat Benjamin das adamitische Namengeben, »das Wort [. . .], das von neuem seine benennenden Rechte beansprucht«, umstandslos für die Philosophie reklamiert; Adorno ist ihm darin nicht gefolgt. Adorno vermutete vom Nichtidentischen, nämlich dem mit dem spekulativen Begriff nicht identischen, es sei *vielmehr das, was Kant mit dem Begriff der Idee umriß* (GS 10·2, S. 752). – »Das Nichtidentische«, so heißt es zu Recht in einem Aufsatz von Ritsert, »ist keine geheimnisvolle Substanz, sondern steht als abkürzender Ausdruck für eine Fülle von Problemen, mit denen sich die kritische Theorie Adornos auseinandersetzt und die sie teilweise aufwirft.« (Jürgen Ritsert, Das Nichtidentische bei Adorno – Substanz- oder Problembegriff?, in: Zeitschrift für kritische Theorie, 3. Jg., Heft 4/1997, S. 48)

104. So nicht ermittelt. – Da Adorno an anderer Stelle über die Marx'sche Lehre von *der lebendigen Arbeit, aus der seinem Begriff nach allein der Mehrwert fließt,* spricht (GS 8, S. 359) und es in den *Minima Moralia* heißt, daß Marx es den Tieren *nicht einmal gönnt, daß sie als Arbeitende Mehrwert liefern* (GS 4, S. 261), so dürfte er eine Stelle aus dem 5. Kapitel des ersten Bands über den Arbeitsprozeß im Gedächtnis haben, aus der zu *folgern* ist, daß Mehrwert nicht von Tieren produziert wird: »Wir unterstellen die Arbeit in einer Form, worin sie dem Menschen ausschließlich angehört. Eine Spinne verrichtet Operationen, die denen des Webers ähneln, und eine Biene beschämt durch den Bau ihrer Wachszellen manchen menschlichen Baumeister. Was aber von vornherein den schlechtesten Baumeister vor der besten Biene auszeichnet, ist, daß er die Zelle in seinem Kopf gebaut hat, bevor er sie in Wachs baut. Am Ende des Arbeitsprozesses kommt ein Resultat heraus, das beim Beginn desselben schon in der Vorstellung des Arbeiters, also schon ideell vorhanden war.« (Marx: Das Kapital I, MEW, Bd. 23, Berlin 1969, S. 193)

105. Die Seite 110 des 4. Bandes der Glocknerschen Jubiläumsausgabe (Stuttgart 1928) entspricht den S. 103 f. der in der vorliegenden Edition benutzten Hegel-Ausgabe von Moldenhauer und Michel, s. Anm. 10.

106. Hegel, Werke, a. a. O. [Anm. 10], S. 103. – Die bei Hegel dem zitierten Satz folgende Argumentation faßt Adorno in seinem Handexemplar der »Logik« in einer handschriftlichen Marginalie zusammen: *Sein Unbestimmt. Als unbestimmt bestimmt als Negation des Bestimmten. Daher = nichts.*

107. Ebd., S. 103 f.

108. Vgl. *Skoteinos oder Wie zu lesen sei,* GS 5, S. 326 ff.

109. Vgl. hierzu auch GS 6, S. 531, und GS 7, S. 382 f.

110. Vgl. in »Die Fehlleistungen«, der zweiten Vorlesung: »Es ist wahr, die Psychoanalyse kann nicht von sich rühmen, daß sie sich nie mit Kleinigkeiten abgegeben hat. Im Gegenteil, ihren Beobachtungsstoff bilden gewöhnlich jene unscheinbaren Vorkommnisse, die von den anderen Wissenschaften als allzu geringfügig beiseite geworfen werden, sozusagen der Abhub der Erscheinungswelt.« (Sigm[und] Freud, Gesammelte Werke. Chronologisch geordnet, Bd. 11: Vorlesungen zur Einführung in die Psychoanalyse, 7. Aufl., Frankfurt a. M. 1978, S. 19 f.). – Adorno hat die Formulierung auch sonst nicht gerade selten zitiert, vgl. etwa GS 1, S. 232 und S. 336; GS 4, S. 273; GS 6, S. 172; GS 8, S. 188 und S. 552; GS 10·1, S. 73 und S. 262; GS 13, S. 187 und S. 417.

111. Ähnlich formulierte Adorno bereits 1931, in seiner akademischen Antrittsvorlesung, sein philosophisches Programm: *Die Auskonstruktion kleiner und intentionsloser Elemente rechnet [. . .] zu den gründenden Voraussetzungen philosophischer Deutung; die Wendung zum ›Abhub der Erscheinungswelt‹, die Freud proklamierte, hat Geltung übers Bereich der Psychoanalyse hinaus, ebenso wie die Wendung der fortgeschrittenen Sozialphilosophie zur Ökonomie nicht bloß aus der empirischen Übermacht der Ökonomie, sondern ebensowohl aus der immanenten Forderung philosophischer Deutung selber hervorgeht.* (GS 1, S. 336)

112. Vgl. Max Scheler, Gesammelte Werke, Bd. 2: Der Formalismus in der Ethik und die materiale Wertethik. Neuer Versuch der Grundlegung eines ethischen Personalismus, 6. Aufl., Bern, München 1980

113. S. oben, S. 106f. – Adornos Ausführungen zu Bergson in der *Negativen Dialektik* (vgl. GS 6, S. 20f. und 327f.) ging die ausführlichere Behandlung in der *Metakritik der Erkenntnistheorie* voraus (vgl. GS 5, S. 52ff. passim); aufschlußreich für das Verhältnis der Kritischen Theorie zu Bergson ist, neben den beiden bedeutenden Aufsätzen Horkheimers, auch die bei Adorno entstandene Dissertation von Peter Gorsen, Zur Phänomenologie des Bewußtseinsstroms. Bergson, Dilthey, Husserl, Simmel und die lebensphilosophischen Antinomien, Bonn 1966.

7. Vorlesung

114. Zu der *Umfunktionierung der Idee des Unendlichen,* die im folgenden von Adorno entwickelt wird, vgl. auch parallele, obgleich völlig anders intendierte Bemühungen von Emmanuel Lévinas, die ›in Abrede stellen‹, »daß die Synthese des Wissens, die vom *transzendentalen Ich* umfaßte Totalität des Seienden« ›letztgültige Instanz‹ ist, »die Eintracht einer Welt zu gewährleisten und so die *Vernunft* bis zu ihrem Ende darzustellen. Die Vernunft bis zu ihrem Ende oder den Frieden zwischen den Menschen«; statt dessen wendet Lévinas' Denken sich zur prophetischen Eschatologie: »Sie ist Beziehung zu *einem Mehr, das immer außerhalb der Totalität ist,* als ob die objektive Totalität nicht das wahre Maß des Seins erfüllte, als ob ein anderer Begriff – der Begriff des *Unendlichen* – diese Transzendenz im Verhältnis zur Totalität ausdrücken müßte, eine Transzendenz, die in der Totalität nicht aufgehen kann und ebenso ursprünglich ist wie die Totalität.« (Emmanuel Lévinas, Totalität und Unendlichkeit. Versuch über die Exteriorität, übers. von Wolfgang Nikolaus Krewani, 3. Aufl., München 2002, S. 8 f., 22) Heißt das, Philosophie zurückübersetzen in eine Theologie, die Adorno sich ebenso verboten hätte wie die heideggerisierende Sprache, so treffen der jüdische Religionsphilosoph und der negative Dialektiker sich doch in dem Primat, den beide der Moral, einem ›neuen kategorischen Imperativs‹ zuerkennen. (Zu Lévinas' Begriff des Unendlichen vgl. auch ders., Jenseits des Seins oder anders als Sein

geschieht, übers. von Thomas Wiemer, 2. Aufl., München 1998, S. 43 ff., 209 ff., 316 ff. passim, sowie ders., Ethik und Unendliches. Gespräche mit Philippe Nemo, übers. von Dorothea Schmidt, Wien 1996.)

115. Vgl. etwa GS 6, S. 450 und 452 f.

116. Zur Idee des Konkreten in der neueren Philosophie vgl. NaS IV·13, S. 352 f. und Anm. 354; auch Adornos Nachwort zu den »Deutschen Menschen« von Benjamin, GS 11, S. 688 f.

117. Wilhelm Traugott Krug (1770-1842); Kantianer, lehrte in Königsberg und Leipzig.

118. Vgl. Hegels Abfertigung im »Kritischen Journal der Philosophie«, in der es heißt, Krug sei – übrigens bei Schelling – aufgefallen, »daß versprochen sei, das ganze System unserer Vorstellungen solle deduziert werden; und ob er schon selbst eine Stelle im transzendentalen Idealismus [von Schelling] gefunden hat, worin der Sinn dieses Versprechens ausdrücklich erläutert ist, so kann er sich doch nicht enthalten, wieder überhaupt zu vergessen, daß hier von Philosophie die Rede ist. Herr Krug kann sich nicht enthalten, die Sache wie der gemeinste Plebs zu verstehen und zu fordern, es solle jeder Hund und Katze, ja sogar Herrn Krugs Schreibfeder deduziert werden, und da dies nicht geschieht, so meint er, es müsse seinem Freunde der kreißende Berg und das kleine, kleine Mäuschen einfallen; *man hätte* sich nicht sollen das Ansehen geben, als ob man das ganze System der Vorstellungen deduzieren wolle.« (Hegel, Werke, a. a. O. [Anm. 10], Bd. 2, S. 194) In einem der Zusätze zur ›Enzyklopädie‹ kam Hegel noch einmal auf Krugs Schreibfeder zurück: »Herr Krug hat in diesem und zugleich nach anderer Seite hin ganz naiven Sinne einst die Naturphilosophie aufgefordert, das Kunststück zu machen, nur seine Schreibfeder zu deduzieren. – Man hätte ihm etwa zu dieser Leistung und respektiven Verherrlichung seiner Schreibfeder Hoffnung machen können, wenn dereinst die Wissenschaft so weit vorgeschritten und mit allem Wichtigeren im Himmel und auf Erden in der Gegenwart und Vergangenheit im Reinen sei, daß es nichts Wichtigeres mehr zu begreifen gebe.« (Ebd., Bd. 9, S. 35) – Vgl. auch GS 6, S. 49.

119. So etwa führt, im »Sophistes«, der Fremdling gegenüber dem Theaitetos am Beispiel einer Begriffsbestimmung des Sophisten – mit einem weniger ›erbärmlichen‹ als vielmehr kleinen und unscheinbaren Exempel für ›Großes‹ – aus: »Immer aber muß man in allen Dingen über die Sache lieber durch Erklärungen sich verständigen als nur über den Namen *ohne* Erklärung. Der ganze Stamm aber, den wir jetzt vorhaben zu suchen, ist wohl nicht eben vor andern leicht zu ergreifen: wohin er gehört, der Sophist. Was aber Großes wohl gelingen soll, darüber sind alle von jeher einig, daß man es zuvor an Kleinem und Leichterem üben müsse, ehe als an dem Größten selbst. So auch jetzt, o Theaitetos, rate ich wenigstens uns beiden, weil wir die Art des Sophisten für mühsam und schwer einzufangen halten, zuvor an etwas anderem, Leichterem das Verfahren zu versuchen, wenn du nicht etwa anderswoher einen anderen, leichteren Weg anzugeben hast. *Theaitetos:* Den habe ich nicht. *Fremder:* Sollen wir uns also etwas ganz Geringes holen und daran versuchen, ein Vorbild aufzustellen für das Größere? *Theaitetos:* Ja.« (Nach Schleiermachers Übersetzung in: Platon, Sämtliche Werke, hrsg. von Erich Loewenthal, 8. Aufl., Heidelberg 1982, Bd. II, S. 667 f.)

120. Über Adornos Stellung zu Ludwig Klages vgl. auch NaS IV·7, Anm. 316.

121. Vgl. Henri Bergson, Matière et mémoire. Essai sur la relation du corps à l'esprit, Paris 1896; dt.: Materie und Gedächtnis. Eine Abhandlung über die Beziehung zwischen Körper und Geist, 2. Aufl., neu übers. von Julius Frankenberger, Jena 1919.

122. Vgl. Edmund Husserl, Logische Untersuchungen, 2. Bd., I. Teil: Untersuchungen zur Phänomenologie und Theorie der Erkenntnis; jetzt in: Husserl, Gesammelte Schriften, hrsg. von Elisabeth Ströker, Hamburg 1992, Bd. 3, S. 113 ff.

123. Vgl. ebd., Bd. 4: Elemente einer phänomenologischen Aufklärung der Erkenntnis (Logische Untersuchungen, 2. Bd., II. Teil).

124. Vgl. ebd., Bd. 5: Ideen zu einer reinen Phänomenologie und phänomenologischen Philosophie.

125. Vgl. Bergson, Les deux sources de la morale et de la religion, Paris 1932; dt.: Die beiden Quellen der Moral und der Religion, übers. von Eugen Lerch, Jena 1933.

126. In seinen *Kleinen Proust-Kommentaren* schreibt Adorno zu dem Verhältnis des Dichters zum Philosophen: *Henri Bergson, Prousts Verwandter nicht nur im Geist, vergleicht in der »Einleitung in die Metaphysik« die klassifizierenden Begriffe der kausal-mechanischen Wissenschaft Konfektionskleidern, welche um den Leib der Gegenstände schlotterten, während die Intuitionen, die er preist, so genau auf der Sache säßen wie Modelle der haute couture. Könnte ein wissenschaftliches oder metaphysisches Verhältnis ebenso bei Proust in einem Gleichnis aus der Sphäre der mondanité ausgesprochen sein, so hat er umgekehrt nach der Bergsonschen Formel sich gerichtet, mochte er sie kennen oder nicht. Freilich nicht durch bloße Intuition. Deren Kräfte balancieren sich in seinem Werk mit denen französischer Rationalität, einer gehörigen Portion welterfahrenen Menschenverstandes. Erst die Spannung und Zusammensetzung beider Elemente macht das Proustische Klima aus. Wohl aber ist ihm eigentümlich die Bergsonsche Allergie gegen die Konfektion des Gedankens, das vorgegebene und etablierte Cliché: unerträglich ist seinem Takt, was alle sagen; solche Empfindlichkeit ist sein Organ für die Unwahrheit, und damit für die Wahrheit.* (GS 11, S. 204 f.)

127. Vgl. Edmund Husserl, Formale und transzendentale Logik. Versuch einer Kritik der logischen Vernunft, Halle 1929.

128. Will sagen: bei Fichte.

129. Vgl. den letzten Satz des »Tractatus logico-philosophicus«: »Wovon man nicht sprechen kann, darüber muß man schweigen.« (Ludwig Wittgenstein, Werkausgabe, Bd. 1: Tractatus logico-philosophicus, Tagebücher 1914-1916, Philosophische Untersuchungen, Frankfurt a. M. 1989, S. 85) – Vgl. auch GS 8, S. 336 f. sowie GS 6, S. 21: *Gegen beide [scil. Bergson und Husserl] wäre zu insistieren auf dem, was ihnen vergebens vorschwebt; gegen Wittgenstein zu sagen, was nicht sich sagen läßt. Der einfache Widerspruch dieses Verlangens ist der von Philosophie selbst: er qualifiziert sie als Dialektik, ehe sie nur in ihre einzelnen Widersprüche sich verwickelt.*

130. Vgl. in der *Negativen Dialektik* die endgültige Formulierung des Gedankens: *Die Utopie der Erkenntnis wäre, das Begriffslose mit Begriffen aufzutun, ohne es ihnen gleichzumachen.* (GS 6, S. 21)

131. Die von Leibniz – und, unabhängig von ihm, ebenfalls von Newton – erfundene Infinitesimalrechnung, die Differential- wie Integralrechnung umfaßt, rechnet mit unendlich kleinen Größen und gelangt von ihnen zum Ganzen als ihrer unendlichen Summe. (Zum Quadratur- und Tangentenproblem, zu deren Lösung die Infinitesimalrechnung ersonnen wurde, vgl. etwa Reinhard Finster/Gerd van den Heuvel, Gottfried Wilhelm Leibniz in Selbstzeugnissen und Bilddokumenten, 4. Aufl., Reinbek bei Hamburg 2000, S. 108 ff.; zur Bedeutung der Infinitesimalrechnung für die Philosophie etwa Kurt Huber, Leibniz, München 1951, S. 79 ff.) Wie Leibniz selbst seine mathematischen Fragestellungen gern zur Erläuterung seiner Metaphysik herangezogen hat, so handelte auch Adorno von Monadologie und Infinitesimalkalkül im Sinn von Analogien. In der *Negativen* Dialektik etwa schrieb er: Die *Konvergenz aller Gedanken im Begriff von etwas, das anders wäre als das unsägliche Seiende, die Welt, ist nicht dasselbe wie das Infinitesimalprinzip, mit dem Leibniz und Kant die Idee der Transzendenz einer Wissenschaft kommensurabel zu machen gedachten, deren eigene Fehlbarkeit, die Verwechslung von Naturbeherrschung und Ansichsein, erst die berichtigende Erfahrung von Konvergenz motiviert.* (GS 6, S. 395) Was Adorno am Infinitesimalkalkül des Leibniz wichtig war, ist vielleicht am besten Benjamins »Ursprung des deutschen Trauerspiels« zu entnehmen, in dessen ›Erkenntniskritischer Vorrede‹ die philosophische Idee mit Hilfe des Leibnizschen Monadenbegriffs bestimmt wird und von der eigenen ›Methode‹, die insoweit auch Adorno sich zu eigen machte, gesagt wird: »So könnte denn wohl die reale Welt in dem Sinne Aufgabe sein, daß es gelte, derart tief in alles Wirkliche zu dringen, daß eine objektive Interpretation der Welt sich drin erschlösse. Von der Aufgabe einer derartigen Versenkung aus betrachtet erscheint es nicht rätselhaft, daß der Denker der Monadologie der Begründer der Infinitesimalrechnung war.« (Benjamin, Gesammelte Schriften, a. a. O. [Anm. 58], Bd. I·1, S. 228)

132. Vgl. René Descartes, Discours de la méthode pour bien conduire sa raison, et chercher la verité dans les sciences, Leyden 1637.

133. Adorno behandelt in *Der Essay als Form* auch die vierte Regel des Descartes, in der »überall so vollzählige Aufzählungen und so allgemeine Übersichten« gefordert werden, daß man »sicher wäre, nichts auszulassen« (vgl. GS 11, S. 23 f.; das Zitat nach der Ausgabe von Buchenau, Leipzig 1922).

8. Vorlesung

134. Gemeint ist das von Adorno als Motto der Einleitung zur *Metakritik der Erkenntnistheorie* vorangestellte fr 20, vgl. die Übersetzung bei Diels/Kranz: »Sterbliche Gedanken soll der Sterbliche hegen, nicht unsterbliche der Sterbliche.« (Diels/Kranz, Die Fragmente der Vorsokratiker, 6. Aufl., Berlin 1951, Bd. 1, S. 201). – S. auch oben, S. 119.

135. S. oben, S. 123 f. und Anm. 151.

136. Zu Adornos Kritik des Begriffs vgl. vor allem GS 6, S. 94 f. und S. 497, sowie NaS IV·7, S. 243 ff. – Das Reden vom ›Entwurf‹ wurde durch die Existenzphilosophie Heideggers modisch; Adorno hat denn auch vorrangig diese, kaum Sartres Gebrauch von *projet* und *choix* im Blick.

137. S. oben, Anm. 131.

138. Zum Begriff der Unendlichkeit in der »Kritik der reinen Vernunft« vgl. auch NaS IV·4, S. 348 sowie ebd., Anm. 289 und 290.

139. So ein Spruch der Sammlung »Gott, Gemüt und Welt«: »Willst du in's Unendliche schreiten, / Geh nur im Endlichen nach allen Seiten.« (Goethe, Sämtliche Werke. Briefe, Tagebücher und Gespräche. Hrsg. von Friedmar Apel [u. a.], I. Abt., Bd. 2: Gedichte 1800-1832, hrsg. von Karl Eibl, Frankfurt a. M. 1988, S. 380)

140. S. oben, S. 101.

141. Zur ›soziologischen‹ Ableitung des idealistischen Unendlichkeitsbegriffs vgl. auch den Aufsatz *Erfahrungsgehalt* in Adornos Hegel-

Studien: *Die Erfahrung des nach-Kantischen deutschen Idealismus reagiert gegen spießbürgerliche Beschränktheit, arbeitsteilige Zufriedenheit innerhalb der nun einmal vorgezeichneten Sparten des Lebens und der organisierten Erkenntnis. Insofern haben anscheinend periphere, praktische Schriften wie der Fichtesche Deduzierte Plan und die Schellingsche Einleitung ins akademische Studium philosophisches Gewicht. Das Stichwort Unendlichkeit etwa, das ihnen allen, zum Unterschied von Kant, leicht aus der Feder floß, färbt sich erst angesichts dessen, was ihnen die Not des Endlichen war, des verstockten Eigeninteresses und der sturen Einzelheit der Erkenntnis, in der jenes sich spiegelt. Unterdessen ist die Rede von der Ganzheit, ihres polemischen Sinnes entäußert, nur noch anti-intellektualistische Ideologie. In der idealistischen Frühzeit, da in dem unterentwickelten Deutschland die bürgerliche Gesellschaft als Ganzes noch gar nicht recht sich formiert hatte, war Kritik am Partikularen von anderer Dignität.* (GS 5, S. 302)

142. Vgl. den Kommentar zu dem Schreiben von Kants Bruder an den Philosophen, über den Benjamin schreibt: »Kein Zweifel, daß es wahre Humanität atmet. Wie alles Vollkommene aber sagt es zugleich etwas über die Bedingungen und Grenzen dessen, dem es derart vollendeten Ausdruck gibt. Bedingungen und Grenzen der Humanität? Gewiß, und es scheint, daß sie von uns aus ebenso deutlich gesichtet werden, wie sie auf der andern Seite vom mittelalterlichen Daseinsstande sich abheben. [. . .] Wenn dieses Aufeinanderangewiesensein des kargen eingeschränkten Daseins und der wahren Humanität nirgends eindeutiger zum Vorschein kommt als bei Kant [. . .], so zeigt dieser Brief des Bruders, wie tief das Lebensgefühl, das in den Schriften des Philosophen zum Bewußtsein kam, im Volke verwurzelt war. Kurz, wo von Humanität die Rede ist, da soll die Enge der Bürgerstube nicht vergessen werden, in die die Aufklärung ihren Schein warf.« (Benjamin, Gesammelte Schriften, a. a. O. [Anm. 58], Bd. IV·1, S. 156f.)

143. Nicht ermittelt.

144. »Wir haben jetzt das Land des reinen Verstandes nicht allein durchreiset und jeden Theil davon sorgfältig in Augenschein genommen, sondern es auch durchmessen und jedem Dinge auf demselben seine Stelle bestimmt. Dieses Land aber ist eine Insel und durch die Natur selbst in unveränderliche Grenzen eingeschlossen. Es ist das

Land der Wahrheit (ein reizender Name), umgeben von einem weiten und stürmischen Oceane, dem eigentlichen Sitze des Scheins, wo manche Nebelbank und manches bald wegschmelzende Eis neue Länder lügt und, indem es den auf Entdeckungen herumschwärmenden Seefahrer unaufhörlich mit leeren Hoffnungen täuscht, ihn in Abenteuer verflechtet, von denen er niemals ablassen und sie doch auch niemals zu Ende bringen kann.« (Kritik der reinen Vernunft, A 236, B 294 f.)

145. S. oben, Anm. 134.

146. Vgl. Reinhold Schneider, Winter in Wien. Aus meinen Notizbüchern 1957/1958. Mit der Grabrede von Werner Bergengruen, Freiburg i. Br. 1958; jetzt: ders., Gesammelte Werke, hrsg. von Edwin Maria Landau, Bd. 10: Die Zeit in uns. Zwei autobiographische Werke, Frankfurt a. M. 1978, S. 175 ff.

147. Nicht ermittelt.

148. Von Adorno auch sonst gern Hegel zugeschriebene Formulierung (vgl. etwa oben, S. 207 und 252, auch GS 6, S. 38 und 58; GS 7, S. 33 und 409), aber vielleicht doch Adornos eigene.

149. Hier wird auf den Inhalt der sogenannten Kopernikanischen Wende angespielt, vgl. dazu etwa NaS IV·4, S. 358, Anm. 1.

150. Als Vorbereitung der eigenen ›Wende‹ zur Rettung des Empirismus hat Adorno die Philosophie Benjamins verstanden, von der er schrieb: *Seine spekulative Methode trifft sich paradox mit der empirischen. In der Vorrede des Trauerspielbuchs hat er eine metaphysische Rettung des Nominalismus unternommen: durchweg wird bei ihm nicht von oben nach unten geschlossen, sondern auf eine exzentrische Weise gerade »induktiv«. Philosophische Phantasie ist ihm die Fähigkeit zur »Interpolation im Kleinsten«, und eine Zelle angeschauter Wirklichkeit wiegt ihm – auch dies seine eigene Formel – den Rest der gesamten Welt auf. Der Vermessenheit des Systems ist Benjamin so fern wie der Resignation im Endlichen [. . .].* (GS 11, S. 570)

151. Vgl. Theodor W. Adorno, Henkel, Krug und frühe Erfahrung, in: Ernst Bloch zu ehren. Beiträge zu seinem Werk, hrsg. von Siegfried Unseld, Frankfurt a. M. 1965, S. 9 ff.; jetzt GS 11, S. 556 ff.

152. Im Widerspruch zu Leibniz' ›prästabilierter Harmonie‹ von Adorno geprägter Begriff.

153. Der stoische Begriff des Gleichgültigen ist *ἀδιάφορος, -ον;* dem Stoiker genügt die Tugend, um Eudämonie, die individuelle Glückseligkeit zu erlangen: alles daher, was nicht Tugend ist, ist *ἀδιάφορον,* weder gut noch schlecht, ein moralisches Mittelding (mit Kant zu reden) und als solches indifferent, belang- und wertlos. Über die Wende von der *πόλις* zum Individualismus in der »kurzen, aber rätselhaften Zeitspanne zwischen Aristoteles' Tod und dem Aufstieg des Stoizismus« vgl. Isaiah Berlin: »Damals nahmen die vorherrschenden philosophischen Schulen Athens in knapp zwei Jahrzehnten davon Abstand, das Individuum allein im Kontext seiner gesellschaftlichen Existenz zu verstehen, und hörten auf, sich mit jenen Fragen des öffentlichen und politischen Lebens zu beschäftigen, denen Akademie und Lykeion sich hauptsächlich gewidmet hatten, so als wären diese Fragen nicht mehr wichtig oder überhaupt nicht mehr erörterungswürdig. Sie sahen den Menschen mit einemmal von innerer Erfahrung und persönlichem Heil bestimmt, als autonomes, unabhängiges Wesen, dessen wertvollste Eigenschaft darin bestand, sich noch unabhängiger machen zu können.« (Isaiah Berlin, Wirklichkeitssinn. Ideengeschichtliche Untersuchungen, hrsg. von Henry Hardy, mit einem Vorwort von Henning Ritter, übers. von Fritz Schneider, Berlin 1998, S. 292) – Mag dem illusionslosen Blick Adornos, seiner Philosophie ›im Angesicht der Verzweiflung‹ die stoische Haltung Versuchung genug gewesen sein, so doch eine, der er sowenig wie Berlin, ein Bekannter aus den Tagen in Oxford und New York, erlegen ist; er hat, mit der Tapferkeit der Hoffnungslosigkeit, dem stoischen Individualismus die Verantwortung fürs Allgemeine entgegengehalten: *Von dem geschichtlichen Augenblick an, da das griechische Bewußtsein den Begriff des Individuums in den Mittelpunkt stellte und dessen Glück als höchstes Gut bestimmte, hat das Individuum allmählich die Beziehung zu jenen öffentlichen Angelegenheiten verloren, zu deren Sinn es unabdingbar gehört, fürs individuelle Glück Sorge zu tragen. Im Verlauf dieses Prozesses aber haben gerade die antiken Individuen sich angeschickt, Despotien und Dikta-*

turen Gefolgschaft zu leisten, wofern man ihnen nur das prekäre Glück im Winkel einigermaßen ließ. Diese Entwicklung gilt keineswegs erst für die Zeiten der Stoa und des Epikur, sondern zeichnet sich schon in Aristoteles ab. Er hat mit einem gesunden Menschenverstand, der zuweilen an Denkgewohnheiten des 19. Jahrhunderts gemahnt, der totalitären Staatsutopie seines Lehrers Platon die realen Bedürfnisse der einzelnen entgegengehalten. Aber er erblickt nicht mehr, wie es bei Platon trotz allem der Fall war, die höchste Idee in der Verwirklichung dieser Bedürfnisse durch vernünftige staatliche Einrichtungen. Sondern ihm gilt als das Höchste das Zurücktreten in die denkende Betrachtung. Darin ist schon die Resignation dem öffentlichen Wesen gegenüber angelegt. Es zeichnet sich ein tiefer Widerspruch im Verhältnis von Individuum und Staat ab: je unbeschränkter das Individuum dem je eigenen Interesse nachgeht, um so mehr verliert es eine Gestaltung der gesellschaftlichen Organisation aus dem Auge, in der diese Interessen geschützt sind. Das Individuum bereitet gleichsam durch seine fessellose Befreiung seiner eigenen Unterdrückung den Boden. Eine solche Entwicklung aber schlägt auch dem Individuum in seiner inneren Zusammensetzung nicht zum Guten an, sondern es verarmt und verkümmert immer mehr, je mehr es auf sich und seinen nächsten Umkreis sich beschränkt und ans Allgemeine vergißt. (GS 20·1, S. 288 f.) Zu Adornos Kritik am stoischen Standpunkt vgl. auch NaS IV·14, S. 175 f.

154. Vgl. »Jenseits von Gut und Böse«, im ersten Hauptstück, ›Von den Vorurteilen der Philosophen‹, den Aphorismus 23: »Gesetzt [. . .], Jemand nimmt gar die Affekte Hass, Neid, Habsucht, Herrschsucht als lebenbedingende Affekte, als Etwas, das im Gesammt-Haushalte des Lebens grundsätzlich und grundwesentlich vorhanden sein muss, folglich noch gesteigert werden muss, falls das Leben noch gesteigert werden soll, – der leidet an einer solchen Richtung seines Urtheils wie an einer Seekrankheit. Und doch ist auch diese Hypothese bei weitem nicht die peinlichste und fremdeste in diesem ungeheuren fast noch neuen Reiche gefährlicher Erkenntnisse: – und es giebt in der That hundert gute Gründe dafür, dass Jeder von ihm fernbleibt, der es – *kann!«* (Nietzsche, Sämtliche Werke, a. a. O. [Anm. 31], Bd. 5: Jenseits von Gut und Böse · Zur Genealogie der Moral, 3. Aufl., München 1993, S. 38)

155. Adorno, ohne allzuviel Affinität zur Philosophie seines amerikanischen Gastlandes, hat von John Dewey stets im Ton größter

Hochachtung, wo nicht Bewunderung gesprochen. Dewey, der *seine Philosophie Experimentalismus* nannte und den Adorno der Intention des eigenen Denkens ins Offene, Ungedeckte nahe wußte, war für ihn *ein zeitgenössischer Denker, der trotz seinem Positivismus Hegel näher ist als ihrer beider angebliche Standpunkte* (GS 5, S. 373). In diesem Sinn bestätigte Adorno auch Popper, er *appellier[e], ähnlich wie in der jüngeren Vergangenheit Dewey und einst Hegel, an offenes, nicht fixiertes, nicht verdinglichtes Denken. Diesem ist ein experimentierendes, um nicht zu sagen spielerisches Moment unabdingbar. Zögern würde ich allerdings, es mit dem Begriff des Versuchs ohne weiteres gleichzusetzen und gar den Grundsatz trial and error zu adoptieren.* (GS 8, S. 555) Noch in der späten *Ästhetischen Theorie* wird, während *der Empirismus von der Kunst abprall[e], von der er im übrigen [. . .] nicht viel Notiz nahm,* davon der *eine und wahrhaft freie John Dewey ausgenommen* (GS 7, S. 498).

9. Vorlesung

156. Die Ziffer 7 bezieht sich auf Seite 7 des von Adorno zugrundegelegten, handschriftlich korrigierten Typoskripts der *Einleitung* zur *Negativen Dialektik* (Vo 13401); die gemeinte Einfügung s. Anhang, S. 232f.

157. In der *Einleitung* zur *Metakritik der Erkenntnistheorie* schreibt Adorno: *In Montaigne [. . .] verbindet sich die schüchterne Freiheit des denkenden Subjekts mit Skepsis gegen die Omnipotenz der Methode, nämlich der Wissenschaft.* (GS 5, S. 20)

158. Nicht ermittelt; möglicherweise eine mündliche Formulierung, die im Zusammenhang mit einer Äußerung Schönbergs steht, über die Adorno 1966 in dem Vortrag *Wagner und Bayreuth* berichtet hat: *Es gibt, im Allerernstesten, einen Vorrang der Realität vor der Kunst. Unvergeßlich ist mir, daß mir einer der bedeutendsten und leidenschaftlichsten Künstler der Epoche, Arnold Schönberg, in den ersten Monaten der nationalsozialistischen Gewaltherrschaft in Berlin, als ich ihn mit musikalischen Fragen behelligte, mit großem Nachdruck sagte, in der Welt seien andere Dinge wichtiger als die Kunst. Da diese nichts in sich selbst Begrenztes ist, da sie über sich hinaus weist, tut sie nur dann ihrer eigenen Idee Genüge, wenn sie dessen eingedenk bleibt.* (GS 18, S. 211) – Vgl. auch die

›Anwendung‹ in der *Negativen Dialektik: Philosophie ist das Allerernsteste, aber so ernst wieder auch nicht.* (GS 6, S. 26; auch oben, S. 129)

159. Nicht ermittelt.

160. Über den für Adorno zentralen Begriff der Mimesis vgl. NaS IV·7, Anm. 53. – S. auch unten, Anm. 193.

161. Adornos Bestimmung der Relation von Philosophie und Kunst ist mindestens seit dem Buch über *Kierkegaard* von 1931 die gleiche geblieben: *Wann immer man die Schriften von Philosophen als Dichtungen zu begreifen trachtete, hat man ihren Wahrheitsgehalt verfehlt. Das Formgesetz der Philosophie fordert die Interpretation des Wirklichen im stimmigen Zusammenhang der Begriffe. Weder die Kundgabe der Subjektivität des Denkenden noch die pure Geschlossenheit des Gebildes in sich selber entscheiden über dessen Charakter als Philosophie, sondern erst: ob Wirkliches in die Begriffe einging, in ihnen sich ausweist und sie einsichtig begründet. Dem widerspricht die Auffassung von Philosophie als Dichtung.* (GS 2, S. 9)

162. Wann immer bei Adorno vom Begriff der Intuition im philosophischen Sinn gesprochen wird, ist wesentlich der Intuitionsbegriff Bergsons gemeint. Bereits in der ersten Habilitationsschrift von 1927 besteht er gegen Bergson darauf, *daß die Funktion des Gedächtnisses eine vermittelnde, symbolische ist; niemals also eine Intuition in dem von Bergson postulierten Sinne einer Erkenntnis, die ohne Symbole auskommt* (GS 1, S. 206). Bei aller Anerkennung der Verdienste Bergsons um die Wiedergewinnung jenes Moments unreglementierter Erfahrung für die Erkenntnis, das der szientifischen Philosophie im 19. Jahrhundert verloren gegangen war, hat Adorno den Intuitionismus doch nachdrücklich kritisiert: *Mit dem bürgerlichen Denken hat Bergson den Glauben an die isolierbare und wahre Methode gemein, nur daß er dieser eben jene Attribute zuteilt, welche ihr seit Descartes abgesprochen wurden, ohne zu durchschauen, daß man, indem man eine wohldefinierte Methode gegenüber ihren wechselnden Gegenständen verselbständigt, bereits die Starrheit sanktioniert, welche der Zauberblick der Intuition lösen soll. Erfahrung im emphatischen Sinn, das Geflecht der unverstümmelten Erkenntnis, wie es der Philosophie zum Modell dienen mag, unterscheidet sich von der Wissenschaft nicht durch ein höheres Prinzip oder Instrumentarium, sondern durch*

den Gebrauch, den sie von den Mitteln, zumal den begrifflichen, macht, die als solche denen der Wissenschaft gleichen, und durch ihre Stellung zur Objektivität. So wenig in solcher Erfahrung zu verleugnen ist, was bei Bergson Intuition heißt, so wenig läßt es sich hypostasieren. Die mit Begriffen und ordnenden Formen durchwachsenen Intuitionen gewinnen an Recht, je mehr das vergesellschaftete und organisierte Dasein sich expandiert und verhärtet. Nicht aber machen jene Akte eine absolute, vom diskursiven Denken durch einen ontologischen Abgrund getrennte Quelle der Erkenntnis aus. (GS 5, S. 52 f.) Bei Bergson selber wäre etwa zu vgl. sein Vortrag »L'Intuition philosophique« von 1911 (in: Henri Bergson, Œuvres, textes annotés par André Robinet, introduction par Henri Gouhier, Paris 1970, pp. 1345 sq.); zum Intuitionsbegriff überhaupt Josef König, Der Begriff der Intuition, Halle/Saale 1926 (über Bergson: ebd., S. 213 ff.).

163. Der Gedanke einer Konvergenz der Wahrheitsgehalte von Philosophie und Kunst begegnet wiederholt bei Adorno, etwa GS 7, S. 137, S. 197 und S. 507, GS 10·2, S. 470; vgl. auch Friedemann Grenz, Adornos Philosophie in Grundbegriffen. Auflösung einiger Deutungsprobleme, Frankfurt a. M. 1974, S. 107.

164. Vgl. vor allem »Über die Universitäts-Philosophie« in den »Parerga und Paralipomena«, etwa: »Da finden wir nun zunächst, daß von jeher sehr wenige Philosophen Professoren der Philosophie gewesen sind und verhältnismäßig noch wenigere Professoren der Philosophie Philosophen; daher man sagen könnte, daß, wie die idioelektrischen Körper keine Leiter der Elektrizität sind, so die Philosophen keine Professoren der Philosophie. In der Tat steht dem Selbstdenker diese Bestellung beinahe mehr im Wege als jede andere. Denn das philosophische Katheder ist gewissermaßen ein öffentlicher Beichtstuhl, wo man coram populo sein Glaubensbekenntnis ablegt. Sodann ist der wirklichen Erlangung gründlicher oder gar tiefer Einsichten, also dem wahren Weisewerden fast nichts so hinderlich wie der beständige Zwang, weise zu scheinen, das Auskramen vorgeblicher Erkenntnisse vor den lernbegierigen Schülern und das Antworten-Bereithaben auf alle ersinnliche Fragen. Das Schlimmste aber ist, daß einen Mann in solcher Lage bei jedem Gedanken, der etwa noch in ihm aufsteigt, schon die Sorge beschleicht, wie solcher zu den Absichten hoher Vorgesetzter passen würde: dies paralysiert sein Denken so sehr, daß

schon die Gedanken selbst nicht mehr aufzusteigen wagen. Der Wahrheit ist die Atmosphäre der Freiheit unentbehrlich.« (Arthur Schopenhauer, Sämtliche Werke, hrsg. von Wolfgang Frhr. von Löhneysen, Bd. IV: Parerga und Paralipomena. Kleine philosophische Schriften I, Darmstadt 1963, S. 186f.)

165. Vgl. in der – allerdings späteren – *Ästhetischen Theorie: Was den Theoretikern nichts ist als ein logischer Widerspruch, ist den Künstlern vertraut und entfaltet sich in ihrer Arbeit: Verfügung über das mimetische Moment, die dessen Unwillkürlichkeit herbeiruft, zerstört, errettet. Willkür im Unwillkürlichen ist das Lebenselement der Kunst, die Kraft dazu ein verläßliches Kriterium künstlerischen Vermögens, ohne daß die Fatalität solcher Bewegung verschleiert würde.* (GS 7, S. 174)

166. Alfred Schmidt (geb. 1934) war Assistent am philosophischen Seminar; als solcher zunächst Horkheimer, später Adorno zugeordnet.

167. Über den heute fast vergessenen Seidel (1895-1924) vgl. die Rezension, die Siegfried Kracauer seinem einzigem, posthum erschienenen und vom Herausgeber gekürzten Buch (Alfred Seidel, Bewußtsein als Verhängnis. Aus dem Nachlaß hrsg. von Hans Prinzhorn, Bonn 1927) gewidmet hat: Siegfried Kracauer, Schriften, hrsg. von Inka Mülder-Bach, Bd. 5·2: Aufsätze 1927-1931, Frankfurt a. M. 1990, S. 11ff. – An Zeugnissen einer Freundschaft Seidels mit Adorno wurde bislang nur ein Brief des ersteren gefunden, der 1922, zwei Jahre vor seinem Selbstmord, geschrieben worden ist; aus ihm ergibt sich, daß Seidel mit Adorno die Fragestellungen seines Buches diskutierte und Beziehungen nicht nur zu Adorno selber sondern auch zu dessen Freunden Kracauer und Leo Löwenthal gepflegt, aber auch in Adornos Familie verkehrt hat. Ein gewisses, freilich kurzfristiges Interesse an Seidel nahmen in den siebziger Jahren des vergangenen Jahrhunderts sektiererische Linksgruppierungen, die auf seinen Namen bei Alfred Sohn-Rethel, einem weiteren Jugendfreund Seidels, gestoßen waren (vgl. ders., Geistige und körperliche Arbeit. Zur Theorie der gesellschaftlichen Synthesis, 2. Aufl., Frankfurt a. M. 1971, S. 9).

168. Adorno versteht darunter Kants ›synthetische Einheit der Apperzeption‹, an der alles ›festgemacht‹ ist, vgl. unten, Anm. 244.

169. Vgl. Friedrich Engels, Herrn Eugen Dührings Umwälzung der Wissenschaft, MEW, Bd. 20, Berlin 1968, S. 106: »Hegel war der erste, der das Verhältnis von Freiheit und Notwendigkeit richtig darstellte. Für ihn ist die Freiheit die Einsicht in die Notwendigkeit. ›*Blind* ist die Notwendigkeit nur, *insofern dieselbe nicht begriffen wird.*‹ Nicht in der geträumten Unabhängigkeit von den Naturgesetzen liegt die Freiheit, sondern in der Erkenntnis dieser Gesetze, und in der damit gegebnen Möglichkeit, sie planmäßig zu bestimmten Zwecken wirken zu lassen. Es gilt dies mit Beziehung sowohl auf die Gesetze der äußern Natur, wie auf diejenigen, welche das körperliche und geistige Dasein des Menschen selbst regeln – zwei Klassen von Gesetzen, die wir höchstens in der Vorstellung, nicht aber in der Wirklichkeit voneinander trennen können. Freiheit des Willens heißt daher nichts andres als die Fähigkeit, mit Sachkenntnis entscheiden zu können.«

10. Vorlesung

170. Vgl. in dem 1965 geschriebenen Lexikonartikel *Gesellschaft* etwa: *Der Kitt, als der einmal die Ideologien wirkten, ist von diesen einerseits in die übermächtig daseienden Verhältnisse als solche, andererseits in die psychologische Verfassung der Menschen eingesickert. Wurde der Begriff des Menschen, auf den es ankomme, zur Ideologie dafür, daß die Menschen nur noch Anhängsel der Maschinerie sind, so ließe ohne viel Übertreibung sich sagen, in der gegenwärtigen Situation seien buchstäblich die Menschen selber, in ihrem So- und Nichtanderssein, die Ideologie, die das falsche Leben trotz seiner offenbaren Verkehrtheit zu verewigen sich anschickt.* (GS 8, S. 18)

171. Gemeint ist § 1 der »Grundlage der gesamten Wissenschaftslehre« von 1794: »Wir haben den absolut-ersten, schlechthin unbedingten Grundsatz alles menschlichen Wissens *aufzusuchen. Beweisen* oder *bestimmen* läßt er sich nicht, wenn er absolut-erster Grundsatz sein soll. Er soll diejenige *Tathandlung* ausdrücken, die unter den empirischen Bestimmungen unsers Bewußtseins nicht vorkommt, noch vorkommen kann, sondern vielmehr allem Bewußtsein zum Grunde

liegt, und allein es möglich macht. [. . .] Denkt man sich die Erzählung von dieser Tathandlung an die Spitze einer Wissenschaftslehre, so müßte sie etwa folgendermaßen ausgedrückt werden: *Das Ich setzt ursprünglich schlechthin sein eigenes Sein.*« (Fichte, Sämtliche Werke, a. a. O. [Anm. 66], Bd. 1, S. 285 und 292)

172. Hegel gebraucht die Formulierung mehrfach, vgl. etwa in der »Phänomenologie des Geistes« über ›das lebendige Kunstwerk‹: »Das Volk, das in dem Kultus der Kunstreligion sich seinem Gotte naht, ist das sittliche Volk, das seinen Staat und die Handlungen desselben als den Willen und das Vollbringen seiner selbst weiß. [. . .] Der Kultus der Religion dieses einfachen gestaltlosen Wesens gibt seinen Angehörigen daher nur dies im allgemeinen zurück, daß sie das Volk ihres Gottes sind; er erwirbt ihnen nur ihr Bestehen und einfache Substanz überhaupt, nicht aber ihr wirkliches Selbst, das vielmehr verworfen ist. Denn sie verehren ihren Gott als die leere Tiefe, nicht als Geist.« (Hegel, Werke, a. a. O. [Anm. 10], Bd. 3, S. 525)

173. Das Theodizeeproblem einer Rechtfertigung des Schöpfergottes angesichts des Bösen und der Übel in der Schöpfung und der Leiden der Geschöpfe, obwohl weder der griechischen Antike noch der Bibel unbekannt, wird im allgemeinen an Leibniz' »Essais de théodicée sur la bonté de Dieu, la liberté de l'homme et l'origine du mal« von 1710 festgemacht. Leibniz argumentiert, »daß es unendlich viele mögliche Welten gibt, von denen Gott die beste gewählt haben muß, da er nichts tut, ohne der höchsten Vernunft gemäß zu handeln. Ein Gegner, der auf dieses Argument nichts entgegnen kann, wird nun vielleicht [. . .] mit einem entgegengesetzten Argument antworten, indem er behauptet, daß die Welt ohne Sünde und ohne Leiden hätte sein können: allein ich bestreite, daß sie dann *besser* gewesen wäre. [. . .] Wenn das geringste Übel, das in der Welt geschieht, in ihr fehlte, so würde sie nicht mehr diese Welt sein, die, alles in Rechnung gestellt, von dem Schöpfer, der sie erwählt hat, als die beste befunden worden ist.« (Gottfried Wilhelm Leibniz, Philosophische Schriften, Band II, 1. Hälfte, hrsg. und übers. von Herbert Herring, Darmstadt 1985, S. 221) Noch nicht ganz 50 Jahre, wie Fritz Mauthner höhnisch bemerkte, beherrschte Leibniz' System des Optimismus die Diskussion, als sie 1755 durch das Erdbeben von Lissabon schon wieder beendet wurde (vgl. auch NaS IV·13, S. 273 f.); Voltaires »Candide«

(1759) und Kants Abhandlung »Über das Mißlingen aller philosophischen Versuche in der Theodizee« (1791) waren die literarischen Siegel unter dies Ende. Auch wenn Hegel die Theodizee zu retten versuchte, indem er die Weltgeschichte in den Rang der ›*wahrhaften* Theodizee, der Rechtfertigung Gottes‹ erhob (vgl. Hegel, Werke, a.a.O. [Anm. 10], Bd. 12: Vorlesungen über die Philosophie der Geschichte, S. 540; Hervorhebung des Hrsg.s), so hatte doch Schopenhauers schwarzer Pessimismus alle Evidenz auf seiner Seite: »Und dieser Welt, diesem Tummelplatz gequälter und geängstigter Wesen, welche nur dadurch bestehn, daß eines das andere verzehrt, wo daher jedes reißende Tier das lebendige Grab tausend anderer und seine Selbsterhaltung eine Kette von Martertoden ist, wo sodann mit der Erkenntnis die Fähigkeit, Schmerz zu empfinden, wächst, welche daher im Menschen ihren höchsten Grad erreicht, und einen um so höheren, je intelligenter er ist, – dieser Welt hat man das System des *Optimismus* anpassen und sie uns als die beste unter den möglichen andemonstrieren wollen. Die Absurdität ist schreiend.« (Schopenhauer, Sämtliche Werke, a.a.O. [Anm. 164], Bd. II: Die Welt als Wille und Vorstellung II, Darmstadt 1980, S. 744) Das war 18. und 19. Jahrhundert; im 20. schrieb Adorno, an das Erdbeben von Lissabon erinnernd: *die überschaubare Katastrophe der ersten Natur war unbeträchtlich, verglichen mit der zweiten, gesellschaftlichen, die der menschlichen Imagination sich entzieht, indem sie die reale Hölle aus dem menschlich Bösen bereitete. Gelähmt ist die Fähigkeit zur Metaphysik, weil, was geschah, dem spekulativen metaphysischen Gedanken die Basis seiner Vereinbarkeit mit der Erfahrung zerschlug.* (GS 6, S. 354) Mögen immer die Theologen, und unter ihnen so integre wie Tillich, die Frage nach der Theodizee weiter fragen (vgl. etwa Paul Tillich, Systematische Theologie I/II, 8. Aufl. [photomechan. Nachdruck], Berlin, New York 1987, Bd. I, S. 309 ff.): nach Auschwitz zu philosophieren ist nur als negative Dialektik noch möglich; Adornos Philosophie ließe nicht schlecht als Anti-Theodizee schlechthin sich charakterisieren.

174. Zu denken ist wohl vorab an den Gestus der Schopenhauerschen Philosophie als ganzer, aber auch an eine Stelle wie folgende aus den ›Ergänzungen zum vierten Buch‹ der »Welt als Wille und Vorstellung«: »Daß heutzutage die Philosophie-Professoren allseitig bemüht sind, den *Leibniz* mit seinen Flausen wieder auf die Beine zu bringen, ja zu verherrlichen und andererseits *Kanten* möglichst ge-

ringzuschätzen und beiseite zu schieben, hat seinen guten Grund im primum vivere [...]. Aber ›primum vivere, deinde philosophari!‹ Herunter mit dem Kant, vivat unser *Leibniz!* – Auf diesen also zurückzukommen, kann ich der Theodizee, dieser methodischen und breiten Entfaltung des Optimismus in solcher Eigenschaft, kein anderes Verdienst zugestehn als dieses, daß sie später Anlaß gegeben hat zum unsterblichen *›Candide‹* des großen *Voltaire;* wodurch freilich Leibnizens so oft wiederholte lahme excuse für die Übel der Welt, daß nämlich das Schlechte bisweilen das Gute herbeiführt, einen ihm unerwarteten Beleg erhalten hat. Schon durch den Namen seines Helden deutete Voltaire an, daß es nur der Aufrichtigkeit bedarf, um das Gegenteil des Optimismus zu erkennen. Wirklich macht auf diesem Schauplatz der Sünde, des Leidens und des Todes der Optimismus eine so seltsame Figur, daß man ihn für Ironie halten müßte, hätte man nicht an der von *Hume* [...] so ergötzlich aufgedeckten geheimen Quelle desselben (nämlich heuchelnde Schmeichelei, mit beleidigendem Vertrauen auf ihren Erfolg) eine hinreichende Erklärung seines Ursprungs.« (Schopenhauer, Sämtliche Werke, a.a.O. [Anm. 164], Bd. II, S. 746f.)

175. Als Titel eines bestimmten Bildes nicht ermittelt.

176. Gemeint ist der Schriftsteller Ernst Wiechert (1887-1950), Verfasser eines Romans mit dem Titel »Einfaches Leben« (zuerst 1939, dann in: Wiechert, Sämtliche Werke in 10 Bdn., Bd. 4, Wien u. a. 1957), auf den im vorigen Satz angespielt wurde. – Wiechert, der ganz so einfach vielleicht doch nicht abzutun ist, sagte sich im Dritten Reich von seinen unappetitlich ›völkischen‹ Anfängen gänzlich los und war einer der persönlich-tapfersten Widersacher der Nazis, der nahezu freiwillig die KZ-Haft auf sich nahm (vgl. Wiechert, Der Totenwald. Ein Bericht, Zürich 1946; Sämtliche Werke, a. a. O., Bd. 9). Sein späteres Werk, vor allem der zweibändige Roman »Die Jerominkinder« (1945, 1947; Sämtliche Werke, Bd. 5) gehört zu den wenigen ehrenwerteren Zeugnissen einer ›inneren‹ Emigration. Gleichwohl läßt Jean Amérys Kritik an Wiechert sich nicht abschwächen: »seine Sehnsucht nach dem *einfachen Leben,* die er nicht nur in dem unter diesem Titel veröffentlichten Werk, sondern in allen anderen seinen Schriften uns zu vermitteln trachtet, war die nachgerade klassische Entzückung des Sommerfrischlers, der das dürftige Gestammel eines

alten Bauern nicht als das erkennt, was es ist – tumbe Unartikuliertheit –, vielmehr als goldgereifte Weisheit. Wiechert glaubte allen Ernstes [. . .], daß die ›Erde alle Wunden heile‹.« (Jean Améry, Bücher aus der Jugend unseres Jahrhunderts. Mit einem Vorwort von Gisela Lindemann, Stuttgart 1981, S. 45)

177. Ursprünglich (selbstgegebene) Bezeichnung der Pietisten; vgl. etwa in »Dichtung und Wahrheit«: »Es entstanden die Separatisten, Pietisten, Herrnhuter, die ›Stillen im Lande‹, und wie man sie sonst zu nennen und zu bezeichnen pflegte, die aber alle bloß die Absicht hatten, sich der Gottheit, besonders durch Christum, mehr zu nähern, als es ihnen unter der Form der öffentlichen Religion möglich zu sein schien.« (Goethe, Werke. Hamburger Ausgabe, hrsg. von Erich Trunz, Bd. IX: Autobiographische Schriften, 1. Bd., Hamburg 1955, S. 43) Von Adorno zu Recht auf die ideologische Verquastheit des Wiechertschen Personals übertragen.

178. Von Haus aus einfach ein Slangwort für ›yes‹; seit Anfang der sechziger Jahre des vergangenen Jahrhunderts dann eine Art Erkennungssignal zunächst des Beat, der damals aufkommenden englischen Rockmusik, später ganzer Generationen Jugendlicher und der bald international sich ausbreitenden ›Popszene‹; vgl. etwa die asyndetische Häufung des ›Yeah‹ in einem aus dem Repertoire der Beatles stammenden Song: »She loves you / Yeah, yeah, yeah / She loves you / Yeah, yeah, yeah.«

179. Nicht ermittelt. – Vgl. auch in der Druckfassung der *Negativen Dialektik: Die aporetischen Begriffe der Philosophie sind Male des objektiv, nicht bloß vom Denken Ungelösten. Widersprüche dem unbelehrbaren spekulativen Starrsinn als Schuld aufzubürden, verschöbe diese; Scham gebietet der Philosophie, die Einsicht Georg Simmels nicht zu verdrängen, es sei erstaunlich, wie wenig man ihrer Geschichte die Leiden der Menschheit anmerkt.* (GS 6, S. 156)

180. »Nur eines bleibt: / Die Träne hat uns die Natur verliehen, / Den Schrei des Schmerzens, wenn der Mann zuletzt / Es nicht mehr trägt – Und mir noch über alles – / Sie ließ im Schmerz mir Melodie und Rede, / Die tiefste Fülle meiner Not zu klagen: / Und wenn der Mensch in seiner Qual verstummt, / Gab mir ein Gott zu sagen, wie

ich leide.« (Goethe, Werke. Hamburger Ausgabe, Bd. V: Dramatische Dichtungen, 3. Bd., Hamburg 1952, S. 166 [Torquato Tasso, V, 5; v. 3426 ff.])

181. Hier endet die Tonbandtranskription der Vorlesung. Die folgenden Kollegstunden sind nur in der Form der Stichworte überliefert, die Adorno sich vor den Stunden machte und an deren Hand er gesprochen hat. Da diese Stichworte sich weitgehend auf bestimmte Seiten des Manuskripts der ›Einleitung‹ zur *Negativen Dialektik* beziehen (s. oben, Anm. 156), ist den Stichworten jeweils auf der linken Seite der Wortlaut der Einleitung gegenübergestellt worden; die Einleitung als ganze ist im »Anhang« des vorliegenden Bandes (s. oben, S. 227 ff.) nachzulesen.

11. Vorlesung

182. Der Philosoph, Sozialwissenschaftler und Psychoanalytiker Ulrich Sonnemann (1912-1993) war seit 1957 mit Adorno bekannt; in einer autobiographischen Aufzeichnung notierte Sonnemann: »1966 Freundschaft mit Th. W. Adorno.« Adorno urteilte 1969 über Sonnemanns Hauptwerk »Negative Anthropologie. Vorstudien zur Sabotage des Schicksals«: *Die sprachliche Darstellung in Sonnemanns neuem Buch, dem Kulminationspunkt einer äußerst intensiven, auch selbstkritischen Entwicklung, ist von größter Dichte, allergisch gegen das Banale, mit dem Strom Schwimmende. Sie setzt der Sache zuliebe allerorten Widerstände gegen das, was die gängige Phrase Kommunikation nennt. Die Kraft des Widerstands ist in ihr nicht geringer als in den Gedanken, beides wahrhaft durcheinander vermittelt. Positivistischen Fachmenschen ist solche Sprache zu essayistisch, Journalisten zu schwierig und anspruchsvoll: Bestätigung ihrer Wahrheit.* (GS 20·1, S. 263)

183. Seine als Hauptwerk geplante Passagenarbeit – deren Absicht es war, die Urgeschichte der Moderne zu geben, das Jüngstvergangene als ein Vexierbild des Ältesten zu lesen, das 19. Jahrhundert als immer noch dem Mythos verhaftet zu zeigen – begann Benjamin 1927, indem er zunächst Einfälle und Lesefrüchte tagebuchartig ungeordnet unter dem Titel »Pariser Passagen« notierte. Auf der Grundlage dieser ersten Notizen entstanden in den folgenden Jahren die ›Frühen Ent-

würfe‹: noch unzusammenhängende Ansätze zu einer Niederschrift jenes Essays »Pariser Passagen. Eine dialektische Feerie«, der dem Autor während des ersten Stadiums seiner Arbeit vor Augen stand. Für die Unterbrechung der Arbeit im Herbst 1929 hat Benjamin retrospektiv vor allem Fragen der Darstellung verantwortlich gemacht: deren »rhapsodischer Charakter«, die »unerlaubt ›dichterische‹« Gestaltung, auf die er sich damals verwiesen meinte, waren wohl unvereinbar mit einer Arbeit, die zugleich »die entscheidenden geschichtlichen Interessen unserer Generation zum Gegenstand« haben sollte. Diese Interessen, davon war Benjamin überzeugt, waren allein beim historischen Materialismus aufgehoben. Benjamin hat später das Ende seines »unbekümmert archaischen, naturbefangenen Philosophierens«, das das Passagenwerk während des ersten Stadiums bestimmte, auf von ihm selber als historisch charakterisierte Gespräche mit Horkheimer und Adorno zurückgeführt; beide dürften darauf insistiert haben, daß man vom 19. Jahrhundert nicht ernsthaft handeln könne, ohne die Marxsche Kapitalanalyse zu berücksichtigen. 1934 schälte sich dann eine veränderte Konzeption des Passagenprojekts heraus. Das »neue Gesicht«, das dieses jetzt bekam, wurde vor allem durch die »neuen und eingreifenden soziologischen Perspektiven« geprägt, die die Arbeit, die Fragment bleiben sollte, fortan bestimmten. – Vgl. auch GS 10·1, S. 247 ff.; Rolf Tiedemann, Mystik und Aufklärung. Studien zur Philosophie Walter Benjamins. Mit einer Vorrede von Theodor W. Adorno und sechs Corollarien, München 2002, S. 220 ff.; R. Tiedemann, Christoph Gödde und Henri Lonitz, Walter Benjamin 1892-1940. Eine Ausstellung des Theodor W. Adorno Archivs in Verbindung mit dem Deutschen Literaturarchiv, 3. Aufl., Marbach am Neckar 1991, S. 259 ff.

184. Der Ausdruck *restitutio ad* (oder *in) integrum* ist heute wohl nur noch in der Medizin geläufig, wo er die vollständige Wiederherstellung nach einer Krankheit bedeutet. Ursprünglich entstammt der Begriff der römischen Rechtssprache und bedeutete die Aufhebung einer Verurteilung bzw. im Zivilrecht die Rückgängigmachung von eingetretenen Rechtswirkungen. Adorno allerdings gebraucht den Begriff im theologischen Sinn etwa Benjamins, der in seinem »Theologisch-politischen Fragment« davon spricht, daß »der geistlichen restitutio in integrum, welche in die Unsterblichkeit einführt, [. . .] eine weltliche [entspricht], die in die Ewigkeit eines Unterganges

führt« (Benjamin, Gesammelte Schriften, a. a. O. [Anm. 58], Bd. II·1, S. 204). Der – Adorno nicht nur fernen – Theologie Tillichs zufolge steht im Hintergrund ein Gegensatz, der sich in der Geschichte des christlichen Denkens verfolgen läßt: auf der einen Seite »die Drohung des Todes, der vom ewigen Leben ausschließt«, auf der anderen »die Gewißheit, im ewigen Leben verwurzelt zu sein und ihm daher anzugehören«. »Die erste Auffassung wird von Augustin, Thomas und Calvin vertreten, die zweite von Origenes, Schleiermacher und dem unitarischen Universalismus. Der theologische Begriff, um den es in dieser Auseinandersetzung geht, ist der der ›Restitution aller Dinge‹, der *apokatastasis panton* des Origenes. Damit ist gemeint, daß alles Zeitliche zum Ewigen zurückkehrt, aus dem es kommt. In dem Gegensatz zwischen dem Glauben an die Erlösung Einzelner und dem an universale Erlösung zeigt sich die Spannung zwischen diesen sich widersprechenden Ideen und ihre praktische Wichtigkeit.« (Paul Tillich, Systematische Theologie III, übers. von Renate Albrecht und Ingeborg Henel, Berlin, New York 1987, S. 469) Daß Adorno im Zusammenhang der restitutio von ›Stücken‹ spricht, die ›geschlagen‹ wurden, mag eine Erinnerung an die Lurianische Kabbala sein, an die »Lehre von der sogenannten *Schebirath ha-Kelim,* dem ›Bruch der Gefäße‹, und die vom *Tikkun,* die Lehre von der Heilung oder Restitution des durch den Bruch geschaffenen Makels« (Gershom Scholem, Die jüdische Mystik in ihren Hauptströmungen, Frankfurt a. M. 1957, S. 291).

12. Vorlesung

185. Vgl. Adornos Hölderlin-Abhandlung *Parataxis: Die Welt des Genius ist, mit Hölderlins Lieblingswort, das Offene und als solches das Vertraute, nicht länger Zugerüstete und dadurch Entfremdete: »So komm! Daß wir das Offene schauen, / Daß ein Eigenes wir suchen, so weit es auch ist.«* (GS 11, S. 488; Zitat: Hölderlin, Brod und Wein, v. 41 f.)

186. Unklar; die Einfügung 12 a (s. oben, S. 171 f.) kann nicht gemeint sein, da deren Ort unzweideutig fixiert wurde. Die 2. Fassung der *Einleitung* hat die Marginalie: *Hierher wohl die Einfügung über den Begriff des Konkreten und des darunter Befaßten selbst* (Vo 13406 u. Vo 13366), die in der 3. Fassung dann durchgestrichen ist. – Vgl. aber GS 6, S. 82 f.

13. Vorlesung

187. Vgl. Adornos gegen Hegel gewandten Satz in den *Minima Moralia,* GS 4, S. 55; aber auch NaS I·1, S. 290, Anm. 42.

188. *Machine infernale,* Höllenmaschine. So lautet auch der Titel eines Dramas von Jean Cocteau (1934); immerhin denkbar, daß Adorno, der Cocteau in Grenzen geschätzt hat – er wollte vor 1933 das Monodrame »La voix humaine« komponieren –, an dessen moderne Paraphrase des Ödipusstoffes gedacht hat, in dem die Mythologie als machine infernale behandelt wird.

15. Vorlesung

189. Kerngedanke Adornos zur Entschlüsselung der spätkapitalistischen Gesellschaft, wie diese sich während seiner letzten Dezennien entwickelt hatte; ein geplantes Buch Adornos, das seine Theorie der zeitgenössischen Gesellschaft enthalten hätte, sollte den Titel *Integration als Desintegration,* zu anderen Zeiten auch *Integration-Desintegration* bekommen.

16. Vorlesung

190. Aphorismus aus den *Minima Moralia,* vgl. GS 4, S. 218.

17. Vorlesung

191. So auch in der *Negativen Dialektik: Hegel hatte gegen die Erkenntnistheorie eingewandt, man werde nur vom Schmieden Schmied, im Vollzug der Erkenntnis an dem ihr Widerstrebenden, gleichsam Atheoretischen.* (GS 6, S. 38) Bei Hegel wurde nur folgende Passage in der »Geschichte der Philosophie« ermittelt: »[. . .] es ist als plausibel erschienen, daß man das Instrument, das Erkennen, zuerst untersuche. Es ist die Geschichte, die von dem σχολαστικός erzählt wird, der nicht eher ins Wasser gehen wollte, als bis er schwimmen könne. Das Erkennen untersuchen heißt, das Erkennen erkennen; wie man aber erkennen

will, ohne zu erkennen, ist nicht zu sagen.« (Hegel, Werke, a. a. O. [Anm. 10], Bd. 20: Vorlesungen über die Geschichte der Philosophie III, S. 430)

192. Die Affinität der Adornoschen Philosophie zu Monade und Fragment ist geschichtsphilosophisch begründet im Zerfall des Systems und der Unmöglichkeit, durch Denken an das Ganze oder die Totalität irgend noch heranzureichen. Mag man im Rekurs auf den Begriff der Monade – den Adorno denn auch eher in Gestalt von Analogien gebraucht (s. auch oben, Anm. 131) – noch die konventionelle Vorstellung eines im Einzelnen symbolisch gegebenen Ganzen ausmachen, so meldet mit der Rede vom Fragmentarischen entschieden der Ernstfall sich zu Wort: die Diskontinuität der Geschichte, eine Welt, in der Auschwitz möglich war. Geläufig ist der Begriff des Fragments vor allem aus der Geschichte der Kunstwerke, und von ästhetischen Fragmenten, fragmentarischen Kunstwerken geht denn auch Adorno häufig aus; kaum zufällig, daß eine der ersten Dissertationen, die er nach seiner Rückkehr aus der Emigration anregte und betreute, Aphorismus und Fragment als philosophische Formen behandelte (vgl. Heinz Krüger, Über den Aphorismus als philosophische Form. Mit einer Einführung von Theodor W. Adorno, München 1988 [Dialektische Studien. 1]), und daß er, nicht lange vor seinem Tod, sich mit Peter von Haselberg über »Das Fragment als Form und als Zufall« in einem seiner gelungensten und reichsten Rundfunkgespräche unterhielt (NDR, Aufnahme vom 2. 2. 1967). Bald nach dem Ende des Faschismus wurden jene Sätze Adornos veröffentlicht, die für die damals junge Kunst unvergleichlich wichtig geworden sind: *Als erkennendes aber wird das Kunstwerk kritisch und fragmentarisch. Was heute an Kunstwerken eine Chance hat zu überleben, Schönberg und Picasso, Joyce und Kafka, auch Proust stimmen darin überein. Und das erlaubt vielleicht wiederum geschichtsphilosophische Spekulation. Das geschlossene Kunstwerk ist das bürgerliche, das mechanische gehört dem Faschismus an, das fragmentarische meint im Stande der vollkommenen Negativität die Utopie.* (GS 12, S. 120) Bei Gelegenheit der Bergschen »Lulu« schrieb Adorno dann: *Offenbar ist in der gegenwärtigen Situation alles geistig Entscheidende zum Fragment verurteilt* (GS 14, S. 260); das Wort gilt ohne Einschränkung auch von der Philosophie heute. Das Motiv des blinden sich Versenkens ins Unscheinbare und Einzelne teilte Adorno mit den philosophischen Freunden Benjamin und

Bloch, selbst der Husserlschen Phänomenologie wußte er sich verbunden im *Hang zum Fragment, den sie mit Gelehrten vom Typus Diltheys und Max Webers teilt. Sie stellt »Untersuchungen«, ausgeführte Analysen nebeneinander, ohne sie billig zu vereinheitlichen, ja ohne auch nur Inkonsistenzen auszugleichen, die sich aus den singulären Studien ergeben.* (GS 5, S. 217) Nicht unwahrscheinlich, daß auch die Entscheidung fürs Fragmentarische aus Protest gegen alles Abgeschlossene zu jenen Motiven zählt, die Adorno Benjamin zu danken hatte: *War Benjamins Dissertation einem zentralen theoretischen Aspekt der frühen deutschen Romantik gewidmet, so ist er in einem Friedrich Schlegel und Novalis sein Leben lang verpflichtet geblieben, in der Konzeption des Fragments als philosophischer Form, die gerade als brüchige und unvollständige etwas von jener Kraft des Universalen festhält, welche im umfassenden Entwurf sich verflüchtigt.* (GS 11, S. 570) Der ›Stand der vollkommenen Negativität der Utopie‹ aber, das im katastrophischen Mißlingen der Aufklärung ›beschädigte Leben‹ ist der Gehalt, den das Fragmentarische registriert: *Je sinnloser das Seiende heute sich darstellt, desto unwiderstehlicher der Drang oder die Begierde, es zu deuten, und mit dieser Sinnlosigkeit fertig zu werden. Das Licht, das in den fragmentarischen, zerfallenden, abgespaltenen Phänomenen aufgeht, ist die einzige Hoffnung, die die Philosophie überhaupt noch entzünden kann: als das Allerfinsterste, als das sie dabei [. . .] jenen Sinn zu enthüllen sich anschickt.* (NaS IV·13, S. 198 f.)

18. Vorlesung

193. Anspielung auf »das alte Prinzip der Homologie [. . .], nach dem Ähnliches nur durch Ähnliches erkannt werden könne, und das der Philosophie nie völlig verlorenging, seit es zuerst von Parmenides und Empedokles vertreten wurde« (Rolf Tiedemann, Mystik und Aufklärung. Studien zur Philosophie Walter Benjamins, a. a. O. [Anm. 183], S. 160). »Wär nicht das Auge sonnenhaft, / Die Sonne könnt es nie erblicken«, so wird in den »Zahmen Xenien« Plotin übersetzt: *οὐ γὰρ ἂν πώποτε εἶδεν ὀφθαλμὸς ἥλιον ἡλιοειδὴς μὴ γεγενημένος* (Ennead. I 6, 9). Auf dem in der Geschichte der Philosophie unvergleichlich wichtigen Prinzip homologen Erkennens beruht nicht zuletzt Adornos Mimesistheorie; vgl. vor allem die große Fußnote im 3. Kapitel der *Metakritik der Erkenntnistheorie,* GS 5, S. 147 f., auch NaS IV·4, S. 407, Anm. 279. Zu der Problematik

neuerdings Renate Wieland: »Die Form des Erkennens durch Empathie, aktive Teilnahme, ist historisch auf dem Rückzug. Goethe war die Plotinische Lehre noch gegenwärtig, daß Gleiches nur Gleiches erkennen kann, und im Unterstrom der mystischen Traditionen lebt diese Erfahrung fort. Heute, unter der Herrschaft der instrumentellen Vernunft, ist sie fast nur noch Kindern vorbehalten und Künstlern, aber auch ihre Residuen werden immer enger, der mimetische Trieb darf sich immer weniger ausleben. Im neuen Interesse an emotionaler Intelligenz und Mystik meldet sich das Verdrängte zu Wort, aber die Realisation bleibt marginal, bloß privat, und oft genug driftet sie ab in einen trüben Irrationalismus.« (Renate Wieland/Jürgen Uhde, Forschendes Üben. Wege instrumentalen Lernens. Über den Interpreten und den Körper als Instrument der Musik, Kassel u. a. 2002, S. 15 f.)

19. Vorlesung

194. Über die *Negative Dialektik* konnte Kracauer – Adorno seit dessen Schulzeit in stets gefährdeter Freundschaft verbunden –, der am 26. 11. 1966 gestorben ist, sich nicht mehr äußern; Adorno referiert wohl, was von Kracauer gegen sein Spätwerk insgesamt vorgebracht wurde.

195. Vgl. das Gedicht dieses Titels in den »Fleurs du mal« von Baudelaire, für Adorno einer der Leuchttürme der ästhetischen Moderne. Zu seiner Interpretation vgl. etwa GS 13, S. 295 und GS 18, S. 222, vor allem aber GS 7, S. 40: *Die Baudelaireschen Kryptogramme der Moderne [setzen] das Neue dem Unbekannten gleich, dem verborgenen Telos sowohl wie dem um seiner Inkommensurabilität zum Immergleichen willen Grauenhaften, dem goût du néant.*

196. Der von Adorno gern und oft gebrauchte Ausdruck des sich Versammelns der Begriffe um das Konkrete spielt auf Benjamins platonisierende Vorrede zum »Ursprung des deutschen Trauerspiels« an: »Das Allgemeine als ein Durchschnittliches darlegen zu wollen, ist verkehrt. Das Allgemeine ist die Idee. Das Empirische dagegen wird um so tiefer durchdrungen, je genauer es als ein Extremes eingesehen werden kann. Vom Extremen geht der Begriff aus. Wie die Mutter aus voller Kraft sichtlich erst da zu leben beginnt, wo der Kreis ihrer

Kinder aus dem Gefühl ihrer Nähe sich um sie schließt, so treten die Ideen ins Leben erst, wo die Extreme sich um sie versammeln. Die Ideen – im Sprachgebrauch Goethes: Ideale – sind die faustischen Mütter. Sie bleiben dunkel, wo die Phänomene sich zu ihnen nicht bekennen und um sie scharen. Die Einsammlung der Phänomene ist die Sache der Begriffe und die Zerteilung, die sich kraft des unterscheidenden Verstandes in ihnen vollzieht, ist um so bedeutungsvoller, als in einem und demselben Vollzuge sie ein Doppeltes vollendet: die Rettung der Phänomene und die Darstellung der Ideen.« (Benjamin, Gesammelte Schriften, a. a. O. [Anm. 58], Bd. I·1, S. 215) – Über Adornos Idee einer Konstellation der Begriffe vgl. auch Rolf Tiedemann, Begriff, Bild, Name. Über Adornos Utopie der Erkenntnis, in: Frankfurter Adorno Blätter II, München 1993, S. 92 ff., bes. S. 104 f.

197. Vgl. NaS IV·4, S. 96.

20. Vorlesung

198. Lk 11_{23}.

199. Der Begriff der ›freischwebenden Intelligenz‹, den Mannheim an die Stelle des Marxschen Ideologiebegriffs setzen wollte, ist von Adorno stets befochten worden, vgl. etwa *Meinung Wahn Gesellschaft*, eine späte Arbeit: *Die spätere Wissenssoziologie, insbesondere die von Pareto und Mannheim, hat sich etwas auf ihre wissenschaftlich geläuterte Begrifflichkeit und dogmenfreie Aufgeklärtheit zugute getan, als sie diesen Ideologiebegriff durch einen ersetzte, den sie nicht zufällig den totalen nannte und der mit blinder, totaler Herrschaft nur allzu gut sich zusammenreimte. Jegliches Bewußtsein soll demnach vorweg interessenbedingt, bloße Meinung sein; die Idee der Wahrheit selbst verdünnt sich zu einer aus diesen Meinungen zu komponierenden Perspektive, ungeschützt gegen den Einwand, auch sie sei nichts als Meinung, die der freischwebenden Intelligenz. Durch solche universale Erweiterung verliert der kritische Ideologiebegriff seinen Sinn. Weil, der lieben Wahrheit zu Ehren, alle Wahrheiten doch bloß Meinungen seien, weicht die Idee von Wahrheit der Meinung. Die Gesellschaft wird von der Theorie nicht länger kritisch analysiert, sondern bestätigt als das, wozu sie real zunehmend wird, ein Chaos ungelenkter, zufälliger Ideen und Kräfte, deren Blindheit das Ganze dem Untergang zutreibt.* (GS 10·2, S. 585)

200. Zur Relativismusproblematik bei Mannheim und Pareto vgl.. auch Adornos *Beitrag zur Ideologienlehre,* GS 8, S. 457ff.

201. Formulierung Husserls; vgl. das erste Zitat in Adornos *Metakritik der Erkenntnistheorie,* GS 5, S. 12.

202. Vgl. die fünfte der Thesen »Über den Begriff der Geschichte«: »›Die Wahrheit wird uns nicht davonlaufen‹ – dieses Wort, das von Gottfried Keller stammt, bezeichnet im Geschichtsbild des Historismus genau die Stelle, an der es vom historischen Materialismus durchschlagen wird.« (Benjamin, Gesammelte Schriften, a. a. O. [Anm. 58], Bd. I·1, S. 695) Das Zitat ist bei Keller nicht zu ermitteln.

21. Vorlesung

203. Der alte, mindestens seit Ciceros *altera natura* der Philosophie vertraute Gedanke wurde von Adorno in den Fassungen rezipiert, die er bei Hegel, Marx und dem frühen Lukács erhalten hat. Über Hegels Begriff einer ›zweiten Natur‹ ist in der Buchfassung der *Negativen Dialektik* zu lesen: *Hegel zitiert nach einem Automatismus, über den die Geistesphilosophie nichts vermag, Natur und Naturgewalt als Modelle der Geschichte. Sie behaupten sich aber in der Philosophie, weil der identitätssetzende Geist identisch ist mit dem Bann der blinden Natur dadurch, daß er ihn verleugnet. In den Abgrund blickend, hat Hegel die welthistorische Haupt- und Staatsaktion als zweite Natur gewahrt, aber in verruchter Komplizität mit ihr die erste darin verherrlicht. »Der Boden des Rechts ist überhaupt das Geistige, und seine nähere Stelle und Ausgangspunkt der Wille, welcher frei ist, so daß die Freiheit seine Substanz und Bestimmung ausmacht, und das Rechtssystem das Reich der verwirklichten Freiheit, die Welt des Geistes aus ihm selbst hervorgebracht, als eine zweite Natur, ist.« Die erstmals in Lukács' Romantheorie philosophisch wieder aufgegriffene zweite Natur bleibt aber das Negativ jener, die irgend als erste gedacht werden könnte. Was wahrhaft φέσει, ein wenn schon nicht von Individuen so doch von ihrem Funktionszusammenhang erst Hervorgebrachtes ist, reißt die Insignien dessen an sich, was dem bürgerlichen Bewußtsein als Natur und natürlich gilt. Nichts, was draußen wäre, erscheint mehr jenem Bewußtsein; in gewissem Sinn ist auch tatsächlich nichts mehr draußen, nichts unbetroffen von der totalen Vermittlung. Darum wird das Befangene sich zu*

seiner eigenen Andersheit: Urphänomen von Idealismus. Je unerbittlicher Vergesellschaftung aller Momente menschlicher und zwischenmenschlicher Unmittelbarkeit sich bemächtigt, desto unmöglicher, ans Gewordensein des Gespinsts sich zu erinnern; desto unwiderstehlicher der Schein von Natur. Mit dem Abstand der Geschichte der Menschheit von jener verstärkt er sich: Natur wird zum unwiderstehlichen Gleichnis der Gefangenschaft. (GS 6, S. 350f.) In der spät formulierten Passage finden viele der Motive sich wieder, die die Kategorie der ›zweiten Natur‹ so wichtig für die Adornosche Philosophie machen. Sehr früh schon, in einem Vortrag von 1932, sollte unter dem Titel ›Naturgeschichte‹ *die Frage nach dem Verhältnis von Natur und Geschichte ernsthaft gestellt werden;* Adorno erhoffte sich eine Antwort allein dann, *wenn es gelingt, das geschichtliche Sein in seiner äußersten geschichtlichen Bestimmtheit, da, wo es am geschichtlichsten ist, selber als ein naturhaftes Sein zu begreifen, oder wenn es gelänge, die Natur da, wo sie als Natur scheinbar am tiefsten in sich verharrt, zu begreifen als ein geschichtliches Sein* (GS 1, S. 354f.). Die Insistenz auf Natur, ›naturhaftem Sein‹, auf dem *mythisch-archaischen, natürlichen Stoff der Geschichte, des Gewesenen* (ebd., S. 362) gemahnt an Bereiche, die in der geschichtlichen Entfaltung der ratio zur entzauberten Welt mehr und mehr aus dem Blick gekommen sind. Von dem Begriff des Mythischen, der in seinem Vortrag mit dem der Natur zusammenfällt, räumt Adorno ein, daß er ›ganz vage‹ sei: *Es ist damit gemeint das, was von je da ist, was als schicksalhaft gefügtes, vorgegebenes Sein die menschliche Geschichte trägt, in ihr erscheint, was substantiell ist in ihr. Das, was mit diesen Ausdrücken abgegrenzt wird, ist das, was ich hier mit Natur meine.* (Ebd., S. 346) Die so begriffene mythische Natur hat in Geschichte ihre Antithese: *Geschichte besagt jene Verhaltensweise der Menschen, [. . .] die charakterisiert wird vor allem dadurch, daß in ihr qualitativ Neues erscheint, daß sie eine Bewegung ist, die sich nicht abspielt in purer Identität, purer Reproduktion von solchem, was schon immer da war, sondern in der Neues vorkommt und die ihren wahren Charakter durch das in ihr als Neues Erscheinende gewinnt.* (Ebd.) Das Verhältnis von Natur und Geschichte oder Mythos und Geschichte kritisch zu bestimmen, wird zu einer zentralen Intention der Adornoschen Philosophie; heißt es in dem Text von 1932: *es ist in Wahrheit die zweite Natur die erste* (ebd., S. 365), so wird in *Der Essay als Form,* einer in den fünfziger Jahren entstandenen Arbeit, festgehalten: *Unterm Blick des Essays wird die zweite Natur ihrer selbst inne als erste* (GS 11, S. 29). Wenn Adorno in den Schriften seiner Reifezeit den Produktionsverhältnissen des Spätkapitalismus (vgl. GS 8, S. 365) so gut wie den Reaktionsformen der Menschen in der Massenkultur (vgl. GS 10·2, S. 514) oder dem musikalischen System der Tonalität (vgl. GS 12, S. 20) den Charakter einer ›zweiten Natur‹ zuerkennt, dann ist dies Verfahren, welches Geschichte als Naturgeschichte zu lesen unternimmt, nirgends ein affirmatives; immer ein kritisches, das an der ›Kritik der politischen Ökonomie‹ sich geschult hat. So führt Adorno, ganz ähnlich im übrigen wie gegen Hegels Gebrauch der ›zweiten Natur‹, etwa gegen Spengler ins Feld: *Natur, mit der die Menschen in der Geschichte sich auseinanderzusetzen haben, wird von Spenglers Philosophie souverän beiseite geschoben. Dafür verwandelt sich Geschichte selber in zweite Natur, blind, auswegslos und verhängnisvoll wie nur je das vegetabilische Leben. Was man Freiheit des Menschen nennen mag, konstituiert sich bloß in den menschlichen Versuchen, den Naturzwang zu brechen. Wird dieser ignoriert, wird die Welt zu einem bloßen Gebilde des reinen Menschenwesens gemacht, so geht in solcher Allmenschlichkeit der Geschichte Freiheit verloren. Sie entfaltet sich bloß am Widerstand des Seienden: wird sie absolut gesetzt und das Seelentum zum herrschenden Prinzip erhöht, so verfällt es selber dem bloßen Dasein.* (GS 10·1, S. 67) Partei wird in der *Negativen Dialektik* für die Freiheit, gegen die Fesseln zweiter wie erster Natur ergriffen. – Vgl. auch unten, Anm. 207.

204. Zum Vorrang des Objekts vgl. in der *Negativen Dialektik* den ebenso überschriebenen Absatz, GS 6, S. 184 ff.; vgl. ebenfalls NaS IV·4, S. 412 ff., Anm. 296, NaS IV·7, S. 333 ff., S. 415, Anm. 354, und NaS IV·14, S. 266, S. 442, Anm. 282.

205. Vgl. Freuds Arbeit »Wege der psychoanalytischen Therapie« in: Freud, Gesammelte Werke, a. a. O. [Anm. 110], Bd. 12: Werke aus den Jahren 1917-1920, London 1947, S. 185 f.

22. Vorlesung

206. Titel des ersten Kapitels der *Metakritik der Erkenntnistheorie*, vgl. GS 5, S. 48 ff.

207. Die *Fetischismuskategorie* ist die Form, die der Kategorie der ›zweiten Natur‹ von Marx gegeben wurde. Dieser scheint deren Be-

griff selber nicht zu gebrauchen, hat der Theorie jedoch die entscheidende Wendung gegeben, daß »die Entwicklung der ökonomischen Gesellschaftsformation als ein naturgeschichtlicher Prozeß« aufzufassen sei (Marx, Das Kapital I, MEW, Bd. 23, S. 16). Die Theorie des Warenfetischismus lernte Adorno wohl zunächst, gleich vielen Intellektuellen seiner Generation, in ihrer Lukács'schen Version aus dem Verdinglichungskapitel in »Geschichte und Klassenbewußtsein« kennen (vgl. auch NaS IV·7, Anm. 194). Während Lukács den ökonomischen Tatbestand des Warenfetischismus gleichsam ins Philosophische transponierte und die Kategorie der Verdinglichung auf die Antinomien des bürgerlichen Denkens anwandte, hat Adorno die Kategorie sehr viel allgemeiner für geschichtliche Phänomene – vorab für solche unterm Kapitalismus, aber nicht nur für sie – fruchtbar zu machen gewußt. In der Abhandlung *Über den Fetischcharakter in der Musik und die Regression des Hörens* von 1938 zitiert Adorno die entscheidende Formulierung von Marx: *Marx bestimmt den Fetischcharakter der Ware als die Veneration des Selbstgemachten, das als Tauschwert Produzenten und Konsumenten – den »Menschen« – sich gleichermaßen entfremdet: »Das Geheimnisvolle der Warenform besteht also einfach darin, daß sie den Menschen die gesellschaftlichen Charaktere ihrer eigenen Arbeit als gegenständliche Charaktere der Arbeitsprodukte selbst, als gesellschaftliche Natureigenschaften dieser Dinge zurückspiegelt, daher auch das gesellschaftliche Verhältnis der Produzenten zur Gesamtarbeit als ein außer ihnen existierendes gesellschaftliches Verhältnis von Gegenständen.«* (GS 14, S. 24) Was von Marx in den Wertabstraktionen der kapitalistischen Produktion aufgewiesen wurde, fanden die Autoren der *Dialektik der Aufklärung* wiederkehren in den Individuen und ihrem Verhalten zu anderen wie zu sich selber, in diesem Fall in der amerikanischen Gesellschaft der vierziger Jahre des vergangenen Jahrhunderts: *Der Animismus hatte die Sache beseelt, der Industrialismus versachlicht die Seelen. Der ökonomische Apparat stattet schon selbsttätig, vor der totalen Planung, die Waren mit den Werten aus, die über das Verhalten der Menschen entscheiden. Seit mit dem Ende des freien Tausches die Waren ihre ökonomischen Qualitäten einbüßten bis auf den Fetischcharakter, breitet dieser wie eine Starre über das Leben der Gesellschaft in all seinen Aspekten sich aus. Durch die ungezählten Agenturen der Massenproduktion und ihrer Kultur werden die genormten Verhaltensweisen dem Einzelnen als die allein natürlichen, anständigen, vernünftigen aufgeprägt. Er bestimmt sich nur noch als Sache, als statistisches Element, als success or failure.* (GS 3, S. 45) An dieser *Universalität der Fetischismuskategorie* hat bis dato nichts sich geändert.

208. NaS IV·14, S. 240 f., Anm. 38. – Den Hinweis auf den Platonischen Parmenides verdankt Adorno wahrscheinlich Karl Heinz Haag (s. oben, Anm. 68), einem regelmäßigen Teilnehmer seiner Vorlesungen.

209. Vgl. NaS IV·7, S. 367 f., Anm. 100.

23. Vorlesung

210. Lies: *die Identität.*

211. Gegen Heidegger; vgl. in »Sein und Zeit« den § 40: ›Die Grundbefindlichkeit der Angst als eine ausgezeichnete Erschlossenheit des Daseins‹; zu Adornos Kritik auch NaS IV·7, S. 177

212. Ab hier bezieht sich die Seitenzählung auf die vom 22. 11. 1965 datierte sogenannte *Erste Zwischenabschrift* (Vo 13352 ff.).

213. S. aber oben, Anm. 148.

24. Vorlesung

214. Vgl. etwa, wie Fritz Heinemann (1889-1970), der 1930 eine Professur in Frankfurt erhielt und seither Adorno bekannt war, Sartre das angebliche Mißverständnis der Husserlschen Intentionalität vorrechnet: »Das intentionale Objekt ist für ihn [scil. Sartre] prinzipiell außerhalb des Bewußtseins, d. h.transzendent. Während Husserl das bloß phänomenale Sein des Transzendenten und das absolute Sein des Immanenten betont, ist Sartre gegen jede Art von Immanentismus eingestellt. Das Bild hört auf, ein Bewußtseins*inhalt* zu sein, es ist nicht mehr *im* Bewußtsein. Es verwandelt sich in eine intentionale Struktur des Bewußtseins, die sich auf ein transzendentes Objekt bezieht. Diese Transzendenz bedeutet nunmehr so viel wie ›außerhalb sein‹. [. . .] so ist Sartre. In echt französischer Weise übersetzt er die

Intentionalität sofort ins Lebendige als ein éclater vers, d. h. als ein ausbrechen, zerspringen, zerplatzen in der Richtung auf etwas. ›Connaître, c'est éclater vers.‹ Jemanden hassen ist gleichfalls eine besondere Art nicht nur des Blickens auf . . ., sondern des Explodierens auf jemanden hin. Es ist, als ob sich die Intentionalität plötzlich mit explosiver Kraft füllte. [. . .] Wie reizend französisch ist das, aber durch Welten von Husserl getrennt! Durch ein schöpferisches Mißverstehen Husserls befreit er sich vom Innenleben: ›Letztlich ist alles außerhalb, alles, selbst wir selbst: außerhalb, in der Welt, unter den anderen.‹« (Fritz Heinemann, Existenzphilosophie – lebendig oder tot, Stuttgart 1954, S. 116 f.)

215. Vgl. Jean-Paul Sartre, Critique de la raison dialectique, Paris 1960.

216. Zu Adornos seltenen Äußerungen über Carl Schmitt vgl. auch GS 4, S. 148, und NaS IV·13, S. 325 und S. 453, Anm. 330. – Sehr unwahrscheinlich übrigens, daß die vorangehende Erwähnung des Partisanen auf eine Lektüre der Schmittschen Schrift von 1963 (vgl. Carl Schmitt, Theorie des Partisanen. Zwischenbemerkung zum Begriff des Politischen, Berlin 1963) zu schließen erlaubt.

217. Nämlich in den Äußerungen von Marx und Engels und selbst noch Lenins über das endliche Absterben des Staates unter dem Kommunismus.

25. Vorlesung

218. Zur Kierkegaardschen Kategorie der Entscheidung vgl. GS 2, S. 57, 61, 97 passim, auch NaS IV·7, S. 177.

219. Ob die im Vorangehenden skizzierte (und GS 6, S. 59 f. wiederholte) Kritik an Sartres Begriff der Spontaneität, die durch zahlreiche Passagen in »L'être et le néant« begründet erscheint, dessen Verfasser wirklich in voller Schärfe trifft, kann angesichts anderer, zumindest programmatischer Stellen fraglich erscheinen, vgl. etwa: »La structure du choix implique nécessairement qu'il soit choix dans le monde. Un choix qui serait choix *à partir de rien*, choix *contre rien* ne serait choix

de rien et s'anéantirait comme choix. Il n'y a de choix que phénoménal [. . .].« (J.-P. Sartre, L'être et le néant. Essai d'ontologie phénoménologique, Paris 1957, p. 559) Und was Adorno selbst dem Heidegger von »Sein und Zeit« einräumt: daß in seinen ›Entwurf‹ *auch etwas von der Freiheit des Gedankens wider bloße Positivität sich gerettet* (GS 6, S. 497) habe, sollte Sartre zumindest billig sein. Nicht weniger wahr bleibt freilich: *Die unterdessen [scil. seit Kierkegaard] real entmächtigte und inwendig geschwächte Subjektivität wird isoliert und – komplementär zur Heideggerschen Hypostasis ihres Gegenpols, des Seins – hypostasiert. Die Abspaltung des Subjekts nicht anders als die des Seins läuft, unverkennbar beim Sartre von L'être et le néant, auf die Illusion der Unmittelbarkeit des Vermittelten hinaus. So vermittelt Sein durch den Begriff und damit durchs Subjekt, so vermittelt ist umgekehrt das Subjekt durch die Welt, in der es lebt, so ohnmächtig und bloß innerlich auch seine Entscheidung. Solche Ohnmacht läßt das dinghafte Unwesen über das Subjekt siegen.* (Ebd., S. 129)

220. Vgl. Jean-Paul Sartre, Le Diable et le bon Dieu, Paris 1951.

221. Nestroys Travestie mit Gesang »Judith und Holofernes«, von 1849, parodiert Hebbels »Judith« (1840).

222. Vgl. Adornos so betitelten Aufsatz, GS 11, S. 409 ff.

223. Die Formulierung zitiert eine Beckettsche aus »L'Innommable«: »Cela, dire cela, sans savoir quoi.« (Samuel Beckett, L'Innommable, Paris 1953, p. 8)

224. Letztes von Adorno vermerktes Datum; wahrscheinlich hielt er demnach am 17. Februar die letzte Vorlesung des Wintersemesters und kam dabei bis zu dem Stichwort, zu dem er die Datierung notierte; in der Buchfassung der *Negativen Dialektik* entspräche es GS 6, S. 62, Mitte. Die folgenden Stichworte scheinen in der Vorlesung nicht mehr berücksichtigt worden zu sein.

225. Vgl. in der Buchfassung der *Negativen Dialektik*: *Erkenntnis ist ein τρώσας ἰάσεται* (GS 6, S. 62), ein Heilen der Verletzung. Adorno umschreibt damit einen seiner Grundgedanken, den einer Heilung der Entfremdung durch Entfremdung, der Negation von Verdinglichung durch Dinglichkeit: daß, wie er oft Wagners Parsifal zitierte, nur der Speer die Wunde heile, die er schlug.

226. Nach Adornos Vorlesung über die »Kritik der reinen Vernunft« denkt Kant in der Deduktion der Kategorien *an solche allgemeinen, aber doch an Individuation gebundenen Tatbestände wie den Tatbestand der Erinnerung, der Reproduktion der Einbildungskraft, der ja [. . .] doch eigentlich überhaupt das Zentrum der transzendentalen Konstruktion bei Kant abgibt* (NaS IV·4, S. 232).

227. »Dieser Schematismus unseres Verstandes, in Ansehung der Erscheinungen und ihrer bloßen Form, ist eine verborgene Kunst in den Tiefen der menschlichen Seele, deren wahre Handgriffe wir der Natur schwerlich jemals abraten, und sie unverdeckt vor Augen legen werden.« (A 141, B 180f.)

228. Adornos Rettung der Rhetorik – s. auch im folgenden S. 219f. sowie vor allem GS 6, S. 65f. – wäre zu vgl. mit Lévinas' konventionellerer Kritik derselben als ›Gewalt, d. h. Ungerechtigkeit‹: als »Rede aus der Position dessen, der seinen Nächsten überlistet« (Lévinas, Totalität und Unendlichkeit. Versuch über die Exteriorität, a. a. O. [Anm. 114], S. 94f.).

229. Hier folgte zunächst der dann gestrichene Satz: *Hängt zusammen mit der Hypostase der Ideen als eines an sich Seienden, demgegenüber, weil es bloß übermittelt zu werden braucht, das Wie gleichgültig ist.* (Vo 11060)

230. Über die Alternative von mimetischer oder konventioneller Theorie der Sprache und Platons ironische Kritik an beiden im Kratylos-Dialog vgl. auch Hermann Schweppenhäuser, Sprachphilosophie, in: Philosophie, hrsg. von Alwin Diemer und Ivo Frenzel, Frankfurt a. M. 1958, S. 315f.

231. Erich Trunz (1905-2001), Literaturhistoriker, Herausgeber der Hamburger Ausgabe von Goethes Werken und Barockforscher, Professor in Prag, Münster und Kiel; als exponierter Parteigänger der Nazis erschien er Adorno besonders verächtlich. – Zitat nicht ermittelt, vgl. aber etwa Erich Trunz, Weltbild und Dichtung im deutschen Barock. Sechs Studien, München 1992.

232. Vgl. NaS IV·13, S. 393, Anm. 67.

Zur Theorie der geistigen Erfahrung

233. Der vom Herausgeber eingesetzte Titel folgt einer handschriftlichen Marginalie Adornos (Ts 13352).

234. S. oben, S. 68, Anm. 78.

235. S. das Marx-Zitat oben, S. 68, Anm. 77.

236. Konjiziert für *nicht verzagt;* Adorno hatte zunächst diktiert *nicht länger sich zutraut,* dann handschr. korrigiert *verzagt,* dabei jedoch das *nicht* zu streichen vergessen.

237. Die endgültige Formulierung über die Ausbruchsversuche von Bergson und Husserl vgl. GS 6, S. 20f.

238. Zu denken ist wiederum (s. oben, Anm. 129) an den letzten Satz des »Tractatus logico-philosophicus«, über den Adorno schrieb: *Der Spruch Wittgensteins: »Wovon man nicht sprechen kann, darüber muß man schweigen«, in dem das positivistische Extrem in den Habitus ehrfürchtig-autoritärer Eigentlichkeit hinüberspielt, und der deshalb eine Art intellektueller Massensuggestion ausübt, ist antiphilosophisch schlechthin. Philosophie ließe, wenn irgend, sich definieren als Anstrengung, zu sagen, wovon man nicht sprechen kann; dem Nichtidentischen zum Ausdruck zu helfen, während der Ausdruck es immer doch identifiziert. Hegel versucht das.* (GS 5, S. 336) – Vgl. auch GS 6, S. 21, GS 8, S. 336f., sowie NaS IV·4, S. 271 und 399.

239. Nicht ermittelt.

240. Das heißt: Hegels »Phänomenologie des Geistes«; ursprünglich, in der Erstausgabe von 1807, war das Buch als ›Erster Theil‹ eines »Systems der Wissenschaft«, der wiederum – nach der ›Vorrede‹, aber vor der ›Einleitung‹ – als ›Erster Theil‹ bezeichnet war und als solcher den Untertitel ›Wissenschaft von der Erfahrung des Bewußtseyns‹ trug.

241. Vgl. aber Rolf Tiedemann, Mystik und Aufklärung. Studien zur Philosophie Walter Benjamins, a. a. O. [Anm. 183], S. 224f., und ebd., Anm. 5.

242. Vgl. Karl Heinz Haag, Das Unwiederholbare, in: Zeugnisse, a. a. O. [Anm. 58], S. 152ff.; auch: Haag, Philosophischer Idealismus, a. a. O. [Anm. 68], S. 7 ff.

243. S. oben, Anm. 189.

244. Die Stelle, die Adorno meint, lautet: »Und so ist die synthetische Einheit der Apperzeption der höchste Punkt, an dem man allen Verstandesgebrauch, selbst die ganze Logik, und, nach ihr, die Transzendental-Philosophie *heften* muß, ja dieses Vermögen ist der Verstand selbst.«

245. S. oben, S. 220, Anm. 225.

246. »Gegen den Strom« war der Titel von zwei Zeitschriften, die Adorno beide im Blick gehabt haben könnte: die erste erschien 1928 bis 1935 und war ein Organ der KPD-Opposition, die andere, das Organ eines Deutsch-Amerikanischen Kulturverbandes, erschien 1938/39 in New York, wurde von Robert Bek-Gran und Rudolf Rocker herausgegeben und war eine antifaschistische und antistalinistische Emigrantenzeitschrift mit anarchistischen Tendenzen. – »Hauptstrom« war als Zeitschriftentitel nicht zu ermitteln.

247. Descartes' »Discours de la méthode«, seine anonym erschienene Erstlingsschrift, begleitet die Darstellung ihres Gegenstandes insgesamt mit einem autobiographischen Bericht, in dem er über Geschichte im Zusammenhang seiner Schulzeit im Collège Royal in La Flèche schreibt: »Ich wußte [. . .], daß die denkwürdigen Taten der Geschichte ihn [scil. den Geist] erheben, und – mit Bedacht gelesen –

zur Urteilsbildung beitragen; daß die Lektüre aller guten Bücher einem Gespräch mit den rechtschaffensten Männern der verflossenen Jahrhunderte gleicht, die sie geschrieben haben, ja sogar einem wohlbedachten Gespräch, in dem sie uns nur ihre besten Gedanken entdecken [. . .]. Ich glaubte indessen, bereits Zeit genug auf die Sprachen verwendet zu haben, selbst auf die Lektüre der antiken Literatur, auf ihre historischen Berichte und ihre Dichtungen. Denn mit dem Verkehr mit Menschen anderer Jahrhunderte steht es ähnlich wie mit dem Reisen. [. . .] Verwendet man [. . .] zu viel Zeit aufs Reisen, so wird man schließlich im eigenen Lande fremd, und interessiert man sich zu sehr für Dinge, die in vergangenen Jahrhunderten geschehen sind, so bleibt man für gewöhnlich sehr unwissend in der Gegenwart. Hinzu kommt, [. . .] daß selbst die treuesten historischen Berichte, wenn sie auch den Wert der Dinge weder verändern noch erhöhen, um sie lebenswerter zu machen, doch mindestens die gewöhnlicheren und weniger hervorstechenden Umstände fast immer weglassen; was zur Folge hat, daß das übrige nicht als das erscheint, was es ist [. . .].« (René Descartes, Discours de la Méthode · Von der Methode des richtigen Vernunftgebrauchs und der wissenschaftlichen Forschung, übers. und hrsg. von Lüder Gäbe, Hamburg 1969, S. 9, 11, 13) – Weniger eindeutig liegen die Dinge bei Bacon, der selber ein bedeutender Historiker gewesen ist; über Geschichte wollte er im dritten Teil seiner »Instauratio magna« handeln, der unausgeführt blieb. Adorno hebt in seinem *Beitrag zur Ideologienlehre* an den idola fori der Baconschen Idolenlehre hervor, daß mit ihnen *der Trug ›den‹ Menschen, also gleichsam den invarianten Naturwesen, zur Last geschrieben und nicht den Bedingungen, die sie dazu machen oder denen sie als Masse unterliegen. [. . .] Weiter werden die Täuschungen der Nomenklatur, der logischen Unreinheit zur Last gelegt, und damit den Subjekten und ihrer Fehlbarkeit an Stelle von objektiven historischen Konstellationen zugeschoben [. . .].* (GS 8, S. 459) Insofern mag man in der Tat Empirismus und Rationalismus einander näher finden, als die philosophiegeschichtliche communis opinio will (s. auch oben, S. 52 f.)

248. Adorno denkt an eine Stelle in Husserls »Formaler und transzendentaler Logik« von 1929, die er in der *Metakritik der Erkenntnistheorie* zitiert und kommentiert; sie findet sich in Husserls Gesammelten Schriften, a. a. O. [Anm. 122], Bd. 7, S. 215: *»Die Enthüllung der Sinnesgenesis der Urteile besagt genauer gesprochen, so viel wie Aufwicke-*

lung der im offensichtlich zutage getretenen Sinn implizierten und ihm wesensmäßig zugehörigen Sinnesmomente. Die Urteile als fertige Produkte einer ›Konstitution‹ oder ›Genesis‹ können und müssen nach dieser befragt werden. Es ist eben die Wesenseigenheit solcher Produkte, daß sie Sinne sind, die als Sinnesimplikat ihrer Genesis eine Art Historizität in sich tragen; daß in ihnen stufenweise Sinn auf ursprünglichen Sinn und die zugehörige noematische Intentionalität zurückweist; daß man also jedes Sinngebilde nach seiner ihm wesensmäßigen Sinnesgeschichte befragen kann.« Kaum je ist Husserl weiter gelangt als in diesen Sätzen. Ihr Gehalt an Neuem mag bescheiden dünken. Die Begründung der dinglichen Identität aus subjektiver Synthesis stammt von Kant, der Nachweis der »inneren Historizität« der Logik von Hegel. Aber die Tragweite von Husserls Einsicht ist darin zu suchen, daß er Synthesis und Geschichte dem erstarrten Ding und gar der abstrakten Urteilsform abzwang, während sie bei den klassischen Idealisten einer vorgedachten – eben »systematischen« – Auffassung vom Geiste zugehört, welche die Dingwelt einbegreift, ohne anders denn im dialektischen Durchgang den Stand der eigenen Welt als einen von Verdinglichung zu erkennen und dieser Erkenntnis durch die Methode Ausdruck zu geben. Husserl jedoch, der Detailforscher und umgeschlagene Positivist, insistiert solange vorm starren, fremden Gegenstand der Erkenntnis, bis dieser unter dem medusenhaften Blick nachgibt. Das Ding, als identischer Gegenstand des Urteils, öffnet sich und präsentiert für einen Augenblick, was seine Starrheit verbergen soll: den geschichtlichen Vollzug. (GS 5, S. 218 f.; auf die Passage, die ihm NaS IV·14, S. 253 f., Anm. 98 nicht präsent war, wurde der Herausgeber durch Karel Markus [Amsterdam], den aufmerksamsten seiner Leser, hingewiesen.) S. im übrigen auch oben, S. 221, sowie das Gespräch zwischen Adorno und Horkheimer vom 13. 10. 1939, in: Horkheimer, Gesammelte Schriften, a. a. O. [Anm. 9], Bd. 12: Nachgelassene Schriften 1931-1949, hrsg. von Gunzelin Schmid Noerr, Frankfurt a. M. 1985, S. 499 ff. – Die Bedeutung des Husserlschen Gedankens, *daß jedes Urteil seinem Sinn nach seine eigene Genesis in sich trägt,* ist für das Denken Adornos kaum zu überschätzen.

*

»Nun wünscht' ich aber, daß nichts den ersten guten Eindruck des gegenwärtigen Büchleins hindern möge. Ich entschließe mich daher zu erläutern, zu erklären, nachzuweisen . . . Das Verständniß jedoch wird durch manche

nicht zu vermeidende fremde Worte gehindert, die deßhalb dunkel sind, weil sie sich auf bestimmte Gegenstände beziehen, auf Glauben, Meynungen, Herkommen, Fabeln und Sitten. Diese zu erklären hielt man für die nächste Pflicht . . . Dieses Erklären aber geschieht in einem gewissen Zusammenhange . . .«

Nachbemerkung des Herausgebers

In der letzten der vier Vorlesungen, mit denen Adorno zwischen 1960 und 1966 die Entstehung der *Negativen Dialektik* begleitete, behandelte er jene Themen, die in dem 1966 erschienenen Buch am Anfang stehen und dort, wohl in Erinnerung an die »Phänomenologie des Geistes«, unter dem Titel der ›Einleitung‹ zu finden sind. Daß Hegels Einleitung wie sein Buch insgesamt von der ›Erfahrung des Bewußtseins‹, vielmehr von deren ›Wissenschaft‹ handeln, scheint in der Adornoschen Terminologie wiederzukehren, wenn er für den einleitenden Text der *Negativen Dialektik* zeitweilig den Titel »Zur Theorie der geistigen Erfahrung« ins Auge faßte und ihn zudem dahin charakterisierte, daß er *den Begriff philosophischer Erfahrung* (GS 6, S. 10) exponiere. Adorno hat nicht gezögert, ›geistige Erfahrung‹ synonym mit *voller, unreduzierter Erfahrung im Medium der begrifflichen Reflexion* zu gebrauchen und damit diejenige Philosophie, die ihm stets vorschwebte, zu umschreiben versucht (s. oben, S. 122); eine ›Theorie der geistigen Erfahrung‹, wie er sie in der Einleitung der *Negativen Dialektik* und parallel in der Vorlesung über jene skizziert hat, wäre denn auch so etwas wie die Methodologie seiner Philosophie, wenn anders man von einer solchen sprechen dürfte. Adorno selber hat die *Negative Dialektik* als ganze *eine Methodologie [seiner] materialen Arbeiten* nur genannt, um sich sogleich zu korrigieren: *nach der Theorie negativer Dialektik existiert kein Kontinuum zwischen jenen und dieser. Wohl aber wird solche Diskontinuität, und was aus ihr an Anweisungen fürs Denken herauszulesen ist, behandelt. Das Verfahren wird nicht begründet sondern gerechtfertigt. Der Autor legt, soweit er es vermag, die Karten auf den Tisch; das ist keineswegs dasselbe wie das Spiel.* (GS 6, S. 9) Diese Bestimmungen sind dem Text der *Negativen Dialektik* merkwürdig inadäquat. Daß seine materialen Arbeiten gerade nicht unter einer fixen ›Methode‹ zu subsumieren sind, daß sie nicht unabhängig von ihren Gegenständen und den Inhalten auf beliebige andere sich übertragen ließen, hat Adorno immer wieder betont, und es ist angesichts der Texte nur allzu offenkundig. Was aber wäre die *Negative Dialektik* anderes als ein Ensemble ›materialer Arbeiten‹: solcher zur Ontologie, zur Geschichts- und Moralphilosophie oder zur Metaphysik; man kann auch sagen: zu Heidegger, zu Hegel und Kant oder zur Möglichkeit von Philosophie nach Auschwitz? Allenfalls der Mittelteil des Buches, über Begriff und Kategorien einer negativen Dialektik, ließe sich dem zuzählen, was überkommener Weise zur Methodenlehre gehört. Und gar die ohnmächtigen ›Anweisungen fürs Denken‹: kein Gegenspieler Adornos hätte ihm einen härteren Tort antun können, als sein chef-d'œuvre auf derlei unverbindliche ›Anweisungen‹ herunterzubringen. Schließlich: was immer könnte das ›Spiel‹ sein, wenn nicht die Behandlung der Diskontinuität von materialem und ›methodologischem‹ Philosophieren es wäre? Einzig wenn man sich an den Wortsinn von Methodologie hält, an den einer jeden Methode immanenten λόγος denkt; keine bestimmte Methode, sondern die Rechtfertigung einer Vielheit von Methoden erwartet: tendenziell der unterschiedenen Verfahren aller einzelnen Arbeiten Adornos, hat der Begriff in der ›Vorrede‹ zur *Negativen Dialektik* wie in der vorliegenden Vorlesung seinen guten Sinn. Besser wäre indessen, wie Adorno in dem Aufsatz über Hegels *Erfahrungsgehalt* es tut, von ›Modellen geistiger Erfahrung‹ zu sprechen, welche Adornos Denken ›motivieren‹ und in denen sein ›Wahrheitsgehalt‹ besteht (vgl. GS 5, S. 295). – Dem in der *Vorlesung über Negative Dialektik* zitierten Vers »Herr Kästner, wo bleibt das Positive« (s. oben, S. 32) entsprach seinerzeit – und entspricht wohl immer noch – ein ähnlich insipides ›Was ist denn nun Ihre Methode, Herr Adorno‹. Es scheint, als hätte er dem einmal ein paar Zugeständnisse machen wollen, um jedoch bei dem Unternehmen, seinem Denken das geforderte methodische Korsett einzuziehen, unentwegt die eigene Absicht zu sabotieren und erneut in materiales Philosophieren zu geraten, und sei es in das über die Antinomie von Methode und geistiger Erfahrung.

Das tief Unbefriedigende, ihrem Gegenstand Unangemessene, vom Weltlauf Dementierte aller tradierten Philosophie hat Adorno unter wechselnden Nomenklaturen auf den ›allein noch offenen kritischen Weg‹ zu bringen gesucht: als Denken eines Ersten, Ursprungsdenken, Primat von Subjektivität, allherrschendem Prinzip der Herrschaft, – und eben auch als Konstitution von Methode. ›Methode im prägnanten Sinn‹ war ihm eine *Verfahrungsweise des Geistes, die sich überall und stets zuverlässig anwenden läßt, weil sie der Beziehung auf die Sache, den Gegenstand der Erkenntnis sich entäußerte* (GS 5, S. 19). Das Verfahren ist das ubiquitärer Mathematisierung, wie denn das Ideal jeder nachdrücklichen Methode jederzeit die Mathematik war, die sich als Platonischer Himmel über den Niederungen des Empirischen erhob; Adorno wollte solchen ›Triumph von Mathematik und jeglichen Triumph‹ bereits im Sokrates des Platonischen »Menon«

ausmachen, der *die Tugend auf ihr Unveränderliches, damit aber Abstraktes* (ebd.) zu bringen trachtete. Abstrahieren ist die Verfahrensweise, dessen jegliche Methode, vorab die Begriffsbildung sich bedienen muß: absehen vom Besonderen, mit dem man jeweils befaßt ist; es handhabbar, das heißt aber: beherrschbar, machen. Nur zu Unrecht meinen die Methodiker und Logiker, auf diesem Weg das Allgemeine als das Andere zum Besonderen, Endlichen, Daseienden in den Griff bekommen zu können; wie die Mathematik eine gigantische Tautologie ist, deren *Allherrschaft doch nur die ist über das, was sie schon präpariert, sich selbst angebildet hat* (ebd.; s. auch oben, S. 47), so haben Methoden es immer mit sich selbst zu tun, mit jenem Dünnsten, Abstrakten, Übrigbleibenden, zu dem sie selber die Welt zugerichtet haben, indem sie alles und jedes nur noch als Allgemeinbegriffliches traktierten, nichts mehr bei ihm selbst aufsuchten. Aus solcher Not hat dann der Idealismus die Tugend gemacht, jedes Nichtich aus dem Ich zu deduzieren, alles Objekt als Subjekt zu bestimmen oder, wie sie es nennen, jenes durch dieses ›setzen‹ zu lassen: so und nicht anders sei es gegeben und unterstehe es wiederum der Herrschaft der Subjektivität, dem es doch von Anfang an sich verdankte. Zu sich selber kommen die so verstandenen Methoden am Ende in ihrem gesellschaftlichen Modell, im Äquivalenzprinzip der Tauschgesellschaft, in welche die Gebrauchswerte nur mehr als unter dem Aspekt der Quantität, als qua Tauschwerte, durch Geld Vergleichbare, nicht als unterschiedene Qualitäten eingehen. Diesen – trotz Kant und weit über ihn hinaus ›unkritischen‹ – Weg des Geistes wie der Realität hat Adorno in der, nach ihrem Rang kaum schon recht erkannten, ›Einleitung‹ zur *Metakritik der Erkenntnistheorie* aus distanziertester Nähe nachgezeichnet, einem Stück wahrhaft philosophischer Philosophiegeschichtsschreibung, der zugleich ein literarischer Glücksfall in der sprachlichen Öde der nach Nietzsche sich des Deutschen bedienenden Denkerei ist. Adornos ›zweite Einleitung‹, die zu seiner *Negativen Dialektik,* bildet die Fortschreibung jener ersten, indem sie diese, als eine wesentlich kritisch-negative, zum negativ-dialektischen Verfahren weitertreibt.

Gegen Methodenfetischismus stellt Adorno philosophische oder, allgemeiner, geistige Erfahrung, sie meint ein vom konkreten Einzelnen, dem individuum ineffabile Ausgehen, ein lange bei ihm Verweilen und ihm sich Anvertrauen, ohne doch in solchem Vertrauen irgend sich zu erschöpfen. Im Gegensatz zur abstrahierenden Methode interessiert geistige Erfahrung sich an den Differenzen im Erfahrenen, nicht an dem, worin es mit anderen identisch ist; ›gemeint‹ ist *mit negativer Dialektik – Dialektik nicht der Identität sondern der Nichtidentität* (oben, S. 9). Fraglos betont Adornos emphatischer Gebrauch des Erfahrungsbegriffs dessen Verwandtschaft sowohl mit der Aristotelischen ἐμπειρία wie mit dem, was der englische Empirismus unter experientia und experience verstanden hat: daß das Denken, um welches der negative Dialektiker sich müht, einem Primat des Individuellen untersteht; daß es der Blick eines Individuums auf individuelles Seiendes sei oder doch mit diesem anfange. Insofern konnte Adorno sagen, daß die ›Wendung‹, die er anstrebe, *in einer etwas vertrackten, dialektischen Weise auch eine Rettung des Empirismus einschließt; das heißt, daß es sich hier ja immer prinzipiell um eine Erkenntnis von unten nach oben und nicht um eine von oben nach unten, um ein Sichüberlassen und nicht um ein Deduzieren handelt* (oben, S. 122 f.). Das ›auch‹ ist entscheidend: Adornos empiristische Wendung ist *auch* eine Rettung des Empirismus, aber keineswegs der alte oder ein neuer Empirismus. Wie es, nach Isaiah Berlin, »das Bündnis von Mystizismus und Empirismus gegen den Rationalismus« in dem Adorno so antagonistischen wie dann doch verwandten Hamann gegeben hat (vgl. Isaiah Berlin, Der Magus in Norden. J. G. Hamann und der Ursprung des modernen Irrationalismus, übers. von Jens Hagestedt, Berlin 1995, S. 74; vgl. auch NaS IV·13, 412 f.), so ließe Adornos Denken als ein Bündnis von Rationalismus und Empirismus gegen den Mystizismus sich kennzeichnen. – *Eigentlich denkt der Denkende gar nicht, sondern macht sich zum Schauplatz geistiger Erfahrung, ohne sie aufzudröseln:* so Adorno (GS 11, S. 21) über das Spezifische des ›Essays als Form‹, über den ›essayistischen Denkenden‹, der, so nah er dem Philosophen sein mag, doch keiner ist; der philosophisch Denkende sieht seine Aufgabe im Gegenteil just darin, die Erfahrung, der er folgt, in diesem Verfolg ›aufzudröseln‹, Denken fällt für ihn gerade zusammen mit dem ›Aufdröseln‹ seiner Erfahrung der facta bruta. Erfahrung ist das eine, Geist das andere; wie mit Locke alles Denken auf Erfahrung aufruht, so muß doch Leibniz' Ideenlehre hinzukommen: nihil est in intellectu, quod non fuerit in sensu, *nisi intellectus ipse;* damit Erfahrung zur geistigen werde, muß der Geist das Erfahrene durchdringen und transzendieren. Das aber geht nicht, wußte Adorno mit Hölderlin. *Geist ist nicht, als was er sich inthronisiert, das Andere, Transzendente in seiner Reinheit, sondern auch ein Stück Naturgeschichte. [. . .] Der Bann der*

Realität über den Geist verwehrt ihm, was sein eigener Begriff gegenüber dem bloß Seienden will, fliegen. (GS 10·2, S. 633) Allein Erfahrung, Erfahrung als solche langt nicht zu; erst wo die Erfahrung zu einer geistigen wird, auch sie ein ›Hinzutretendes‹, ohne das negative Dialektik nicht auskommt, vermag das Seiende jene hinfälligen ›Spuren des Anderen‹ preiszugeben, zerbrechliche Hinweise darauf, daß ›das, was ist, doch nicht alles ist‹. Das irrationale Moment, das dem eignen mag, ist dennoch weit entfernt, sich dem Irrationalismus anzuvertrauen, vielmehr: *Philosophisch denkt, wer geistige Erfahrung erhärtet an der gleichen Konsequenzlogik, deren Gegenpol er inne hat. Sonst bliebe geistige Erfahrung rhapsodisch. So allein wird Nachdenken zu mehr als wiederholender Darstellung des Erfahrenen.* (GS 10·2, S. 160) Damit aber ist nichts anderes gesagt, als daß geistige Erfahrung keineswegs in einem gelockerten Verhältnis zur Begrifflichkeit sich einrichten kann, sondern nur um so stringenter an Diskursivität und Rationalität sich auszuweisen hat.

So wenig Adornos negative Dialektik einer ›Philosophie der Differenz‹ im Sinne Derridas zu vergleichen ist, der neben *différence* das Unwort *différance* stellt und glauben macht, durch den Taschenspielertrick dem Schicksal des Gebanntseins in Begrifflichkeit entgehen zu können, so wenig läßt nach dem Ende des Idealismus noch von einer gegebenen oder herzustellenden Identität von Objekt und Subjekt sich sprechen. Die Sache und ihr Begriff fallen nicht länger derart in eins, daß dieser als Gehalt von jener ausgegeben werden könnte. ›Die Sache selbst‹ ist negativer Dialektik *keineswegs Denkprodukt; vielmehr das Nichtidentische durch die Identität hindurch* (GS 6, S. 189). Die objektive Bestimmtheit der Sache zu erreichen, braucht es größerer, keiner geringeren Anstrengung des Subjekts; es *bedarf nachhaltigerer subjektiver Reflexion als die Identifikationen, die das Bewußtsein bereits nach Kantischer Lehre gleichsam automatisch, bewußtlos vollzieht. Daß die Tätigkeit des Geistes, erst recht die, welche Kant dem Konstitutionsproblem zurechnet, ein anderes sei als jener Automatismus, dem er sie gleichsetzte, macht spezifisch die geistige Erfahrung aus, die von den Idealisten entdeckt, sofort freilich kastriert wurde.* (Ebd.) Wenn die Sache der Philosophie inzwischen die von Hegel als ›faule Existenz‹ mißachtete und ausgeschiedene Sphäre des Begriffslosen ist, dann kann diesem *von den Begriffen Unterdrückte[n], Mißachtete[n] und Weggeworfene[n]* (GS 6, S. 21) doch nur in der begrifflichen Sprache Gerechtigkeit widerfahren. Negative Dialektik kann Begrifflichkeit und Abstraktion nicht abschaffen und durch einen anderen Typus von Erkenntnis ersetzen wollen, der ohnmächtig vom Wirklichen abprallen müßte. Sie ist denn auch nicht Reflexion auf die Sache unmittelbar, sondern Reflexion dessen, was daran hindert, der Sache selbst innezuwerden; auf die gesellschaftliche Bedingtheit einer Erkenntnis, die nur durch Abstraktion, mittels der diskursiven Sprache möglich ist. Solche Reflexion will nicht aus der Diskursivität herausspringen, sondern *möchte mit Begriffen aufsprengen, was in Begriffe nicht eingeht* (GS 11, S. 32). Wo Adorno einmal sich nicht gescheut hat, von jener Erkenntnis, an die er als anzustrebende dachte, in der Form der Definition zu sprechen, da hat er sie doch unabdingbar an den Begriff gebunden: *Die Utopie der Erkenntnis wäre, das Begriffslose mit Begriffen aufzutun, ohne es ihnen gleichzumachen.* (GS 6, S. 21) Dieses Begriffslose jedoch: die Sache selbst, das Nichtidentische oder Intentionslose – Begriffe, mit denen Adorno anzudeuten versuchte, was anderes wäre als nur Exemplar seiner Gattung – ist nicht etwas irgendwo bereits Gegebenes oder Vorfindliches, an das die Erkenntnis nur noch nicht heranreicht; es würde sich allererst *in der Entfaltung [seines] gesellschaftlichen, historischen und menschlichen Sinnes erfüllen* (GS 3, S. 43), ist jedoch als ihr Potential in den abstrakten Begriffen selber enthalten, das über ihre starre, abschlußhafte Fixierung hinauszugehen nötigt. Dieser Nötigung sucht negative Dialektik zu genügen und damit die Kategorien, die das Wirkliche ein für allemal klassifiziert und stillgestellt haben, dem Neuen wiederum zu öffnen.

Das Nichtidentische wird von keinem isolierten Begriff aufgeschlossen – eben das hatte vielmehr zur Kritik ›bloßer‹ Begrifflichkeit motiviert –, sondern allenfalls von einer Mehrzahl, einer Konstellation unterschiedener einzelner Begriffe: *Zwar öffnet nicht der klassifikatorische Begriff, unter den es als Exemplar fällt, das Einzelne, wohl aber die Konstellation der Begriffe, die der konstruierende Gedanke an es heranträgt. – Vergleich mit der Nummernkombination bei Kassenschränken.* (Oben, S. 183) So Adorno in seinen Stichworten zum vorliegenden Kolleg. Der Gedanke konstellativen oder konfigurativen Denkens gehört zu den von Adorno am längsten und intensivsten umworbenen. Bereits in dem Vortrag *Die Idee der Naturgeschichte* von 1932, einer Art erster Programmschrift seiner Philosophie, kennt er das tiefe Ungenügen des Denkens in Allgemeinbegriffen, die von dem Seienden, das es zu erkennen gilt, das Beste wegschneiden, das, was jeweils das Spezifische jedes Einzelnen ausmacht; um als Instrumente handhabbar zu sein, behält der Begriff von den Dingen, die er treffen soll, nur jenes Abstrakte zurück, das sie mit den Vielen gemeinsam haben. Gegen das allgemeinbegriffliche Verfahren möchte Adorno eines von ›anderer logischer Struktur‹ aufbieten: *Es ist die der Konstellation. Es handelt sich nicht um ein Erklären von Begriffen aus einander, sondern um Konstellation von Ideen [. . .]. Auf diese wird nicht als »Invarianten« rekurriert; sie aufzusuchen ist nicht die Frageintention, sondern sie versammeln sich um die konkrete historische Faktizität, die im Zusammenhang jener Momente in ihrer Einmaligkeit sich erschließt.* (GS 1, S. 359). Einziger Gegenstand seiner Philosophie war Adorno die ›Einmaligkeit‹ oder die ›konkrete historische Faktizität‹, daran hielt er bis zu seinen spätesten Arbeiten fest, auch wenn er nie eine ausgeführte, in sich einstimmige oder auch nur einsinnige Theorie der konstellativen Erkenntnis gegeben hat. Nicht einmal die Glieder, aus denen die Konstellationen und Konfigurationen gebildet werden oder zu denen sie zusammentreten, waren stets die gleichen; Begriffe, Ideen, Momente, τὰ ὄντα : an ihnen allen hatte konstellatives Denken sich zu bewähren. *Die Bestimmtheit von Philosophie als einer Konfiguration von Momenten ist qualitativ verschieden von der Eindeutigkeit eines jeglichen auch in der Konfiguration, weil die Konfiguration selber mehr und ein anderes ist als der Inbegriff ihrer Momente. Konstellation ist nicht System. Nicht schlichtet sich, nicht geht alles auf in ihr, aber eines wirft Licht aufs andere, und die Figuren, welche die einzelnen Momente mitsammen bilden, sind bestimmtes Zeichen und lesbare Schrift.* (GS 5, S. 342) Mögen die erkenntnistheoretisch-methodologischen Ausführungen, die in Adornos œuvre zahlreich zum Konstellationsbegriff sich finden, wie unbefriedigend auch immer sein: die Theorie der Konstellationen wurde als Widerpart der überkommenen Erkenntnistheorie ersonnen. Erfüllt wird sie allein in Adornos materialen Arbeiten, die allesamt Bestimmung jener Zeichen, Lektüren der Schrift sind, zu denen die Konstellation die seiende Welt zusammenfügt. Negative Dialektik sei Dialektik der Nichtidentität: das will heißen, der Wahrheitsgehalt der geistigen Erfahrung, der jene zeitigt, ist ein negativer. Er registriert nicht nur, daß der Begriff dem unter ihm Befaßten niemals gerecht wird, sondern auch, daß das Seiende seinem Begriff nicht – *noch* nicht – entspricht. *Im unversöhnten Stand wird Nichtidentität als Negatives erfahren* (GS 6, S. 41), bildet die geschichtsphilosophische Signatur der Negativen Dialektik und ihrer Gestalt geistiger Erfahrung.

Die ›Einleitung‹ zur *Negativen Dialektik* wie die sie referierende und variierende *Vorlesung über Negativen Dialektik* sind späte Arbeiten nicht nur in dem buchstäblichen Sinn, daß sie geschrieben und gehalten wurden, als die *Negative Dialektik* im Manuskript bereits abgeschlossen war, auch in dem weiteren, der sie durch den Tod Adornos ans Ende seines Werks verwies, zu Spätschriften im biographischen Sinn machte; vor allem gehören beide zu jener ›letzten Philosophie‹, die Adorno ›an der Zeit‹ fand, nachdem der Zusammenbruch von Zivilisation und Kultur in der ersten Hälfte des 20. Jahrhunderts eine Ära der Barbarei einleitete, die seitdem andauert.

Der leider fragmentarischen Ausgabe des vorliegenden Kollegs liegen für die ersten zehn Vorlesungen die Transkriptionen der Bandaufnahmen zugrunde, die im Institut für Sozialforschung angefertigt worden sind und heute im Theodor W. Adorno Archiv unter der Signatur Vo 10809-10919 aufbewahrt werden. Bei der Redaktion des Textes hat der Herausgeber versucht, ähnlich zu verfahren, wie Adorno selber die Redaktion frei gehaltener Vorträge besorgte, soweit er sie überhaupt für die Publikation freigab, insbesondere ist versucht worden, den Charakter des mündlichen Vortrags zu wahren. Der Herausgeber hat in den überlieferten Text so wenig wie möglich, aber doch so viel wie nötig eingegriffen; dabei hat er sich nach den Erfahrungen, die er bei der vorangegangenen Edition von Vorlesungen Adornos machen konnte, bei der vorliegenden wie auch schon der vorangegangenen über *Ontologie und Dialektik* ein wenig freier gefühlt, Retuschen an den – ja weder auf Adorno zurückgehenden noch von ihm autorisierten – Vorlagen vorzunehmen. Anakoluthische und elliptische Formulierungen sind ebenso wie andere Verstöße gegen grammatische Regeln stillschweigend korrigiert worden. Neben der vorsichtigen Tilgung gar zu störender Wiederholungen stehen gelegentliche Eingriffe auch in unübersichtliche syntaktische Konstruktionen. Nicht ganz selten hat Adorno, der verhältnismäßig schnell zu sprechen pflegte, einzelne Wörer geringfügig verstellt; wo immer die Stelle, an welche solche Wörter dem Sinn nach gehörten, eindeutig auszumachen war, ist die Syntax entsprechend verbessert worden. Füllwörter, insbesondere die Partikeln *nun, also, ja,* auch ein gelegentlich fast inflatorisch sich findendes *eigentlich* sind dort gestrichen worden, wo sie auf bloße Verlegenheitsfloskeln sich reduzierten. In der Handhabung der Interpunktion, die der Natur der Sache nach vom Herausgeber hinzugefügt werden mußte, hat dieser sich am freiesten gewußt und, ohne Rücksicht auf die von Adorno bei geschriebenen Texten beachteten Regeln, das Gesprochene möglichst eindeutig und unmißverständlich zu gliedern sich bemüht. Nirgends allerdings ist versucht worden, Adornos Text zu ›verbessern‹, immer nur *seinen* Text, so gut der Herausgeber es verstand, herzustellen.

Die Stichworte Adornos zu seinem Kolleg, die bei den Vorlesungen 11 bis 25 für diese selber eintreten müssen, finden sich im Theodor W. Adorno Archiv unter der Signatur Vo 11031-11061. Zwar erlauben diese Stichworte, den Gang der Vorlesung recht genau zu rekonstruieren, lassen aber in der Regel nur verhältnismäßig wenig über Adornos Argumentation ausmachen; die letztere ergibt sich dagegen häufig aus den jeweils auf der linken Seite den Stichworten parallelisierten Ausschnitten aus dem von Adorno zugrundegelegten Vortrag. Die Stichworte werden nach Adornos Handschrift so diplomatisch-getreu wie möglich abgedruckt. Vier für den Herausgeber nicht sicher zu entziffernde Wörter wurden durch *[?]* kenntlich gemacht.

Im Stellenkommentar sind die von Adorno herangezogenen Zitate nach Möglichkeit nachgewiesen sowie solche Passagen zitiert worden, auf die Adorno sich bezogen hat oder doch bezogen haben könnte. Darüber hinaus sind gelegentlich Parallelstellen aus seinen Schriften beigebracht worden, die in den Vorlesungen Ausgeführtes verdeutlichen können, aber auch demonstrieren sollen, daß Vorlesungen und Schriften des Autors überaus vielfältig miteinander verknüpft sind. – *Man muß das Organ entwickeln, aus den Betonungen, aus den Akzenten, die einer Philosophie eigentümlich sind, ihre Relation innerhalb des philosophischen Zusammenhangs zu erschließen und danach eigentlich die Philosophie zu begreifen* (NaS IV·14, S. 81): einer Lektüre, die Adornos Anweisung sich zu eigen macht, will auch der Kommentar dienen. Er möchte jene Bildungssphäre zu vergegenwärtigen helfen, in denen Adornos Vorlesungstätigkeit sich bewegte und die inzwischen kaum noch als selbstverständlich vorausgesetzt werden darf. Der Kommentar zu den vier Vorlesungen aus dem Zusammenhang der *Negativen Dialektik* umfaßt in seiner Gesamtheit eine Erläuterung der wichtigeren Begriffe der Adornoschen Philosophie.

*

Zu danken hat der Herausgeber wiederum Michael Schwarz für Hilfe bei der Edition. Seinem Freund Hermann Schweppenhäuser, der ihm wie stets mit seinen immensen Kenntnissen zur Seite stand, bleibt der Herausgeber tief verpflichtet. Da er mit dem vorliegenden Band seine für das Theodor W. Adorno Archiv besorgten Editionen abschließt, möchte er auch an dieser Stelle nicht versäumen, seinen Dank der Hamburger Stiftung zur Förderung von Wissenschaft und Kultur und ihrem Vorstand, insbesondere Jan Philipp Reemtsma, abzustatten, die die Arbeit des Herausgebers in den vergangenen 17 Jahren ermöglicht haben.

24. September 2002

Register

Das Register erschließt, abgesehen von dem auf jeder Seite gegenwärtigen Namen Adornos, die im Text der Vorlesungen sowie in den Anmerkungen des Herausgebers und in seiner Nachbemerkung begegnenden Personennamen. Seitenzahlen in Geradschrift beziehen sich auf die Vorlesungen und Stichworte, *kursiv* gesetzte Zahlen auf die Anmerkungen und die Nachbemerkung. Indirekte Erwähnungen sind ohne besondere Kennzeichnung aufgenommen worden.

Übersicht

Theodor W. Adorno im Suhrkamp Verlag

Gesammelte Schriften in zwanzig Bänden. Herausgegeben von Rolf Tiedemann unter Mitwirkung von Gretel Adorno, Susan Buck-Morss und Klaus Schultz.

- Band 1: Philosophische Frühschriften. stw 1701. 384 Seiten
- Band 2: Kierkegaard. Konstruktion des Ästhetischen. stw 1702. 266 Seiten
- Band 4: Minima Moralia. Reflexionen aus dem beschädigten Leben. stw 1704. 303 Seiten
- Band 5: Zur Metakritik der Erkenntnistheorie. stw 1705. 386 Seiten
- Band 6: Negative Dialektik. Jargon der Eigentlichkeit. stw 1706. 531 Seiten
- Band 7: Ästhetische Theorie. stw 1707. 582 Seiten
- Band 8: Soziologische Schriften I. stw 1708. 587 Seiten
- Band 9: Soziologische Schriften II. Zwei Bände. stw 1709. 924 Seiten
- Band 10: Kulturkritik und Gesellschaft. Prismen. Ohne Leitbild. Eingriffe. Stichworte. Anhang. Zwei Bände. stw 1710. 843 Seiten
- Band 11: Noten zur Literatur. stw 1711. 708 Seiten
- Band 12: Philosophie der neuen Musik. stw 1712. 206 Seiten
- Band 13: Die musikalischen Monographien. stw 1713. 521 Seiten
- Band 14: Dissonanzen. Einleitung in die Musiksoziologie. stw 1714. 449 Seiten
- Band 15: Komposition für den Film (gemeinsam mit Hanns Eisler). Der getreue Korrepetitor. stw 1715. 406 Seiten
- Band 16: Musikalische Schriften I-III. Klangfiguren (I). Quasi una fantasia (II). Musikalische Schriften (III). stw 1716. 683 Seiten
- Band 17: Musikalische Schriften IV. Moments musicaux. Impromptus. stw 1717. 349 Seiten

NF 138/1/12.16

- Band 18: Musikalische Schriften V. stw 1718. 841 Seiten
- Band 19: Musikalische Schriften VI. stw 1719. 665 Seiten
- Band 20: Vermischte Schriften. Zwei Bände. stw 1720. 877 Seiten

Nachgelassene Schriften
Herausgegeben vom Theodor W. Adorno Archiv

Abteilung I: Fragment gebliebene Schriften
- Band 3: Current of Music. Elements of a Radio Theory. Herausgegeben von Robert Hullot-Kentor. 690 Seiten. Gebunden

Abteilung IV: Vorlesungen
- Band 2: Einführung in die Dialektik. Herausgegeben von Christoph Ziermann. 439 Seiten. Gebunden
- Band 3: Ästhetik. Herausgegeben von Eberhard Ortland. 522 Seiten. Gebunden
- Band 4: Kants »Kritik der reinen Vernunft«. Herausgegeben von Rolf Tiedemann. 440 Seiten. Gebunden
- Band 6: Philosophie und Soziologie. Herausgegeben von Dirk Braunstein. 459 Seiten. Gebunden
- Band 7: Ontologie und Dialektik. Herausgegeben von Rolf Tiedemann. 448 Seiten. Gebunden
- Band 9: Philosophische Terminologie. Herausgegeben von Henri Lonitz. 912 Seiten. Gebunden
- Band 10: Probleme der Moralphilosophie. Herausgegeben von Thomas Schröder. 318 Seiten. Gebunden
- Band 12: Philosophische Elemente einer Theorie der Gesellschaft. Herausgegeben von Tobias ten Brink und Marc Phillip Nogueira. 278 Seiten. Gebunden
- Band 13: Zur Lehre von der Geschichte und von der Freiheit. Herausgegeben von Rolf Tiedemann. stw 1785. 491 Seiten
- Band 14: Metaphysik. Begriff und Probleme. Herausgegeben von Rolf Tiedemann. 320 Seiten. Gebunden

NF 138/2/12.16

- Band 15: Einleitung in die Soziologie. Herausgegeben von Christoph Gödde. 330 Seiten. Gebunden
- Band 16: Vorlesung über negative Dialektik. Herausgegeben von Rolf Tiedemann. 464 Seiten. Gebunden
- Band 17: Kranichsteiner Vorlesungen. Herausgegeben von Klaus Reichert und Michael Schwarz. Mit einer DVD. 600 Seiten. Gebunden

Briefe und Briefwechsel
Herausgegeben vom Theodor W. Adorno Archiv

- Band 1: Theodor W. Adorno – Walter Benjamin. Briefwechsel 1928-1940. Herausgegeben von Henri Lonitz. 501 Seiten. Gebunden
- Band 2. Theodor W. Adorno – Alban Berg. Briefwechsel 1925-1935. Herausgegeben von Henri Lonitz. 380 Seiten. Gebunden
- Band 3: Theodor W. Adorno – Thomas Mann, Briefwechsel 1943-1955. Herausgegeben von Christoph Gödde und Thomas Sprecher. 179 Seiten. Gebunden
- Band 4.1: Adorno – Max Horkheimer. Briefwechsel I. 1927-1937. Herausgegeben von Christoph Gödde und Henri Lonitz. 612 Seiten. Gebunden
- Band 4.2.: Adorno – Max Horkheimer. Briefwechsel II. 1938-1944. Herausgegeben von Christoph Gödde und Henri Lonitz. 662 Seiten. Gebunden
- Band 4.3.: Adorno – Max Horkheimer. Briefwechsel III. 1945-1949. Herausgegeben von Christoph Gödde und Henri Lonitz. 589 Seiten. Gebunden
- Band 4.4 Adorno – Max Horkheimer. Briefwechsel IV. 1950-1969. Herausgegeben von Christoph Gödde und Henri Lonitz. 1078 Seiten. Gebunden
- Band 5: Briefe an die Eltern. 1939-1951. Herausgegeben von Christoph Gödde und Henri Lonitz. Mit einem vierfarbigen Bildteil. 576 Seiten. Gebunden

NF 138/3/12.16

- Band 7: Adorno – Siegfried Kracauer. Briefwechsel 1923-1966. »Der Riß der Welt geht auch durch mich ...«. 772 Seiten. Gebunden
- Band 8: Theodor W. Adorno – Gershom Scholem. Briefwechsel. 1939-1969. »Der liebe Gott wohnt im Detail«. Herausgegeben von Asaf Angermann. 548 Seiten. Gebunden

»So müßte ich ein Engel und kein Autor sein«. Adorno und seine Frankfurter Verleger. Der Briefwechsel mit Peter Suhrkamp und Siegfried Unseld. Herausgegeben von Wolfgang Schopf. 650 Seiten. Gebunden

Einzelausgaben. Eine Auswahl

Beethoven. Philosophie der Musik. Fragmente und Texte. Herausgegeben von Rolf Tiedemann. stw 1727. 392 Seiten

Einleitung in die Soziologie. Herausgegeben von Christoph Gödde. stw 1673. 336 Seiten

Erziehung zur Mündigkeit. Voträge und Gespräche mit Hellmut Becker 1959 bis 1969. Herausgegeben von Gerd Kadelbach. st 11. 148 Seiten

Jargon der Eigentlichkeit. Zur deutschen Ideologie. es 91. 139 Seiten

Minima Moralia. Reflexionen aus dem beschädigten Leben. BS 236. 339 Seiten

Negative Dialektik. stw 1706. 531 Seiten

Studien zum autoritären Charakter. Übersetzt von Milli Weinbrenner. stw 1182. 483 Seiten

NF 138/4/12.16

Traumprotokolle. Herausgegeben von Christoph Gödde und Henri Lonitz. Mit einem Nachwort von Jan Philipp Reemtsma. BS 1385. 122 Seiten

Zu einer Theorie der musikalischen Reproduktion. Herausgegeben von Henri Lonitz. stw 1750. 400 Seiten

Zur Lehre von der Geschichte und von der Freiheit. stw 1785. 491 Seiten

NF 138/5/12.16

Georg Wilhelm Friedrich Hegel im Suhrkamp Verlag

stw-Werkausgabe in zwanzig Bänden. Redaktion: Eva Moldenhauer und Karl Markus Michel. Mit einem Registerband. (Die Ausgabe ist text- und seitenidentisch mit der 1969 ff. erschienenen Theorie-Werkausgabe.) 12618 Seiten

Die Bände sind auch einzeln lieferbar

1: Frühe Schriften. stw 601. 637 Seiten

2: Jenaer Schriften. 1801-1807. stw 602. 593 Seiten

3: Phänomenologie des Geistes. stw 603. 599 Seiten

4: Nürnberger und Heidelberger Schriften 1808-1817. stw 604. 623 Seiten

5: Wissenschaft der Logik I. Erster Teil. Die objektive Logik. Erstes Buch. stw 605. 457 Seiten

6: Wissenschaft der Logik II. Erster Teil. Die objektive Logik. Zweites Buch. Zweiter Teil. Die subjektive Logik. stw 606. 575 Seiten

7: Grundlinien der Philosophie des Rechts oder Naturrecht und Staatswissenschaft im Grundrisse. Mit Hegels eigenhändigen Notizen und den mündlichen Zusätzen. stw 607. 531 Seiten

8: Enzyklopädie der philosophischen Wissenschaften im Grundrisse 1830. Erster Teil. Die Wissenschaft der Logik. Mit den mündlichen Zusätzen. stw 608. 393 Seiten

NF 115/1/6.09

9: Enzyklopädie der philosophischen Wissenschaften im Grundrisse 1830. Zweiter Teil. Die Naturphilosophie. Mit den mündlichen Zusätzen. stw 609. 539 Seiten

10: Enzyklopädie der philosophischen Wissenschaften im Grundrisse 1830. Zweiter Teil. Die Naturphilosophie. Dritter Teil. Die Philosophie des Geistes. Mit den mündlichen Zusätzen. stw 610. 432 Seiten

11: Berliner Schriften 1818-1831. stw 611. 432 Seiten

12: Vorlesungen über die Philosophie der Geschichte. stw 612. 568 Seiten

13: Vorlesungen über die Ästhetik I. stw 613. 546 Seiten

14: Vorlesungen über die Ästhetik II. stw 614. 462 Seiten

15: Vorlesungen über die Ästhetik III. stw 615. 578 Seiten

16: Vorlesungen über die Philosophie der Religion I. stw 616. 442 Seiten

17: Vorlesungen über die Philosophie der Religion II. Vorlesungen über die Beweise vom Dasein Gottes. stw 617. 540 Seiten

18: Vorlesungen über die Geschichte der Philosophie I. stw 618. 560 Seiten

19: Vorlesungen über die Geschichte der Philosophie II. stw 619. 600 Seiten

20: Vorlesungen über die Geschichte der Philosophie III. stw 620. 566 Seiten

NF 115/2/6.09

Einzelausgaben

Die Philosophie der Kunst. Vorlesung von 1826. Herausgegeben von Annemarie Gethmann-Siefert, Jeong-Im Kwon und Karsten Berr. stw 1722. 297 Seiten

Die Philosophie des Rechts. Vorlesung von 1821/22. Herausgegeben von Hansgeorg Hoppe. stw 1721. 237 Seiten

Zu Georg Wilhelm Friedrich Hegel
Eine Auswahl

Materialien zu Hegels ›Phänomenologie des Geistes‹. Herausgegeben von Hans Friedrich Fulda und Dieter Henrich. stw 9. 445 Seiten

Materialien zu Hegels Rechtsphilosophie. Herausgegeben von Manfred Riedel. Band 1. stw 88. 437 Seiten

Der Weg zum System. Materialien zum jungen Hegel. Herausgegeben von Christoph Jamme und Helmut Schneider. stw 763. 307 Seiten

Herbert Schnädelbach (Hg.). Hegels Philosophie – Kommentare zu den Hauptwerken. Drei Bände.
stw 1475-1477. 1500 Seiten
- Band 1: Ludwig Siep, der Weg der »Phänomenologie des Geistes«. stw 1475 384 Seiten
- Band 2: Herbert Schnädelbach, Hegels praktische Philosophie. stw 1476. 400 Seiten
- Band 3: Hegels »Enzyklopädie der philosophischen Wissenschaften« (1830). Von Hermann Drüe, Annemarie Gethmann-Siefert, Christa Hackenesch, Walter Jaeschke, Wolfgang Neuser und Herbert Schnädelbach. stw 1477. 568 Seiten

NF 115/3/6.09